Karin Feuerstein-Praßer

Die preußischen Königinnen

Mit 38 Farb- und Schwarzweißabbildungen

Piper München Zürich

Mehr über unsere Autoren und Bücher:
www.piper.de

Von Karin Feuerstein-Praßer liegen bei Piper im Taschenbuch vor:
Die preußischen Königinnen
Die deutschen Kaiserinnen
Frauen, die aufs Ganze gingen

Mix
Produktgruppe aus vorbildlich bewirtschafteten
Wäldern und anderen kontrollierten Herkünften
www.fsc.org Zert.-Nr. GFA-COC-001223
© 1996 Forest Stewardship Council

Ungekürzte Taschenbuchausgabe
Piper Verlag GmbH, München
1. Auflage Dezember 2008
2. Auflage Mai 2011
© 2000 Verlag Friedrich Pustet, Regensburg
Umschlag: semper smile, München
Umschlagabbildung: J. F. A. Tischbein (»Prinzessin Friederike von Preußen«,
Detail, 1797/98, bpk/Nationalgalerie, SBM/Karin März)
Papier: Munken Print von Arctic Paper Munkedals AB, Schweden
Gesamtherstellung: CPI – Clausen & Bosse, Leck
Printed in Germany   ISBN 978-3-492-25295-9

Inhalt

SOPHIE DOROTHEA VON HANNOVER

ELISABETH CHRISTINE VON
BRAUNSCHWEIG-BEVERN

»Heirat«, so die Ansicht des englischen Philosophen John Stuart Mill (1806–1873), sei »die einzige durch das Gesetz sanktionierte Form der Sklaverei«. Dieser, wenngleich ein wenig provokant formulierte Satz galt damals für nahezu alle Frauen, in ganz besonderem Maße aber auch für jene jungen deutschen Prinzessinnen, die im 17., 18. und 19. Jahrhundert mit den preußischen Kronprinzen verheiratet wurden. Spätestens seit ihrer Hochzeit verloren sie nahezu jede Möglichkeit der Selbstbestimmung und Bewegungsfreiheit und hatten sich sowohl der höfischen Etikette als auch dem Willen des fürstlichen Ehemanns zu unterwerfen. Meist wurden sie – gegen ihren Willen – aus Gründen der Staatsraison verheiratet und mußten sich fortan am Berliner Hof auf die undankbare Rolle der »Frau an seiner Seite« beschränken, möglichst viele Söhne gebären und nicht zuletzt das Land repräsentieren, das nicht immer auch zu ihrer wirklichen neuen Heimat wurde.

Die sieben jungen Frauen, deren Lebenswege hier vorgestellt werden, meisterten ihr Schicksal auf unterschiedliche Weise. Preußen war ein reiner Männerstaat, in dem das weibliche Geschlecht als minderwertig angesehen wurde. Eine Maria Theresia war an der Spree ebensowenig denkbar wie eine Pompadour. Und doch hatten fürstliche Frauen durchaus die Möglichkeit, aus dem Schatten ihrer Ehemänner und der damit verbundenen »Sklaverei« hervorzutreten, wenn sie eine starke Persönlichkeit, Mut und Intelligenz dazu befähigten. War den preußischen Königinnen auch offiziell jede politische Einflußnahme verwehrt, so gelang es ihnen mitunter doch, ihre königlichen Ehemänner in die von ihnen gewünschte Richtung zu drängen.

Erste preußische Königin wurde vor nahezu 300 Jahren (1701) *Sophie Charlotte von Hannover* (1668–1705), die Gemahlin Friedrichs I. Sie hatte, erst 16jährig, den sowohl äußerlich wenig anziehenden als auch intellektuell recht unbedeutenden Kurprinzen von Brandenburg-Preußen heiraten müssen und war in Berlin niemals heimisch geworden. Zwar erfüllte sie sowohl ihre ehelichen als auch repräsentativen Pflichten, gleichzeitig aber versuchte sie im Rahmen des Möglichen, ihr Leben nach eigenen Vorstellungen zu gestalten. In dem später nach ihr benannten Schloß Charlottenburg versammelte sie einen Kreis bedeutender Persönlichkeiten um sich, unter denen sich auch der Philosoph Gottfried Wilhelm Leibniz befand, mit dem sie in regen geistigen Austausch trat und sich so den Beinamen »Philosophin auf dem Thron« erwarb.

Ganz anders geartet hingegen war ihre Nachfolgerin *Sophie Luise von Mecklenburg-Schwerin* (1685–1735), die Friedrich I. nach dem frühen Tod Sophie Charlottes eher widerwillig und nur auf Drängen seiner Berater hin geheiratet hatte. Der Berliner Hof überforderte sie, und so suchte sie schon bald Trost und Zuflucht in ihrer streng lutherischen Religion. Damit aber zog sich Sophie Luise vollends vom Hofleben zurück, verließ kaum noch ihre Gemächer, wurde zusehends merkwürdiger und endete schließlich in geistiger Verwirrung.

Königin an der Seite Friedrich Wilhelms I., des einzigen Sohnes Sophie Charlottes, wurde *Sophie Dorothea von Hannover* (1687–1757). Die Ehe mit ihrem preußischen Cousin, dem ebenso cholerischen wie eifersüchtigen »Soldatenkönig«, war nahezu ein einziger Leidensweg, auch wenn 14 Kinder daraus hervorgingen. Die stolze Tochter des nachmaligen englischen Königs Georg I. litt unter dem tyrannischen Wesen ihres Gemahls ebenso wie unter der neuen Sparsamkeit am Berliner Hof, doch mit den Jahren hat sie gelernt, lernen müssen, sich ihrem schwierigen Ehemann (wenn auch nur scheinbar) anzupassen, hinter seinem Rücken aber ihren eigenen Weg zu verfolgen. Ehrgeizig plante sie die Zukunft ihrer Kinder, insbesondere die des Kronprinzen Friedrich, der später einmal als »der Große« in die Geschichte eingehen sollte. Erreicht hat sie in dieser Hinsicht freilich nichts, denn Friedrich mußte auf väterlichen Befehl hin die ihr verhaßte *Elisabeth Christine von Braunschweig-Bevern* (1715–1797) zur Frau nehmen und keine englische Prinzessin, wie Sophie Dorothea gewünscht hatte.

Elisabeth Christine wurde indes nicht nur von ihrer königlichen Schwiegermutter abgelehnt. Auch Friedrich, den sie selbst abgöttisch liebte und verehrte, hat keinen Hehl daraus gemacht, wie wenig er von ihr hielt, und sie insbesondere nach dem Tod Friedrich Wilhelms I. (1740) mit geradezu entwürdigender Mißachtung behandelt. Ergeben ertrug Elisabeth Christine ihr Schicksal mehr als 50 Jahre, und doch litt sie entsetzlich unter der aufgezwungenen Einsamkeit und der offensichtlichen Zurücksetzung. Kinder sind aus der unglücklichen Ehe keine hervorgegangen.

Nicht viel besser war das Los von *Friederike Luise von Hessen-Darmstadt* (1751–1805), der zweiten Gemahlin des »vielgeliebten« Friedrich Wilhelm II., des einzigen Preußenkönigs, der sich Mätressen leistete. Dem hatte Friederike Luise, die nicht gerade als Schönheit zu bezeichnen war und auch nicht durch Charme und Esprit brillierte, wenig entgegenzusetzen. Sie stand bis zum Tod ihres Gemahls im Schatten anderer Frauen, von denen die wohl bekannteste die »schöne Wilhelmine« war, die spätere Gräfin Lichtenau. Beim preußischen Volk war Friederike Luise nur wenig bekannt und nicht sonderlich beliebt, auch wenn sie ihre vornehmste Aufgabe erfüllte und sieben Kinder zur Welt brachte, darunter den späteren Friedrich Wilhelm III.

Die zweifellos populärste unter Preußens Königinnen war *Luise von Mecklenburg-Strelitz* (1776–1810). Sie besaß im Übermaß, was vielleicht außer Sophie Charlotte keine ihrer Vorgängerinnen aufweisen konnte: Natürlichkeit und Liebenswürdigkeit sowie die Fähigkeit, auf andere Menschen – gleich welcher Herkunft – zuzugehen und sie für sich einzunehmen. Luises Ehe mit dem wortkargen Friedrich Wilhelm III. war vergleichsweise glücklich, man gab sich volksnah und eher bürgerlich und wurde so zum Vorbild für die preußischen Untertanen. Hauptsächlich aber ist Luises Schicksal mit dem Zusammenbruch Preußens verbunden. Doch während ihr königlicher Gemahl in Melancholie versank, erwies sie sich als couragierte Patriotin, die sogar mutig ihrem größten Feind gegenübertrat, Napoleon, dem Kaiser der Franzosen. Schon zu Lebzeiten verehrt, wurde sie durch ihren frühen Tod endgültig zum preußischen Mythos.

An Königin Luise mußten sich alle ihre Nachfolgerinnen messen lassen. Für *Elisabeth von Bayern* (1801–1873), Gemahlin Friedrich Wilhelms IV., war diese Hypothek besonders schwer. Elisabeth nämlich war ganz anders geartet, schüchtern, zurückhaltend und ohne jegliche Begabung für Repräsentation. Die Herzen der kritischen Berliner konnte sie nicht auch nur ansatzweise gewinnen. Erschwerend kam hinzu, daß sie keine Kinder hatte und katholisch war, zumindest in den ersten Jahren ihrer Ehe. Achtung erwarb sie sich erst, als sie über Jahre hinweg ihren schwerkranken Gemahl aufopfernd bis zu seinem Tod pflegte.

Angesichts der widrigen Lebensbedingungen, mit denen der größte Teil ihrer Geschlechtsgenossinnen im 17. und 18. Jahrhundert zu kämpfen hatte, wäre es sicherlich nicht angebracht, Preußens Königinnen, die ihr Leben im sprichwörtlichen »goldenen Käfig« verbracht haben, ausdrücklich zu bedauern. Häme, Spott und Schadenfreude sind bei der Darstellung der sieben Frauenschicksale freilich ebenso fehl am Platz.

Im übrigen ist der Reigen der preußischen Königinnen, die in den folgenden Kapiteln vorgestellt werden, nicht ganz vollständig. Nicht aufgenommen sind die Gemahlinnen von Wilhelm I. (1797–1888), Friedrich III. (1831–1888) und Wilhelm II. (1859–1941), jenen preußischen Königen also, die seit 1871 zugleich Kaiser des Deutschen Reiches waren. Die Lebenswege der drei deutschen Kaiserinnen, Augusta von Sachsen-Weimar (1811–1890), Victoria von England (1840–1901) und Auguste Viktoria von Schleswig-Holstein-Sonderburg-Augustenburg (1858–1921) wurden bereits in dem Buch »Die deutschen Kaiserinnen« 1871–1918, das ebenfalls im Verlag Friedrich Pustet erschienen ist, behandelt.

»Gott hilft den Tüchtigen« –
Der Aufstieg Brandenburg-Preußens

Des »Heiligen Römischen Reiches Streusandbüchse«

»Der Staat Preußen, der seit jeher Träger des Militarismus und der Reaktion in Deutschland gewesen ist, hat in Wirklichkeit zu bestehen aufgehört.«

So beginnt das Gesetz No. 46 des Alliierten Kontrollrates vom 25. Februar 1947, und so endet unwiderruflich die Geschichte Preußens, mit dem nicht nur die Siegermächte seinerzeit »Militarismus und Reaktion« gleichsetzten. Und doch ist Preußen nicht wirklich tot. Das wird besonders jetzt zur Jahrtausendwende spürbar, da Bundesregierung und Parlament von Bonn nach Berlin ziehen. Hier schließlich, in Deutschlands Hauptstadt, sind Preußens Spuren noch ganz real erfahrbar: Nicht nur die alte Prachtstraße Unter den Linden und das Brandenburger Tor, auch der Dom, das Zeughaus und Schloß Charlottenburg legen Zeugnis ab von einer preußischen Geschichte, die keineswegs allein durch »Militarismus und Reaktion« gekennzeichnet war. »Preußen«, so urteilte Madame de Staël zu Beginn des 19. Jahrhunderts, »zeigte ein Doppelgesicht wie der Januskopf: ein militärisches und ein philosophisches.« Und derart ambivalent ist es von Anfang an gewesen …

Dabei lagen die Anfänge von »Preußens Gloria« gar nicht einmal in Preußen selbst, sondern in Brandenburg. Als Sophie Charlotte von Hannover, die 1701 erste preußische Königin wurde, 1668 das Licht der Welt erblickte, befand sich Preußen – das spätere Ostpreußen – weit östlich davon, begrenzt von Weichsel, Memel und Ostsee. Vorerst als polnisches Lehen war es 1618 an Brandenburg gekommen, ein damals noch völlig bedeutungsloses Kurfürstentum. Niemand wohl hätte zu Beginn des 17. Jahrhunderts auch nur einen Gedanken daran verschwendet, daß dieses Land binnen eines guten Jahrhunderts zur gefürchteten Großmacht aufsteigen könnte. Die Voraussetzungen dafür waren denkbar ungünstig.

Der Kern des Kurfürstentums, die Mark Brandenburg, lag abseits der großen Handelsstraßen und war ein dünnbesiedeltes Land ohne Bodenschätze. Selbst für die Landwirtschaft war der sandige Boden wenig ergiebig, so daß bestenfalls die Schafe dessen Erträge zu schätzen wußten. »Des Heiligen Römischen Reiches Streusandbüchse« wurde die Mark daher verächtlich genannt. Seitdem der Nürnberger Burggraf Friedrich von Hohenzollern (1371–1440) im Jahr 1415 von König Sigismund die kurfürstlichen Rechte erhalten hatte, regierte das Haus Hohenzollern über Brandenburg, doch die Kurfürsten fristeten ihr Leben fern von den großen Ereignissen der Geschichte.

Eine Änderung begann sich erst mit der Regierungszeit Johann Sigismunds (1608–1620) abzuzeichnen, allerdings ohne Zutun dieses Regenten, der, eher dem Alkohol als der Politik zugeneigt, jahrelang nahezu regierungsunfähig war, ehe er mit 47 Jahren starb. Doch im Jahr 1614 gewannen die Hohenzollern durch Erbschaft das Herzogtum Kleve am Niederrhein sowie die Grafschaften Mark und Ravensberg dazu (weswegen es heutzutage auch in Wesel und Minden Preußen-Museen gibt!). Zwar handelte es sich dabei um reiche Gebiete, mit Ackerbau, Viehzucht und sogar einigen beachtlichen Industriezweigen, aber viele Tagereisen von der Mark Brandenburg entfernt. – Vier Jahre später fiel dann – ebenfalls durch Erbschaft – das Herzogtum Preußen an die brandenburgische Hauptlinie des Hauses Hohenzollern.

Just in diesem Jahr freilich begann der 30jährige Krieg, in dem Brandenburg derart verheert wurde, daß es Grund genug gab, an seinem Wiederaufbau zu zweifeln: Schwedische Truppen hatten weite Landstriche verwüstet, Dörfer und Städte waren entvölkert, Berlin war weitgehend zerstört, Handel und Gewerbe lagen danieder, die Einwohnerzahl war von 600000 auf 210000 gesunken. Bei alledem war Kurfürst Georg Wilhelm (1620–1640) ein denkbar schlechter Herrscher in Krisenzeiten. Schwach, wankelmütig und ohne Durchsetzungsvermögen lavierte er zwischen Schweden und Kaiserlichen hin und her, und als er im Dezember 1640 starb, hinterließ er seinem Sohn und Nachfolger ein einziges Chaos.

Friedrich Wilhelm, der »Große Kurfürst«

Der neue Kurfürst Friedrich Wilhelm (1640–1688), der nun nahezu ein halbes Jahrhundert lang die Geschicke Brandenburg-Preußens lenken sollte, war bei seinem Regierungsantritt ein erst 20jähriger Jüngling, und nichts deutete darauf hin, daß er in den nächsten Jahren das fatale Schicksal seines Landes wenden und einmal als der »Große Kurfürst« in die Geschichte eingehen sollte. Während Brandenburg tief in den Krieg verwickelt gewesen war, hatte man den 15jährigen Kurprinzen teils als Vorsichtsmaßnahme, teils aus erzieherischen Gründen zu Verwandten nach Holland geschickt. Friedrich Wilhelms Mutter Elisabeth Charlotte von der Pfalz, eine Schwester des »Winterkönigs« von Böhmen, war die Tochter der Oranierprinzessin Luise Juliane (1576–1644), Gemahlin Friedrichs IV., des Kurfürsten von der Pfalz.

Während die Oranier damals zu den hervorragendsten Herrscherfamilien Europas zählten, war das Haus Hohenzollern bedeutungslos und zudem so verarmt, daß man angeblich am Essen sparen mußte, um die Reise des jungen Friedrich Wilhelm überhaupt bezahlen zu können. Aber Prinz Friedrich Heinrich von Oranien (1583–1647) nahm den Enkel seiner Pfälzer Schwester Luise Juliane gastfreundlich bei sich auf und ermöglichte ihm einen dreijährigen Aufenthalt in den Niederlanden, einschließlich eines Studiums in Leyden und Arnheim.

Friedrich Wilhelm war zutiefst beeindruckt von dem blühenden wirtschaftlichen und geistigen Leben dieses Landes. Sein Großonkel Friedrich Heinrich von Oranien, seit 1625 Statthalter der Niederlande, war ein Förderer der Baukunst und Malerei, zudem der Führer des europäischen Calvinismus. Als überzeugter Calvinist hatte er das alte christliche Bewußtsein verinnerlicht, so etwas wie ein »Mitarbeiter Gottes« zu sein, der sich tatkräftig und verantwortungsbewußt dafür einzusetzen hatte, daß Gottes Wille auf Erden verwirklicht werde, gemäß der Maxime »Gott hilft den Tüchtigen«! Während seiner Regierung entwickelten sich die Niederlande zum Musterland des Merkantil- und Kommerzwesens, der neuzeitlichen Finanz- und Steuerverwaltung sowie der Handels- und Kolonialpolitik und wurden damit zum Vorbild für viele europäische Fürsten.

Als der 18jährige Hohenzollernprinz hingegen 1638 nach Berlin zurückkehrte, betrachtete er ratlos sein künftiges Erbe, einen Scherbenhaufen: Die Stadt war zerstört, das Elend der Bevölkerung so groß, daß sie sich von Hunden, Katzen, Ratten, ja, manchmal sogar von Menschen ernährt haben soll. In ganz Brandenburg gab es keine Landwirtschaft mehr; die Höfe waren verheert, die Bauern ermordet, marodierende Banden durchstreiften das Land, in dem sich Fatalismus, Mut- und Hoffnungslosigkeit breitgemacht hatten.

So stand Friedrich Wilhelm bei seinem Regierungsantritt 1640 vor einem schier unlösbaren Problem: Seine Vorgänger hatten ihm ein verwüstetes Land und leere Kassen hinterlassen. Brandenburg mußte wieder aufgebaut werden, und nicht nur das: Es gab fünf nicht nur geografisch getrennte Landmassen: Kleve, Mark, Ravensberg, Brandenburg und Preußen, die sich in Verwaltung, Konfession, Wirtschaft und Ständerechten unterschieden. Stände – das waren die Vertreter der privilegierten Gruppen Adel, hohe Geistlichkeit und Bürgertum. Sie traten im politischen Bereich als in sich geschlossene Gruppen in der Ständeversammlung hervor, wo sie ihre korporativen Rechte und Freiheiten gegen den Landesherrn verfochten. Macht und Einfluß besaßen sie im wesentlichen dadurch, daß sie das Steuerbewilligungsrecht innehatten, so daß der Landesherr finanziell von ihnen abhängig war. Um Handlungsfreiheit zu gewinnen, war die Brechung der Vormacht der Stände daher die vornehmste Aufgabe für den Kurfürsten von Brandenburg-Preußen. Gleichzeitig mußte es Friedrich Wilhelm gelingen, seine Herrschaftsgebiete irgendwie – geografisch war es ja unmöglich – zu verbinden, um aus dem Streubesitz einen Gesamtstaat zu schaffen.

Die Begründung des Absolutismus

Wie seine niederländischen Verwandten war auch Friedrich Wilhelm in calvinistischem Glauben und entsprechender Gesinnung erzogen worden, und wie diesen galten auch ihm Erfolgsstreben und Pflichterfüllung als gottgewollt und -gesegnet. Auf dieser Grundlage schickte er sich nun an, seine Länder sowohl von den Kriegsfolgen zu befreien als auch seine eigene Macht auszubauen.

Am Hofe seines Großonkels (und späteren Schwiegervaters) Friedrich Heinrich von Oranien hatte Friedrich Wilhelm die Vorteile eines »stehenden Heeres« kennengelernt, einer stets präsenten, einsatzbereiten Armee, die allerdings den großen Nachteil hatte, daß sie Unsummen verschlang, wesentlich mehr als jene zusammengewürfelten Söldnerhaufen, die bei Kriegsbeginn im wahrsten Sinne des Wortes »zusammengetrommelt« und nach Einstellung der Kämpfe wieder verabschiedet wurden. Geld aber besaß der junge Kurfürst nicht, und die Stände waren naturgemäß wenig daran interessiert, eine Armee zu finanzieren, die den Landesherrn stärken und ihre eigene Position damit zwangsläufig schwächen würde. Und doch billigten sie im Laufe der Jahre Friedrich Wilhelm ein »stehendes Heer« zu – allerdings nur um den hohen Preis wirtschaftlicher Vergünstigungen. Die Junker, wie man die märkischen Landadeligen bezeichnete, konnten so eine erhebliche Ausweitung ihrer Gutsherrenrechte durchsetzen. Im Landtagsrezeß von 1653 wurden ihnen nicht nur Abgabenfreiheit, Zollfreiheit für Korn-, Holz- und Wollausfuhr, freies Jagdrecht und ähnliche Privilegien zugestanden, von ausschlaggebender Bedeutung war, daß das sogenannte »Bauernlegen« staatlich legalisiert wurde, und zwar in einer für die Bauern besonders drückenden Form: Die Leibeigenschaft galt als das Übliche, und wo ein Bauer behauptete, frei zu sein, oblag ihm die Beweislast. Daß er kaum eine Chance hatte, muß nicht eigens betont werden. Das freie Bauerntum war damit praktisch beseitigt worden, und die Junker konnten mit ihrer »Entschädigung« mehr als zufrieden sein.

Die Folge für den Kurfürsten von Brandenburg-Preußen war freilich zunächst einmal ein finanzieller Engpaß, denn eine merkantilistische Wirtschaftspolitik allein konnte den enormen Finanzbedarf nicht decken. Doch wie heute, so war es auch schon damals üblich, die Steuern zu erhöhen oder gegebenenfalls neue einzuführen, wenn der Staat Geld brauchte. In diesem Fall war es die Akzise, die Friedrich Wilhelm ebenfalls bei seinem Aufenthalt in den Niederlanden kennengelernt hatte. Die Akzise war eine indirekte Verbrauchssteuer, die vor allem die Gegenstände des alltäglichen Lebens betraf. Sie wurde an den Stadttoren erhoben und von den Kaufleuten an die Verbraucher weitergegeben.

Zudem hatten die einzelnen Länder der Zentralregierung in Berlin jährlich direkte Steuern, sogenannte Kontributionen zu zahlen. Eintreibung und Verwaltung der Gelder wurden nun aber nicht mehr von den Ständen, sondern von staatlichen Behörden wahrgenommen. So entwickelte sich ein einheitliches, nur vom Kurfürsten abhängiges Beamtentum – sorgfältig ausgewählt, korrekt, fleißig und pflichtbewußt, also ein Hort der vielzitierten »preußischen Tugenden«.

Ein solcher Beamtenapparat erhöhte die Staatskosten natürlich erneut. Und obwohl die Steuern ständig und mit Nachdruck eingetrieben wurden, reichten sie unter Kurfürst Friedrich Wilhelm nicht aus, um ein »stehendes Heer« auf Dauer unterhalten zu können. Die brandenburg-preußische Armee, die bei seinem Regierungsantritt lediglich etwa 4650 Soldaten umfaßte, war schließlich 1688, in seinem Todesjahr, auf 30 000 Mann angewachsen, eine ungeheuer große Zahl für ein solch kleines und armes Land, das sich nur langsam wieder von den Folgen des 30jährigen Krieges erholte. Brandenburg-Preußen blieb daher weitgehend auf Hilfsgelder ausländischer Staaten angewiesen. Aber auch wenn diese Subsidien, besonders aus Frankreich, reichlich flossen, so mußte in der Armee doch überall auf Kosten der Mannschaften gespart werden. Lohn, Kleidung und Kost waren in der Regel schlechter, Drill, Disziplin und Strafen hingegen härter als zum Beispiel im absolutistischen Frankreich.

Wie wir wissen, war der Adel von der Besteuerung befreit. Als Gegenleistung verlangte der Kurfürst nun von den adeligen Söhnen, ihm in den höheren Rängen von Armee und Verwaltung zu dienen. Manche leisteten diese Dienste zwar zunächst etwas unwillig, aber im großen und ganzen kam diese Regelung nicht ungelegen: Viele Adelsgeschlechter waren verarmt und hatten erhebliche Schwierigkeiten, ihre jüngeren Söhne zu versorgen. Das Heer aber löste dieses Problem. Schon bald bestand das Offizierscorps zu einem sehr großen Teil aus einheimischen Adeligen, die sich einer exponierten Stellung auf der sozialen Leiter erfreuten und stolz darauf waren, ihrem Land »dienen« zu können. (Wie wir nicht nur aus Zuckmayers »Hauptmann von Köpenick« wissen, sollte die korrekte Antwort auf die Frage »Haben Sie gedient?« später einmal von existenzieller Bedeutung sein ...) Es entwickelte sich ein Corpsgeist, der gewissermaßen an die feudalistische Königstreue früherer Zeiten anknüpfte und zur Folge hatte, daß der Adel durch die Armee fest an den Hohenzollern-Staat gebunden wurde. Damit hatte Friedrich Wilhelm gleich zweierlei erreicht: die politische Entmachtung des Adels bei gleichzeitiger »Okkupation« durch den Staat, dessen »Diener« wiederum zur herrschenden Klasse in Brandenburg-Preußen aufstiegen.

Noch aber waren die Wunden, die der 30jährige Krieg geschlagen hatte, längst nicht verheilt, und Kurfürst Friedrich Wilhelm mußte Sorge dafür tragen, daß sein geschundenes Land langsam wieder zu Kräften kam. Unterstützt wurde er bei dieser schwierigen Aufgabe von einer klugen Beraterin, denn Friedrich Wilhelm hatte damals in den Niederlanden nicht nur das »stehende Heer« und die Akzise, sondern auch seine erste Gemahlin kennengelernt: Luise Henriette von Oranien (1627–1667).

»Regieren Sie doch selbst, Madame!« –
Kurfürstin Luise Henriette

Luise Henriette war die älteste Tochter des ebenso begabten wie erfolgreichen Statthalters der Niederlande, Friedrich Heinrich von Oranien, und seiner nicht minder staatskundigen Gemahlin Amalie, einer geborenen Gräfin von Solms-Braunfels.

Es war der 19jährigen keineswegs leichtgefallen, ihre wohlhabende Heimat zu verlassen, um einem ungeliebten Verwandten als dessen Ehefrau ins arme und verwüstete Brandenburg zu folgen. Nur schweren Herzens hatte sich Luise Henriette dem Willen ihres Vaters gebeugt und der Hochzeit mit dem jungen Kurfürsten (1646) mit äußerstem Widerwillen zugestimmt. Freilich war auch sie selbst für den Bräutigam die »zweite Wahl« gewesen, da er ursprünglich (wegen der Rückgabe Vorpommerns) Christine von Schweden hatte heiraten wollen bzw. sollen. Nun aber ließ die politische Lage eine möglichst enge Annäherung an die Niederlande wünschenswert erscheinen, und beide Fürstenkinder hatten sich den politischen Notwendigkeiten unterzuordnen.

Wider Erwarten begann sich die zierliche Oranierin schon bald in ihrer recht unwirtlichen neuen Heimat wohlzufühlen, auch wenn es ihr schwerfiel, die Landessprache zu lernen, die sie ihr Leben lang nicht richtig beherrschen sollte. Das war freilich nicht weiter schlimm, denn bei Hof war ohnehin Französisch in Mode gekommen. Zudem blieb die fremde Sprache das einzige Hindernis, denn Luise Henriette war eine ungewöhnliche Frau, sanft und liebevoll, dabei aber willensstark und wie ihre Eltern mit exzellentem politischen Verständnis begabt. Vor allem aber hat sie es ausgezeichnet verstanden, sich mit ihrem schwierigen kurfürstlichen Gemahl zu arrangieren, denn wie viele männliche Mitglieder der Hohenzollernfamilie war auch Friedrich Wilhelm aufbrausend und jähzornig, so daß seine Umgebung nicht selten unter plötzlichen Wutausbrüchen zu leiden hatte.

Nahezu zwanzig Jahre lang war Luise Henriette viel mehr als nur die »Frau an seiner Seite«. Mit Rat und Tat stand sie ihrem

Mann beim schwierigen Aufbau Brandenburg-Preußens bei und unterstützte insbesondere seine Peuplierungspolitik, wobei durch Kriegseinwirkung unbewohnte Landstriche mit tüchtigen Einwanderern aus ihrem Heimatland bevölkert und gleichzeitig niederländische Experten für Garten-, Landschafts- und Kanalbau ins Land geholt wurden. Auch Berlin begann sich unter der Regierung Friedrich Wilhelms langsam wieder zu erholen. Bis zum Juni 1648 wurde das Berliner Schloß im holländischen Barockstil erneuert, und andere wichtige Bauvorhaben folgten.

Luise Henriette nahm all ihre Aufgaben sehr ernst, mitunter vielleicht ein wenig zu ernst, wie immer wiederkehrende Anfälle von Schwermut beweisen. So schrieb sie einmal voller Melancholie an einen Vertrauten, gerne wolle sie ihr Leben geben, wenn sie nur ihrem Gemahl irgendwie nützen und ihn glücklich machen könnte. Dabei war dieser Herzenswunsch damals, nach 12jähriger Ehe, schon längst in Erfüllung gegangen. Die enge Zusammenarbeit hatte die beiden mit der Zeit zu einer immer tiefer und herzlicher werdenden Gemeinschaft verbunden, und aus der ursprünglichen politischen Verbindung war verhältnismäßig rasch eine glückliche Ehe geworden. Sechs Kinder brachte die immer etwas kränkelnde Luise Henriette zur Welt, von denen allerdings keines älter als 20 Jahre wurde – bis auf ihr Sorgenkind »Fritzchen«, das 1701 als Friedrich I. der erste König »in« Preußen werden sollte.

Trotz labiler Gesundheit, zahlreicher Schwangerschaften und Fehlgeburten begleitete die kluge Oranierin ihren kurfürstlichen Gemahl wiederholt auf Reisen, bisweilen auch auf seinen Feldzügen. Ihre Meinung und Vorschläge bedeuteten Friedrich Wilhelm viel, und so kam es häufiger vor, daß er den Staatsrat verließ, um Luise in ihren Gemächern aufzusuchen und ihre Meinung zu bestimmten Fragen einzuholen. Insofern war es wohl auch nicht ganz ernst gemeint, als er ihr einmal, so wird kolportiert, voller Wut seinen Kurfürstenhut vor die Füße geworfen und sie aufgefordert haben soll, die Regierungsgeschäfte doch selbst zu übernehmen, wenn sie immer alles besser wisse. »Einen Kopfputz«, soll er geschrien haben, »sollte ich wohl eher tragen als dies hier! Regieren Sie doch selbst, Madame!«

Als Luise Henriette im Alter von nur 39 Jahren verstarb, war Friedrich Wilhelm untröstlich. »Luise, Luise, wie fehlt mir Dein Rat!« rief er verzweifelt, als er sich der Lücke bewußt wurde, die seine erste Gemahlin hinterlassen hatte und die die ganz anders geartete Dorothea, die er bald darauf heiratete (s. S. 51 ff.), nicht auszufüllen vermochte.

Noch heute erinnert Schloß Oranienburg vor den Toren Berlins, das ab 1651 in Luises Auftrag von holländischen Architekten errichtet wurde, an die bedeutungsvolle Mutter des ersten preußischen Königs.

»... man darf sogar seinen Unglauben bekennen.« – Religionspolitik in Brandenburg-Preußen

Friedrich Wilhelm war, wie wir gehört haben, ein frommer Calvinist, für den der Glaube zugleich Auftrag zu Erfolgsstreben und Pflichterfüllung gewesen ist. Nun galt bekanntlich seit dem Augsburger Religionsfrieden (1555) im Reich das Prinzip »Cuius regio, eius religio«, das heißt, daß für die Untertanen stets das Bekenntnis des Landesherrn maßgeblich war. In Brandenburg-Preußen freilich hatte man sich entschlossen, einen anderen Weg zu gehen.

Dabei lag die Zeit, in der man sich nicht gescheut hatte, seinem »Nächsten« wegen eines falsch ausgelegten Bibelwortes den Schädel zu spalten, noch nicht allzu lange zurück, und Kurfürst Johann Sigismund (1608–1620), der stets leicht alkoholisierte Regent, hatte die Glaubensstreitigkeiten durch seinen Übertritt zu den Reformierten oder Calvinisten eher noch verstärkt. Grund für den Konfessionswechsel war ein unentwirrbares Knäuel aus machtpolitischen Erwägungen und persönlicher Überzeugung, was heutzutage wohl kaum ein Mensch nachzuvollziehen vermag. Damals aber war diese Konversion ein gewaltiges Ärgernis in einer äußerst strenggläubigen und ordnungssüchtigen Zeit.

Die evangelische Konfession nämlich war seit dem Bruch mit Rom in mehrere, untereinander verschiedene Bekenntnisse gespalten.* Sie gingen zwar alle auf die Reformation zurück, aber nicht alle folgten Luther und seiner Lehre. Neben der lutherischen Konfession setzte sich damals vor allem das reformierte Bekenntnis durch, das seinen Ursprung mit Calvin und Zwingli in der Schweiz genommen hatte. Von dort breitete es sich nach Süd- und Westdeutschland aus, nach Frankreich, England und in die Niederlande. Mehr als im Luthertum wurde bei den Reformierten auf die Geltung des Bibelbuchstabens als Gesetz wertgelegt. Als reformiertes Zentraldogma galt die Lehre von der Prädestination (Erwählung), die auch die politische Haltung der Calvinisten geprägt hat: die Verpflichtung, als Erwählte Gottes in dieser Welt auch für dessen Ehre zu kämpfen.

Freilich ließen weder Lutheraner noch Reformierte über den rechten protestantischen Glauben mit sich handeln. Sie hatten füreinander nicht mehr übrig als für die Katholiken, und alle waren sie überzeugt, daß sich die Anhänger des »falschen« Glaubens auf dem besten Weg in die Hölle befanden.

Nun aber waren die Brandenburger seit der Reformation treue Lutheraner, während sich die Landesherren zur calvinistischen Konfession bekannten – eine höchst prekäre Situation, die Schlimmes befürchten ließ. Doch dann geschah das völlig Unerwartete: Man ließ einander gewähren, und nicht nur das: Die Tatsache, daß die Herrscher aus dem Hause Hohenzollern zur religiösen Minderheit im eigenen Land zählten, wurde zum Motor einer bis dahin völlig unbekannten Toleranzpolitik, die Brandenburg-Preußen in diesem Jahrhundert von allen Staaten Europas unterschied. So wußte der französische Gesandte Herzog von Nivernais zu berichten: »Preußen ist das einzige Land in Europa, wo die Toleranz allgemein und unbeschränkt ist. Man kann sich zu jeder beliebigen Religion oder gar keiner bekennen, man darf sogar seinen Unglauben bekennen. Jede Glaubensgemeinschaft ist in ihrer inneren Verwaltung frei, je-

---

* 1817 gründete Friedrich Wilhelm III. anläßlich des 300. Jahrestages der Reformation die Evangelische Union der lutherischen und reformierten Kirche in Preußen.

des Bekenntnis bleibt auf sich selbst beschränkt ohne feste Beziehung zu den übrigen. Der Calvinist, der Lutheraner, der Wiedertäufer verketzern sich gegenseitig und schaden doch nicht. Der Katholik verdammt und exkommuniziert alle anderen, schadet aber niemanden ... Preußen ist das einzige Land der bekannten Welt, wo mehrere Religionen ungestört nebeneinander bestehen.«

Diese einzigartige religiöse Toleranz war freilich eine politische Notwendigkeit. Der aus so vielen Ländern bestehende Staat war schon allein aus Vernunftgründen, aus Herrschaftslogik gezwungen, mit den verschiedenen Konfessionen Frieden zu halten, und so wurde gewissermaßen aus der Not eine Tugend. Friedrich Wilhelm hatte ganz klar erkannt, daß religiöse Intoleranz ein enormes Hindernis für die politische und wirtschaftliche Entwicklung gewesen wäre, und hier hatte er ganz eindeutig seine Prioritäten gesetzt.

Als Ludwig XIV. 1685 das Edikt von Nantes widerrief, mit dem Heinrich IV. 1598 den Hugenotten freie Religionsausübung gewährt hatte, erließ der brandenburg-preußische Kurfürst umgehend im November 1685 das »Edikt von Potsdam«, mit dem er die unglücklichen französischen Glaubensgenossen aufforderte, in sein Land zu kommen und sich dort niederzulassen. Es kamen 20 000 Menschen, Calvinisten wie der Hohenzollernherrscher selbst, die sich als weiterer Ansporn für die brandenburg-preußische Industrie erwiesen. Zwar waren es meist die Ärmeren, die sich auf den Weg in »Des Heiligen Römischen Reiches Streusandbüchse« machten, während die Wohlhabenderen in wirtschaftlich und kulturell anziehendere Länder wie Holland und England gingen, auch wenn ihnen dort weniger Unterstützung geboten wurde. Aber auch die weniger einkommensstarken Hugenotten brachten Kenntnisse und Fertigkeiten mit, die bislang im Land gefehlt hatten oder zu gering entwickelt waren: Sie begründeten Manufakturen zur Herstellung von Tüchern und feineren Wollzeugen, Seidenstoffen, gewirkten Teppichen, Gobelins und anderem mehr, und Brandenburg-Preußen hatte einen solchen Zustrom von Menschen und Kenntnissen wahrhaftig dringend nötig! Der Kurfürst nutzte damit die große Chance, sowohl seinen Glaubensgenossen zu helfen, als auch Menschen ins Land zu holen, die aufgrund ihrer Ausbildung in Frankreich der neuen Heimat entscheidende wirtschaftliche Impulse gaben.

Natürlich ging das alles nicht ohne Widerstände. Die einheimische Bevölkerung nahm die französischen Flüchtlinge nicht gerade mit offenen Armen auf und stieß sich an der fremden Sprache, Kleidung und anderen Lebensgewohnheiten. Allmählich aber nahm diese abwehrende Haltung ab, und die hochmotivierten und durchaus integrationsbereiten Hugenotten wurden im allgemeinen bereitwillig akzeptiert und als Landsleute angesehen, wohingegen man den Juden nach wie vor ein nicht geringes Mißtrauen entgegenbrachte, obwohl Kurfürst Friedrich Wilhelm auch hier Toleranz verordnete, »da Wir noch der beständigen Meinung sind, daß die Juden mit ihren Handlungen Uns und dem Lande nicht schädlich, sondern vielmehr nutzbar erscheinen«.

Mit Fortune und Flexibilität

Als Friedrich Wilhelm am 8. Mai 1688 im Alter von 68 Jahren starb, hatte er beinahe ein halbes Jahrhundert lang regiert. Vieles war in dieser Zeit getan worden, vieles aber blieb noch zu tun. Sein Verdienst bestand darin, einen verhältnismäßig zentralisierten Staat geschaffen zu haben, der von Berlin aus regiert und durch mehrere gemeinsame Institutionen zusammengehalten wurde, wobei das Gebiet praktisch das gleiche war wie zu seinem Herrschaftsbeginn. Er war es aber auch, der die Grundlagen dafür schuf, daß Preußen einmal das Symbol für einen Militarismus werden sollte, der immer das »andere«, das »philosophische« Preußen, das mit Schlüter, Kant, Humboldt oder Fontane in Verbindung gebracht wird, überlagerte.

Ein militärisches Genie freilich ist Friedrich Wilhelm keineswegs gewesen. »Flexibel« war er, wechselte die Bündnispartner ganz nach Bedarf und ohne Skrupel. Zu Recht sprach ein zeitgenössisches Flugblatt davon, daß die brandenburgische Politik unter »Wechselfieber« leide. Es wechselten nicht nur die Verbündeten, sondern auch die Mittel dieser Politik, die bald aggressiv, bald unterwürfig war und auch vor Verrat, Käuflichkeit und Länderschacher nicht zurückschreckte. Doch diese schwankende Politik war erfolgreich: Im Nordischen Krieg erreichte Friedrich Wilhelm mit dem Vertrag von Wehlau (1657) die volle Souveränität Brandenburgs in Preußen, die mit dem Frieden von Oliva (1660) bestätigt wurde.

Ein großer Feldherr ist Friedrich Wilhelm also nicht gewesen, und nur einmal, nämlich im Jahr 1675, zeigte seine kostspielige Armee, was sie konnte, und schlug die Schweden in der Schlacht bei Fehrbellin. Dieser Sieg war es übrigens auch, der ihn vom Kurfürsten zum »Großen Kurfürsten« aufrücken ließ, nachdem er erstmals in einem elsässischen Volkslied als solcher bezeichnet worden war. Vielleicht nicht gerade ein Ehrentitel, doch ein durchaus respektvolles Attribut für den Mann, der mit unbeugsamer Energie die Grundlagen zum späteren Preußen schuf. Der Name »Preußen« setzte sich übrigens dann im 18. Jahrhundert für den gesamten Staat mit all seinen Besitzungen durch – und der wuchs und wuchs, bis schließlich mehr als zwei Drittel aller Deutschen Preußen waren.

SOPHIE CHARLOTTE

von Hannover (Braunschweig-Lüneburg)

* 30. Oktober 1668 in Hannover
⚭ 8. Oktober 1684 Friedrich von Brandenburg (1657–1713),
seit 1701 König in Preußen
† 1. Februar 1705 in Hannover

STAMMTAFEL

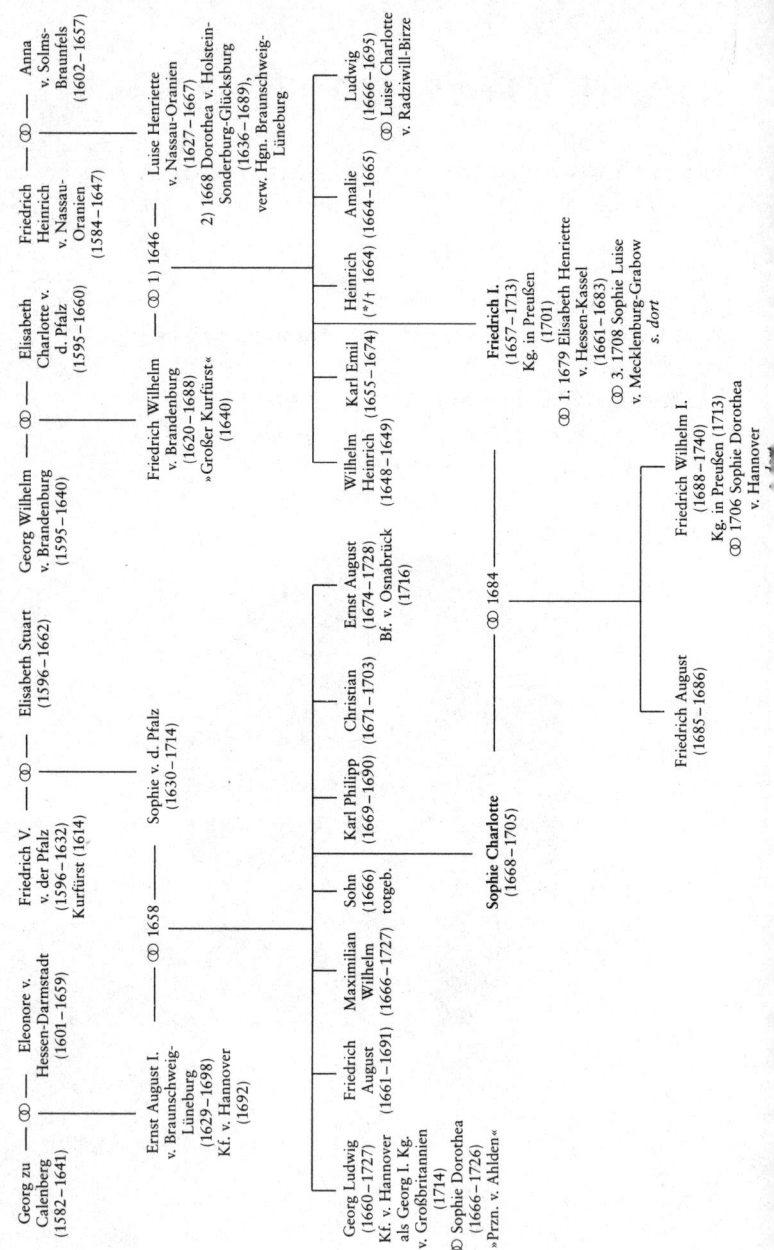

Georg zu Calenberg (1582–1641) ⚭ Eleonore v. Hessen-Darmstadt (1601–1659)

Elisabeth Stuart (1596–1662) ⚭ Friedrich V. v. der Pfalz (1596–1632) Kurfürst (1614)

Georg Wilhelm v. Brandenburg (1595–1640) ⚭ Elisabeth Charlotte v. d. Pfalz (1595–1660)

Friedrich Heinrich v. Nassau-Oranien (1584–1647) ⚭ Anna v. Solms-Braunfels (1602–1657)

Ernst August I. v. Braunschweig-Lüneburg (1629–1698) Kf. v. Hannover (1692) ⚭ 1658 Sophie v. d. Pfalz (1630–1714)

Friedrich Wilhelm v. Brandenburg (1620–1688) »Großer Kurfürst« (1640) ⚭ 1) 1646 Luise Henriette v. Nassau-Oranien (1627–1667) 2) 1668 Dorothea v. Holstein-Sonderburg-Glücksburg (1636–1689), verw. Hgn. Braunschweig-Lüneburg

Georg Ludwig (1660–1727) Kf. v. Hannover als Georg I. Kg. v. Großbritannien (1714) ⚭ Sophie Dorothea (1666–1726) »Przn. v. Ahlden«

Friedrich August (1661–1691)

Maximilian Wilhelm (1666–1727)

Sohn (1666) totgeb.

Karl Philipp (1669–1690)

Christian (1671–1703)

Ernst August (1674–1728) Bf. v. Osnabrück (1716)

Sophie Charlotte (1668–1705)

Wilhelm Heinrich (1648–1649)

Karl Emil (1655–1674)

Friedrich I. (1657–1713) Kg. in Preußen (1701) ⚭ 1. 1679 Elisabeth Henriette v. Hessen-Kassel (1661–1683) ⚭ 3. 1708 Sophie Luise v. Mecklenburg-Grabow *s. dort*

Heinrich (*/† 1664)

Amalie (1664–1665)

Ludwig (1666–1695) ⚭ Luise Charlotte v. Radziwill-Birze

⚭ 1684

Friedrich Wilhelm I. (1688–1740) Kg. in Preußen (1713) ⚭ 1706 Sophie Dorothea v. Hannover

Friedrich August (1685–1686)

Trumpfkarte im Poker um die Macht – Jugend einer Barockprinzessin

Ein Brauttausch mit Folgen

In Deutschland, so befand einst die scharfsinnige Kurfürstin Sophie von Hannover (1630–1714), seien die Prinzessinnen wie überhaupt die Mädchen von Stande meist übel gestellt: Oft gebe man sie dem ersten besten, der um sie werbe. Doch trotz aller Einsicht hat Sophie es anscheinend nicht verhindern können (und wollen), daß auch Sophie Charlotte, ihre geliebte einzige Tochter, genau dieses »üble Schicksal« erlitt. Aber alle wichtigen Entscheidungen wurden damals natürlich von Männern getroffen, meist Vätern und Ehemännern, denen sich die Frauen widerspruchslos unterzuordnen hatten, auch und gerade in Heiratsfragen. In den Fürstenfamilien war die Ehe ein probates Mittel dynastischer Machtpolitik, und ihr Hauptzweck bestand darin, möglichst viele männliche Erben hervorzubringen. Auch Sophies eigene Ehe war keine Ausnahme gewesen.

Noch aber lag der schicksalhafte Hochzeitstag in weiter Ferne, als Sophie Charlotte am 30. Oktober 1668 im Schloß von Bad Iburg im Teutoburger Wald zur Welt kam. In jener Zeit war ihre Familie zudem noch vergleichsweise bedeutungslos. Vater Ernst August (1629–1698) aus dem Hause Braunschweig-Lüneburg bekleidete seit dem Tod des Kardinals von Wartenberg 1661 das Amt des protestantischen Fürstbischofs im 20 Kilometer entfernten Osnabrück, Bischofssitz seit Karl dem Großen (803).*

---

* Vom 13. Jahrhundert an fungierten die Bischöfe dort gleichzeitig als Landesherren, und ab 1650, also nach dem Westfälischen Frieden, wurden sie abwechselnd von protestantischen Prinzen aus dem Hause Braunschweig-Lüneburg und katholischen Suffraganen von Köln gestellt.

»Ich war über den Tod des Bischofs sehr froh«, vermerkt Sophie später in ihren Memoiren, eine Formulierung, die auf den Leser gewiß reichlich befremdlich wirken muß. Tatsächlich ist anzunehmen, daß sie weniger über Wartenbergs Tod als vielmehr über den daraus resultierenden Umzug nach Bad Iburg glücklich war, denn zuvor hatte die Familie drei Jahre lang im Alten Leineschloß in Hannover gelebt, unter einem Dach mit Herzog Georg Wilhelm, dem 1624 geborenen älteren Bruder Ernst Augusts und ehemaligen Bräutigam Sophies ...

Werfen wir daher zunächst einen Blick in die Vergangenheit. Ernst August entstammte dem Fürstenhaus der Welfen, einem alten und stolzen Geschlecht, das sich ebenfalls bis in die Karolingerzeit zurückführen läßt und den Höhepunkt seiner Macht unter Heinrich dem Löwen (1129–1195) erreicht hatte. Nach dessen Sturz freilich war es stiller um die Welfen geworden, durch Erbteilung war das Haus zersplittert, und lange Zeit gelang es den einzelnen Fürstenlinien nicht, sich zu einer größeren Vereinigung zusammenzufinden. Erst seit den Erbverträgen von 1635/36 erhielt die ältere Linie das Fürstentum Braunschweig-Wolfenbüttel (mit der Residenz Hannover), die jüngere Linie die Fürstentümer Lüneburg-Celle (mit der Residenz Celle), Grubenhagen und Calenberg-Göttingen. In Hannover und Celle kamen nacheinander alle vier welfischen Brüder an die Regierung: Johann Friedrich (gest. 1679), Christian Ludwig (1665), Georg Wilhelm und schließlich Ernst August, der 1679 in Hannover Einzug halten konnte. Doch bis dahin sollte noch einige Zeit vergehen.

Gut 20 Jahre zuvor nämlich regierte Ernst Augusts älterer Bruder Georg Wilhelm in Hannover und war schon ein recht bedeutender Fürst, als er sich 1658 mit Sophie von der Pfalz, Tochter des Kurfürsten Friedrich V. von der Pfalz und seiner Gemahlin Elisabeth Stuart, verlobte, die er kurz zuvor auf dem Weg nach Italien in Heidelberg kennengelernt hatte. Es dauerte freilich nicht lange, bis er diesen übereilten Schritt schon wieder bereute. Wir wissen nicht, warum er die Verlobung so plötzlich wieder löste, vielleicht war Sophie dem verwöhnten Welfen letztlich nicht hübsch genug. Ihr Gesicht war durch

Blatternnarben verunstaltet, doch dieses Schicksal teilte sie mit zahllosen Menschen ihrer Zeit. Eine Schönheit wäre sie ohnehin nie gewesen, wie zeitgenössische Gemälde beweisen: die Nase ein wenig zu groß, die braunen Haare dünn und strähnig. Mit 28 Jahren war sie zudem (nach damaligen Verhältnissen) auf dem besten Weg, eine »alte Jungfer« zu werden. Doch was auch immer Georg Wilhelm zur Lösung der Verlobung bewogen haben mag – die verschmähte Braut selbst vermutete, daß er kurz zuvor bei seinem Aufenthalt in Venedig von einer italienischen Kurtisane »in einen zum Heiraten wenig geeigneten Zustand« versetzt wurde. Diesem boshaften Tagebucheintrag muß man freilich nicht unbedingt Glauben schenken, wenngleich Kurtisanen im Leben aller vier »welfischen Brüder« eine nicht geringe Rolle gespielt haben.

Wie auch immer, die Situation jedenfalls war peinlich genug, und um die sitzengelassene Braut nicht noch mehr zu kompromittieren, bat Georg Wilhelm kurzerhand seinen jüngsten Bruder Ernst August, er möge Sophie doch freundlicherweise »übernehmen«. Nun war Ernst August als barocker Lebemann von der Idee nicht sonderlich begeistert, entsprach doch die burschikose Sophie nicht unbedingt seinem Traumbild einer fürstlichen Gemahlin. Daß er sich schließlich aber doch noch entschloß, die pfälzische Prinzessin zu heiraten, hatte rein politische Gründe: Die »getauschte Braut« war sein Druckmittel, um Anspruch auf das Erbe Georg Wilhelms erheben zu können! Am 18. April 1658 schlossen die beiden Brüder einen ungewöhnlichen »Vertrag«, in dem sich der Ältere verpflichtete, nicht mehr zu heiraten und bei seinem Tod seine Länder Ernst August zu vermachen. Rechtsverbindlich war das ganze selbstverständlich nicht, eher so etwas wie ein Gentleman's Agreement, das Georg Wilhelm indes in den nächsten Jahren erheblich unter Druck setzen sollte, wie wir noch sehen werden. Denn mit seinen 32 Jahren war der charmante Welfenprinz zum Heiraten ja noch längst nicht zu alt!

Die Hochzeit von Sophie und Ernst August fand am 30. September 1658 in Heidelberg statt, ausgerichtet von Karl Ludwig von der Pfalz, dem ältesten Bruder der Braut. Nach den Feierlichkeiten zog das junge Paar dann nach Hannover, pikanterweise in die Residenz von Georg Wilhelm. Ganz ohne Komplikationen gestaltete sich das Zusammenleben aber offenbar nicht, denn plötzlich begann der Ex-Verlobte das selbstsichere Auftreten seiner neuen Schwägerin sichtlich zu bewundern, und so soll es im Welfenschloß zu allerlei unerfreulichen Eifersuchtsszenen gekommen sein, die schließlich erst mit dem Umzug nach Bad Iburg 1661 ein Ende hatten. Und das erklärt die vermeintliche »Freude« Sophies über den Tod des alten Bischofs von Osnabrück.

»Figuelottes« Kinderjahre

Die unter solch sonderbaren Umständen geschlossene Fürstenehe erfüllte dennoch ihren Zweck. 1660 wurde der erste von sechs Söhnen geboren, Erbprinz Georg Ludwig, der später einmal nicht nur Kurfürst von Hannover, sondern auch als Georg I. König von England werden sollte. Sophie Charlotte, die 1668 zur Welt kam, blieb die einzige Tochter, und Mutter Sophie hing mit ganz besonderer Liebe an dem kleinen Mädchen, das zu den schönsten Hoffnungen zu berechtigen schien. Natürlich freute sich auch der Vater über sein lebhaftes und aufgeschlossenes Töchterchen, doch es blieb nicht das einzige weibliche Wesen, an dem der vitale Ernst August Gefallen fand. Während die Ehe mit Sophie zunächst wider Erwarten verhältnismäßig harmonisch gewesen war, begann der unbeständige Gemahl nach der Geburt Sophie Charlottes wieder in alte Gewohnheiten zu verfallen und sich nach anderen Frauen umzuschauen. Dabei zog es ihn wie schon zu Junggesellenzeiten oft und gerne ins sonnige Italien, wo er sich nicht nur dem Musik- und Kunstgenuß hingab, sondern sich auch mit Maria Mancini (1639–1715) amüsierte, der schönen Nichte Mazarins und Jugendgeliebten Ludwigs XIV. Und sie war offenbar nicht die einzige fürstliche Favoritin, denn wie die hintergangene Sophie ihrem Tagebuch lakonisch anvertraute, hatte »das heilige Land der Ehe den galanten Sinn des Herrn Herzogs nicht geändert, es langweilte ihn nun einmal, immer die gleiche Sache zu besitzen …«

An der kleinen Sophie Charlotte erfreute sich Ernst August daher meist aus der Ferne und überließ die Erziehung der Tochter seiner ebenso gewissenhaften wie gebildeten Gemahlin, der natürlich eine vortreffliche Kinderfrau zu Seite stand: die warmherzige und pädagogisch versierte Katharina von Harling, die schon Sophies Nichte, die berühmte Liselotte von der Pfalz, durch ihre Kinderjahre begleitet hatte (s. S. 37).

Die sechs Brüder waren das große Vorbild der kleinen »Figuelotte«, wie sich das Kind selbst zu bezeichnen pflegte. Mit ihnen tobte sie durch den Schloßgarten, ließ sich Geschichten erzählen und fütterte ihre geliebten Meerschweinchen. Ihnen eiferte sie in jeder Hinsicht nach, und glücklicherweise waren ihre Eltern vernünftig genug, der Tochter – ganz entgegen den Gepflogenheiten der Zeit – die gleiche Ausbildung wie den Söhnen zukommen zu lassen. Dabei spielten natürlich Sprachen eine hervorragende Rolle. Sophie Charlotte beherrschte schon früh das Französische wie ihre Muttersprache, daneben aber auch Englisch und Italienisch, und selbst mit den Grundkenntnissen des Lateinischen wurde die Prinzessin vertraut gemacht. Doch die Gelehrtensprache Latein kam damals so langsam aus der Mode und wurde vom Französischen und Italienischen abgelöst, deren eleganter Klang der höfischen Gesellschaft viel eher zusagte.

Sophie Charlotte war ein fröhliches und lebhaftes Kind, das, wenn es Freude an den Inhalten hatte, spielend lernte. Von ihrer Mutter hatte sie die Liebe zu Büchern geerbt, denn Sophie war sehr belesen und beschäftigte sich vornehmlich mit französischer Lektüre. Schon früh zeigte sich die musikalische Begabung der jungen Prinzessin, und die diesbezügliche Begeisterung teilte sie mit ihrer ganzen Familie. Virtuos beherrschte sie später sowohl Cello als auch Cembalo, hinzu kam, daß sie selbst komponierte. Ihre Musikaufführungen als Kurfürstin und preußische Königin waren berühmt und fanden selbst in Fachkreisen beachtliche Anerkennung. Noch heute ist ihr Cembalo in Schloß Charlottenburg zu sehen.

Als Sophie Charlotte elf Jahre alt war, gab es in ihrem Leben einige einschneidende Veränderungen. Im Jahr 1679 nämlich starb der ältere Bruder ihres Vaters, Onkel Johann Friedrich, der bis dahin als Herzog von Braunschweig-Wolfenbüttel in Hannover regiert hatte. (Unterdessen nämlich war Georg Wilhelm 1665 nach dem Tod des ältesten Bruders Christian Ludwig nach Celle umgesiedelt, wo er als Herzog von Lüneburg nun das größere und reichere Land unter sich hatte.)

Für Sophie Charlottes Familie bedeutete dies das Ende der Zeit in Bad Iburg und den Umzug an die Leine, denn nun stieg Ernst August, der jüngste der vier »welfischen Brüder«, zum regierenden Herzog von Braunschweig-Wolfenbüttel auf. Zu seiner Residenz wählte er das (heute nicht mehr existierende) Barockschloß Herrenhausen mit seinen berühmten Parkanlagen, die heute noch in ihren Ursprüngen erhalten sind. Insbesondere Sophie liebte diesen Garten und machte hier ausgedehnte Spaziergänge, nicht selten in Begleitung des Philosophen Gottfried Wilhelm Leibniz, der, wie wir noch sehen werden, auch im Leben Sophie Charlottes eine nicht unbedeutende Rolle spielen sollte.

Doch vorerst blieb wenig Zeit für philosophische Spaziergänge. Sophie plante den ersten großen Auslandsaufenthalt für ihre Tochter, und zwar im fernen Paris, mitten im Machtzentrum des französischen Sonnenkönigs. Gemeinsam hatte man schon die Rheingegend bereist und die Verwandten in den Niederlanden besucht, denn Sophies Großmutter väterlicherseits, Luise Juliane (1576–1644), war eine Oranierprinzessin gewesen, und ihre Eltern hatten seinerzeit, wie noch zu berichten sein wird, in Den Haag politisches Asyl gefunden. Sophie selbst wurde dort geboren (s. S. 42).

Nun also stand Paris auf dem Programm, und die allem Neuen aufgeschlossene Sophie Charlotte freute sich darauf, die Stadt kennenzulernen, in der ihre 16 Jahre ältere Cousine Elisabeth Charlotte, besser bekannt unter dem Namen Liselotte von der Pfalz, an der Seite des Bruders Ludwigs XIV. ein wenig glückliches Leben führte. Auch Mutter Sophie war froh, ihr ehemaliges »Pflegekind« nach langer Zeit wieder in die Arme schließen zu können, denn Liselotte hatte als Kind mehrere Jahre bei ihrer Tante in Hannover und Bad Iburg verbracht.

»Pflegekind« Liselotte von der Pfalz

Die durch ihre freimütige und nicht selten offen-derbe Korrespondenz berühmt gewordene Liselotte war die Tochter von Sophies Bruder Karl Ludwig von der Pfalz und seiner Gemahlin Charlotte von Hessen-Kassel. Schon das kleine Mädchen galt als »vorwitzig, muthwillig … Kind«, das weniger an Puppen als an den Holzgewehren ihres Bruders Karl interessiert war. Als Liselotte (1652–1722) sechs Jahre alt war, bekam sie eine neue Erzieherin, die die schwierige Aufgabe zu bewältigen hatte, aus dem Wildfang eine gefügige Prinzessin zu formen: die uns bereits bekannte Katharina von Offeln, die dann später in Hannover Friedrich Christian von Harling heiratete, den Oberstallmeister Herzog Ernst Augusts, und aus der unbändigen »Figuelotte« schließlich eine »erbare Dame« machte. Ihr Erziehungskonzept hatte bei Liselotte ebenfalls gegriffen, so daß sie schon bald Herz und Vertrauen dieser schwierigen kleinen Prinzessin hatte gewinnen können.

Und doch lag ein dunkler Schatten über dem Leben des kleinen Mädchens: die fortwährenden Ehestreitigkeiten ihrer Eltern. Die Mutter Charlotte, Tochter des Landgrafen von Hessen-Kassel, war nach zeitgenössischem Urteil zwar eine schöne Frau, aber oberflächlich und im Umgang ausgesprochen schwierig. Als Mutter war sie scheinbar nur wenig geeignet, und auch die Ehe stand von Anfang an unter einem unglücklichen Stern. Bereits ein Jahr nach Liselottes Geburt war Charlotte aus dem ehelichen Schlafzimmer ausgezogen, und Karl Ludwig, der vitale Kurfürst von der Pfalz, hatte in der jungen und schönen Hofdame Luise von Degenfeld schon bald passenden Ersatz gefunden. Das wiederum war der rechtlich angetrauten Charlotte gar nicht recht, und so blieben unerfreuliche Szenen im kurfürstlichen Hause leider nicht aus. Daran änderte sich auch wenig, als die Ehe im Januar 1658 geschieden wurde und der Kurfürst die aparte Luise in morganatischer Ehe heiratete. Denn Charlotte blieb auch weiterhin im Schloß wohnen, und da beide Damen einander spinnefeind waren, blieb es nicht aus, daß die Atmosphäre schließlich vollends vergiftet war. Die kleine Liselotte wurde durch die permanenten Streitereien natürlich stark belastet, und daher hatte Sophie als jüngste und noch kinderlose Schwester des Kurfürsten ihrem Bruder vorgeschlagen, das Kind mit sich nach Hannover zu nehmen und es so lange dort zu behalten, bis sich die Situation daheim entspannt hatte.

Liselotte kam im Juni 1659 und blieb vier Jahre lang, zunächst in Hannover (wo es ja bekanntlich ebenfalls Eifersuchtsszenen gab), dann schließlich in der bischöflichen Residenz Bad Iburg. Es scheint, als seien die vier Jahre bei ihrer Tante, die sie dort gemeinsam mit ihrer Kinderfrau verbrachte, ein wahres Paradies gewesen. Noch Jahrzehnte später, am 27. Februar 1710, schrieb Liselotte in einem Brief an Herrn von Harling: »Ich habe nie keine beßre Zeit gehabt alß zu Hannover.«

Als Sophie Charlotte fünf Jahre nach Liselottes Rückkehr geboren wurde, war aus der ehemals wilden kleinen Pfälzerin bereits eine junge Dame in heiratsfähigem Alter geworden. Sophie Charlotte kannte ihre Cousine bislang also nur aus Erzählungen, zumal Liselotte im Oktober 1671 Heidelberg als junge Braut verlassen und ihre Heimat seitdem nicht mehr wiedergesehen hatte. Glücklich aber schien sie in Paris nicht zu sein.

Besuch beim Sonnenkönig

Viele Meilen waren von Hannover nach Paris zurückzulegen, und Reisen bedeutete in jenen Jahren alles andere als ein Vergnügen. Die Wege waren schlecht, die Kutschen oft nicht minder, und auch fürstliche Reisende wurden unsanft hin- und hergeschüttelt. Achsenbrüche und mitunter auch tödliche Unfälle waren keine Seltenheit.

Um von den Strapazen abzulenken und die Zeit ein wenig zu

verkürzen, wird Sophie ihrer Tochter viele Geschichten erzählt haben, darunter vielleicht auch die, wie Cousine Liselotte von Heidelberg über Hannover schließlich nach Paris gekommen war. Die traurige Geschichte einer gegen ihren Willen verheirateten Prinzessin, die sich so oder ähnlich immer wieder ereignete ...

Im Juni 1670 war Henriette, die Gemahlin des Herzogs von Orléans, des einzigen Bruders Ludwigs XIV., überraschend gestorben, und der Sonnenkönig drängte energisch auf eine baldige Wiederverheiratung. Da eine solche Ehe eine gute »Partie« zu sein schien, betätigte sich eine Tante Liselottes, die ebenfalls in Frankreich lebte, als gewandte Heiratsvermittlerin und steuerte geschickt die Verhandlungen zwischen dem König von Frankreich und dem Kurfürsten von der Pfalz. Dabei konnte man zwei Probleme freilich nicht übersehen: Zum einen war Liselotte Protestantin, das französische Königshaus hingegen katholisch. Zum anderen war die Pfälzerin keinesfalls ebenbürtig, auch wenn sie eine Urenkelin des englischen Königs Jakob I. war. Und drittens waren die Pfälzer obendrein auch noch arm! Aber politisch gesehen, und das sollte schließlich ausschlaggebend sein, rechneten sich beide Seiten Vorteile aus. Ludwig XIV. hätte sich gerne eventuelle Ansprüche auf die Rheinpfalz gesichert, und daß Karl Ludwig nur allzu sehr daran interessiert war, mit dem mächtigsten König von Europa eine Verbindung einzugehen, muß nicht eigens betont werden. Daß er dafür einen hohen Preis zahlte, nämlich das Glück seiner Tochter, war in diesem Zusammenhang zweitrangig.

Liselotte wurde heimlich im katholischen Glauben unterrichtet, und bald war ihre Vermählung mit dem zwölf Jahre älteren Philippe, Herzog von Orléans, beschlossene Sache. Was also blieb ihr anderes übrig, als sich in ihr Schicksal zu fügen?

Am 16. November 1671 fand schließlich die Hochzeit mit Monsieur statt, wie man den königlichen Bruder zu nennen pflegte. Die junge Pfälzerin wurde damit gleich nach der Königin zur ranghöchsten Dame am französischen Hof, doch das reichte nicht aus, um sie in Paris glücklich zu machen. Weder Umgebung noch Ehemann entsprachen ihren Wünschen und

Vorstellungen: Monsieur Philippe, stets in eine dezente Parfumwolke gehüllt, zog, auch wenn er mit Liselotte pflichtbewußt mehrere Kinder zeugte, seine hübschen Günstlinge der eigenen Ehefrau entschieden vor. 1678, nach der Geburt des dritten Kindes, kam man daher überein, die Nächte fortan nur noch in getrennten Betten zu verbringen.

Der Hof des französischen Königs ist der Pfälzerin nie auch nur andeutungsweise zur Heimat geworden. »Alles war deutsch an ihr«, schrieb der Zeitgenosse Saint-Simon und bringt damit zum Ausdruck, wie wenig die bodenständige Liselotte in das schwüle Pariser Ambiente paßte, ein Ambiente, das sie selbst in zahllosen Briefen, die sie an Freunde und Verwandte in der alten Heimat schrieb, mit schonungsloser Offenheit schilderte: »Mit solchen Leuten muß ich mein Leben zubringen, die einem nicht sagen, was sie meinen, sondern lauter Falschheit. Hintenrum aber machen sie alles übel. Ich wollt lieber, daß man mich heimlich schlüg' und daß ich danach quitt davon wär als daß man mich so stichelt wie man tut, denn das quält einem das Mark aus den Beinen und macht das Leben verdrießlich …«

All das wird Sophie, die nie im Leben ein Blatt vor den Mund genommen hatte, ihrer heranwachsenden Tochter erzählt haben, und als Sophie Charlotte schließlich mit ihrer Mutter in Paris eintraf, konnte sie die Hofgesellschaft selbst in Augenschein nehmen.

Ludwig XIV., der zur Hochzeit seiner Nichte Marie Louise mit dem jungen König Karl II. von Spanien eingeladen hatte, erwies sich zwar als ausgesprochen charmanter Gastgeber, aber die junge Prinzessin verstand schon bald, warum sich ihre Cousine Liselotte hier in Paris so »verdrießlich« fühlte. Denn Sophie Charlotte, die sich daheim in Bad Iburg und Hannover vergleichsweise frei hatte entfalten können und nie an ein allzu strenges Hofprotokoll gebunden gewesen war, empfand die strenge Etikette am Hof des Sonnenkönigs extrem bedrückend.

Etikette um der Etikette willen – da gab man sich in Hannover doch wesentlich zwangloser, auch wenn man voll Stolz und Selbstbewußtsein auf eine lange Ahnenreihe zurückblickte! Sophie Charlotte jedenfalls hatte den Eindruck, als würde ihr hier am Hof des Sonnenkönigs die Luft zum Atmen genommen. In dieser künstlichen Atmosphäre, das wußte sie genau, würde sie niemals leben können. (Dabei scheint es Pläne gegeben zu haben, sie mit dem Dauphin zu verheiraten, Pläne, die jedoch schnell wieder verworfen wurden. Königin von Frankreich wäre Sophie Charlotte ohnehin nie geworden, auch wenn sie länger gelebt hätte, denn Ludwig, der Sohn des Sonnenkönigs, starb bereits 1711, also vier Jahre vor seinem Vater.)

Mutter und Tochter waren jedenfalls froh, als sie wieder die Heimreise nach Hannover antreten konnten, und Sophie Charlotte ging 1683 nur ausgesprochen ungern für ein ganzes Jahr nach Frankreich, um dort den notwendigen »aristokratischen Schliff« zu erhalten, der freilich für ihre weitere Zukunft unabdingbar schien. Mit 15 Jahren war die hübsche Prinzessin schließlich im heiratsfähigen Alter, und so mußte sie auf jedem höfischen Parkett eine gute Figur machen können. Heimlich bedauerte Sophie, daß die Verbindung mit dem Dauphin nicht zustandegekommen war, denn allen Widrigkeiten zum Trotz hätte sie ihre Tochter nicht ungern an der Seite des französischen Thronfolgers gesehen. Als eine Nachfahrin der Stuarts war sie ein Leben lang stolz auf diese Herkunft und zugleich voller Ehrgeiz, ihren Kindern eines Tages den Weg zu den Schalthebeln der Macht in Europa zu ebnen.

Sophie und der Stolz der Stuarts

Sophies Ahnenreihe ließ sich mütterlicherseits bis hin zu Maria Stuart zurückführen, der katholischen Königin von Schottland (1542–1587), die seinerzeit auf Befehl ihrer Verwandten, Königin Elisabeth I. von England (1533–1603), gefangengesetzt und enthauptet worden war.

Aus Marias Ehe mit dem später unter ihrem Mitwissen ermordeten Lord Darnley war ein Sohn hervorgegangen, Jakob (1566–1625), der bereits im Alter von 13 Monaten nach der erzwungenen Abdankung seiner Mutter zum schottischen König (Jakob VI.) gekrönt worden war. Wenige Jahre zuvor war

Schottland von der katholischen Kirche abgefallen, und Jakob wurde daher im Sinne des streng reformierten Protestantismus erzogen. So war der Weg für ihn frei, um nach dem Tod Elisabeths I. 1603 als Jakob I. auch den englischen Thron zu besteigen.

Nach Jakobs Tod bestieg sein Sohn Karl (1600–1649) aus der Ehe mit Anna von Dänemark 1625 den Thron seines Vaters, während Tochter Elisabeth (1596–1662) schon 1613 den jungen Kurprinzen Friedrich von der Pfalz (1596–1632, Kurfürst seit 1614) geheiratet hatte, den späteren unglücklichen »Winterkönig« von Böhmen 1619/20. Zwölf Kinder brachte Elisabeth Stuart zur Welt, das jüngste davon war die 1630 geborene Sophie, Mutter der späteren ersten preußischen Königin.

Als Sophie in Den Haag das Licht der Welt erblickte, lebte ihre Familie bereits seit nahezu zehn Jahren im holländischen Exil, das von den Kriegswirren weitgehend verschont geblieben war.

Kurz nach Beginn des 30jährigen Krieges, im August 1619, hatten bekanntlich die Vertreter der böhmischen Stände Kurfürst Friedrich V. von der Pfalz zu ihrem König gewählt. Doch ohne Unterstützung der größeren protestantischen Fürsten waren seine militärischen Mittel zu schwach gewesen, um sich gegen die katholische Liga behaupten zu können. Im November 1620 wurden Friedrichs Truppen von den Heeren Tillys und Maximilians von Bayern am Weißen Berg bei Prag vernichtend geschlagen, und der unglückliche »Winterkönig«, wie er voller Spott bezeichnet wurde, flüchtete umgehend mit seiner Familie zu Verwandten nach Holland. Friedrichs Mutter Luise Juliane war eine geborene Oranierprinzessin, die einst Friedrich IV., Kurfürst von der Pfalz, geheiratet hatte. Auch die fürstliche Witwe war sicherheitshalber wieder in ihre alte Heimat am Niederrhein zurückgekehrt, denn in den folgenden Monaten eroberte die katholische Liga die Erblande ihres glück- und erfolglosen Sohnes ...

Wenn wir Sophies Memoiren Glauben schenken dürfen, so konnte die junge Prinzessin auf keine schöne Kindheit zurückblicken. Für ihre Stuart-Mutter Elisabeth war mit dem Gebären der vielen Kinder ihre Pflicht als Mutter offenbar erledigt: »Kaum war ich nach meiner Geburt so weit, daß ich fortgeschafft werden konnte«, schrieb Sophie in der ihr eigenen unsentimentalen Art, »als die Königin, meine Mutter, mich nach Leyden schickte, wo Ihre Majestät ihre Kinder fern von sich erziehen ließ.« Und verbittert fügte sie hinzu: »Meine Mutter interessierte sich mehr für ihre Hunde und Affen als für ihre Kinder.« Hinzu kam, daß Elisabeth scheinbar beschlossen hatte, nach allen Entbehrungen nun endlich die amüsanten Seiten des Lebens zu genießen. Unterdessen nämlich war ihr fürstlicher Gemahl im November 1632 gestorben, und da auch sein Leichnam auf mysteriöse Weise verschwunden war, fiel es ihr um so leichter, den Glücklosen rasch zu vergessen und ihre Gunst fortan wechselnden Liebhabern zu schenken.

Ihre Kinder hingegen wurden mit Konsequenz und Strenge auf ihre künftigen Aufgaben vorbereitet: »Wir mußten uns unzählige Male vor all den Hofdamen und unseren Lehrern verbeugen und setzten uns dann vor ziemlich leere Teller …« Doch was Sophie hier beschreibt, war kein Einzelfall, sondern entsprach durchaus den Gepflogenheiten bei der Erziehung von Fürstenkindern. Auf höfischem Parkett sollten sich später indes nur zwei von ihnen bewegen: Sophie, die schließlich als Kurfürstin von Hannover, Mutter der ersten preußischen Königin und des nachmaligen englischen Königs Georg I. ihr Leben beenden sollte, und Karl Ludwig, der im Westfälischen Frieden 1648 die Pfalz zurückerhielt und durch seine Tochter Liselotte mit dem französischen Königshaus verschwägert war. Die anderen Söhne des Pfälzers Friedrich und der Stuart-Tochter Elisabeth starben alle eines vorzeitigen Todes, während zwei weitere Töchter ihren eigenen Weg gingen: Die zum katholischen Glauben konvertierte Louise Hollandine wurde Äbtissin des Klosters Maubuisson in Frankreich und war ebenso hochgebildet und belesen wie ihre Schwester Elisabeth, Äbtissin der protestantischen Abtei Herford und begabte Schülerin des Philosophen Descartes.

Sophie, die Jüngste, kam mit zwanzig Jahren vom Haag an

den Heidelberger Hof ihres Bruders, Kurfürst Karl Ludwig, der seine mittellose Schwester bis zu ihrer Hochzeit mit Ernst August versorgte. Bis zu dem Zeitpunkt, da die beiden welfischen Brüder Georg Wilhelm und Ernst August auf dem Weg nach Italien im Heidelberger Schloß Station machten, verlebte die Prinzessin ruhige Jahre. Dann freilich wurde es turbulent: Wir erinnern uns an die geplatzte Verlobung, den spektakulären Brauttausch und das Georg Wilhelm abgepreßte Versprechen, sein Leben lang nicht mehr zu heiraten und im Falle seines Todes seine Länder dem jüngsten welfischen Bruder Ernst August zu vermachen.

Eine »dahergelaufene« Französin

Doch es kam, wie es kommen mußte: Trotz aller Schwüre und »vertraglichen« Verpflichtungen, nie eine Ehe einzugehen, hatte sich Georg Wilhelm bereits nach kurzer Zeit ernsthaft verliebt: Eleonore d'Olbreuse hieß die Auserwählte, eine 1639 geborene Hugenottin aus altem französischen Adelsgeschlecht, das seinen Sitz bei La Rochelle im Poitou hatte. Eleonore war als Hofdame nach Deutschland gekommen, eine schöne, liebenswürdige und durchaus ernsthafte junge Frau ohne jegliche Koketterie, die das Blut der Heidelberger Damen freilich erheblich in Wallung brachte. Die ahnenstolze Sophie rümpfte sogleich die Nase über die nicht standesgemäße Liebschaft ihres Schwagers, und Nichte Liselotte befand ebenfalls, Eleonore entstamme dem »Pöbel«.

Tatsächlich aber hatte Sophie ganz andere Vorbehalte gegen die schöne Französin. Sollte ihr Schwager nämlich »vertragsbrüchig« werden, so mußte Sophie befürchten, daß aus der Einlösung des Versprechens und der heimlich angestrebten Vereinigung beider Linien nun doch nichts werden würde. Dabei standen die Chancen damals gar nicht schlecht: Soeben (1665) war Christian Ludwig, der älteste der vier »welfischen Brüder« gestorben, und Georg Wilhelm hatte mit Lüneburg-Celle das attraktivere Land übernommen, während Johann Friedrich in

Hannover residierte und sich Ernst August als Fürstbischof von Osnabrück nach wie vor in der »Warteschleife« befand. Doch eines Tages, so hoffte Sophie inständig, würden beide Linien durch ihren fürstlichen Gemahl wiedervereint werden ...

Die Situation spitzte sich zu, als Georg Wilhelm, wenngleich er sich an den »Vertrag« mit seinem Bruder moralisch gebunden fühlte, nichtsdestotrotz eine illegitime Verbindung mit Eleonore einging, aus der am 15. September 1666 ein kleines Mädchen hervorging: Sophie Dorothea, die einmal als »Prinzessin von Ahlden« traurige Berühmtheit erlangen sollte und Mutter der dritten preußischen Königin wurde.

Wutentbrannt mußte Sophie nun mitansehen, wie sich diese »dahergelaufene« Französin anschickte, die glänzenden Zukunftsaussichten der stolzen Stuart-Tochter und ihrer Familie zunichte zu machen. Hatte es bislang so ausgesehen, als sollte Ernst August eines Tages seinen Bruder beerben, so hatte sich die Situation durch die Geburt dieses Kindes grundlegend geändert, auch wenn es »nur« ein Mädchen war. Mit Wut und Empörung reagierten Sophie und ihre Familie auf die Nachricht, daß ihre kleine Nichte mit acht Jahren legitimiert wurde. Sie sollte »Rang, Titel und Wappen einer Herzogin von Lüneburg« tragen, sowie sie sich mit einem Prinzen aus fürstlichem Hause vermählte. Sophie und Ernst August sahen ihre Felle davonschwimmen und mußten sich schleunigst etwas einfallen lassen. Anderenfalls würden sie ihre ehrgeizigen Pläne begraben müssen.

Arsen und andere Fallstricke –
Erste Ehejahre mit dem »schiefen Fritz«

Fürstliche »Schlachtopfer«

Mochte Sophie auch laut darüber geklagt haben, daß man deutsche Prinzessinnen mit dem Nächstbesten zu verheiraten pflegte, so verhinderte sie nicht, daß ihrer Tochter das gleiche widerfuhr. Sophie Charlotte war noch keine 16 Jahre alt, als sie mit Friedrich, dem Kurprinzen von Brandenburg vermählt wurde. Gegen Sophies Willen nämlich wurde diese Ehe nicht geschlossen, denn ehrgeizig, wie sie nun einmal war, verlor sie nie ihr vorrangiges Ziel aus den Augen: die Rangerhöhung des Welfenhauses. Und so ist davon auszugehen, daß sie, auch wenn sie ihr Kind aufrichtig liebte, schließlich doch den macht-politischen Interessen Vorrang einräumte vor dem persönlichen Glück des jungen Mädchens. Aber Ernst August, der im Jahr 1679 von seinem verstorbenen Bruder Johann Friedrich die Re-gierung in Hannover übernommen hatte, strebte nun einmal die Kurwürde an, und daran war auch Sophie viel gelegen. Die Sonderstellung der Kurfürsten drückte sich nicht nur in ver-schiedenen Privilegien und Ehrenrechten aus, sondern auch in Ansehen und Autorität. In der Goldenen Bulle von 1356 war festgelegt worden, daß es das Recht der Kurfürsten war, den deutschen König zu wählen. Damit war aber nicht nur der Wahlcharakter des Deutschen Reiches vorgeschrieben, sondern auch der öffentlich-rechtliche Charakter der Kurfürstentümer. Das heißt: Unveräußerlichkeit, Unteilbarkeit der Kurlande so-wie eine klare Erbfolgeregelung sollten die Teilung des Kur-rechts unter mehrere Erben verhindern. Und so versuchte Ernst August mit Vehemenz – und gegen heftigen Widerstand der eigenen Söhne – eine Erstgeburtsordnung durchzusetzen, die

die jüngeren von der Erbfolge ausschloß. Die Primogenitur-ordnung war nämlich das wichtigste Merkmal eines Kurstaa-tes.

Nach hartem Ringen gab schließlich auch Georg Wilhelm 1682 seine Zustimmung (und »erkaufte« sich damit die Legali-sierung seines Verhältnisses mit Eleonore); ein Jahr später trat das Gesetz in Kraft und bestimmte den ältesten Sohn Ernst Au-gusts, Georg Ludwig, zum Alleinerben. Und um ganz sicher zu gehen, taten Ernst August und Sophie einen zusätzlichen Schritt, der sie gewiß nötigte, weiter als über ihren eigenen Schatten zu springen: Sie arrangierten die Heirat Georg Lud-wigs mit Sophie Dorothea, der einzigen Tochter Georg Wil-helms und der verhaßten Eleonore! (S. auch S. 120.) Die Ver-mählungsfeierlichkeiten im Dezember 1682 fanden freilich ohne den üblichen Prunk fast heimlich und in aller Stille statt. So groß war die Scham, einen stolzen Welfensproß mit einem »Franzosenbastard« verheiraten zu »müssen«. Die beharrli-chen Bemühungen um die Kurwürde ließen es zudem ratsam erscheinen, sich der Freundschaft derer zu versichern, die den begehrten Rang bereits erklommen hatten, wie beispielsweise das aufstrebende Brandenburg-Preußen. Es lohnte sich also, sich um seine Gunst zu bemühen, und was lag daher näher, als die anzubahnende Freundschaft mit einem Eheprojekt zu be-siegeln?

Die Voraussetzungen für eine solche Verbindung waren frei-lich im Grunde genommen nicht sonderlich günstig. Die Wel-fen blickten voll Hochmut auf den benachbarten Empor-kömmling, die Brandenburger wiederum witterten Rivalität und Intrigen an der Leine. Und dennoch: Wenn Ernst August Kurfürst werden wollte, so war er neben anderen Vorausset-zungen unbedingt auch auf die Zustimmung des Kurfürsten Friedrich Wilhelm von Brandenburg-Preußen angewiesen. Und der wiederum konnte die Unterstützung durch ein altes Ge-schlecht wie das der Welfen eigentlich gut gebrauchen. Da kam es ganz gelegen, daß sein Sohn Friedrich soeben Witwer ge-worden war und unbedingt eine neue Gemahlin brauchte, um mit dieser endlich den langerwarteten Thronfolger zu zeugen.

Die junge Welfin Sophie Charlotte, jung und gesund, schien bestens geeignet, um die ihr dabei zugedachte Rolle zu spielen. Der Kurfürst hatte das Mädchen bereits einmal kurz gesehen und war von ihrer diesbezüglichen »Qualifikation« überzeugt.

Sophie Charlotte und Kurprinz Friedrich waren einander bereits im Sommer 1682 in Bad Pyrmont begegnet, ein kurzes, förmliches Zusammentreffen, das beide vollkommen unbeeindruckt ließ. Friedrich begleitete damals seine 20jährige kranke Gemahlin Elisabeth Henriette bei deren Kuraufenthalt, und beide waren einander in inniger Liebe zugetan. »Hanette«, wie die junge Frau genannt wurde, war Friedrichs Cousine, ihre Mutter Hedwig Sophie, die verwitwete Landgräfin von Hessen-Kassel, eine Schwester des Kurfürsten. Friedrich und Hanette, die die Natur beide nicht mit äußeren Vorzügen gesegnet hatte, kannten sich von Kindesbeinen an, und aus der Kinderfreundschaft war schließlich eine echte, tiefe Liebe geworden. 1679 heirateten die beiden und führten eine überaus glückliche Ehe, aus der ein Jahr später die Tochter Luise Dorothee Sophie hervorging. Doch bereits im Juli 1683 starb die sanfte Hanette an den Blattern, die damals noch zahllosen Menschen das Leben kosteten. An die hunderttausend Erkrankte erlagen jährlich dieser hochgradig ansteckenden Seuche, bis schließlich im 19. Jahrhundert ein sicherer Impfschutz gefunden wurde. Friedrichs Trauer war grenzenlos, er hatte den einzigen Menschen verloren, mit dem ihn gegenseitige Liebe verbunden hatte. Und doch hatte er private Gefühle zurückzustellen. Die Thronfolge war noch nicht sichergestellt, und sein kurfürstlicher Vater drängte ihn daher, möglichst rasch wieder zu heiraten. Auf eine neue große Liebe konnte er nicht warten. Warum also sollte es nicht die kleine Prinzessin aus dem Welfenhaus sein?

La belle et la bête – Das ungleiche Paar Friedrich und Sophie Charlotte

Zur gleichen Zeit, da in Berlin und Hannover über ihre Zukunft gefeilscht wurde, befand sich die von alledem nichts ahnende Sophie Charlotte noch mit ihrer Mutter in Frankreich. Als sie im Frühjahr 1684 aus Paris zurückkehrte, war ihre Verlobung bereits in die Wege geleitet: Erwartungsgemäß hatte der 27jährige Friedrich von Brandenburg um Sophie Charlottes Hand angehalten, und Vater Ernst August war nur allzu bereit gewesen, dieser Verbindung seinen Segen zu erteilen. Die erst 15jährige wird freilich nicht sonderlich begeistert gewesen sein, als man ihr den künftigen Bräutigam präsentierte. Zwar hatte sie den freundlichen und liebenswürdigen Brandenburger seinerzeit in Bad Pyrmont keineswegs unsympathisch gefunden, seine äußere Erscheinung war aber nicht gerade die eines Adonis gewesen.

Der »schiefe Fritz«, wie er von den Berlinern mit liebevollem Spott genannt wurde, war von kleiner Statur, schmächtig, verwachsen und hatte einen Buckel, den er durch ausgepolsterte Kleidung nur notdürftig zu kaschieren vermochte. Als er sechs Monate alt gewesen war, hatten ihn seine Eltern mit auf eine Winterreise nach Königsberg genommen und ihn während der Fahrt, wie es üblich war, einer Amme anvertraut. Bekanntlich war das Reisen damals alles andere als bequem und durchaus nicht ungefährlich, die Straßen waren mit Schlaglöchern übersät, und die Kutscher mußten schon viel Geschick aufbringen, wollten sie ihre Herrschaften keinen gefährlichen Situationen aussetzen. Auf einer solch holprigen Strecke muß es passiert sein: Der kleine Prinz stürzte vom Sitz der Kutsche auf den Boden und verletzte sich an der Wirbelsäule. Und da die Ernsthaftigkeit der Verletzung nicht oder zu spät erkannt wurde und die ärztliche Kunst jener Zeit noch sehr begrenzt war, blieb dem Prinzen eine lebenslange Behinderung. Als Kind litt er unter ständigen Schmerzen, und seine liebevoll-besorgte Mutter Luise Henriette ließ nichts unversucht, um ihrem leidenden »Fritzchen« irgendwie zu helfen. Mit der Zeit besserte sich sein Zustand zwar ein wenig, aber Friedrich blieb ein schwächliches und kränkliches Kind, scheu, introvertiert und ohne Selbstvertrauen, ganz anders als sein nur wenige Jahre älterer Bruder, der kräftige und kerngesunde Karl Emil (1655–1674), eindeutiger Liebling des Großen Kurfürsten, während Luise Henriette mit ganz besonderer Liebe an ihrem kleinen Sorgenkind hing. Auch im Erwachsenenalter blieb Friedrich eine schwache Persönlichkeit, freundlich und friedfertig zwar, aber unsicher und nicht sonderlich geistreich. Seine Unsicherheit suchte er später als Kurfürst und König in zunehmendem Maße durch pomphaftes Zeremoniell und enorme Prachtentfaltung auszugleichen, mit festem Blick auf Frankreich und sein großes Vorbild Ludwig XIV.

Das also war der zukünftige Ehemann der zwar noch sehr jungen, aber hochintelligenten, umfassend gebildeten und vielseitig interessierten Sophie Charlotte, und aufmerksame Beobachter bezweifelten, daß beide Partner je miteinander harmonieren würden. In Hannover freilich versuchte man diese so offensichtliche Tatsache beharrlich zu verdrängen: »Es ist ein gelück, daß sie ihn so wol leiden mag und nach das Üsserliche nicht fragt«, schrieb Sophie euphemistisch und in absichtlicher Verkennung der Tatsachen über die Ansichten ihrer Tochter zum künftigen Gemahl. Das »Üsserliche« hätte das junge Mädchen vielleicht tatsächlich ignoriert, hätte es zumindest eine gemeinsame Basis auf geistig-seelischer Ebene gegeben. Doch die gab es nicht.

Friedrich hingegen, so hieß es, zeigte sich für seine junge Braut durchaus »passioniert«, was nicht weiter verwunderlich war. Die knapp 16jährige Sophie Charlotte war zwar eine etwas pummelige, aber durchaus auffallende Schönheit. Ein Zeitgenosse schildert das Fürstenkind als »eine sehr liebenswürdige Person. Ihre Taille ist mittelmäßig. Sie hat den schönsten Hals und Busen, den man sehen kann, große und sanfte blaue Augen, eine wunderbare Fülle schwarzen Haars, Augenbrauen wie abgezirkelt, eine wohlproportionierte Nase, einen Mund von Incarnat [d. h. fleischfarben], sehr schöne Zähne und einen lebhaften Teint. Die Bildung ihres Gesichts ist weder länglich noch rund, sondern beides zugleich. Sie hat viel Geist und herzgewinnende Freundlichkeit. Sie ist schön, spielt Klavier, tanzt mit Anmut und hat ein solches Wissen, wie es in so jungem Alter wenige Personen haben.«

Selbst wenn man die unvermeidlichen Schmeicheleien abzieht, so wird aus dieser Schilderung doch deutlich, daß Sophie Charlotte eine durchaus attraktive Erscheinung war, und zwar keineswegs nur, was das »Äußerliche« betraf. Einen größeren Kontrast zwischen der vitalen Welfenprinzessin und ihrem künftigen Gemahl konnte es also kaum geben. Doch das durfte keine Rolle spielen. Schließlich ging es nicht vorrangig um die beiden jungen Menschen, sondern um die Zukunft Hannovers und Brandenburg-Preußens.

Abschied von Hannover

Bevor man aber die offizielle Verlobung bekanntgeben konnte, mußte Sophie Charlotte noch eingesegnet werden. Bislang war sie in keiner bestimmten Konfession erzogen worden, und zwar aus guten Gründen: Zum einen waren ihre Eltern, was religiöse Belange betraf, für ihre Zeit außergewöhnlich liberal und undogmatisch. Konfessionelle Unterschiede empfanden sie als nichtig, entscheidend war, daß es doch ein und derselbe Gott war, an den man glaubte und dem man vertraute. Zum anderen gab es natürlich auch politische Gründe: So nämlich behielt man freie Hand für eine vorteilhafte Heirat in ein Fürstenhaus, ganz gleich, welchen Glauben man dort lebte.

Sophie Charlotte nahm daher die calvinistische Konfession an, womit der Weg frei war für die Verlobung und anschließende Hochzeit mit dem brandenburg-preußischen Kurprinzen. Am 8. Oktober 1684, also wenige Tage vor Sophie Charlottes 16. Geburtstag, wurde das »Beylager«, wie die Eheschließung damals noch bezeichnet wurde, im Lustschloß Herrenhausen mit dem üblichen Prunk und Aufwand gefeiert. (Die Bezeichnung Beilager geht auf das Mittelalter zurück. Damals galt die »Beschreitung des Bettes«, aus erbrechtlichen Gründen oft vor Zeugen, als der eigentliche Vollzug der Ehe. Anm. d. Verf.)

Über mehrere Wochen vergnügte man sich mit Feuerwerk-, Theater- und Ballettvorführungen, bis die Hochzeitsgesellschaft schließlich erschöpft war und der frischgebackene Gemahl zurück nach Berlin reiste, während Sophie Charlotte noch eine Weile daheim in Hannover blieb und erst im November Einzug in ihrer neuen Heimat hielt. Daß die Ehe von Anfang an unglücklich war, lag nicht nur daran, daß die beiden jungen Leute gänzlich verschieden waren. Auch die Familienverhältnisse im kurfürstlichen Schloß in Berlin gestalteten sich keineswegs störungsfrei, seitdem der Große Kurfürst nach dem Tod seiner Luise Henriette erneut geheiratet hatte, Dorothea von Holstein-Sonderburg-Glücksburg (1636–1689), eine kinderlose Witwe, die zuvor mit einem Freund Friedrich Wilhelms vermählt gewesen war. Schon bald nach der Hochzeit (1668) war der gesamten Familie aufgefallen, daß die 32jährige Dorothea das genaue Gegenteil der sanften und einfühlsamen Luise Henriette war: sowohl körperlich als auch seelisch robust, voll Energie und gewaltigem Ehrgeiz. Sie schenkte dem Großen Kurfürsten noch sieben Kinder, darunter vier Söhne, für die später die Markgrafschaft von Brandenburg-Schwedt (1788 wieder erloschen) errichtet wurde.

Die Stadt Berlin verdankt der resoluten Dorothea jenen Stadtteil, der ihren Namen trägt, Dorotheenstadt. Die Kurfürstin war es auch, die den Vorschlag gemacht hatte, auf dem 1647 als Straße angelegten alten Jagdweg zwischen Hundebrücke und Tiergarten Bäume anpflanzen zu lassen, so daß eine sechsreihige Allee entstand, die noch heute Unter den Linden heißt. Doch davon abgesehen, wußte Friedrich seiner jungen Gemahlin wahrhaftig nichts Gutes von der Stiefmutter zu erzählen.

»Vergiftete« Atmosphäre im Berliner Schloß

Die drei kurfürstlichen Söhne Karl Emil, Friedrich und Ludwig haßten ihre Stiefmutter von dem Tag an, da sie Einzug in das Berliner Schloß gehalten hatte, und dieser Haß wuchs mit jedem Stiefbruder, der auf die Welt kam. Daß Dorothea ihre eigenen Söhne vorzog und sich vehement dafür einsetzte, sie später einmal gut versorgt zu sehen, war ihr nicht zu verdenken. Die Sympathie der Söhne aus der ersten Ehe des Großen

STAMMTAFEL

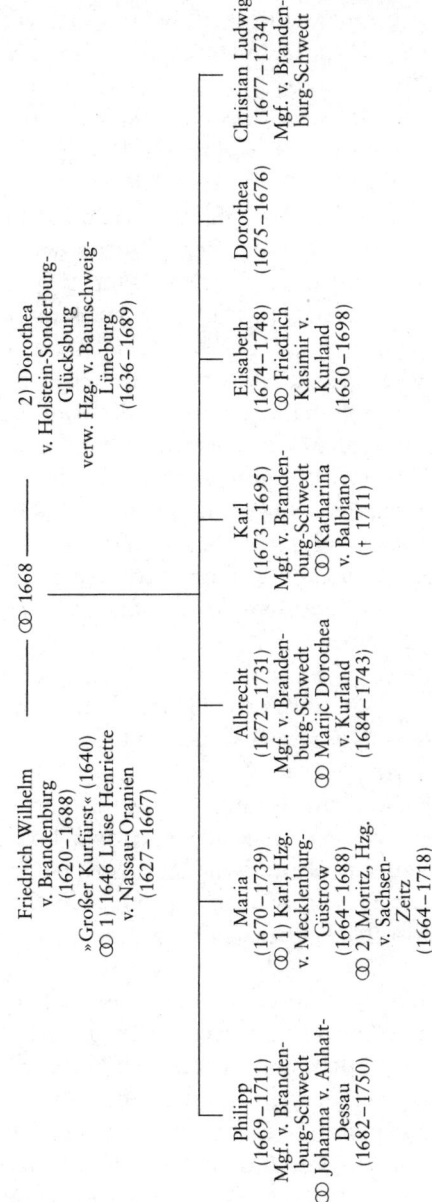

Friedrich Wilhelm
v. Brandenburg
(1620–1688)
»Großer Kurfürst« (1640)
⚭ 1) 1646 Luise Henriette
v. Nassau-Oranien
(1627–1667)

⚭ 1668

2) Dorothea
v. Holstein-Sonderburg-
Glücksburg
verw. Hzg. v. Braunschweig-
Lüneburg
(1636–1689)

Philipp
(1669–1711)
Mgf. v. Branden-
burg-Schwedt
⚭ Johanna v. Anhalt-
Dessau
(1682–1750)

Maria
(1670–1739)
⚭ 1) Karl, Hzg.
v. Mecklenburg-
Güstrow
(1664–1688)
⚭ 2) Moritz, Hzg.
v. Sachsen-
Zeitz
(1664–1718)

Albrecht
(1672–1731)
Mgf. v. Branden-
burg-Schwedt
⚭ Marie Dorothea
v. Kurland
(1684–1743)

Karl
(1673–1695)
Mgf. v. Branden-
burg-Schwedt
⚭ Katharina
v. Balbiano
(† 1711)

Elisabeth
(1674–1748)
⚭ Friedrich
Kasimir v.
Kurland
(1650–1698)

Dorothea
(1675–1676)

Christian Ludwig
(1677–1734)
Mgf. v. Branden-
burg-Schwedt

Kurfürsten konnte sie damit freilich nicht gewinnen, erst recht nicht, nachdem Kurprinz Karl Emil mit nur 19 Jahren eines plötzlichen Todes gestorben war.

Karl Emil, der temperament- und hoffnungsvolle junge Mann und Liebling seines Vaters, war diesem 1674 – man befand sich damals im Krieg gegen Frankreich – ins Feldlager nach Straßburg gefolgt, und als kurz darauf dort die Ruhr ausbrach, erlag, wie so viele andere, auch der robuste Kurprinz der schrecklichen Seuche. Nicht nur Friedrich Wilhelm und seine ältesten Söhne waren zutiefst betroffen. Man konnte und wollte es einfach nicht glauben, daß dieser strahlende und stets kerngesunde junge Mann so plötzlich aus dem Leben gerissen worden war. Und so begann man, auch wenn die Todesursache ziemlich eindeutig gewesen zu sein scheint, am Berliner Hof zu munkeln, Karl Emil sei gewiß vergiftet worden. Und wer sollte größeres Interesse an seinem Tod gehabt haben als Stiefmutter Dorothea, die schließlich alles daran setzte, ihrem eigenen ältesten Sohn, dem 1669 geborenen Philipp, den Weg zum brandenburg-preußischen Thron zu ebnen? Das aber war nur der Beginn einer nun am Berliner Hof ausbrechenden, bis zum Tod des Großen Kurfürsten (1688) andauernden Gifthysterie, und als Sophie Charlotte 1684 in ihre neue Heimat kam, bekam sie die »vergiftete« Atmosphäre natürlich auch zu spüren.

Doch zurück zur vermeintlichen Ermordung des Kurprinzen Karl Emil. Friedrich nämlich, der nun völlig unverhofft zum Thronfolger aufstieg, war nur allzu geneigt, dem bösartigen Hofklatsch Glauben zu schenken. Es stand also zu befürchten, daß er das nächste Opfer sein würde. Und tatsächlich! Nach einem Souper in Dorotheas Gemächern wurde dem jungen Friedrich eine Tasse Kaffee gereicht, jenes neumodische Getränk, das seit kurzem in Europa so beliebt war. Nachdem Friedrich diesen »Türkentrank« zu sich genommen hatte, wurde ihm plötzlich entsetzlich übel; was er befürchtet hatte, war also eingetreten: Dorothea versuchte, nun auch ihn zu vergiften! Gut, daß man Vorsorge getroffen hatte: Ein für den Fall des Falles bereitgehaltenes (Brech-)Mittel rettete dem Kurprinzen von Brandenburg-Preußen schließlich das Leben. So zumindest glaubte Friedrich. Tatsächlich aber ist anzunehmen, daß weniger ein Arsenpülverchen als vielmehr das Genußgift Koffein dem kränklichen Prinzen und seinem empfindlichen Magen nicht bekommen ist.

Für Friedrich aber war der Tatbestand eindeutig, und er stand mit seinen Verdächtigungen nicht allein. Das wiederum hatte zur Folge, daß fortan bei jeder Erkrankung am Hof, bei jedem geringsten Unwohlsein Panik und Hysterie ausbrachen, erst recht bei jedem Todesfall aus ungeklärter Ursache. Selbst den Tod von Elisabeth Henriette, Friedrichs erster Gemahlin, die ja unzweifelhaft an den Blattern gestorben ist, versuchte man Kurfürstin Dorothea in die Schuhe zu schieben.

Natürlich hat es nie einen Beweis oder auch nur ein Indiz dafür gegeben, daß die verhaßte »böse Stiefmutter« tatsächlich eine kurfürstliche Giftmischerin war, eine »Berliner Agrippina«. Dafür gab es um so mehr Gerüchte und Vermutungen. Und während der Hofklatsch Hochkonjunktur hatte, war die kurfürstliche Familie zerstrittener denn je, und auch Sophie Charlotte wurde von ihren Schwiegereltern keineswegs mit offenen Armen aufgenommen.

Auf der Flucht

Sophie Charlotte hatte sich mit den Gegebenheiten wohl oder übel abzufinden, doch es ist anzunehmen, daß die erst 16jährige Prinzessin zutiefst unglücklich war. Nicht nur die Hofintrigen erschwerten ihr das Einleben in Berlin, sondern auch die neuen Lebensumstände. Ihr waren von Jugend an alles Steife und Zeremonielle, aller äußere Prunk und jegliche Repräsentation zuwider. Nun aber mußte sie die Vorliebe Friedrichs für derartige Dinge ertragen und in seinem Stil leben. Und, noch weitaus schlimmer: Sie mußte mit einem ungeliebten Mann ihre »ehelichen Pflichten« erfüllen, denn ganz Berlin harrte der Geburt eines Thronfolgers.

Nach Sophie Charlottes Ankunft in Berlin zog das junge Paar nach Schloß Köpenick an der Spree, das vom holländischen Barockbaumeister Rütger von Langerfeld erst vor kurzem errichtet worden war. Hier, einige Kilometer von Berlin entfernt, fern von Aggressionen und Intrigen, hoffte man, einander vielleicht doch ein wenig näherzukommen. Zu Friedrichs großer Freude zeigten sich bei seiner jungen Gemahlin schon bald die ersten Zeichen einer Schwangerschaft, und beglückt meldete er dem kurfürstlichen Hof in Berlin das bevorstehende Ereignis. Pflichtgemäß gratulierte man den künftigen Eltern und drückte die Hoffnung aus, daß es ein kleiner Prinz werden möge. Sophie Charlotte war froh, ihre erste und eigentliche Pflicht erfüllt zu haben, und hoffte inständig, daß sich durch Schwangerschaft und Geburt das gespannte Verhältnis zu ihren Schwiegereltern bessern würde. Um so entsetzter jedoch war sie, als ihr zu Ohren kam, daß Kurfürstin Dorothea dabei war, in Hofkreisen das Gerücht zu verbreiten, Sophie Charlotte sei nicht als Jungfrau in die Ehe gegangen. Diese Lüge, so absurd sie auch sein mochte, verletzte Sophie Charlotte zutiefst. Warum nur mußte man sie derartig kränken?

Der erhoffte Prinz, Friedrich August, kam am 6. Oktober 1685 zur Welt, doch die Freude währte nur kurz. Das Kind starb bereits im Januar des darauffolgenden Jahres aus unbekannten Gründen, doch in jener Zeit, in der die Säuglingssterblichkeit noch äußerst hoch war, mußten Eltern stets damit rechnen, daß ihnen ein Neugeborenes schon nach kurzer Zeit wieder genommen wurde. Wir haben leider keine Nachricht darüber, wie Sophie Charlotte auf den Tod ihres ersten Sohnes reagiert hat. Aber wie so viele Mütter wird wohl auch sie das traurige Los still-leidend getragen haben. Ihr sicherlich nicht dabei geholfen haben wird der erneut einsetzende Klatsch, der kleine Junge sei von Kurfürstin Dorothea vergiftet worden ...

Gleichwohl wollte man beim nächsten Mal möglichst alle Risiken ausschließen und beschloß, daß Sophie Charlotte ihr zweites Kind, das sie im Sommer 1687 erwartete, im »sicheren« Hannover zur Welt bringen sollte. Denn die Situation in Berlin hatte sich keineswegs gebessert, im Gegenteil. Gereizter hätte die Stimmung wohl kaum sein können. In diesem Zusammenhang schrieb der französische Gesandte Rébenac in seinem

Bericht vom 28. Juni 1687 über Sophie Charlotte, »die über alle guten Eigenschaften verfügt, mit denen Schönheit und Geist ausgestattet sein können und die darüber hinaus unendlich viel Sanftmut und Tugend hat, hat das Mißgeschick, dem Kurfürsten und der Kurfürstin zu mißfallen, für die sie jedoch jede nur mögliche Ergebenheit gezeigt hat. Sie wird so unwürdig behandelt, daß auch die unehrenhafteste aller Frauen es unerträglich fände. Dem Anschein nach hat sie und ihren Mann die Tatsache bewogen, daß der Kurfürst auf die freudige Nachricht des Kurprinzen, daß seine Schwiegertochter wohl in anderen Umständen sei, gesagt habe, aber Gott wisse, von wem. Seitdem drehen sich seine ganzen Gespräche nur noch um dieses Thema, und man berichtete mir gestern, daß er anfing, den Namen des angeblichen Vaters zu nennen. Dies ist eine Sache, die die Prinzessin sehr betrübt, die jedoch in keiner Weise irgendwelche Konsequenzen haben kann. Ihr Lebenswandel ist so einwandfrei und die Sache so wenig wahrscheinlich, daß man sich nicht genug über die Äußerungen des Kurfürsten wundern kann.«

Über die Ursache dieser schlimmen Unterstellungen läßt sich nur spekulieren. Sophie Charlotte verhielt sich offenbar nicht gerade wie eine jungverliebte Ehefrau. Anzunehmen ist freilich auch, daß Dorothea allen Grund hatte, derlei Gerüchte zu streuen, wollte sie erreichen, daß ihr eigener ältester Sohn Philipp irgendwann doch noch den brandenburg-preußischen Thron bestieg.

Vorerst jedoch sah es so aus, als sollten sich Dorotheas Wünsche auf »natürlichem« Wege erfüllen, denn auch Sophie Charlottes zweite Schwangerschaft endete unglücklich. Das Kind, das unter allen Umständen fern von Berlin zur Welt kommen sollte, wurde »auf dem Weg jenseits von Wolfenbüttel« viel zu früh geboren und lebte nur wenige Stunden. Es war wieder ein Junge gewesen. Sophie Charlotte war verzweifelt und weigerte sich, nach Berlin zurückzukehren. Waren die Giftgerüchte möglicherweise doch mehr als gehässiger Hofklatsch? Schließlich war im April des gleichen Jahres auch Friedrichs jüngerer und letzter Bruder Ludwig (1666–1687) nach der Teilnahme an einem Hofball plötzlich und anscheinend ohne erkennbare Ursache gestorben. Zuvor jedoch habe er, so munkelte man, in den Räumen der Kurfürstin eine Orange gegessen. Zwar hatten die Ärzte festgestellt, daß der junge Mann einer Scharlacherkrankung erlegen war, aber konnte man ihnen glauben? Wie lange würde es noch dauern, bis Dorotheas Lieblingssohn Philipp der neue Thronfolger war?

Die traurigen und beängstigenden Vorkommnisse der letzten Jahre hatten ihre Spuren bei Sophie Charlotte hinterlassen. Seelisch und gesundheitlich mitgenommen, gelang es ihr nur langsam, sich von all den Ängsten, Strapazen und Enttäuschungen zu erholen. In Berlin freilich schien ihr dies unmöglich, und so reiste sie gemeinsam mit Friedrich geradezu fluchtartig ins ferne Karlsbad, einen Kurort in Westböhmen, der damals vielerlei »Prominenz« – Monarchen, Dichter und Künstler – anlockte. Hier kam die junge Prinzessin endlich wieder zu Kräften und faßte neuen Mut für die nach wie vor ungewisse Zukunft. Nach Berlin freilich wollte sie vorerst ebensowenig wie Friedrich zurückkehren, und so nahm das kurprinzliche Paar nach dem Aufenthalt in Karlsbad Quartier in Hannover.

Doch dann starb am 9. Mai 1688 der Große Kurfürst, der bereits längere Zeit schwer gicht- und asthmaleidend gewesen war, im Alter von 68 Jahren im Schloß zu Potsdam. Es sah nun tatsächlich so aus, als sei Dorothea, die ihn in den letzten Jahren hingebungsvoll gepflegt hatte, dem Ziel ihrer Wünsche recht nahe: Im politischen Testament Friedrich Wilhelms befanden sich zwei Verfügungen von 1680 und 1686 zugunsten seiner vier Söhne aus zweiter Ehe. Wäre die darin vorgesehene Erbteilung tatsächlich zustande gekommen, was Friedrichs früherer Erzieher Eberhard von Danckelmann (s. S. 65) noch rechtzeitig hat verhindern können, dann hätte der Große Kurfürst sein eigenes Lebenswerk, die Schaffung eines mittels moderner Behördenorganisation zentralisierten monarchischen Machtstaates, selbst wieder zunichte gemacht. Ein Königreich Preußen hätte es dann höchstwahrscheinlich nie gegeben. So aber setzte sich Friedrich als absoluter Herrscher aufgrund Danckelmanns Weisung über die testamentarischen Bestimmungen hinweg und fand seine Stiefbrüder ab. Philipp, der Älteste, wurde Markgraf von Brandenburg-Schwedt, ohne freilich eine landesfürstliche Stellung einzunehmen. Dorotheas heftige Proteste blieben wirkungslos. Neuer Kurfürst von Brandenburg-Preußen war Friedrich, der, wenngleich er in kaum einer Hinsicht den Wünschen und Anforderungen seines Vaters entsprochen hatte, von diesem gleichwohl auf seine schwere politische Aufgabe vorbereitet worden war. Ihm zur Seite stand seine hoffnungsvolle Gemahlin: Sophie Charlotte, inzwischen 19 Jahre alt und zum dritten Mal schwanger.

Gelieber Satansbraten – Kurprinz Friedrich Wilhelm

Mit der Thronbesteigung Friedrichs III. traten neue Pflichten an die junge Kurfürstin heran, Pflichten, die sie haßte, denen sie sich gleichwohl nicht entziehen konnte. Bei allen feierlichen Gelegenheiten, wo nur höfischer Prunk und Glanz entfaltet werden konnten, mußte sie an der Seite ihres Gemahls repräsentieren und sich jener lästigen Fülle von Zeremonien unterwerfen, die Friedrich so liebte und mit denen er Schwäche und mangelndes Selbstwertgefühl zu kompensieren suchte. Zwar wußte Sophie Charlotte sich auf höfischem Parkett glänzend zu bewegen, doch aller äußere Prunk um des Prunkes willen und jegliche Repräsentation waren ihr aus tiefstem Herzen zuwider, seit sie am Hof des Sonnenkönigs in das drückende Korsett der Etikette gezwängt worden war. »Nichts hasse ich mehr«, hat Sophie Charlotte selbst einmal gesagt. Aber sie hatte sich mit der Vorliebe Friedrichs für derartige Dinge abzufinden und ihre eigenen Neigungen zu unterdrücken.

In ängstlicher Erwartung sah man dem herannahenden Geburtstermin entgegen. Würde die Kurfürstin diesmal ein gesundes Kind zur Welt bringen, den lange erwarteten Thronfolger? Tatsächlich erblickte am 14. August 1688 ein kleiner Hohenzollernsproß das Licht der Welt, der seine Mutter ihr Leben lang in Atem halten sollte. An jenem Tag nämlich wurde im

Schloß von Cölln an der Spree der ersehnte Kurprinz geboren und acht Tage später im Berliner Dom auf den Namen Friedrich Wilhelm getauft.

Großmutter Sophie war zur Geburt des Enkels eigens aus Hannover angereist und hatte, während Sophie Charlotte in den Wehen lag, persönlich darüber gewacht, daß den Geburtshelfern bei ihrer wichtigen Aufgabe kein Fehler unterlief. Das freilich war nicht nur aus verständlicher mütterlicher Sorge heraus geschehen, sondern auch um deutlich zu machen, daß sich Hannover keineswegs mit der Rolle des passiven Zuschauers begnügen wollte, nun, da der Kurprinz von Brandenburg-Preußen geboren worden war. Immerhin war der Kleine schließlich auch ein halber Welfe. Und da es ohnehin üblich war, fürstliche Säuglinge nicht der vielbeschäftigten Mutter zu überlassen, sondern sie einer erfahrenen Amme zu übergeben, kam man überein, daß Großmutter Sophie für diese Aufgabe bestens geeignet war. Es wird wohl weniger die Angst vor einem neuen »Giftanschlag« gewesen sein, der Sophie Charlotte in die so frühe Trennung von ihrem kleinen Sohn einwilligen ließ, als vielmehr die Einsicht, daß ihr selbst neben all den Repräsentationspflichten nur wenig Zeit für ihr Kind bleiben würde. Zudem wußte sie es bei ihrer Mutter in den besten Händen und – von durchaus nicht geringer Bedeutung – sie würde fortan immer einen guten Grund haben, »nach Hause« zu fahren. Vier Jahre lang war Sophie Charlotte nun schon verheiratet, im Herzen aber noch immer Hannoveranerin – und das sollte sie ihr Leben lang bleiben. In Berlin, bei einem Mann, den sie zwar nicht haßte, aber auch nicht liebte, in einer Umgebung, die sie verachtete, konnte und wollte sie keine Wurzeln schlagen. Auch wenn man in menschlicher Hinsicht für diese Haltung durchaus Verständnis aufbringen kann, so sollte es sich doch als schwere Hypothek erweisen, daß sich Sophie Charlotte nie mit ihrer neuen Heimat Brandenburg-Preußen auch nur ansatzweise hat identifizieren können.

Nun also reiste der siebeneinhalb Wochen alte Kurprinz Friedrich Wilhelm mit seiner Großmutter ins Leineschloß nach Hannover. Er war freilich nicht der einzige Enkel, den die resolute Sophie unter ihre Fittiche genommen hatte. Nachdem sich nämlich die Ehe ihres ältesten Sohnes Georg Ludwig mit Sophie Dorothea, der Tochter jener verhaßten Eleonore (s. S. 121) erwartungsgemäß als ausgesprochen unglücklich erwiesen hatte, waren die Kinder der Obhut der Großmutter überlassen worden: der 1683 geborene Georg August (später König Georg II. von England) und seine vier Jahre jüngere Schwester, die man nach der Mutter ebenfalls Sophie Dorothea genannt hatte. Betreut wurden die drei fürstlichen Kinder freilich nicht allein von der Großmutter, sondern auch von der bewährten, in hannoverschen Diensten alt gewordenen Frau von Harling, die schon Sophie Charlotte so liebgewonnen hatte.

Doch wie sich schon bald zeigen sollte, widersetzte sich der kleine Friedrich Wilhelm erfolgreich allen pädagogischen Bemühungen von seiten der Großmutter und der Kinderfrau. Zwar hingen beide mit großer Liebe an dem pummeligen Hohenzollernprinzen, der im Laufe der Zeit zu einem hübschen Knaben mit blauen Augen und blonden Locken herangewachsen war, doch seinem aufbrausenden Temperament zeigten sich weder die vitale Hannoveranerin noch die erfahrene Erzieherin gewachsen. Drei Jahre lang hatte man sein Bestes getan, dann aber beschloß man, den kleinen Wildfang zurück zu seinen Eltern nach Berlin zu schicken, wo man ihn inzwischen auch schmerzlich vermißte, selbst wenn Sophie Charlotte recht oft von der Möglichkeit Gebrauch gemacht hatte, ihr einziges Kind zu besuchen. Weiterer Nachwuchs hatte sich nämlich unterdessen nicht eingestellt.

Am 1. August 1691 kehrte Friedrich Wilhelm in seine brandenburgische Heimat zurück. (Kurfürstin-Witwe Dorothea war bereits zwei Jahre zuvor gestorben, so daß auch in dieser Hinsicht nichts gegen die Heimkehr des Hohenzollernerben sprach.) Auf Veranlassung von Sophie Charlotte wurde der knapp Dreijährige Madame de Montbail übergeben, einer einfühlsamen und gebildeten Hugenottin, die das volle Vertrauen der Kurfürstin besaß. Doch auch die neue Erzieherin bekam schon bald zu spüren, daß es alles andere als eine leichte Aufgabe war, die sie da übernommen hatte. Ihr Schützling war und blieb ein ausgesprochen schwieriges Kind, temperamentvoll, wild und mit ungewöhnlich häufigen und heftigen Wutausbrüchen, bisweilen aus nichtigen Anlässen. Betroffen mußte Sophie Charlotte feststellen, daß sich ihr kleiner Liebling anschickte, das genaue Gegenteil dessen zu werden, was sie sich erträumt hatte. Anstatt in ihre Fußstapfen zu treten und ein freundlicher, lernwilliger, geistig und musisch begabter Prinz zu werden, zeichnete sich bereits ab, daß hier ein kleiner aufbrausender Tyrann heranwuchs, dessen Hauptintention es zu sein schien, seine gesamte Umgebung, einschließlich der verzweifelten Mutter, erbarmungslos zu unterjochen. Doch auch er selbst wurde unterjocht, so zumindest mußte es das kurfürstliche Kind empfinden. Hofsitte und Etikette verlangten nämlich, daß der prinzliche Nachwuchs ebenso dem Zeitgeschmack entsprechend elegant gekleidet war wie die Erwachsenen und daß er sich in gleicher Weise dem barocken Repräsentationsbedürfnis zu unterwerfen hatte. Gnadenlos wurde der kleine Friedrich Wilhelm mit Spitze, Stickereien, feinen Schuhen und gepuderten Perücken ausstaffiert, und schon der Dreijährige haßte feine Kleidung mehr als alles andere. Verzweifelt wehrte er sich gegen die mißliebige Garderobe, tobte, schrie und nötigte seiner bedauernswerten Erzieherin alle nur denkbare Geduld und Kraft ab. Daß er sich eines Tages mit goldbesticktem Anzug und gepuderter Perücke im offenen Kamin versteckte, um damit seine Abneigung gegen den in seinen Augen lächerlichen Aufzug zu demonstrieren, war eigentlich zu erwarten gewesen. Als er dann freilich seinen Protest dadurch zum Ausdruck brachte, daß er eine kleine vergoldete Schuhschnalle verschluckte, brach am kurfürstlichen Hof helle Panik aus, glaubte man doch das Leben des kleinen Thronfolgers in ernster Gefahr. Zum Glück verabreichte ein besonnener Hofarzt dem kleinen Wüterich umgehend ein starkes Abführmittel, welches das Corpus delicti schließlich wieder ans Tageslicht brachte, ohne daß Friedrich Wilhelm durch seine eindrucksvolle Machtdemonstration Schaden genommen hätte. (Besagte Schnalle wurde übrigens noch bis zum Zweiten Weltkrieg in einem Berliner Museum ausgestellt, ist seitdem aber leider verschwunden.)

Hilflos stand die eher intellektuelle Sophie Charlotte den Wutanfällen ihres einzigen Kindes gegenüber, denen mit Vernunft und Erklärungen in keiner Weise beizukommen war. Ratsuchend reiste sie auch weiterhin so oft wie möglich mit dem Sohn nach Hannover, und Großmutter Sophie war immer wieder froh, Tochter und Enkel in die Arme schließen zu können. Doch auch hier, wo es weniger steif und zeremoniell zuging, ließ Friedrich Wilhelm seinem überschäumenden Temperament freien Lauf. Im Dezember 1692 mußte deswegen der Aufenthalt vorzeitig abgebrochen werden: Weder Mutter, Großmutter noch die patente Frau von Harling hatten es verhindern können, daß der Hohenzollernprinz seinen fünf Jahre älteren Welfenvetter Georg August wiederholt dermaßen verprügelte, daß man die beiden Knaben trotz Aufsicht nicht mehr beisammen lassen konnte. Noch ahnte keiner, daß in jenen Tagen eine unerbittliche Feindschaft entstand, die noch andauerte, als beide schon längst den Königsthron bestiegen hatten ...

Die Hoffnung Sophie Charlottes, daß ihr kleiner Sohn eines Tages doch noch Vernunft annehmen würde, schien sich nicht zu erfüllen. Niemand wußte mehr einen Rat, wie dem kleinen Satansbraten beizukommen war. Nichts half: weder Liebe und Verständnis noch Strenge und Strafe. Eines Tages, als Sophie Charlotte die Räume ihres Sohnes betrat, fand sie eine völlig aufgelöste Erzieherin allein im Kinderzimmer. Da Madame de Montbail ihrem widerspenstigen Schützling wegen fortgesetzten Fehlverhaltens eine Strafe angedroht hatte, war dieser aus dem offenen Fenster geklettert und stand nun auf der schmalen Brüstung, von wo aus er unmißverständlich drohte, er würde sich ohne zu zögern in die Tiefe stürzen, wenn man ihm nicht sofort verspreche, die angedrohte Strafe zu erlassen. Doch trotz aller Zorn- und Gewaltausbrüche Friedrich Wilhelms wurde der kleine Prinz von allen geliebt, denn der Wüterich hatte auch liebenswerte Eigenschaften. Er war nicht nur ein ausgesprochen hübsches Kind, sondern im Grunde durchaus einsichtig und aufrichtig. So zeigte er inmitten seiner Tobsuchtsanfälle immer wieder Anzeichen von Zerknirschung und Reue und gelobte, sich in Zukunft zu bessern. Und das war durchaus ernst gemeint, denn letztlich litt der Junge selber entsetzlich unter seinem cholerischen Temperament, das zu zügeln er sein Leben lang nie richtig lernen sollte.

Mit sieben Jahren war Friedrich Wilhelm in dem Alter, in dem die Hohenzollernprinzen aus der weiblichen Obhut entlassen und einem männlichen Erzieher übergeben wurden. Sophie Charlotte hoffte, daß es einem klugen und verständnisvollen, zugleich aber strengen und konsequenten Lehrer gelingen würde, aus dem kleinen Tyrannen einen charmanten Prinzen zu machen. Dabei hatte sie ein ganz klares Erziehungsziel vor Augen: ein honnête homme, ein eleganter, umfassend gebildeter Fürst von feiner Lebensart, ganz wie es dem Ideal der Zeit entsprach. Es läßt sich leicht erahnen, daß Sophie Charlotte mit ihren ehrgeizigen Plänen scheitern mußte. Denn daß es nicht gutgehen konnte, ein Kind, das sich mit Händen und Füßen gegen seine kultivierte Umgebung wehrte, entgegen seinem Naturell zu erziehen, liegt klar auf der Hand. Es wird der Kurfürstin freilich kaum vorzuwerfen sein, daß sie ihren Sohn nach eigenen Wünschen und Vorstellungen zu formen suchte. Zum einen gab es höfische Zwänge, zum anderen aber war das »große Zeitalter der Pädagogik« zu diesem Zeitpunkt noch nicht angebrochen. Erst Jean-Jacques Rousseau sollte mit seinem Roman »Emile ou de l'éducation« (1762) der Gesellschaft ins Bewußtsein rufen, daß Kinder Geschöpfe mit eigenen Bedürfnissen und Rechten sind und daß man »im Kind nicht ständig den Erwachsenen zu sehen« hatte.

Es blieb also abzuwarten, ob sich ein geeigneter Lehrer fand, der möglicherweise in der Lage war, sich besser in die komplizierte Persönlichkeit des jungen Hohenzollernprinzen hineinzufühlen, als es die eigene Mutter vermochte.

Hannover contra Berlin –
Der Konflikt mit Danckelmann

»Fritz wird ein Esel bleiben«

Mehr als zehn Jahre waren unterdessen vergangen, seitdem Sophie Charlotte nach Berlin gekommen war, und glücklich ist sie in dieser langen Zeit gewiß nur selten gewesen. Die Ehe mit Friedrich, den sie halb spöttisch, halb scherzhaft ihren »buckeligen Aesop« zu nennen pflegte (denn auch der im 6. vorchristlichen Jahrhundert lebende griechische Fabeldichter soll einen Buckel gehabt haben), war nie über eine politische Verbindung hinausgewachsen, die von Anfang an bestehende Distanz zwischen den beiden kaum geringer geworden. Nicht nur ihr einziges Kind machte ihr ungeahnte Probleme, seit dem Regierungsantritt ihres Gemahls hatte sie sich auch mit einem mächtigen Widersacher auseinanderzusetzen, der vehement jeden Einfluß Sophie Charlottes und Hannovers überhaupt auf die brandenburg-preußische Politik auszuschalten suchte: der Westfale Eberhard von Danckelmann (1643–1722), ehemaliger Erzieher und langjähriger Vertrauter Friedrichs, den wir bereits beim Tod des Großen Kurfürsten als couragierten Politstrategen kennengelernt haben.

Danckelmann, ein im niedersächsischen Lingen geborener, hochbegabter Diplomat und Jurist, war erst 21 Jahre alt gewesen, als er 1665 am kurfürstlichen Hof in Berlin die Aufgabe übernahm, den 8jährigen Friedrich zu erziehen, das Sorgenkind von Mutter Luise Henriette. Ob er freilich tatsächlich der geeignete Lehrer für kränkliche, schüchterne, ängstliche und sensible Prinzchen war, muß wohl bezweifelt werden. Dem Urteil seiner Zeitgenossen nach war Danckelmann nicht nur ein ausgesprochen ernster und verschlossener Calvinist, sondern auch streng, schroff und bisweilen jäh aufbrausend. In seiner Umgebung hieß es, niemand habe ihn jemals lachen gesehen. Und während Luise Henriette den Nachwuchs gemäß ihrer Maxime »Sanftheit ist die beste Methode, um Kinder zu gewinnen« erzog, zwang Danckelmann den kleinen Friedrich zu Schreibübungen wie der folgenden: »Bruder und ich wollen gelehrte Printzen werden. Aber Fritz wirdt ein Esel bleiben.«

Trotz allem hing Friedrich an seinem Erzieher. Durch den frühen Tod der geliebten Mutter im Jahr 1667 hatte er die einzige Bezugsperson verloren. Der energische Vater nämlich hatte für den schwächlichen Sohn nur wenig übrig und bevorzugte ganz offen den älteren Karl Emil. So wurde Danckelmann so etwas wie Friedrichs Ersatz-Vater. Als Friedrich schließlich Kurfürst wurde, berief er Danckelmann an die oberste Spitze der Regierung und machte ihn damit faktisch zum leitenden Minister. Während der neue Herrscher selbst keinen Sinn für wirkliche staatliche Macht besaß, nahm nunmehr sein Minister das Steuer in die Hand. Unter seiner tüchtigen Staatsführung entstanden unter anderem die Universität Halle (1694) und die Akademie der Künste (1696).

Sophie Charlotte aber konnte den allmächtigen Danckelmann von Anfang an nicht leiden. Sie verachtete seinen strengen Calvinismus und seine in ihren Augen übertriebene Sparsamkeit, die sie immer wieder zu Einschränkungen zwang. Wie sie es haßte, den Vertrauten ihres Gemahls ständig um Geld bitten zu müssen! Danckelmann seinerseits hatte für die junge Kurfürstin ebenfalls nicht viel übrig, insbesondere nachdem er erkannt hatte, daß Sophie Charlotte keineswegs gewillt war, allein die Interessen Brandenburg-Preußens im Auge zu haben. Nicht zu Unrecht beschuldigte er sie, »ihr eigen Haus mehr zu lieben als das von Brandenburg« und »für Hannover herrschen zu wollen«. Empört konterte Mutter Sophie, Danckelmann wolle ihre Tochter wohl »auf das Klavierspiel beschränken«, während Sophie Charlotte nicht müde wurde zu betonen, wie sehr sie seit dem Tag ihrer Hochzeit unter der »Tyrannei« Danckelmanns litt. Einen vorläufigen Höhepunkt erreichte der Konflikt zu Beginn der 90er Jahre, als der leitende Minister

Brandenburg-Preußens mit Gewalt zu verhindern suchte, daß Sophie Charlottes Vater Ernst August die Kurwürde erlangte. Das konnten ihm die »Hannoveranerinnen« verständlicherweise nicht verzeihen, obwohl Danckelmanns Bemühungen ohne Erfolg blieben: Im Dezember 1692 war Ernst August endlich an seinem Ziel angekommen, nachdem in Wien die Investitur des neunten Kurfürsten vollzogen worden war. Sein Land erhielt den Namen Braunschweig-Lüneburg, tatsächlich setzte sich aber die Bezeichnung »Hannover« durch. Endlich hatte man mit Berlin gleichziehen können.

Mühsamer »Waffenstillstand«

Hätten Sophie Charlotte und Friedrich eine glückliche und harmonische Ehe geführt, so wäre Danckelmanns Zeit am Berliner Hof wahrscheinlich viel früher abgelaufen gewesen, als dies der Fall war. So aber lag für ihn ein großer Vorteil in der Tatsache, daß sich das kurfürstliche Paar nicht allzu viel zu sagen hatte. Friedrich vertraute seinem Mentor voll und ganz und litt offensichtlich erheblich darunter, daß Sophie Charlotte keinen Hehl daraus machte, wie wenig sie für ihren so ganz anders gearteten Gemahl übrig hatte. Denn er war, so scheint es, von seiner hübschen Frau doch recht angetan, auch wenn es in diesem Zusammenhang übertrieben wäre, von Liebe zu sprechen. Respekt und große Bewunderung aber brachte er ihr allemal entgegen, und das durchaus nicht zu Unrecht. So schrieb der französische Gesandte La Rossière 1693 in seinem Bericht: »Die Kurfürstin ist eine der schönsten Frauen von Deutschland. Ihr Teint, ihre Augen, ihr Mund – alles an ihr ist entzückend. Dabei ist die Schönheit noch die geringste ihrer Eigenschaften. Ihr Verstand ist lebhaft und angenehm, glänzend, kräftig und gerecht. Sie weiß viel, sie liest täglich drei bis vier Stunden, aber keine Schmöker, sondern die besten Autoren. Sie spricht gut italienisch und liebt die Kunst. Ihr Wissen macht sie nicht trocken, sie ist eine Gelehrte, aber in der Art einer Fürstin. Sie liest nicht, um ihr Gedächtnis vollzustopfen, sondern

SERENISS... PRINCEPS
SOPHIA CHARLOTTA
D·G· MARCHIO ET ELECTRIX BRANDENB·
NATA DUCISSA BRUNSU·

»Das Vergnügen liebt sie ebenso wie der Kurfürst es haßt ...«
Die Ehe von Sophie Charlotte und Friedrich kam nie über eine
politische Verbindung hinaus.
Kupferstich, 1689.

um sich ein Urteil zu bilden, und sie drückt sich sehr gut aus. Das Vergnügen liebt sie ebenso wie der Kurfürst es haßt, und sie verbringt die Hälfte ihrer Tage damit, zu tanzen, zu singen, zu lachen und zu spielen ... Sie ist kokett und möchte gefallen, aber alle Leute, die sie seit ihrer Kindheit kennen, loben ihre Tugendhaftigkeit. Vor fünf oder sechs Jahren hatte sie wenig Achtung für den Kurfürsten und konnte es nicht über sich bringen, Gefühle zu zeigen, die sie nicht hatte. Aber seitdem hat sie sich überlegt, daß dieses Verhalten ihren Gegnern willkommen sein könnte und jetzt benimmt sie sich wie eine Frau, die ihren Mann liebt, und pflegt sowohl die Beziehungen zu ihm wie zu seinen Ministern, besonders die zu Herrn Danckelmann, der sich gleichfalls große Mühe gibt. Sie kümmert sich nur um wenige Dinge, und einige Leute folgern daraus, sie hätte keinen Einfluß. Aber das ist ein großer Irrtum; wenn diese Fürstin sich für irgendeine Sache einsetzt, so hat sie Erfolg; ich konnte das selber beobachten ...«

Wenn wir dem französischen Gesandten Glauben schenken dürfen, so hat sich Sophie Charlotte offenbar mit der Zeit entschlossen, taktisch vorzugehen, um ihre Ziele am Berliner Hof besser durchsetzen zu können. Ein »Waffenstillstand« mit Danckelmann schien ihr wohl ebenso angebracht wie ein liebevolles Verhalten ihrem kurfürstlichen Gemahl gegenüber, wollte sie, was die weitere Erziehung ihres Sohnes betraf, das Heft nicht ganz aus der Hand geben.

Die »schlechten Naturanlagen« des Thronfolgers

Tatsächlich nämlich war der nächste und schwerste Konflikt mit Danckelmann bereits vorprogrammiert. Nachdem der allmächtige Minister noch Anfang 1694 hatte durchsetzen können, daß sein Sohn Carl Friedrich zum ersten Kammerjunker des Kurprinzen ernannt wurde, gelang es Sophie Charlotte ein Jahr später, einen Erzieher ihrer Wahl durchzusetzen: Alexander von Dohna, wie sie selbst ein erbitterter Gegner Danckelmanns.

Dohna entstammte dem ostpreußischen Adel und huldigte wie das hohenzollernsche Kurfürstenhaus jenem politischen Calvinismus, der durch Disziplin, Pflicht- und Verantwortungsbewußtsein geprägt ist. Wesentlich für Sophie Charlotte freilich war, daß das Haus Dohna eng mit dem pfälzischen verbunden war – ein Dohna war auch Erzieher ihres Großvaters, des »Winterkönigs« gewesen – sowie der geistige Horizont des Bewerbers. Mehr als zwei Jahre lang hatte Dohna den berühmten Pierre Bayle zum Lehrer gehabt, den die Kurfürstin selbst sehr bewunderte. Bayle (1647–1706) galt als der Begründer einer neuen Religions- und Dogmenkritik in der Zeit der beginnenden Aufklärung. Er setzte sich für eine streng quellenkritische Geschichtsschreibung ein, bekämpfte jeglichen Dogmatismus und forderte unbedingte Toleranz – selbst gegenüber Atheisten, sowie die Trennung von Staat und Kirche. Er war einer der einflußreichsten Denker der Aufklärung und wurde 1693 wegen seiner freisinnigen und skeptischen Ansichten seiner Professur in Amsterdam entledigt.

Für Sophie Charlotte schien Dohna der ideale Erzieher ihres Sohnes zu sein: Ein gewissenhafter, weltgewandter Aristokrat, der der alten brandenburg-preußischen Erziehungstradition neuen Schwung zu geben und das Erziehungsideal der Kurfürstin durchzusetzen vermochte. Dohna, so hoffte sie, würde es fertigbringen, aus dem rüpelhaften Friedrich Wilhelm in absehbarer Zeit einen hônnete homme zu formen, charmant, mit höfischen Manieren, universal gebildet, selbstbewußt und mit der Begabung, später einmal im Sinne eines milden, humanen, kulturfreundlichen Regiments über Brandenburg-Preußen zu herrschen. Leider ließen sich, wie wir wissen, die philosophischen Träume der Kurfürstin nicht auch nur ansatzweise verwirklichen. Friedrich Wilhelm ließ sich nicht gewaltsam »zurechtbiegen«, sondern blieb sein Leben lang ein Feind der verfeinerten zeitgenössischen Hofkultur und ein Gegner jeder geistig-wissenschaftlichen Bildung, der für Gelehrte nichts als den Spottnamen »Blackscheißer« übrig hatte …

Während Sophie Charlotte weiterhin Luftschlösser baute und fest daran glaubte, die Erziehung ihres Sohnes zum aufgeklärten Philanthropen sei in vollem Gange, bemerkte sie nicht, daß der störrische Thronfolger bislang noch keinerlei Fortschritte selbst in solch elementaren Fertigkeiten wie Lesen und Schreiben gemacht hatte. Mit neun Jahren konnte er weder das eine noch das andere. Daß sich ihr kleiner Liebling schlichtweg weigerte, das für ihn festgesetzte Pensum zu lernen, wäre Sophie Charlotte nie in den Sinn gekommen. Für sie gab es keinen Zweifel daran, wer die alleinige Schuld am kurprinzlichen Bildungsnotstand zu tragen hatte: kein anderer als Danckelmann, der schließlich einen – zugegebenermaßen unfähigen – Gelehrten namens Cremer zum Lehrer Friedrich Wilhelms bestimmt hatte, einen Mann, der leider jegliches pädagogische Gespür vermissen ließ. Und das mit voller Absicht, so der schwere Vorwurf der Kurfürstin. Sie behauptete, Danckelmann wolle ihren Sohn absichtlich verwahrlosen und verdummen lassen »zum Vorteil seiner eigenen Familie, in der er das Kurfürstentum vom Vater auf den Sohn erblich machen wolle«. Diese absurde Anschuldigung zeigt, wie emotional Sophie Charlotte in besagter Frage reagierte, wie groß ihr Haß auf Danckelmann war und wie frappierend ihre Ahnungslosigkeit oder besser gesagt ihre Ignoranz, was den zweifellos extrem schwierigen Charakter ihres Sohnes betraf. Freilich hat auch Friedrich, der Vater des Kurprinzen, seinem Minister Danckelmann allzu sehr vertraut, denn auch er hatte nicht die geringste Ahnung, daß Friedrich Wilhelm mit seinen neun Jahren bislang kaum etwas gelernt hatte.

Gewiß hatten alle Beteiligten – einschließlich des widerspenstigen Zöglings – Grund genug, sich Vorwürfe zu machen, doch Sophie Charlotte wälzte alle Schuld auf Danckelmann ab. »Er hat ihn in die Hände eines Lehrers gegeben«, schrieb sie zornentbrannt an ihre Mutter, »der ihn im Einverständnis mit seinem Sohn vernachlässigte und alle Bemühungen des Grafen Dohna unnütz machte, und statt ihn auf Gutes hinzuweisen, waren sie alle beide darin eins, ihm sein Gemüt mit sämtlichen Schlechtigkeiten zu verderben, und damit die Schuld nicht auf sie fiele, sagten sie überall, mein Sohn habe eine schlechte Naturanlage, daß sie damit nicht fertigwerden könnten, und im

Lernen ist er bis zu dem Grade verwahrlost worden, daß er vor acht Monaten weder lesen noch schreiben konnte.«

Zu diesem Zeitpunkt hatte Sophie Charlotte bereits die Entlassung Cremers und die Einstellung eines geeigneteren Nachfolgers erwirkt, des 34jährigen Hugenotten Jean Philippe Rebeur. Rebeur erwies sich tatsächlich als gute Wahl. Dem einfühlsamen Lehrer gelang es nämlich, allmählich das Vertrauen des unzugänglichen jungen Prinzen zu gewinnen, denn er gab sich alle nur erdenkliche Mühe, sich in die Welt des Neunjährigen hineinzudenken. Und das waren, wie er schon rasch feststellen konnte, Soldaten und Waffen. Doch auch wenn Friedrich Wilhelm spürte, daß es sein Lehrer wirklich gut mit ihm meinte, so hinderte ihn das keineswegs daran, dem bedauernswerten Rebeur das Leben so schwer wie möglich zu machen. Wild und unbeherrscht wie eh und je, reagierte er bei den geringsten Anlässen mit seinen gefürchteten Wutanfällen: Dann wälzte er sich auf dem Fußboden, stieß den Kopf gegen die Mauer oder packte den erschrockenen Rebeur am Hals, als wolle er ihn erwürgen und zerriß dessen Kleidung. Hatte Danckelmann mit seiner Vermutung, der Kurprinz habe »schlechte Naturanlagen«, möglicherweise doch nicht ganz so unrecht gehabt? Rebeur indes wußte sich zu helfen, denn er hatte festgestellt, daß Friedrich Wilhelm auch eine andere, verwundbare Seite hatte. Geriet sein Zögling wieder einmal in Rage, dann kehrte er völlige Ruhe und Gleichgültigkeit hervor und ließ sämtliche verbale wie auch körperliche Attacken scheinbar kühl an sich abprallen. Gleichzeitig machte er dem heranwachsenden Prinzen deutlich, daß Gott ihn strafen würde, sollte der Kurprinz sein unkontrolliertes Verhalten nicht in den Griff bekommen. Damit hatte er einen wunden Punkt getroffen, denn Friedrich Wilhelm glaubte an einen Gott von alttestamentarischer Strenge, einen Gott, der zürnte und strafte, und der ihn zur ewigen Verdammnis verurteilen konnte.

Diese Seite ihres Sohnes hatte Sophie Charlotte, wie es scheint, nie richtig begriffen, denn ihr Gott war gänzlich anderer Natur, gütig und gerecht, den man, wenn man seine Gebote einhielt, nicht zu fürchten brauchte. Ohnehin war ihre gesamte Welt eine gänzlich andere, eine Welt des Vergnügens, der Kunst und Musik, aber auch der ernsthaften Lektüre und geistvollen Gespräche. Das gleiche wollte sie für ihren Sohn: »Was mir in aller Welt am Herzen liegt, ist, daß mein Sohn wohlerzogen werde«, hatte sie seinerzeit an Dohna geschrieben, nicht ahnend, daß der beste Pädagoge mit dieser Aufgabe überfordert sein mußte.

Danckelmanns Sturz

Unterdessen hatte Sophie Charlotte auch ihren kurfürstlichen Gemahl davon überzeugt, daß ihr Sohn bei Cremer »in Ignoranz« erzogen worden war, und Friedrich konnte sich nicht länger ihrer Argumentation entziehen, dies sei einzig und allein die Schuld Eberhard von Danckelmanns. So entschloß er sich schweren Herzens, sich von seinem übermächtigen Mentor zu trennen. Noch im November 1697 wurde Danckelmann all seiner Posten enthoben und kurz danach aus Berlin verwiesen. (Eine Woche lang stand er auf Seinem Gut Neustadt an der Dosse unter Hausarrest, dann wurde er verhaftet und als Gefangener in die Festung Spandau gebracht, später nach Peitz. Bis 1703 wurde er dort in strenger Haft gehalten, um zu verhindern, daß er eventuelle Staatsgeheimnisse preisgab. Erst 1707 kam er endgültig frei und wurde später noch von Friedrich Wilhelm I. zu Rate gezogen, bis er schließlich 1722 starb.)

Sophie Charlotte war froh, ihren lästigen Widersacher endlich losgeworden zu sein. Glücklich meldete sie am 27. November 1697 nach Hannover: »Ich glaube, E. K. H. wird ziemlich überrascht sein, daß der Präsident nun seinen Abschied hat und der Kurfürst seinetwegen vollständig aufgeklärt ist, über die Rechtswidrigkeiten in seiner Verwaltung und all die Schelmereien. Er hat es gottseidank so vollständig durchschaut, daß er mir jetzt selber alles eingestanden, was jener mir an schlechten Diensten erwiesen hat, mit seinen Behauptungen, daß ich mehr für das Haus, aus dem ich stamme, eingenommen sei als für das, dem ich jetzt angehöre; zweitens daß ich herrschen wolle und keinen anderen Gedanken im Kopf hätte, und daß alles, was ich täte auf Eingebung meiner Umgebung wie des Grafen Dohna und der Frau von Bülow geschehe, und daß mein Sohn nicht so gut erzogen werden könnte, daß der Graf Dohna ihn aufs Hannöversche abrichte ...«

Hat Sophie Charlotte tatsächlich angenommen, mit der Entlassung Danckelmanns seien all ihre Probleme mit einem Schlag beseitigt worden? Ihrer Mutter gegenüber äußerte sie jedenfalls, jetzt bliebe ihr nichts mehr auf der Welt zu wünschen übrig. »Ich bin mit dem Kurfürsten zufrieden und ich glaube, er ist es auch mit mir, denn er erzeigt mir tausend Freundlichkeiten, und ich fürchte nicht mehr, daß mir jetzt ein anderer solche Streiche spielen wird, denn es wird sich niemand von soviel Dreistigkeit und solcher Schlechtigkeit mehr finden ...«

Es scheint, als habe sich das Verhältnis zwischen Sophie Charlotte und Friedrich tatsächlich vorübergehend ein wenig entspannt, denn auch der Kurfürst ließ seine Schwiegermutter wissen: »So vil will ich sagen, daß meine Gemahlin Liebden und ich nuhn gantz wol zusammen leben«, und Sophie Charlotte pflichtete ihm in ihrem Brief vom 23. Januar 1698 bei: »Jetzt befinde ich mich sozusagen in einer zweiten Ehe, das heißt die erste, von Danckelmann vermittelte, war sehr unglücklich.«

Zwischen Pflicht und Vergnügen –
Sophie Charlotte als Kurfürstin und Königin

Begegnung mit Zar Peter dem Großen

Nach wie vor reiste Sophie Charlotte so oft wie möglich ins kurfürstliche Hannover. Das Verhältnis zu ihrer Mutter Sophie, das schon von jeher sehr eng gewesen war, hatte nichts von seiner Herzlichkeit verloren. Sophie war unterdessen 67 Jahre alt und noch voller Vitalität; nach wie vor präsentierte sie sich genauso geistig rege, spitzzüngig und vielseitig interessiert wie eh und je. Gesprächsthemen zwischen Mutter und Tochter gab es zu Genüge, doch bei Sophie Charlottes Besuch im Jahr 1697 drehte sich alles nur um einen Mann: den jungen russischen Zaren Peter I., der sich zur Zeit auf seiner großen Europareise befand.

Über das ferne Rußland wußte man damals in Deutschland noch vergleichsweise wenig. Erst 1664 hatte der zweite Romanow-Zar Aleksej (1645–1676) eine Postverbindung nach Westeuropa einrichten lassen, und seitdem hatten die östlichen Kontakte zu- und die alten Vorurteile abgenommen. Trotzdem war das hiesige Rußland-Bild noch recht verzerrt und, da sich das Land so lange vom Westen abgegrenzt hatte, nach wie vor von einer Aura des Unzivilisierten umgeben. Die »Moskowiter« glichen einer »Versammlung Wilder«, hatte es in einem Bericht aus dem Jahr 1577 geheißen.

Sophie Charlotte und ihrer Mutter war unterdessen bereits zu Ohren gekommen, daß sich die westlichen fürstlichen Gastgeber keineswegs erfreut über den Besuch des russischen »Barbaren« zeigten, dessen maßloser Alkoholkonsum, rauhe Manieren, Unsauberkeit und Abneigung gegen Messer und Gabel mit wohligem Schauer in der höfischen Gesellschaft diskutiert wurden. Natürlich waren auch die beiden fürstlichen Damen auf dieses »Phänomen« neugierig geworden. Und da ihnen die geplante Reiseroute des jungen Zaren durchaus bekannt war, beschlossen sie kurzerhand, den merkwürdigen Russen selbst zu begutachten, um festzustellen, was es mit den überall kursierenden Gerüchten denn nun tatsächlich auf sich hatte.

Als Zar Peter und sein Gefolge in Coppenbrügge ankamen, um in dem kleinen Ort zwischen Hameln und Hannover Quartier zu nehmen, beauftragten Mutter und Tochter einen Kammerherrn, den Zaren von Rußland zum Souper einzuladen. Der junge Herrscher indes wurde von der freundlichen Geste völlig überrumpelt und zögerte mit seiner Zusage, denn seine beiden Gastgeberinnen waren schließlich die ersten aristokratischen Damen des Westens, denen er begegnen sollte, und diese Tatsache machte ihn ausgesprochen verlegen, wußte er doch selbst nur allzu gut um seine »barbarischen Manieren«. Zur großen Freude der beiden neugierigen Kurfürstinnen sagte er schließlich sein Kommen aber doch noch zu, bestand allerdings darauf, daß das Treffen nur in »kleinem Kreis« stattfand. Außer Sophie Charlotte und ihrer Mutter waren daher nur noch ihre Brüder und deren Kinder anwesend, unter ihnen die inzwischen zehnjährige Cousine Friedrich Wilhelms, Sophie Dorothea, die von dem russischen Gast zur Begrüßung herzlich auf beide Wangen geküßt wurde. (Knapp zwanzig Jahre später sollte sie als Königin von Preußen eine weniger erfreuliche Erfahrung mit russischen Gästen machen, s. S. 147)

Gleichwohl war der Zar zunächst offenbar reichlich befangen, doch seinen munteren Gastgeberinnen gelang es mit ihrer natürlichen Art recht rasch, ihm die Verlegenheit zu nehmen. Während des vierstündigen Festessens hatten sie ausgiebig Gelegenheit, zahlreiche Fragen an den weitgereisten Zaren zu stellen und so ihre weibliche Neugier zu befriedigen. Der Abend endete vergnügt mit Musik und Tanz und dem obligatorischen Austausch von Tabakdosen mit den jeweiligen fürstlichen Portraits.*

---

* Diese »Tabatières«, wie die Schnupftabakdosen in Hofkreisen genannt wurden, waren damals ein unverzichtbares Modeaccessoire, das jeweils der Kleidung, Jahreszeit und

Der Besuch des »barbarischen« Zaren war somit ein voller Erfolg gewesen. »Er hat eine natürliche, ungezwungene Art, die mir gefällt«, befand Sophie Charlotte, und auch die ahnenstolze Sophie gab sich angenehm überrascht: »Wir bedauerten, daß wir nicht viel länger bleiben konnten, um ihn noch einmal sehen zu können, denn seine Gesellschaft bereitet uns viel Vergnügen. Er ist ein ganz außerordentlicher Mann. Man kann ihn unmöglich beschreiben oder auch nur eine Vorstellung von ihm vermitteln, wenn man ihn nicht gesehen hat. Er hat ein gutes Herz und bemerkenswert edle Gefühle. Ich muß auch sagen, daß er in unserer Anwesenheit nicht betrunken wurde, aber wir waren kaum aufgebrochen, als die Leute aus seinem Gefolge dies jedenfalls für sich nachholten.« Allerdings habe es dem Zaren von Rußland an »jeglicher Galanterie« gemangelt: »Beim Tanzen hielten die Moskowiter die Fischbeine unserer Korsagen für unsere Knochen, und der Zar zeigte sich erstaunt über die verteufelt harten Knochen der deutschen Damen ...«, schrieb die leicht konsternierte Kurfürstin. Sophie Charlotte hingegen mußte bei ihrer Ankunft in Berlin feststellen, daß sich ihre Mutter geirrt hatte. So ganz ohne »Galanterie« war Peter von Rußland offensichtlich nicht: Er hatte der jungen Kurfürstin einen großen Koffer mit kostbarem Brokat und Zobelpelzen zum Geschenk gemacht. Und als ihn Friedrich später einmal fragte, was ihm denn auf seiner Reise am besten gefallen habe, soll Peter ganz galant geantwortet haben: »Was könnte einem Menschen besser gefallen als deine Frau!«

Gelegenheit angepaßt wurde und dessen grazile Handhabung ein wichtiger Bestandteil der Etikette war. Tabak war ursprünglich als heilförderndes Kraut im 16. Jahrhundert am französischen Königshof eingeführt worden und hatte von dort aus seinen Siegeszug als Rauch-, Kau- und Schnupftabak durch ganz Europa angetreten. Letzterer aber war besonders beliebt, denn er sollte nicht nur den Kopf »freimachen«, sondern auch gegen Zahnschmerzen, Gicht, Geschwüre, Läuse und andere Unannehmlichkeiten helfen. Und da Schnupftabak wesentlich teurer war als Rauchtabak, dauerte es nicht lange, bis er zum Statussymbol des Adels und so die »Prise« gesellschaftsfähig wurde.

Lützenburg – Ein Lustschloß für Sophie Charlotte

Hatte Sophie Charlotte nach dem Sturz Dankelmanns gehofft, mit der Entfernung des »Sündenbocks« vom Berliner Hof seien all ihre Probleme gelöst worden, so mußte sie sich schon bald eingestehen, daß sie sich geirrt hatte. Weder hatte sich die Distanz zu ihrem kurfürstlichen Gemahl verringert, noch die zu ihrem heranwachsenden Sohn, der ihr mehr und mehr zu entgleiten begann. Schwere Enttäuschungen blieben der Kurfürstin also nicht erspart. 1698 war zudem nach längerer Krankheit ihr Vater gestorben, und Georg Ludwig war neuer Kurfürst von Hannover. Wie eh und je vergnügte er sich mit wechselnden Mätressen, während seine kurfürstliche Gemahlin seit drei Jahren auf Schloß Ahlden gefangengehalten wurde (s. S. 123). Und doch gab es einen Lichtblick in Sophie Charlottes Leben. Bereits 1695 hatte Friedrich ihr das Gut Lietzow oder Lützow geschenkt und den in brandenburg-preußischen Diensten stehenden Baumeister Johann Arnold Nering (1659–1695) mit dem Bau eines Lustschlosses beauftragt, das den Kernbereich des heutigen Schloß Charlottenburg bildet. Nachdem Nering kurz nach Beginn der Bauarbeiten gestorben war, trat Eosander von Göthe (um 1670–1729) an seine Stelle, ein Mann, den Sophie Charlotte in einem Brief an ihre Mutter als »das Orakel in allen Bauangelegenheiten« bezeichnete. Ihr Wunsch war ein »maison de plaisance«, ein kleines Lustschloß eben, in dem man sich während der warmen Jahreszeit in ländlicher Umgebung von der offiziellen, dem Hofzeremoniell unterworfenen Etikette, ein wenig erholen konnte. Auf diese neue Freiheit freute sich die Kurfürstin ganz besonders.

Der erste Schloßbau von Lützenburg (noch ohne die krönende Kuppel) entsprach völlig der damaligen Mode eines zu allen Seiten frei in die Landschaft gebauten Palais, wie man es damals gern in der Bannmeile einer Residenzstadt anlegte. Von »zu Hause« kannte Sophie Charlotte Herrenhausen mit seinen wunderbaren Gartenanlagen. Doch ihr Schloß wurde nicht weniger schön: Der kurfürstliche Gemahl zeigte sich ausgesprochen großzügig und spendierte reichliche Gelder, mit denen ein ebenso geschmackvoller wie prächtig ausgestatteter Bau errichtet wurde.

Am 11. Juli 1699 konnte endlich die Einweihung Lietzenburgs gefeiert werden. Glaubt man den Worten des Hofchronisten, dann war das Fest derart ausgelassen, »daß man sozusagen über Tisch und Bänke gesprungen und seine kurfürstliche Durchlaucht ihrer eigenen gnädigsten Aussage nach sich nicht besinnen, sich jemals so freudig erwiesen zu haben«. Doch nicht nur Sophie Charlottes neues Domizil, Berlin überhaupt nahm in jenen Jahren Gestalt an.

Nach ersten Anfängen unter dem Großen Kurfürsten fanden nun die wichtigsten Aus- und Umbauten statt. Zunächst einmal wurden Berlin und Cölln, ursprünglich zwei Siedlungen jeweils an einem Ufer der Spree, zu einer Stadt vereinigt. 1696 hatte Friedrich den Danziger Bildhauer und Baumeister Andreas Schlüter (um 1660–1714) nach Berlin gerufen, der das Bild der Stadt durch einen eigenen, norddeutschen klassizistischen Baustil prägte und seit 1699 den Berliner Schloßbau leitete, nachdem sich die Hohenzollern bis dahin mit der alten Burg begnügt hatten.

»Die schrecklichen Kissen«

Von 1699 an hielt sich Sophie Charlotte so oft es nur ging in ihrem geliebten Lützenburg auf und kehrte nur dann nach Berlin zurück, wenn dringende Repräsentationspflichten ihre Anwesenheit erforderlich machten. Der Kontakt zu Friedrich war also schon allein durch die räumliche Entfernung äußerst begrenzt, und Sophie Charlotte war froh, daß man auf diese Weise einander so weit wie möglich aus dem Weg gehen konnte. In der Regel verkehrten die Eheleute schriftlich miteinander, sehr steif und förmlich, und schon allein die immer wiederkehrende Anrede »Mon cher électeur« (»Mein lieber Kurfürst«), beweist, daß Sophie Charlotte in Friedrich weniger den Lebensgefährten als vielmehr den Souverän und Gebieter gesehen hat. Ohnehin hatte man sich nicht allzu viel zu sagen. Auch wenn sich die Kurfürstin und spätere Königin in Berlin aufhielt, blieb die Distanz bestehen. Jeder lebte sein eigenes Leben und der unterschiedliche Tagesablauf bot nur wenige Möglichkeiten zur Begegnung. Während Sophie Charlotte es liebte, morgens lange zu schlafen, stand Friedrich bereits sehr früh auf, meist gegen fünf oder sechs Uhr, zog sich für eine Stunde zum Gebet zurück und begann dann mit seinem Tagesprogramm. Abends pflegte er sich in der Regel schon gegen 21 Uhr zurückzuziehen, also just zu dem Zeitpunkt, da sich auf Lützenburg die Abendgesellschaft der Kurfürstin zusammenfand und für Sophie Charlotte der »Tag« eigentlich erst so richtig begann. Dann wurde getanzt, gelacht, geplaudert, aber auch vorgelesen und ernsthaft diskutiert, also all das getan, was Sophie Charlotte so liebte, während ihr kurfürstlicher Gemahl diese vergnüglichen und keiner Etikette unterworfenen Zusammenkünfte regelrecht verabscheute.

Wollte Friedrich den Abend ausnahmsweise einmal mit seiner Ehefrau verbringen, so pflegte er, um sie an die »ehelichen Pflichten« zu erinnern, in ihren Gemächern Kissen drapieren zu lassen. Selbst der intimste Bereich der Ehe wurde also noch vom Hofzeremoniell bestimmt! So selten dies auch geschah, Sophie Charlotte fügte sich dem kurfürstlichen und später königlichen »Befehl« nur mit äußerstem Widerwillen. Ein Brief an ihre Hofdame und Freundin Fräulein von Pöllnitz vom 7. August 1702 endet mit folgenden Worten: »Ich muß schließen, meine liebe Freundin, die furchtbaren Kissen kommen an. Was denken Sie, wird das Opfer geschlachtet werden?«

Diese Zeilen, so indiskret sie vielleicht auch sein mögen, drückten unmißverständlich aus, wie Sophie Charlotte ihre nunmehr seit 18 Jahren bestehende Ehe empfand: Man hatte sie aus vermeintlichen Zwängen heraus politischen Interessen geopfert, sie mit einem Mann verheiratet, der sie aufgrund seines körperlichen Makels vielleicht sogar abgestoßen hat. Mochte sich auch Danckelmann zwischen beide Eheleute gestellt haben, der Hauptgrund für die Unstimmigkeiten zwischen Friedrich und Sophie Charlotte war er mit Sicherheit nicht, auch wenn die Kurfürstin ihre Enttäuschung und Frustration auf den Minister projiziert hatte. Natürlich sehnte auch sie sich nach Liebe, Geborgenheit und Verständnis, und das, was ihr in Berlin versagt blieb, mußte sie sich durch ihre zahlreichen Reisen »nach Zuhause« holen. Kein Wunder also, daß sie ihr Leben lang eine »gute Hannoveranerin« geblieben ist.

Während Sophie Charlotte die Leere in ihrem Leben mit Vergnügungen, Musik, Lektüre und Philosophie zu füllen versuchte, vermißte auch Friedrich eine verständnisvolle Vertraute an seiner Seite. Sophie Charlotte konnte das Vakuum nicht ausfüllen, das der Sturz Danckelmanns hinterlassen hatte. Es wundert also nicht, daß an Danckelmanns Stelle schon bald ein anderer Minister trat, dem der einsame Kurfürst sein Vertrauen schenkte: Graf Johann Kasimir Kolbe von Wartenberg (1643–1712), der binnen kürzester Zeit zum einflußreichsten Berater Friedrichs avancierte. Für Sophie Charlotte freilich war Wartenberg nichts weiter als ein »Windbeutel«, und sie mochte ihn ebenso wenig wie dessen schöne Ehefrau Katharina, die nun der Kurfürstin auf ganz unerwartete Weise Konkurrenz machen sollte: Die aparte Rothaarige wurde Friedrichs Mätresse!

Für den französischen König war der Umgang mit Mätressen schließlich eine Selbstverständlichkeit, und wenn der prunkliebende Friedrich in jeder Hinsicht seinem großen Vorbild nachzueifern suchte, dann natürlich auch auf diesem Gebiet. Eine Montespan oder Madame de Maintenon ist die raffinierte Katharina freilich nicht gewesen, in keinerlei Hinsicht: Sie spielte lediglich die Rolle einer »Renommiermätresse«, und der nicht gerade leidenschaftlich zu nennende Friedrich begnügte sich damit, mit seiner hübschen Begleiterin regelmäßige Spaziergänge durch den Schloßpark zu machen. Auf höfischem Parkett indes vermochte sich Katharina nicht zu bewegen. Als Tochter eines Schankwirts aus dem niederrheinischen Emmerich hatte sie ihre Herkunft nämlich nie ablegen können, und fehlende Manieren und mangelnde Bildung ließen sich nicht allein durch gutes Aussehen und charmantes Auftreten kompensieren. Und doch war Friedrich daran gelegen, seine Mätresse in die höfische Gesellschaft einzuführen. Sophie Charlotte weigerte sich lange Zeit, die dreiste Nebenbuhlerin auf Schloß Lützenburg zu empfangen, und als sie es auf Friedrichs Befehl hin schließlich doch tun mußte, rächte sie sich auf ihre Weise: Sie sprach nur französisch mit der schönen Katharina, und die arrivierte Schankwirtstochter verstand kein einziges Wort ...

Zur Krönung nach Königsberg

So wie Sophie Charlottes Vater einst alles daran gesetzt hatte, Kurfürst von Hannover zu werden, so träumte Friedrich nun von der Königskrone, mit der schließlich ein erheblicher Prestigezuwachs verbunden war.

Seit dem Westfälischen Frieden von 1648 war das Machtgefüge im Heiligen Römischen Reich deutscher Nation ins Wanken geraten, die Macht des Kaisers war zerstört, die der Landesherren hingegen gestärkt worden. Viele der großen deutschen Fürsten fühlten sich bereits als Könige und wollten sich folglich auch so nennen, doch nach wie vor konnte allein der Kaiser die Königswürde verleihen.

König von Brandenburg konnte Friedrich nicht werden, da sein Land innerhalb der Reichsgrenzen lag. Daß die Situation freilich nicht aussichtslos war, hatte der benachbarte Kurfürst von Sachsen vorgemacht: 1697 war er zum König von Polen gekrönt worden. Wenn Friedrich die Königskrone also ebenfalls wollte, dann mußte auch er außerhalb der Reichsgrenzen König werden. Nun sollte es sich auszahlen, daß es seinem Vater, dem »Großen Kurfürsten«, 1660 gelungen war, die Souveränität in Ostpreußen, also außerhalb des Reichsgebiets, zu erringen. Hier konnte Friedrich König werden – vorausgesetzt, der Kaiser stimmte zu. Es folgten Verhandlungen mit Leopold I., der schließlich nachgab, nachdem ihm Friedrich zusicherte, ihn im Spanischen Erbfolgekrieg mit Truppen zu unterstützen. Rund sechs Millionen Taler für die kaiserliche Kasse gaben schließlich den Ausschlag dafür, daß Leopold I. der Königskrönung zustimmte. Allerdings durfte sich Friedrich nicht König »von« Preußen nennen, sondern lediglich König »in« Preußen, zumal Westpreußen ja noch den Polen gehörte.

So glücklich ihr Gemahl über die ersehnte Rangerhöhung war, so gleichgültig bis ablehnend stand Sophie Charlotte der Tatsache gegenüber, daß sie bald preußische Königin sein sollte. Während Friedrich bereits Vorbereitungen für die prunkvolle Krönung in Königsberg (Geburtsort Friedrichs I.) traf, reiste sie wieder einmal zu ihrer Mutter nach Hannover. Da traf es sich gut, daß sich die 70jährige Sophie gesundheitlich nicht recht wohl fühlte, einen besseren Vorwand für die Reise hätte Sophie Charlotte kaum finden können. Königsberg mußte also warten! Als der 12jährige Friedrich Wilhelm hörte, daß die Reise nach Königsberg verschoben werden mußte, weil die Kurfürstin angeblich ihre kranke Mutter nicht allein lassen konnte, zog er seine eigenen Schlußfolgerungen: »Ich sehe deutlich, was das bedeutet. Das tut sie nur, um dem Kurfürsten von Hannover Zeit zu geben, an den Kaiser zu schreiben, daß er die Krönung nicht zuläßt, und alles das aus Eifersucht!« Der junge Kurprinz lag mit seiner Annahme wohl nicht ganz so falsch. Sophie Charlotte war im Herzen viel zu sehr Hannoveranerin, um sich über den Prestigegewinn Brandenburg-Preußens freuen zu können.

Am 17. Dezember 1700 brach man schließlich auf zu einer überaus strapaziösen, rund 600 Kilometer weiten Reise durch Eis und Schnee. Friedrichs Gefolge bestand aus nicht weniger als 1800 Kutschen, und 30000 Pferde waren längs der Strecke postiert worden, um die höfische Reisegesellschaft sicher ans Ziel zu bringen.

Da das ganze Land aufgefordert war, Friedrichs neue Würde gebührend zu feiern, beschränkte man sich auf vergleichsweise kurze Reise-Etappen am Vormittag, denn der Rest des Tages gehörte dem Anlaß entsprechend den Festen und Huldigungen. Tatsächlich ließen sich die Untertanen des zukünftigen Königs nicht lumpen: Jeder Ort, durch den der Troß kam, war festlich geschmückt, alle Gebäude, ja selbst die Straßen, über die Friedrichs Kutsche fuhr, waren mit Stoffbahnen ausgeschlagen. Nach 12tägiger Reise kam man endlich am 29. Dezember völlig erschöpft in Königsberg an.

Um die notwendige Erholung von den Strapazen zu gewähr-leisten, war der Krönungstag auf den 18. Januar 1701 festge-setzt worden. Die ganze Hofgesellschaft war anwesend, als sich Friedrich im großen Audienzsaal des Deutschordensschlosses die Krone selbst aufs Haupt setzte und anschließend seine Ge-mahlin Sophie Charlotte zur ersten preußischen Königin krönte.

Die Kronen bestanden aus massivem Gold und waren eigens für die Krönung hergestellt worden. Sophie Charlottes Krone saß, wie ein Chronist vermerkte »auf ihrem bloßen Haupte, und unter den dicken Buckeln ihres natürlich gerollten pech-schwarzen Haares schimmerte sie hell glänzend hervor«. Be-kleidet war die neue Königin mit einem Gewand aus Goldstoff, das mit scharlachroten Blumen durchwirkt und auf allen Näh-ten mit Diamanten besetzt war. Rechts an der Brust haftete ein Strauß aus Birn-Perlen, von denen eine ganz außergewöhnlich groß gewesen sein soll. Über dem Kleid trug Sophie Charlotte einen mit Hermelin gefütterten Mantel aus Purpursamt, be-stickt mit goldenen Kronen und Adlern.

Doch die eigentliche Krönung war nur der Beginn einer schier unendlichen Folge von Zeremonien, die Sophie Charlotte ein hohes Maß an Geduld und Stehvermögen abverlangte. Allein in Königsberg dauerten die Krönungsfestlichkeiten nicht weniger als 49 Tage. Festessen, Feuerwerk, Theater und Ballettauffüh-rungen wechselten einander ab, bis die Hofgesellschaft schließ-lich am 8. März wieder aus Königsberg abreiste. Doch die Hul-digungen und Jubelfeiern gingen auch auf der Heimfahrt unentwegt weiter, so daß man erst zwei Monate später, am 6. Mai 1701 feierlich in Berlin Einzug halten konnte. Die Berli-ner, die ihre Häuser mit Pappadlern und Kronen aus Gold-papier verziert hatten, jubelten ihrem Königspaar begeistert zu – und die Festlichkeiten begannen von neuem …

Endlich, am 22. Juli 1701 konnte Sophie Charlotte wieder aufatmen. Ein halbes Jahr lang hatte sie sich den ihr so verhaß-ten Zeremonien unterwerfen müssen, hatte freundlich gelächelt, höfliche Floskeln von sich gegeben und sich nichts sehnlicher gewünscht, als endlich wieder in ihrem geliebten Lützenburg zu sein. Nur einmal, so zumindest wird kolportiert, soll sie entgegen der Etikette gehandelt haben, als sie nämlich während eines Festakts zu jener Schnupftabakdose griff, die ihr einst Zar Peter verehrt hatte und daraus eine Prise nahm. Wir wissen nicht, ob sich diese Begebenheit tatsächlich so zugetragen hat. Möglich ist freilich schon, daß Sophie Charlotte auf diese Weise ihr Mißfallen und Unbehagen ausgedrückt hat. Schließlich äußerte sie auch einer Vertrauten gegenüber, wie verzweifelt sie darüber war, »die Theaterkönigin gegenüber ihrem Aesop spielen zu müssen«. Statt dessen sehnte sie sich danach, endlich wieder ihr altes Leben aufnehmen zu können. So schrieb sie dem Philosophen Leibniz, er möge nicht glauben, daß sie »diese Größen und Kronen, von denen ihr Mann soviel Aufhebens mache, den Reizen einer philosophischen Unterhaltung mit ihm vorziehe«.

Seit Mai des vergangenen Jahres betrachtete sich Sophie Charlotte schließlich als Schülerin des großen Philosophen und war seitdem dabei, sich auch selbst den Ruf einer »Philosophin auf dem Fürstenthron« zu erwerben.

Die »Philosophin auf dem Fürstenthron« – Sophie Charlotte und Leibniz

Im Dienste Hannovers

Sophie Charlotte kannte den Philosophen schon seit ihrer Jugendzeit, freilich nur als Bibliothekar im Dienste Hannovers und als Freund ihrer geistreichen und belesenen Mutter Sophie. In ihrem eigenen Leben hatte Leibniz bislang keine wesentliche Rolle gespielt, doch das änderte sich, nachdem die junge Kurfürstin 1697 begonnen hatte, intensiv mit jenem Mann zu korrespondieren, von dem es hieß, er sei allein eine ganze Akademie für sich. Selbst belesen und wissensdurstig, wollte auch Sophie Charlotte von den ungewöhnlichen Geistesgaben des Philosophen profitieren.

Die außerordentliche Begabung des 1646 in Leipzig geborenen Gottfried Wilhelm Leibniz hatte sich bereits in jungen Jahren gezeigt, als er sich binnen kürzester Zeit selbst die lateinische Sprache beigebracht hatte. Er hatte nicht nur sein 1661 begonnenes Philosophiestudium mit der Promotion beendet und anschließend Jura studiert, sondern nahm an allen wissenschaftlichen, theologischen und politischen Fragen seiner Zeit lebhaften Anteil. So entwarf er ebenso Abhandlungen zu religiösen oder philosophischen Streitfragen wie zu physikalischen, mathematischen, juristischen oder historischen Problemen. Nach Aufenthalten in Mainz, Paris und London hatte sich der 30jährige schließlich entschlossen, das bereits mehrmals wiederholte Angebot des Herzogs Johann Friedrich anzunehmen, im Dienste Hannovers als Hofrat und Bibliothekar zu arbeiten. Leibniz kam 1676, und bis zu seinem Tod (1716) sollte Hannover zu seiner hauptsächlichen Wirkstätte werden. Die Stadt an der Leine zählte damals kaum 10 000 Einwohner und war erst 40 Jahre zuvor von den Herzögen der Linie Braunschweig-Wolfenbüttel zur Residenz gewählt worden. Damals vermittelte Hannover freilich noch wenig vom Glanz barocker Pracht, der erst mit Ernst August und seiner Gemahlin Sophie Einzug halten sollte.

Leibniz bewohnte zunächst die Räume der Bibliothek im herzoglichen Leineschloß, diente dem Herzog als Bibliothekar und juristischer Berater, hatte aber gleichwohl noch genügend Zeit, sich mit mathematischen und naturwissenschaftlichen Fragen zu beschäftigen und eine umfangreiche Korrespondenz mit anderen Gelehrten zu führen. Diese ebenso arbeitsintensive wie gleichzeitig überaus befriedigende Phase dauerte indes nur wenige Jahre. Als Johann Friedrich 1679 starb, trat bekanntlich Sophie Charlottes Vater Ernst August, der bis dahin als protestantischer Fürstbischof in Osnabrück residiert hatte, die Nachfolge seines Bruders an. Unter seiner Herrschaft erreichte das Land den Höhepunkt barocker Machtentfaltung. Natürlich förderte auch Ernst August Künste und Wissenschaften, schon allein um sein absolutistisches Herrschaftsbewußtsein vor aller Welt zu dokumentieren, doch sein eigentliches Interesse galt der Musik. Monatelang pflegte sich Ernst August daher in Venedig aufzuhalten, bis schließlich mit dem Bau eines eigenen Opernhauses in Hannover begonnen wurde, das 1689 eingeweiht wurde.

1680 bestätigte er Leibniz in allen Ämtern, hatte für den Gelehrten freilich keine rechte Verwendung, weder als Bibliothekar noch als Jurist. Ohnehin war die herzogliche Bibliothek wegen vielfältiger Umbauarbeiten über Jahre hinweg nicht zu benutzen. Der Etat für wissenschaftliche Projekte wurde von 1500 auf weniger als 100 Taler im Jahr zusammengestrichen, und Leibniz' Sachverstand wurde fortan bestenfalls dafür eingesetzt, um geistreiche Glückwunschgedichte anläßlich fürstlicher Festlichkeiten zu schreiben – so zum Beispiel für die Hochzeit Sophie Charlottes – und um die Glorie des Welfenhauses in Gedenkschriften und Gutachten zu untermauern. Schließlich hatte Ernst August das Ziel, Kurfürst zu werden, von Anfang an fest im Auge gehabt.

Seit 1685 bestand daher Leibniz' wichtigste Aufgabe darin, die Geschichte des Welfenhauses zu erforschen und darzustellen, natürlich, um die Ansprüche auf die Kurwürde auch historiographisch zu untermauern. Doch diese Arbeit brachte ihm keine Befriedigung, schmerzlich vermißte er eine geistig anregende Atmosphäre, wie er sie seinerzeit in Paris und London kennengelernt hatte. In einem Brief an den schottischen Adeligen Thomas Burnett of Kemney aus dem Jahr 1696 klagte er daher: »Hier trifft man kaum jemanden, mit dem man sich unterhalten kann, oder man gilt vielmehr in diesem Lande nicht als guter Hofmann, wenn man über wissenschaftliche Themen spricht. Ohne die Frau Kurfürstin würde man noch weniger darüber reden.«

Tatsächlich war Sophie Charlottes Mutter die einzige, bei der Leibniz Rückhalt und Protektion fand. Sophie war viel gebildeter als ihr Gatte, sprach fließend fünf Sprachen, kannte sich aus in Geschichte, Literatur und Philosophie und liebte es vor allem, darüber auch zu diskutieren. Nur allzu gern ließ sie sich auf ihren täglichen Promenaden durch den Park von Herrenhausen von dem geistreichen Philosophen begleiten. Als nach dem Tod Ernst Augusts 1698 dessen Sohn Georg Ludwig neuer Kurfürst wurde, gab es für den großen Philosophen weiteren Grund zur Verbitterung, denn der Bruder Sophie Charlottes brachte Leibniz noch weniger Verständnis entgegen. Und doch schien es ein Licht am Ende des Tunnels zu geben: Seit 1697 stand Leibniz mit der Kurfürstin Sophie Charlotte von Brandenburg-Preußen in regem Briefwechsel, und es schien ihm, als habe nicht nur er eine überaus interessierte und wißbegierige Schülerin gefunden.

Philosophische Spaziergänge

Erst ein Menschenalter war vergangen, seit Galileo Galilei (1564–1642) die legendären (so jedoch nie gefallenen) Worte: »Und sie bewegt sich doch!« gesprochen haben soll, als er 1633 vor der Inquisition der heliozentrischen Theorie abschwören mußte, nach der sich die Erde um die Sonne bewegt und nicht umgekehrt. Alles in allem aber war das 17. Jahrhundert eine der glänzendsten Perioden in der Entwicklung der Wissenschaften. »In den letzten hundert Jahren«, sagte der englische Dichter John Dryden (1631–1700) kurz vor seinem Tod, »wurde uns eine fast neue Natur enthüllt …, es sind mehr Irrtümer festgestellt, mehr nützliche Experimente unternommen, mehr großartige Geheimnisse der Optik, Medizin, Anatomie und Astronomie entdeckt worden als in all den kindischen und leichtgläubigen Jahrhunderten zwischen Aristoteles und unserer Zeit.« Das war natürlich gewaltig übertrieben, zeigte gleichwohl den Einfluß der Wissenschaft, der immer weitere Kreise zog.

Auch die schöngeistige Sophie Charlotte blieb von dieser Entwicklung nicht unberührt. Seitdem Ludwig XIV. (der die Wichtigkeit der Astronomie für die Navigation erkannt hatte) in Paris eine Sternwarte hatte bauen lassen (1667–1672) und 1682 der Halleysche Komet entdeckt worden war, der, wie es hieß, im Jahr 1758 wiedererscheinen sollte, blickte auch sie voller Faszination in den Sternenhimmel. Und so entstand wohl langsam der Wunsch, ein Observatorium nach Pariser Vorbild auch in Berlin errichten zu lassen und in Verbindung damit gleichzeitig eine Kalenderreform durchzuführen.*

In einem Brief an Leibniz teilte ihm Sophie Charlotte ihre Vorschläge mit und lud den Universalgelehrten zu einem Besuch in Berlin ein. So begann 1697 die freundschaftliche Beziehung zwischen dem Philosophen und der Kurfürstin von Brandenburg-Preußen, doch es sollte noch drei Jahre dauern, bis Leibniz tatsächlich den Weg nach Berlin finden sollte. Erst im

---

* 1582 hatte Papst Gregor XIII. begonnen, die Fehlerquellen des julianischen Kalenders auszuschalten und wichtige Neuerungen einzuführen. Da nach der alten Zeiteinteilung das Jahr um 0,0078 Tage zu lang und der Unterschied am Ende des 16. Jahrhunderts auf zehn Tage angewachsen war, wurde nach Beratungen mit vielen Fachgelehrten eine Kalenderreform angeordnet. Auf den 4. folgte gleich der 15. Oktober 1582. Zwar wurde der gregorianische Kalender in den katholischen Ländern sofort, in den evangelischen hingegen nur zögernd eingeführt. Während Brandenburg-Preußen die Kalenderreform im Jahr 1700 durchführte, tat die Sowjetunion diesen Schritt erst 1923, nachdem bereits im Jahr 1900 ein Rückstand von 13 Tagen bestanden hatte.

Mai 1700 gelang es ihm nach mehrmaliger Verschiebung, Sophie Charlotte seinen ersten Besuch abzustatten. Die erfreute Gastgeberin empfing ihn im neu erbauten Schloß Lützenburg, und Leibniz, des langweiligen und monotonen Daseins in Hannover zutiefst überdrüssig, hoffte seinerseits hier an der Spree möglicherweise ein neues Betätigungsfeld gefunden zu haben. Die Idee, ein Observatorium zu bauen, hatte er begeistert aufgegriffen, sie aber sofort zum Plan einer umfassenden wissenschaftlichen Gesellschaft erweitert. Bei Friedrich, dem Gemahl seiner kurfürstlichen Gastgeberin, war das Projekt ebenfalls sofort auf Interesse gestoßen, auch dem Kurfürsten von Brandenburg-Preußen mußte daran gelegen sein, nicht nur die schönen Künste zu fördern, sondern auch dem Geistesleben durch Berufung zahlreicher Gelehrter neue Impulse zu geben. Mit der Gründung der Universität Halle (1694) und der Akademie der Künste (1696), war der Anfang bereits gemacht. Nun galt es, auch eine Akademie der Wissenschaften ins Leben zu rufen. Bereitwillig gab Friedrich daher seine Zustimmung, freilich nicht, ohne dem tatendurstigen Gelehrten reinen Wein einzuschenken: Im Grunde genommen waren für die Finanzierung einer Akademie der Wissenschaften überhaupt keine Gelder vorhanden. Doch auch dieses Hindernis focht den Philosophen nicht an, nun, da er endlich wieder eine lohnende Aufgabe gefunden hatte.

Voller Energie und Optimismus entwarf Leibniz eigene Finanzierungspläne – angefangen von Lotterien über den Verkauf neuartiger Spritzen zur Brandbekämpfung bis hin zur Seidenraupenzucht, die nach seinen Vorstellungen als Haupteinnahmequelle für die Akademie der Wissenschaften dienen sollte. Auch wenn das Geld bei weitem nicht so sprudelte, wie man es sich erhofft hatte, so konnte das Projekt dennoch realisiert werden, und am 12. Juli 1700 wurde Leibniz selbst zum Präsidenten der Berliner Akademie der Wissenschaften berufen. Die Möglichkeiten indes waren beschränkt. Man hatte weder Geld, um genügend Mitarbeiter bezahlen zu können, noch um ein eigenes Gebäude zu errichten. Schließlich wurde die Akademie der Wissenschaften in einem Geschoß des Kurfürstlichen und später Königlichen Marstalls untergebracht, was die stets etwas scharfzüngigen Berliner angeblich zu der spöttischen Bemerkung veranlaßte, daß in ihrer Stadt »die Mulis neben den Musis« wohnen.

In den nächsten Jahren pendelte Leibniz zwischen Berlin und Hannover hin und her, was sich freilich insofern als schwierig erwies, als er von beiden fürstlichen Auftraggebern nicht ohne Mißtrauen beobachtet wurde, schließlich waren Hannover und Brandenburg-Preußen einander nach wie vor nicht gerade freundschaftlich gesinnt. Endlich gelang es Sophie Charlotte im Sommer 1702, den Philosophen zu einem längeren Aufenthalt auf Schloß Lützenburg zu überreden. Hier sollte er in den nächsten Monaten mit verschiedenen anderen Gelehrten zusammentreffen und nicht zuletzt mit der preußischen Königin selbst philosophische Fragen erörtern.

Sophie Charlotte, eine zwar gläubige, aber durchaus nicht unkritische protestantische Christin, wollte beispielsweise Leibniz' Meinung darüber wissen, warum Gott soviel Elend in der Welt zulasse – Kriege, Seuchen, Hungersnöte und Naturkatastrophen – und zeigte sich fasziniert von dessen Antwort. Leibniz nämlich erläuterte der wißbegierigen Königin seine Theorie der prästabilierten Harmonie, wie er die von Gott festgelegte Weltordnung zu bezeichnen pflegte: Gott habe nämlich alle Dinge und Vorgänge vor undenklichen Zeiten mit vollkommener Genauigkeit aufeinander abgestimmt, und der Kosmos funktioniere allein nach diesem Gesetz. Der Zwist der Menschen, so Leibniz, sei gleich Null, gemessen an der unvorstellbaren Harmonie, die im Kosmos herrsche. Nur Gott allein sei vollkommen, und indem er die Menschen schuf, mußte er damit auch das Unvollkommene schaffen.

Leibniz' Theorie stieß freilich nicht nur auf Zustimmung, denn Sophie Charlotte hatte einen Mann nach Lützenburg eingeladen, den sie ebenfalls schon lange bewunderte und der die prästabilierte Harmonie energisch verworfen hatte: Pierre Bayle (vgl. S. 70), einer der radikalsten Religionskritiker seiner Zeit. Bayles 1697 in Rotterdam erschienenes »Dictionnaire historique et critique«, dessen zweite Auflage soeben herausgekommen war, stand im Sommer 1702 nicht nur auf Schloß Lützenburg im Mittelpunkt des allgemeinen Interesses. In ihm nämlich war die große Frage der Aufklärungsphilosophie aufgeworfen worden: Nach dem Ursprung der Notwendigkeit des Übels in der göttlichen Weltordnung und dessen Unvereinbarkeit mit der Allgüte und Allwissenheit Gottes. Sophie Charlotte hatte zu Bayles ersten Lesern gehört, hatte mit ihm korrespondiert und ihn vor einiger Zeit bei einem Aufenthalt in Holland auch persönlich kennengelernt. So ganz nachvollziehen mochte sie seine radikalen Thesen indes nicht, Leibniz' Sicht der Dinge schien ihr doch wahrscheinlicher zu sein. Und so bat sie den deutschen Philosophen, seine Einwände gegen Bayle doch schriftlich niederzulegen. Das Ergebnis, die Sophie Charlotte gewidmete »Theodicée«, veröffentlichte Leibniz freilich erst 1710, also fünf Jahre nach dem Tod der preußischen Königin. In dem Vorwort zu diesem Werk, das die Rechtfertigung Gottes beinhaltet, heißt es: »Der größte Teil dieses Werkes ist stückweise geschrieben, als ich mich bei der verstorbenen Königin von Preußen befand, wo diese Dinge sehr häufig erörtert wurden, und zwar anläßlich des Lexikons und anderer Werke von Bayle, die man dort viel las. Ich pflegte bei den Diskussionen auf die Einwände Herrn Bayles zu antworten und der Königin zu zeigen, daß sie nicht so stark seien, wie gewisse, der Religion wenig geneigte Leute sie glauben machen wollen. Ihre Majestät befahl mir öfter, meine Antworten schriftlich aufzusetzen, damit man sie aufmerksamer überdenken könne.«

Doch auch wenn man auf Lützenburg im wortwörtlichen Sinne über Gott und die Welt zu philosophieren pflegte und Leibniz selbst meinte, daß diese Monate zu den glücklichsten seines Lebens gezählt hatten, so blieb ihm doch ein gewisses Unbehagen, Zeit für wichtigere Dinge zu verlieren, während er mit Sophie Charlotte und ihren Damen durch die Parkanlagen wandelte. Es scheint nicht, als habe er in der belesenen Königin tatsächlich eine adäquate Gesprächspartnerin gesehen, auch wenn diese über nahezu alles Auskunft verlangte. Die prästabilierte Harmonie interessierte sie in gleichem Maße wie der Gang der Gestirne, prähistorische Funde oder die Gesetze der

Moral. Nur die Mathematik, so gestand sie Leibniz einmal, komme ihr »spanisch vor«. Die Königin jedoch fühlte sich von dem großen Philosophen nicht so recht ernst genommen, wie sie am 7. August 1702 in einem Brief an ihre Vertraute von Pöllnitz deutlich machte: »Hier schicke ich Ihnen einen Brief, den ich von Leibniz bekommen habe. Ich liebe diesen Mann, aber es ärgert mich, daß er für mich alles so oberflächlich behandelt, er mißtraut meinem Genie, denn nur selten geht er wirklich tief auf die Dinge ein ...« Leibniz hingegen stöhnte, Sophie Charlotte wollte stets »das Warum des Warum« von ihm wissen, konnte jedoch nicht verhehlen, daß er der jungen Königin ebensoviel Hochachtung entgegenbrachte wie ihrer kurfürstlichen Mutter in Hannover. Und Friedrich II., der seine kluge Großmutter nicht mehr hatte kennenlernen können, schrieb später über sie: »Sie vereinigte das Genie eines großen Mannes mit den Kenntnissen eines Gelehrten.« Auch wenn dieses schmeichelhafte Urteil gewiß übertrieben ist, so steht doch zweifelsfrei fest, daß Sophie Charlotte das eigentliche Glanzlicht in der Galerie der preußischen Königinnen gewesen ist, nicht nur, was ihren geistigen Horizont betraf. Die musikalische Begabung, die in den nächsten Jahrhunderten so viele Hohenzollernprinzen auszeichnen sollte, ist wohl ebenfalls das Erbe der ersten preußischen Königin.

»Alles Entzücken des Himmels« – Sophie Charlotte und die Musik

Sophie Charlottes beachtliches musikalisches Talent war schon früh erkannt worden, und die ebenfalls musikbegeisterten Eltern waren nur allzu gern bereit, ihre Tochter in dieser Hinsicht so weit wie möglich zu fördern. Bei dem hannoverschen Hoforganisten Anton Coberg erlernte die junge Prinzessin das Cembalospielen mit solch meisterlicher Perfektion, daß sie später sogar im verwöhnten Versailles Bewunderung erntete. Auch als Kurfürstin und Königin verbrachte sie, wenn nur irgend möglich, täglich mehrere Stunden am Cembalo und spielte das

Instrument, das noch heute in Schloß Charlottenburg bewundert werden kann, auf zahlreichen Hofkonzerten. Nicht selten trug sie dabei auch eigene Kompositionen vor.

Wie Frankreich ihren literarischen und künstlerischen Geschmack bestimmte, so maßgeblich war Italien für ihre musikalischen Vorlieben. Italienische Musiker spielten an ihrem Hof daher auch eine überragende Rolle, allen voran der berühmte Agostino Steffani (1654–1728), Freund und Wegbereiter Händels und einer der bedeutendsten Komponisten seiner Zeit. In einem an ihn gerichteten Brief vom 21. November 1702 gab Sophie Charlotte darüber Auskunft, was die Musik in ihrem Leben bedeutete: »Sie ist eine treue Freundin, die sie nicht verläßt und nicht betrügt, sie ist keine Verräterin und sie ist nie grausam gewesen. Vielmehr haben sie den ganzen Charme und alles Entzücken des Himmels daraus gezogen: dagegen sind die Freunde lau oder trügerisch und die Geliebten undankbar.«

Im Juni 1700 war es Sophie Charlotte zum ersten Mal gelungen, zwei Opern von Attilo Ariosti in Berlin zur Aufführung zu bringen. Ariosti (1666 – ca. 1740) war mehrere Jahre lang ihr Hofkomponist auf Schloß Lützenburg gewesen, und nur allzu gern hätte sie es gesehen, gemeinsam mit ihm ein ständiges Operntheater, so wie in Hannover oder Dresden, durchsetzen zu können. Daß ihr dies in Berlin nicht gelang, lag in erster Linie an ihrem königlichen Gemahl und dessen religiöser Einstellung. Vergnüglicher Unterhaltung ohnehin abgeneigt, war der fromme Herrscher der gleichen Ansicht wie sein gestrenger Hofprediger Cochius, der wütend gegen die »weltlich-sinnliche Pracht des italienisch-heidnischen Renaissance- und Barocktheaters« zu wettern pflegte. Er war nicht der einzige protestantische Gegner des Theaters, das sich vornehmlich in der Oper repräsentierte. Auch in Brandenburg-Preußen waren, wie wir schon bald sehen werden (s. S. 110), die strenggläubigen Pietisten auf dem Vormarsch.

Sophie Charlottes Welt, bestehend aus Musik und Tanz, anregenden Diskussionen und fröhlichen Vergnügungen, war also weder die Welt ihres königlichen Gemahls noch die ihres heranwachsenden Sohnes. Für Friedrich Wilhelm war die kultivierte Umgebung seiner Mutter nichts anderes als ein Zeichen der Verderbtheit, und von ihrem Ziel, aus dem trotzigen Kronprinzen einen weltgewandten honnête homme zu machen, war Sophie Charlotte weiter denn je entfernt. Gleichwohl hielt sie hartnäckig an dem ebenso ehrgeizigen wie sinnlosen Erziehungskonzept fest, zumal ihrer eigenen Familie in Hannover demnächst eine Rangerhöhung ins Haus stand, die die Welfen auf den englischen Thron bringen sollte! Nachdem nämlich das letzte Kind der nachmaligen englischen Königin Anna 1701 gestorben war, hatte das dortige Parlament den Beschluß gefaßt, daß die protestantische Stuart-Nachfahrin Sophie von Hannover und ihre Nachkommen nach dem Tod Annas Thronerben sein sollten (Act of Settlement). Auf diese Weise wollte man verhindern, daß jemals wieder Katholiken über England herrschten. Zu erleben, wie ihr ältester Bruder 1714 als Georg I. König von England wurde, war Sophie Charlotte allerdings nicht mehr vergönnt gewesen.

»Dachten Sie, ich sei unsterblich?« –
Die letzten Lebensjahre

»Meine Zuneigung zu Ihnen wird wachsen«

War der kleine Friedrich Wilhelm seinerzeit in den Kamin ge-
krochen, um seine feine Kleidung durch Rußflecken zu ruinie-
ren, so pflegte sich der Heranwachsende das Gesicht mit Speck
einzureiben, um in der Sonne so braun zu werden wie ein Bauer
oder ein Soldat. Für die höfische Gesellschaft, die selbstredend
die vornehme Blässe bevorzugte, war ein gebräunter Teint ein
ebensolcher Verstoß gegen die Etikette wie die derben Stiefel,
mit denen der junge Friedrich Wilhelm nur allzu gerne zu den
Abendgesellschaften seiner Mutter zu kommen pflegte. Und
ganz offensichtlich bedurfte es derartiger Demonstrationen,
um der schöngeistigen Königin wieder und wieder klarzuma-
chen, wie vergeblich ihr Bemühen war, dem Sohn feine Manieren beizubringen, und vor allem, wie wenig sie sich in dessen
Welt hineinzudenken wußte. Doch Friedrich Wilhelm verstand
seine Mutter ebenso wenig wie sie ihn. Eigentlich hätte Sophie
Charlotte schon längst merken müssen, daß Philosophie und
schöngeistige Literatur die denkbar ungünstigsten Mittel waren, wollte sie den Sohn nach ihren Vorstellungen prägen. Aber
sie ging ihren Weg mit einem geradezu blinden Fanatismus.

Wie halb Europa, so las auch Sophie Charlotte den 1699 er-
schienenen »Telemach«, ein Werk des damals weltberühmten
Verfassers François de Fénelon, das ursprünglich für den Enkel
Ludwigs XIV. geschrieben, dann aber vom König verboten
worden war, weil es versteckte Kritik am Monarchen enthielt.
Trotzdem las man das Buch an allen Fürstenhäusern Europas,
denn sein Thema war die Erziehung zum idealen Herrscher.
Der Inhalt: Telemach, Sohn des Odysseus, lernt, wie ein Fürst

zu sein hat. Er soll all seine Kraft dem Volk widmen, Abstand von Schmeichlern halten wie von Liebesgeschichten und jeden überflüssigen Luxus vermeiden. Sophie Charlotte hatte das Buch nicht zuletzt deswegen mit großer Begeisterung studiert, weil sie glaubte, etliche Parallelen zum brandenburg-preußischen Hof entdecken zu können. Schon allein aus diesem Grund wurde sie nicht müde, ihrem unzugänglichen Sohn ausführlich darüber zu berichten. Aber auch wenn der »Telemach« über eineinhalb Jahrhunderte hinweg das verbreitetste und beliebteste aller französischen Bücher sein sollte – Friedrich Wilhelm ließ es erwartungsgemäß völlig kalt. So sehr ihn seine Mutter in der großen gesellschaftlichen Kultur des Westens und den Anfängen einer liberalen Staatsauffassung erziehen wollte, das alles glitt an ihm ab, ohne ihn im Kern zu berühren. Hinzu kam, daß in seinem Unterricht nicht Bayle oder Fénelon auf dem Stundenplan standen, sondern, ganz wie die Instruktion es vorschrieb, die Religion den gesamten Unterricht beherrschte. Die Bibel lag sämtlichen Fächern zugrunde, und aus ihr wurden auch die Texte zu den Schreibübungen und den Übersetzungen ins Französische oder Lateinische genommen. Zudem hatte sein Lehrer Rébeur eine empfindsame Seite des Wesens seines Zöglings angerührt, indem er ihn vor Gottes Strafen warnte und so in Friedrich Wilhelm ein tiefes religiöses Grundgefühl erweckte, das dem seines Vaters ähnelte, demjenigen Sophie Charlottes hingegen vollkommen fremd war. Die Königin hatte einmal über sich gesagt, ihre ruhige Gemütsart verhelfe ihr zu der Überzeugung, sie habe von der Zukunft weniger zu fürchten als von der Gegenwart, da alles, was sie über den Teufel erfahren habe, sie nicht dazu gebracht habe, in Angst vor dem Tod zu verfallen. Friedrich Wilhelm hingegen fürchtete den Tod, durfte er doch nicht hoffen, zu den Erwählten zu gehören und einmal Gnade und Barmherzigkeit zu empfangen.

Nach wie vor nämlich wollte es ihm nicht gelingen, seine immer wiederkehrenden Wutanfälle zu unterdrücken und sein Verhalten zu kontrollieren. Wollte ihn sein leidgeprüfter Lehrer Rébeur zurechtweisen, so entgegnete Friedrich Wilhelm mit scheinbarer Gleichgültigkeit, er werde sich Baumwolle in die

Ohren stopfen, um die permanenten Belehrungen nicht länger anhören zu müssen. Bisweilen freilich hielt er Rébeur auch den Mund zu, zerrte ihn am Hemdkragen oder schlug ihn gar mit den Fäusten, so daß der Lehrer tagelang blaue und grüne Flecken aufwies. Und doch machte ihm sein Verhalten riesengroße Angst, schien es doch ein Zeichen seiner Verdammnis zu sein. Warum sonst war es ihm unmöglich, Herr über seine Natur zu werden, die immer wieder mit ihm durchging?

Natürlich beobachtete Sophie Charlotte sorgenvoll die Entwicklung ihres Sohnes. In zahlreichen Briefen versuchte sie auf ihn einzuwirken, doch ihre stets wiederkehrenden Ermahnungen, sich ordentlich zu benehmen, waren eher ein Zeichen von Hilf- und Ratlosigkeit: »Vergessen Sie mich nicht, mein lieber Sohn«, schrieb sie am 25. Februar 1702, »und glauben Sie mir, daß meine Zuneigung zu Ihnen in dem Maße wachsen wird, wie ich höre, daß Sie ein hônnete homme werden.« Oder am 6. Dezember 1704, als sich der Kronprinz auf einer längeren Reise durch Holland und England befand: »Sie wissen, wann ich Sie besonders liebe ... Ich bin glücklich, wenn Sie vernünftig und wohlerzogen sind ...« Und wenige Tage später, am 23. Dezember: »... Dabei glaube ich, daß diese ständigen Ermahnungen eigentlich gar nicht nötig sind, denn Sie haben doch gute Veranlagungen und wissen sehr wohl zu unterscheiden was falsch und was richtig ist ...«

Und doch wird sie gemerkt haben, daß es ihr nicht gelungen war, Einfluß auf die Charakterbildung ihres Sohnes zu gewinnen. Die Entfremdung ließ sich nicht mehr rückgängig machen, denn Sophie Charlotte sollte ihr einziges Kind nicht mehr wiedersehen.

»... das Unendliche, das Sein und das Nichts« – Sophie Charlottes Tod

Sophie Charlottes letzter Brief an Friedrich Wilhelm vom 10. Januar 1705 enthielt nur wenige Zeilen, in denen sie dem in Holland weilenden Sohn mitteilte, sie sei momentan mit den

Vorbereitungen für ihre Reise nach Hannover beschäftigt, wohin sie zwei Tage später aufbrechen wollte. Zu diesem Zeitpunkt fühlte sich die Königin ganz offensichtlich bereits unwohl, doch das war für sie natürlich kein Grund, ihren Besuch »zu Hause« aufzuschieben, auf den sie sich so gefreut hatte. Am Tag vor ihrer Abreise kam Leibniz noch einmal vorbei, um sich von der Königin zu verabschieden und Grüße an Kurfürstin-Witwe Sophie aufzutragen. Daß es ein Abschied für immer sein würde, hat wohl keiner von beiden geahnt.

Als Sophie Charlotte am 12. Januar in die Kutsche stieg, die sie nach Hannover bringen sollte, fühlte sie sich matt und fiebrig und klagte zudem über heftige Halsschmerzen. Bereits in Magdeburg mußte die Reise daher unterbrochen werden, da der Gesundheitszustand der Königin eine Weiterfahrt bei den eisigen Temperaturen unmöglich machte. Am 18. Januar kam man schließlich in Hannover an, und inzwischen schien sich Sophie Charlottes Befinden soweit gebessert zu haben, daß sie an einem Ball teilnehmen konnte, der ihr zu Ehren gegeben wurde. Doch sie hatte ihre Kräfte überschätzt. In der Nacht stellte sich hohes Fieber ein, und man rief den Leibarzt La Rose ans Bett der Königin. Der diagnostizierte eine Halsentzündung und verordnete der Kranken Medizin und Bettruhe. Sophie Charlotte jedoch, die sich bereits am nächsten Morgen wieder besser fühlte, hielt sich weder an das eine noch an das andere. Es folgte ein Rückfall, der ganz offensichtlich eine Lungenentzündung nach sich zog, und nachdem die Leibärzte zunächst noch voller Zuversicht an eine baldige Genesung der Königin geglaubt hatten, wurde nun klar, daß Sophie Charlotte im Sterben lag. Sie hatte wohl tatsächlich, so scheint es, keine Angst vor dem Tod und war mit sich und ihrem Gott im reinen. Zu ihrer tränenüberströmten Vertrauten von Pöllnitz soll sie gesagt haben: »Warum weinen Sie? Dachten Sie, ich sei unsterblich? … Ich gehe jetzt meine Neugier befriedigen über die Urgründe der Dinge, die mir Leibniz nie hat erklären können, über den Raum, das Unendliche, das Sein und das Nichts.«

Sophie Charlotte starb in der Nacht zum 1. Februar 1705 im Alter von erst 36 Jahren.

Friedrich reagierte auf die Nachricht vom Tod seiner königlichen Gemahlin mit tiefer Erschütterung und echter Trauer und schloß sich tagelang in seinem Zimmer ein, um mit diesem Schicksalsschlag fertigzuwerden. Auch Leibniz war fassungslos: »Am ersten Tag«, so schrieb er an den Grafen Fleming, »hatte mich die traurige Nachricht ganz betäubt. Aber als ich mich von dem ersten und so überraschenden Schlag erholt hatte, wuchs mein Schmerz, wie frische Wunden uns im ersten Augenblick nicht den ganzen Schmerz fühlen lassen, den sie uns noch bereiten werden ...«

Pompe funèbre

Es ist sicherlich eine Legende, daß Sophie Charlotte auf ihrem Sterbebett nicht ohne Sarkasmus gesagt haben soll, die gewaltigen Zeremonien anläßlich ihrer Beisetzung würden den König gewiß über ihren Tod hinwegtrösten. Tatsächlich aber bot ihr Tod Friedrich die Gelegenheit zur Entfaltung eines außerordentlich prunkvollen Staatsbegräbnisses, eines gewaltigen Pompe funèbre im Sinne einer politischen Machtdemonstration, wieder ganz nach dem Vorbild des »Sonnenkönigs« Ludwig XIV.

Nachdem der Leichnam Sophie Charlottes Anfang März nach Berlin überführt worden war, fand am 22. März in der alten Schloßkapelle die feierliche Einsargung und vorläufige Beisetzung statt. Der junge Friedrich Wilhelm, der aufgrund des traurigen Ereignisses von seiner Auslandsreise zurück nach Berlin gekommen war, schrieb seiner Großmutter Sophie am 28. März 1705: »Von der Trauerfeier, die wir hier am letzten Sonntag hatten, war ich so gerührt, daß es mir nicht möglich war, auf den letzten Brief Eurer Kurfürstlichen Durchlaucht ... früher zu antworten. Sie werden entschuldigen, wenn ich nichts über diesen für mich so schrecklichen Tag sage, wo ich das Liebste auf der Welt im Sarge sehen mußte; das würde nur Ihren Schmerz erneuern und den meinen dazu ...«

Auch wenn der Kronprinz und seine Mutter einander nie sonderlich nahe gestanden haben, so ist doch durchaus anzunehmen, daß die Worte »das Liebste auf der Welt« mehr waren als lediglich eine höfliche Floskel. Friedrich Wilhelm, der hinter seiner überaus rauhen Schale einen ungewöhnlich weichen Kern verbarg, wird gespürt haben, daß Sophie Charlotte ihn von Herzen liebte, trotz all seiner Fehler und in ihren Augen befremdlichen Ansichten. Er, der sein ganzes Leben (nicht zu Unrecht) befürchten sollte, nicht geliebt zu werden, hatte den einzigen Menschen verloren, der je ehrliche Gefühle für ihn empfunden hatte.

Auch Friedrich wollte zeigen, daß er Sophie Charlotte »herzlich geliebet« hatte. Seiner verstorbenen königlichen Gemahlin zu Ehren nannte er Schloß Lützenburg, wo sie so glücklich gewesen war, in Charlottenburg um. Diskret ordnete er Sophie Charlottes Nachlaß und übergab ihre umfangreiche Korrespondenz mit Hannover ungelesen dem Feuer. Dann aber stürzte er sich in die eigentlichen Beisetzungsvorbereitungen, und noch heute zeugen etliche dicke Folianten davon, daß der preußische König weder Kosten noch Mühe gescheut hatte, seine so früh verstorbene Gemahlin »würdig« zur letzten Ruhe zu betten.

Unmittelbar nach Sophie Charlottes Tod hatte er Schlüter (den Sophie Charlotte eigentlich nie so recht gemocht hatte) beauftragt, einen Prunksarkophag zu entwerfen und herzustellen, ein vergoldetes Grabmonument mit prächtigem Dekor, der heute im Berliner Dom neben dem ähnlichen Sarkophag Friedrichs I. seinen Platz gefunden hat.* Oberhalb des ausgebreiteten Königsmantels halten zwei weibliche Figuren, Leben und Tod personifizierend, das ovale Reliefbild der Königin. An den Seitenwänden sind Reliefs mit allegorischen Darstellungen der Tugenden der Fürstin. Vier preußische Adler an den Ecken und

---

* Seit November 1999 ist die Hohenzollerngruft im Berliner Dom, die größte Grablege einer europäischen Herrscherfamilie überhaupt, erstmals in ihrer 500jährigen Geschichte vollständig öffentlich zugänglich. Die Gruft mit einer Fläche von 1300 Quadratmetern gilt als eine der kulturhistorisch bedeutendsten Anlagen Europas. Neben den prächtigen Sarkophagen von Königin Sophie Charlotte und König Friedrich I. befinden sich dort unter anderem auch die Särge der Königinnen Sophie Dorothea, Elisabeth Christine, Friederike Luise, der Kurfürstin Luise Henriette sowie des Preußenkönigs Friedrich Wilhelm II.

vier welfische Pferde im Mittelbereich tragen das Monument. Der am Fuß des Sarges sitzende Tod schreibt in ein großes Buch die Worte ein: »sempertinae memoriae Sophiae Carolae reginae« (dem ewigen Angedenken der Königin Sophie Charlotte).

Außer an dem Sarkophag wurde fieberhaft an einer gewaltigen Trauerdekoration gearbeitet. Ein ganzes Heer von Handwerkern war damit beschäftigt, und die Webstühle aller Berliner Manufakturen hatten riesige Mengen an schwarzem Tuch, Brokaten, Schleier- und Gazestoffen herzustellen. Schließlich wurden sämtliche Straßen, die der Trauerzug passierte, mit Brettern und schwarzem Tuch ausgelegt, das gotische Gewölbe des Doms mit schwarzen Stoffen drapiert und auch die Trauergesellschaft trug schwarze Mäntel. An der Front des Domes hatte man ein Portal angebracht, gestützt von geflügelten Mumien, »weilen sie unverweslich sind, werden sie für Sinnbilder durchlauchtigster Personen gehalten« – wie es in den königlichen Anordnungen heißt. Unter den Arkaden war ein geflügeltes Gerippe zu sehen, aus dessen Knochenhänden eine schwarze Samtdecke herabfiel, unter der das preußische und das hannoveranische Wappen hervorkam. Mumien und Skelette zierten auch das Innere der Kirche, die, ganz in Schwarz und Silber gehalten, kaum Platz für die riesige Trauergemeinde bot.

Das Staatsbegräbnis am 28. Juni 1705 erstreckte sich über den ganzen Tag, und der kilometerlange Leichenzug bot allen Berlinern Gelegenheit, von ihrer toten Königin Abschied zu nehmen. Der anschließende Gottesdienst endete damit, daß der Holzsarg Sophie Charlottes unter Kanonendonner in Schlüters aufwendig gestalteten Prunksarkophag gesenkt wurde.

Preußen hatte seine wohl begabteste Königin verloren. »Sie besaß«, wie Leibniz am 10. Juni 1705 niederschrieb, »eine unglaubliche Kenntnis auch auf abgelegenen Gebieten und einen außerordentlichen Wissensdrang, und in unseren Gesprächen trachtete sie danach, diesen immer mehr zu befriedigen, woraus eines Tages ein nicht geringer Nutzen für die Allgemeinheit erwachsen wäre, wenn der Tod sie nicht dahingerafft hätte.«

SOPHIE LUISE

von Mecklenburg-Schwerin-Grabow

* 16. Mai 1685 in Schwerin
⚭ 28. November 1708 mit König Friedrich I. in Preußen
† 29. Juli 1735 in Schwerin

STAMMTAFEL

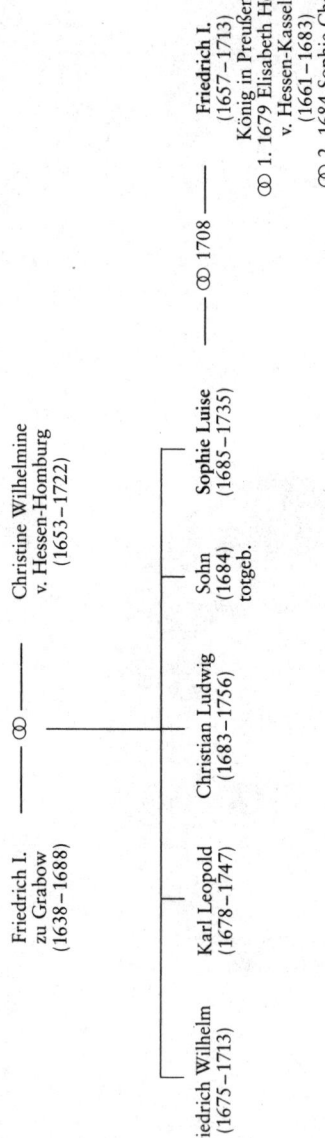

Friedrich I.
zu Grabow
(1638–1688)

⚭

Christine Wilhelmine
v. Hessen-Homburg
(1653–1722)

Friedrich Wilhelm
(1675–1713)

Karl Leopold
(1678–1747)

Christian Ludwig
(1683–1756)

Sohn
(1684)
totgeb.

Sophie Luise
(1685–1735)

—— ⚭ 1708 ——

Friedrich I.
(1657–1713)
König in Preußen
⚭ 1. 1679 Elisabeth Henriette
v. Hessen-Kassel
(1661–1683)
⚭ 2. 1684 Sophie Charlotte
von Braunschweig-
Lüneburg

Sophie Luise, die verstoßene Königin

Die »mecklenburgische Venus«

Nachdem der Berliner Hof die verstorbene Königin Sophie Charlotte über einen angemessenen Zeitraum hinweg betrauert hatte, feierte man im November 1706 die Hochzeit des nunmehr 18jährigen Kronprinzen Friedrich Wilhelm mit seiner Cousine, der ein Jahr älteren Sophie Dorothea, Tochter des Kurfürsten Georg Ludwig von Hannover. Als bereits ein Jahr später ein kleiner Prinz zur Welt kam, den man nach seinem stolzen Großvater Friedrich nannte, schien die Thronfolge gesichert zu sein, doch das Kind wurde nur wenige Monate alt (s. S. 132). Eine erneute Schwangerschaft aber schien aufgrund der angegriffenen Gesundheit und seelischen Verfassung der jungen Kronprinzessin nicht sehr wahrscheinlich zu sein, und so begann man sich bei Hof ernsthaft Gedanken darüber zu machen, was geschehen sollte, würde Sophie Dorothea nicht in der Lage sein, einem Thronerben das Leben zu schenken. Für die königlichen Ratgeber lag die Antwort auf der Hand: In diesem Fall mußte der 1657 geborene Friedrich I. eben selbst noch einmal für Nachwuchs sorgen!

Der inzwischen 50 Jahre alte, stets etwas kränkelnde König war von dieser Aussicht freilich nicht sonderlich erbaut, doch die von Wartenberg angeführte Hofpartei übte massiven Druck auf den willensschwachen Friedrich aus, ein drittes Mal zu heiraten. Kasimir Kolbe von Wartenberg hatte seine Position seit dem Sturz Danckelmanns (s. S. 65) stetig ausbauen können und inzwischen die Stellung eines allmächtigen Premierministers inne. Der Mann, den Sophie Charlotte seinerzeit als »Windbeutel« bezeichnet hatte, besaß alle Eigenschaften eines für jene Zeit typischen Höflings: Er war geschmeidig, habgierig, elegant und intrigant. Die Gunst seines Herrn wußte er sich zu erhalten, indem er ihm stets nach dem Mund redete, nie widersprach und stets die notwendigen Mittel für kostspielige Zeremonien und Festlichkeiten zur Verfügung stellte. Tatsächlich aber hatte er den preußischen König fest in der Hand, und seine eigene Frau diente ihm als Komplizin, indem sie nach wie vor Friedrichs Renommier-Mätresse mimte!

Nun also hatte sich Wartenberg vorgenommen, den jungen Kronprinzen, der all sein Tun argwöhnisch beobachtete, so weit wie möglich auszuschalten, und die ausbleibende Geburt eines männlichen Erben konnte dem intriganten Minister nur allzu willkommen sein. (Tatsächlich aber trug der Kronprinz als entschiedener Gegner der Günstlingswirtschaft nur wenige Jahre später zum Sturz Wartenbergs und seiner Parteigänger bei.)

Seufzend fügte sich Friedrich in die vermeintlichen Notwendigkeiten und stimmte halbherzig einer erneuten Hochzeit zu. Die Zeit eilte, der Bräutigam war nicht mehr der Jüngste, und so konnte man bei der Wahl der künftigen Braut auch nicht sonderlich wählerisch sein. Die Wartenberg-Clique entschied sich scheinbar für die Nächstbeste, eine protestantische junge Frau aus dem deutschen Norden: Sophie Luise aus dem Hause Mecklenburg-Schwerin-Grabow, für die sich bislang noch kein passender Ehemann gefunden hatte, obwohl sie bereits 23 Jahre zählte. Sophie Luise war in vergleichsweise »einfachen« Verhältnissen aufgewachsen, hatte keine besondere Ausbildung genossen und war streng lutherisch erzogen worden. Ihr Vater, Herzog Friedrich I. von Mecklenburg-Schwerin-Grabow, war bereits gestorben, als sie erst drei Jahre alt war, und so wuchs die kleine Prinzessin am Hof ihres zehn Jahre älteren Bruders Friedrich Wilhelm auf, über den vorerst ein Onkel die Vormundschaft besaß. Über Sophie Luises Kindheit ist wenig bekannt, aber besonders glücklich ist sie anscheinend nicht gewesen. Geld war nur wenig vorhanden, Vergnügungen wurden von den strenggläubigen Schwerinern zutiefst mißbilligt, und familiäre wie politische Querelen vergifteten die Atmosphäre bei Hof.

Auch Mecklenburg hatte unter den Auswirkungen des 30jährigen Krieges erheblich gelitten und war durch wiederholte Teilungen zersplittert worden, bis man sich 1701 darauf einigte, daß es fortan nur noch zwei Linien geben sollte: Mecklenburg-Strelitz (das Haus, das 75 Jahre später die nachmalige preußische Königin Luise hervorbringen sollte) und Mecklenburg-Schwerin, das Haus, dem Sophie Luise entstammte.

Als die Werbung des preußischen Königs am Schweriner Hof eintraf, zögerte man nicht lange, in die bevorstehende Heirat einzuwilligen. Wer hätte schließlich je gedacht, daß Sophie Luise einmal zur Königin aufsteigen würde? Dabei kannten Braut und Bräutigam einander überhaupt nicht, nicht einmal von (geschönten) Portraits, die man üblicherweise vor dem Zustandekommen einer fürstlichen Verlobung auszutauschen pflegte. Die Zustimmung Sophie Luises war ohnehin reine Formsache, und auch Friedrich zeigte keinerlei Interesse an der Tatsache, daß seine künftige Gemahlin als »mecklenburgische Venus« gerühmt wurde. Sie war in gebärfähigem Alter, und das war vorerst das wichtigste.

Dem ungleichen Paar wäre gewiß viel Kummer erspart geblieben, hätte man nicht so vorschnell die Eheschließung betrieben. Als die prokuratorische Hochzeit im November 1708 stattfand, war Kronprinzessin Sophie Dorothea trotz aller Voraussagen erneut schwanger, und auch wenn sie im Jahr darauf »nur« einem kleinen Mädchen namens Wilhelmine das Leben schenkte, so sollten doch noch etliche Prinzen geboren werden, unter ihnen auch der spätere Friedrich der Große, den sein königlicher Großvater noch persönlich über das Taufbecken halten durfte.

Voller Spannung hatten die Berliner auf den Einzug ihrer neuen Königin gewartet, doch was sie dann zu Gesicht bekamen, war nicht gerade dazu angetan, ihre Herzen zu erobern: Eine zwar wohlgeformte junge Frau mit feinen Zügen, die freilich mit versteinertem Gesicht und hölzernen Bewegungen aus ihrer Kutsche in die Menge winkte und überaus abweisend wirkte. Das Urteil war daher rasch gefällt, die Ablehnung der Mecklenburgerin in ihrer neuen Heimat besiegelt. Tatsächlich besaß Sophie Luise weder die Gabe großer Natürlichkeit noch bestrickender Liebenswürdigkeit. Als sie Friedrich in der Öffentlichkeit zum ersten Male begegnete, fiel sie vor ihrem königlichen Gemahl auf die Knie und machte sich so zum Gespött der ganzen Hofgesellschaft. Selbst Sophie Luises Hofdamen belächelten ihre Unsicherheit in der unverzichtbaren Etikette, fühlten sich ihrer jungen Herrin von Anfang an überlegen und ließen es sie auch spüren. Sophie Luise hatte dem nichts entgegenzusetzen. Niemand hatte sie auf ihre neue Rolle vorbereitet, und niemand war da, der ihr mit Rat und Tat hätte zur Seite stehen können. Die Wartenberg-Partei hatte, nun, da ihr Ziel erreicht war, keinerlei Interesse daran, der neuen Königin das Einleben am Berliner Hof zu erleichtern, und mischte sich in den Chor ihrer Kritiker.

Es war wenig tröstlich für Sophie Luise, daß sich zumindest ihr freundlicher Gemahl entgegenkommend verhielt, zumal der Kronprinz und seine Gemahlin keinen Hehl daraus machten, wie sehr ihnen die königliche Konkurrentin mißfiel. Auch Sophie, die gemeinsame Großmutter der beiden, war außer sich vor Zorn gewesen, als sie von den Heiratsabsichten des preußischen Königs erfahren hatte, in denen sie nichts anderes als eine Herabsetzung ihrer verstorbenen Tochter sehen mußte. Der »Neuen« wünschte sie daher nichts Gutes, und so riet sie ihrer Enkelin, Kronprinzessin Sophie Dorothea, in einem Brief vom 23. November 1708: »... daß Sie gut daran tun, der Königin gleich von vorn herein einen gehörigen Hieb zu versetzen, denn wenn Sie sie erst groß werden lassen, wird sie Ihnen sehr lästig werden und ganz schrecklich die Oberhand gewinnen ...« Ein »gehöriger Hieb« war überhaupt nicht nötig gewesen, um Sophie Luise vollends einzuschüchtern. Dafür reichte die Mauer des Schweigens, die sie umgab, die hämischen Bemerkungen, das schadenfrohe Getuschel der Hofgesellschaft. Es gab nur eines, was ihre Position spürbar hätte verbessern können, und das wäre eine Schwangerschaft gewesen, doch auch in dieser Hinsicht standen die Chancen nicht zum besten. Bereits Anfang Dezember nämlich war bis zum kurfürstlichen Hof in Hannover die Kunde von einem vertraulichen Gespräch durchgedrungen, das der preußische König mit seinem Leibarzt geführt hatte. Danach soll er sich über diejenigen Leute beschwert haben, die davon überzeugt gewesen waren, er wäre, sowohl was sein Alter als auch seine Konstitution betrifft, sehr wohl imstande, ein weiteres Mal zu heiraten. Das aber sei eine Täuschung gewesen, denn wegen des Beischlafs sei bislang »noch nichts Reelles« passiert. Mit kaum verhohlener Häme und Schadenfreude schrieb Sophie daher am 29. Dezember 1708 an ihre preußische Enkelin: »Ich bin sehr in Sorge um den König, meine teure, liebwerte Tochter, immer fürchtete ich, daß die Heirat ihm nicht guttun würde; die selige Königin war überzeugt, daß er sich besser befand, wenn er die Nacht nicht bei ihr zugebracht hatte ...« Tatsächlich hätte Sophie die Vorstellung kaum ertragen, daß die Mecklenburgerin durch die Geburt eines gesunden Knaben die Hannoveraner – wozu sie nicht nur Sophie Dorothea, sondern im Grunde auch ihren preußischen Enkel zählte – ins Abseits drängen könnte. Doch in dieser Hinsicht mußte sie sich keine Sorgen machen.

Sophie Luise wurde nicht schwanger, und die Kurfürstin-Witwe konnte in den nächsten Jahren kühl und mitleidslos aus der Ferne beobachten, wie die junge Königin so langsam am Hofleben zerbrach. Sie hatte niemanden, mit dem sie reden, dem sie sich anvertrauen konnte, niemanden, außer ihrer Schweriner Hofdame Fräulein von Grävenitz, die Sophie Luise nach Berlin begleitet hatte. Doch gerade die Grävenitz erwies sich als denkbar ungeeignet: Anstatt die unglückliche Königin zu trösten und ein wenig aufzumuntern, sie mit kurzweiligen Gesprächen abzulenken, drangsalierte sie ihre Herrin mit Psalmen und Bibelsprüchen und empfahl ihr Gebet und Buße. In jungen Jahren, so hieß es, habe die Grävenitz ein scheinbar recht fröhliches Leben geführt, doch im Alter hatten sich ihre Vorlieben offenbar ins Gegenteil verkehrt. Aber wie auch immer: Sophie Luise war auf Gedeih und Verderb auf ihre bigotte Hofdame angewiesen, eine ebenso engstirnige wie fanatische Lutheranerin, die die junge Königin unablässig drängte, sie müsse ihren reformierten Gemahl zum »wahren Glauben« bekehren, anderenfalls könne der preußische König nie die ewige

Seligkeit erlangen. Und schließlich wollte Sophie Luise auch für sich selbst nichts so sehr, wie eben diese Erlangung der ewigen Seligkeit. Darauf sollte sie nun ihr ganzes weiteres Leben ausrichten.

»Hoffentlich hat sie nicht die Milzsucht« – Die Geisteskrankheit der Königin

Als Sophie Luise nach Preußen kam, übten die Pietisten einen nicht unerheblichen Einfluß auf zahlreiche Menschen aus. Die Königin wurde nun stark von jenen Vertretern des Pietismus beeinflußt, die die eher vergnüglichen Seiten des Lebens wie Musik, Tanz oder Komödienbesuch als sündhaft und dem Seelenheil abträglich verwarfen. Im Halleschen Waisenhaus, Hochburg des Pietismus, ging man sogar so weit, den Kindern am Sonntag das Spielen zu verbieten! »Man hatte früher eine bessere Meinung vom lieben Gott«, kommentierte im Dezember 1712 Kurfürstin-Witwe Sophie diese Entwicklung, »der alles den Menschen zur Lust erschaffen, denn er selbst hat nichts nötig.« Viele dachten ganz anders, doch die Verdammung jeglichen weltlichen Vergnügens war nur eine Seite des Pietismus, aber es war die Welt von Königin Sophie Luise. Armen- und Sozialfürsorge, Arbeitsbeschaffung und Bildungsreform, Bereiche, die nicht minder im Mittelpunkt der pietistischen Bewegung standen, interessierten die fromme Fürstin dagegen nicht. Ihr ging es um nichts anderes als ihr Seelenheil, das ihr an der Seite eines reformierten Gemahls freilich zutiefst bedroht schien.

Es ist daher nicht weiter verwunderlich, daß sich Friedrich im Laufe der Zeit mehr und mehr von seiner sonderbaren Gemahlin zurückzog. Es scheint zu unerträglichen Streitereien zwischen den Eheleuten gekommen zu sein, in denen Sophie Luise ihren Gatten als Sünder hinzustellen pflegte, der zur ewigen Verdammnis verurteilt sei, wenn er nicht zum »wahren«, also lutherischen Glauben konvertiere. Dabei war schließlich auch Friedrich alles andere als vergnügungssüchtig. Zudem erließ er im Jahr 1711 ein Edikt gegen die Sonntagsentheiligung, das die Schließung der Tore Berlins von 8 – 17 Uhr ebenso vorschrieb wie die Verbote von Spazierfahrten, Glücksspiel und Trunkenheit. Daß diese Vorschriften auf die Initiative Sophie Luises zurückzuführen sind, ist indes wenig wahrscheinlich. Zu diesem Zeitpunkt hatte sie nämlich längst aufgehört, am Hofleben teilzunehmen, und statt dessen ihre Gemächer im Schloß gewissermaßen in eine Klosterzelle umgewandelt, die nur von ihrer Vertrauten von Grävenitz betreten werden durfte.

Natürlich versuchte man, das sonderbare Verhalten der preußischen Königin nach außen hin soweit wie möglich zu vertuschen, doch der Hofklatsch war nicht zu unterdrücken, und so erfuhr man auch in Hannover von der Verschrobenheit der königlichen Gemahlin: »Mich deucht«, schrieb Sophie daher am 27. Mai 1711 ihrer Enkelin Sophie Dorothea nach Berlin, »Eure Königin ist beim König nicht mehr in Gunst … Man hat mir versichert, daß der König gesagt hat, die selige Königin habe ihm nie Kummer bereitet wie diese.« Und einige Monate später, am 15. November, folgte der spitzzüngige Kommentar: »Hoffentlich hat sie nicht die Milzsucht, wie alle Fanatiker.« (Unter »Milzsucht« verstand man damals offenbar das aufbrausende und unberechenbare Verhalten eines Cholerikers.)

Daß man am Berliner Hof nicht daran interessiert sein konnte, Einzelheiten über die Lebensweise der preußischen Königin an die Öffentlichkeit zu bringen, versteht sich von selbst. Vielleicht aber können wir uns ein Bild davon machen, wenn wir uns die Gewohnheiten anderer pietistischer Zeitgenossinnen zum Vergleich heranziehen. Eine von ihnen, Juliane von Schwarzburg-Rudolfstadt (1637 – 1706), widmete sich nämlich ähnlich wie Sophie Luise ganz dem Gebet. Sie hatte täglich feste Gebetszeiten – morgens, mittags und abends –, die sie streng einzuhalten pflegte. Daneben aber versuchte sie auch das ständige Gebet zu praktizieren und befolgte damit ein altes monastisches Ideal nach dem Thessalonicher-Wort 5,1, das besagt: »Betet ohne Unterlaß!« Die Anrufung Gottes bestimmte somit ihren gesamten Alltag. In ihren letzten Lebensjahren hielt Juliane zusätzlich an jedem Nachmittag um vier Uhr eine besondere »Sterbestunde« ab, eine Gebets- und Meditations-übung als Vorbereitung auf den Tod. Daß sie auch keinen Gottesdienst versäumte, versteht sich von selbst, denn schließlich heißt es in der Bibel: »Der Glaube kommt aus der Predigt« (Römer 10,17). Als die fromme Pietistin einmal während der Passionszeit erkrankte, ließ sie sich daher mit ihrem Bett in die Kirche bringen und verblieb dort die ganze Karwoche über, um an den täglichen Gebeten teilnehmen zu können.

So oder ähnlich müssen wir uns wohl die Lebensführung Sophie Luises vorstellen: allen weltlichen Dingen abgewandt, permanent betend für die Erlangung der ewigen Seligkeit.

Das bedeutet freilich nicht, daß sich damals alle Pietistinnen so ausschließlich dem Gebet widmeten. Es gab eine breite Palette von Möglichkeiten, wie sich Frauen an dieser neuen Bewegung beteiligen konnten: Manche wirkten karitativ, andere wiederum schrieben theologische Bücher oder komponierten Kirchenlieder, und während die einen bewußt alleine lebten, führten die anderen eine traditionelle Ehe.

Königin Sophie Luise aber sonderte sich immer mehr von ihrer Umgebung ab. Friedrich, der glaubte, in dem strenggläubigen Fräulein von Grävenitz die Ursache allen Übels erkannt zu haben, beschloß daraufhin, die fanatische Hofdame vom Berliner Hof zu entfernen, und schickte sie 1711 nach Schwerin zurück. Doch damit erreichte er nichts, im Gegenteil. Die Königin, nun ihrer einzigen Vertrauten beraubt, verfiel in tiefe Melancholie, war todunglücklich, und aus den schweren Depressionen heraus, kam es immer häufiger zu Anfällen religiösen Wahnsinns. Ihre geistige Verwirrtheit äußerte sich in oftmals wildem Toben, in langem und verzweifeltem Weinen oder in lautem und hysterischen Gelächter, alles ohne erkennbaren Grund. Bisweilen sang sie stundenlang mit geschlossenen Augen oder saß nur völlig apathisch da und war nicht ansprechbar. Sophie Luise mußte unter strenge Bewachung gestellt werden, durfte sich nicht mehr frei bewegen und ihre Gemächer nur noch in Begleitung einer Hofdame verlassen.

Vor dem schon seit längerer Zeit kränkelnden preußischen König versuchte man den besorgniserregenden Zustand seiner

Gemahlin so weit wie möglich zu verheimlichen. Friedrich hatte Sophie Luise in dieser Zeit ohnehin kaum zu Gesicht bekommen und wußte offenbar gar nicht, wie schlimm es um sie stand. Die nun folgende Begegnung sollte daher auch die letzte sein. Bei einem ihrer Anfälle war es der unglücklichen Königin nämlich gelungen, ihrer Bewachung zu entkommen. Völlig hysterisch lief sie in ihrem langen weißen Nachthemd durch die Flure des Schlosses, um zu den Gemächern ihres königlichen Gemahls zu gelangen. Dabei aber übersah sie offenbar eine Glastür (oder schlug diese ein) und verletzte sich ganz erheblich an den Scherben. Blutüberströmt und in völlig wirrem Zustand erreichte sie schließlich ihr Ziel und fand Friedrich schlafend in einem Sessel vor. Just in diesem Moment aber wachte der König auf, erblickte die unheimliche Gestalt und glaubte, die weiße Frau sei gekommen, also jenes hohenzollernsche Hausgespenst, das der Sage nach immer kurz vor dem Tod eines Familienmitglieds zu erscheinen pflegte. Das war zuletzt vor dem Ableben des Großen Kurfürsten der Fall gewesen. (Die Sage berichtet, erstmals sei die Weiße Frau 1486 als Todesbotin erschienen. Kurz darauf nämlich starb Markgraf Albrecht III. Achilles in Frankfurt am Main eines plötzlichen Todes.)

Friedrich schrie auf, seine Diener stürzten herbei, rissen Sophie Luise fort, brachten sie zurück in ihre Gemächer und versuchten, den zu Tode erschrockenen König zu beruhigen, indem sie ihm den wahren Sachverhalt erklärten.

Friedrich beschloß daraufhin, sich von seiner geisteskranken Gemahlin so schnell wie möglich zu trennen, und ließ Vorkehrungen treffen, Sophie Luise zurück nach Schwerin zu schicken. Das hatte man unterdessen auch in Hannover erfahren, denn am 11. Februar 1713 schrieb Sophie ihrer Berliner Enkelin: »Seine Majestät sollen sich erschreckt haben über die Erscheinung des Geistes der Königin, anscheinend hat sie ihr Glück nicht behaupten können und wird sich vielleicht erst bei ihrer Mutter erholen. Wenn ich offen sein darf: Der König von Preußen hat von seiner Ehe nichts gehabt außer den Hochzeitsfeierlichkeiten. Er würde jetzt wohl nicht böse sein, die Trauerfeier veranstalten zu können, denn sie soll ganz und gar toll geworden sein ... Hier auf dem Holzmarkt heißt es, die Königin von Preußen sei wie rasend.« So diskret man in Berlin auch gewesen sein mochte, die unglaubliche Geschichte mit der »Weißen Frau« war dennoch durchgesickert, und das nicht nur in Hofkreisen. Jetzt wußte man es überall: Brandenburg-Preußen hat eine »verrückte Königin«!

Nun endlich durfte auch Sophie deutlicher werden. In ihrem Brief an Kronprinzessin Sophie Dorothea vom 15. Februar 1713 heißt es: »Von der Art des Leidens haben Sie mir nie gesprochen, aber andere schildern es mir wie das von Mr. Cresset (= der englische Gesandte in Hannover). Der Kurfürst weiß ein Heilmittel: Man muß einem Hengst, den man vorher warmgeritten hat, am linken Ohr Blut abzapfen, Tuchstückchen in das Pferdeblut tunken und diese Stückchen dem Gemütskranken in das Getränk tun, der nichts anderes trinken darf, als was auf diesen blutgetränkten Tuchstückchen bleibt. Das Mittel soll schon mehreren Personen geholfen haben, die durch Zufall verrückt geworden sind. Aber nach dem Hörensagen hat der Pietismus schon immer ein wenig das Gehirn verwirrt, und unter allen Wundern Jesu Christi ist keines, das einen Narren weise gemacht hätte ...«

Es ist nicht anzunehmen, daß man Sophies absonderlichen Vorschlag am Berliner Hof ernstgenommen hat. Statt dessen schickte man die Königin, wie geplant, nur wenige Tage später zu ihrer Mutter nach Schwerin zurück, und Sophie konnte am 25. Februar nicht ohne Genugtuung schreiben: »Was die Königin angeht, so hat man Exempel, daß die Leute von ihrer Tollheit geheilt wurden, aber es gibt auch welche, bei denen dies nicht eintritt ... Jedenfalls bin ich froh, daß der König die Königin losgeworden ist, denn anscheinend paßten sie ihrem Wesen nach nicht sehr zueinander ...«

Doch Sophies Freude kam zu spät: Friedrich war am selben Tag im Alter von 55 Jahren im Königlichen Schloß in Berlin gestorben.

Sophie Luise hingegen lebte noch 23 Jahre lang bei ihrer Mutter in Schwerin, ohne ihren klaren Verstand jemals wiederzuerlangen. Der Tod beendete ihr unglückliches Leben am

29. Juli 1735, nachdem sie offenbar längere Zeit unter einer Herzkrankheit gelitten hatte. Beigesetzt wurde Sophie Luise in der Schweriner Nikolaikirche, und damit ist sie die einzige preußische Königin, die nicht in Berlin oder Potsdam ihre letzte Ruhestätte gefunden hat. Mit ihrer Entfernung aus Berlin war sie bereits aus der Geschichte verschwunden, und die einzige Spur, die sie noch hinterließ, ist eine Notiz in den Gerichtsakten, »daß Ihre Majestät nach wie vor außerstande sei, ihre Angelegenheiten selbst zu besorgen ...«

SOPHIE DOROTHEA

von Hannover

* 26. März 1687 in Hannover
⚭ 28. November 1706 mit Friedrich Wilhelm I.
von Preußen (1688–1740)
† 28. Juni 1757 in Berlin

STAMMTAFEL

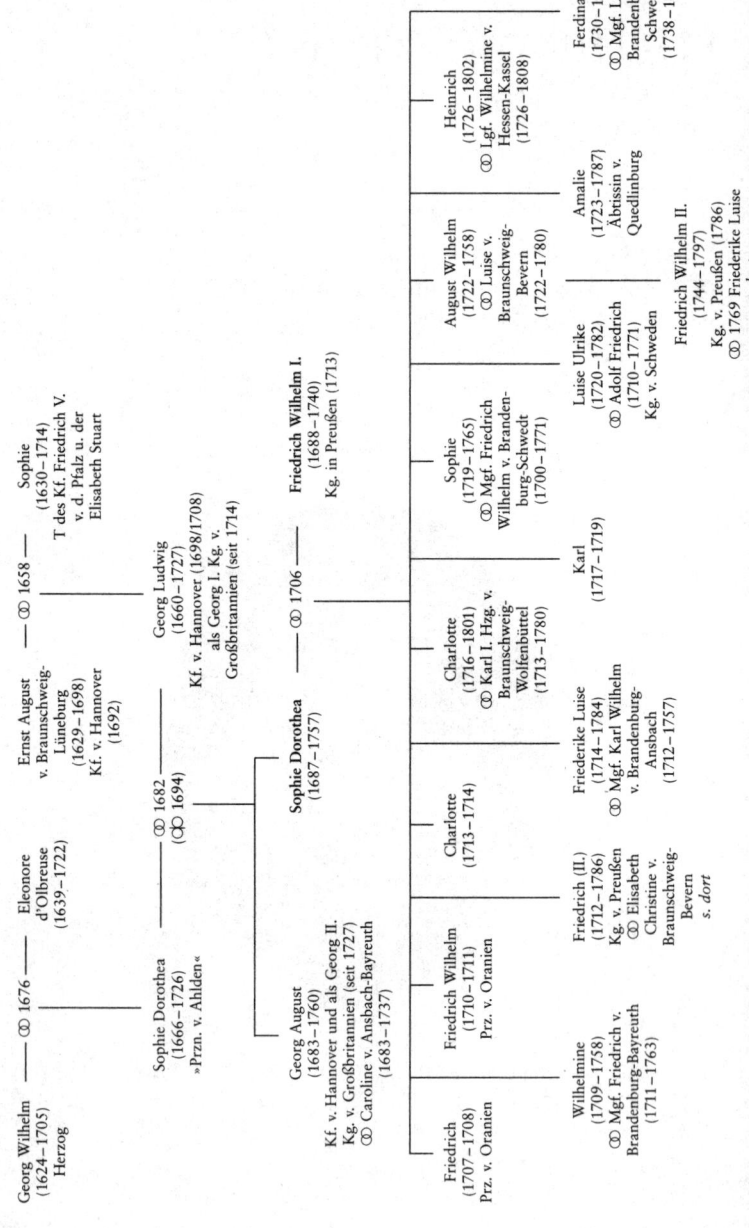

Georg Wilhelm
(1624–1705)
Herzog

⚭ 1676

Eleonore
d'Olbreuse
(1639–1722)

Ernst August
v. Braunschweig-
Lüneburg
(1629–1698)
Kf. v. Hannover
(1692)

⚭ 1658

Sophie
(1630–1714)
T des Kf. Friedrich V.
v. d. Pfalz u. der
Elisabeth Stuart

Georg Ludwig
(1660–1727)
Kf. v. Hannover (1698/1708)
als Georg I. Kg. v.
Großbritannien (seit 1714)

Sophie Dorothea
(1666–1726)
»Przn. v. Ahlden«

⚭ 1682
⚭ 1694

Sophie Dorothea
(1687–1757)

⚭ 1706

Friedrich Wilhelm I.
(1688–1740)
Kg. in Preußen (1713)

Georg August
(1683–1760)
Kf. v. Hannover und als Georg II.
Kg. v. Großbritannien (seit 1727)
⚭ Caroline v. Ansbach-Bayreuth
(1683–1737)

Friedrich
(1707–1708)
Prz. v. Oranien

Friedrich Wilhelm
(1710–1711)
Prz. v. Oranien

Wilhelmine
(1709–1758)
⚭ Mgf. Friedrich v.
Brandenburg-Bayreuth
(1711–1763)

Friedrich (II.)
(1712–1786)
Kg. v. Preußen
⚭ Elisabeth
Christine v. Braunschweig-
Bevern
s. dort

Charlotte
(1713–1714)

Friederike Luise
(1714–1784)
⚭ Mgf. Karl Wilhelm
v. Brandenburg-
Ansbach
(1712–1757)

Charlotte
(1716–1801)
⚭ Karl I. Hzg. v.
Braunschweig-
Wolfenbüttel
(1713–1780)

Karl
(1717–1719)

Sophie
(1719–1765)
⚭ Mgf. Friedrich v. Brandenburg-Schwedt
(1700–1771)

Luise Ulrike
(1720–1782)
⚭ Adolf Friedrich
(1710–1771)
Kg. v. Schweden

August Wilhelm
(1722–1758)
⚭ Luise v.
Braunschweig-
Bevern
(1722–1780)

Amalie
(1723–1787)
Äbtissin v.
Quedlinburg

Heinrich
(1726–1802)
⚭ Lgf. Wilhelmine v.
Hessen-Kassel
(1726–1808)

Ferdinand
(1730–1813)
⚭ Mgf. Luise v.
Brandenburg-
Schwedt
(1738–1820)

Friedrich Wilhelm II.
(1744–1797)
Kg. v. Preußen (1786)
⚭ 1769 Friederike Luise
s. dort

Ein »gut Kind«, aber wenig geliebt –
Welfenprinzessin Sophie Dorothea

»Mausdreck im Pfeffer« – Das Elternhaus

Die Ehe ihrer Eltern, die man ohnehin nie hatte glücklich nennen können, war bereits weitgehend zerrüttet, als Sophie Dorothea am 26. März 1687 geboren wurde. Ihr Vater Georg Ludwig war seinerzeit aus politischen Gründen gezwungen gewesen, seine sechs Jahre jüngere Cousine zu heiraten: den »Bastard« Sophie Dorothea aus der Verbindung seines Onkels Georg Wilhelm mit der nicht ebenbürtigen Hugenottin Eleonore d'Olbreuse.

Wir erinnern uns an jenen etwas sonderbaren Brauttausch, mit dem Herzog Georg Wilhelm 1658 seine Verlobte Sophie von der Pfalz an Bruder Ernst August »weitergereicht« und im Gegenzug versprochen hatte, nie wieder eine Ehe einzugehen und seine Länder einst dem Bruder zu vererben (s. S. 34). Doch dann hatte er in Holland die schöne Eleonore kennengelernt, Tochter einer verarmten hugenottischen Adelsfamilie aus dem Poitou und sich Hals über Kopf in die anmutige junge Frau verliebt. Da er sich aber nach wie vor an das seinem Bruder gegebene Versprechen gebunden fühlte, schloß er mit Eleonore, seiner großen Liebe, schweren Herzens zunächst nur eine illegitime Verbindung, aus der am 15. September 1666 eine Töchterchen hervorging, das Sophie Dorothea genannt wurde und später einmal die Mutter der nachmaligen preußischen Königin gleichen Namens werden sollte. So glücklich die Eltern über ihr Kind auch waren, »Tante Sophie« ärgerte sich maßlos über ihre neugeborene Nichte, die sie aufgrund ihrer nicht standesgemäßen Abstammung als »Mausdreck im Pfeffer« bezeichnete, wobei der Pfeffer, ein damals überaus kostbares Gewürz, als Synonym für das altehrwürdige Welfenhaus zu verstehen war.

Der stolze Vater Georg Wilhelm indes stattete Mutter und Kind nicht nur mit der Grafschaft Wilhelmsburg an der unteren Elbe aus, er bewirkte auch, daß beide 1674 durch ein kaiserliches Patent zu Reichsgräfinnen erhoben wurden. Und für den Fall, daß die Tochter einmal in ein altfürstliches Haus heiraten würde, sicherte er ihr Titel und Wappen einer geborenen Herzogin von Lüneburg zu. So wie sich die Dinge entwickelten, hatten Sophie und ihr herzoglicher Gemahl Ernst August allen Grund, um die spätere Erbschaft Georg Wilhelms zu bangen, zumal dieser Eleonore im April 1676 zu seiner rechtlichen Ehefrau machte – und damit das alte Versprechen gebrochen hatte. Glücklicherweise aber war Georg Wilhelm alles andere als ein skrupelloser »Geschäftspartner«, ihn plagte das schlechte Gewissen seinem Bruder gegenüber. Schließlich leistete er Ernst August einen Huldigungseid, der das versprochene Nachfolgerecht regelte und willigte in die eheliche Verbindung seiner einzigen Tochter Sophie Dorothea mit dem 1660 geborenen Erbprinzen Georg Ludwig ein, dem ältesten Sohn von Sophie und Ernst August. Dieser Schritt sollte die Einhaltung des »Vertrages« von 1658 ein für allemal garantieren.

Natürlich fiel es der stolzen Sophie unendlich schwer, diese Eheverbindung zu akzeptieren, doch andererseits war die Aussicht auf den zu erwartenden Prestigegewinn, die Vereinigung von Hannover und Celle, nur zu verlockend! »Es ist eine bittere Pille«, so schrieb sie, »aber wenn sie mit 100000 Talern vergoldet wird, macht man die Augen zu und schluckt sie hinunter.«

Die Hochzeit des Paares fand am 2. Dezember 1682 in der Kapelle des Schlosses von Celle statt, gewissermaßen in aller Stille. Sophie Dorothea, die junge Braut, war zu diesem Zeitpunkt erst 16 Jahre alt, ein lebhaftes und lebenslustiges Mädchen, vielleicht ein wenig kokett und leichtfertig. Sie hatte eine glückliche Kindheit gehabt, wurde von beiden Eltern herzlich geliebt und war in einer behaglichen Atmosphäre voller Nestwärme aufgewachsen. Gewiß ahnte sie, daß es damit nun vorbei sein würde. Ihr künftiger Ehemann nämlich war so ganz anders geartet: wortkarg, kühl und verschlossen, nach dem Urteil der Liselotte von der Pfalz »drucken und kalt wie Eis«. Nichtsdestoweniger hatte er, von seinem umtriebigen Vater ermutigt, schon früh sexuelle Erfahrungen gesammelt und bereits mit 16 Jahren ein uneheliches Kind gezeugt, was man freilich soweit wie möglich zu vertuschen versuchte. Daß die Ehe mit seiner hübschen Cousine von vornherein zum Scheitern verurteilt war, lag freilich nicht nur an den unterschiedlichen Charakteren, sondern hatte noch ganz andere Gründe: Natürlich war Georg Ludwig nicht verborgen geblieben, wie abfällig seine Eltern, besonders die Mutter, von der »Canaille« Eleonore und ihrem »Bastard« zu sprechen pflegten. Wie konnte er seiner jungen Ehefrau gegenüber Respekt haben?

Dennoch erfüllten beide Ehepartner ihre Pflicht, für Nachkommen zu sorgen: 1683 wurde Sohn Georg August geboren, der spätere König Georg II. von England, 1687 erblickte Tochter Sophie Dorothea das Licht der Welt.

Vaters Mätressen, Mutters Liebhaber

An ihren Kindern zeigten beide Eltern jedoch nur wenig Interesse. Georg Ludwig war ohnehin oft außer Haus, das brachte seine Stellung als künftiger Herzog so mit sich. Und da ihn seine junge Gattin offenbar nur wenig reizte, amüsierte er sich lieber mit verschiedenen Mätressen, vornehmlich mit der anmutigen Hofdame Melusine von der Schulenburg. Das freilich war damals durchaus nicht unüblich und hätte den Fortbestand der Ehe nicht im geringsten gefährdet, hätte sich nicht Sophie Dorothea ihrerseits Zerstreuung außerhalb des Ehebettes gesucht. Zwar hatte sie nur einen Liebhaber, doch das war bereits einer zuviel: der 1665 geborene und 1689 in den Dienst Hannovers getretene Graf Philipp Christoph von Königsmarck, dessen Familie dem brandenburgischen Uradel entstammte. Beide kannten sich schon seit Kindertagen, hatten sich aber viele Jahre nicht mehr gesehen, bis sie sich, wie es scheint im

Jahr 1690, wiedertrafen und ihre gegenseitige Liebe entdeckten.

Töchterchen Sophie Dorothea war zu diesem Zeitpunkt drei Jahre alt, und befand sich, ebenso wie ihr Bruder Georg August, meist in der Obhut von Großmutter Sophie, die sich zugleich auch um ihren kleinen preußischen Enkel Friedrich Wilhelm kümmerte. Die Mutter sorgte sich anscheinend wenig um ihre beiden Kinder, hatte statt dessen nur Augen für den schönen Königsmarck. Mit ihm wechselte sie zahllose intime Briefe, in denen sie die kleine Tochter aber nur ein einziges Mal erwähnte. Man kann daher vermuten, daß sie sich im Falle einer gemeinsamen Flucht mit ihrem Liebhaber nicht allzu schweren Herzens von den beiden Kindern getrennt hätte. Doch das bleibt letztlich Spekulation, das Schicksal wollte es ohnehin anders.

Vier Jahre lang traf sich Mutter Sophie Dorothea mehr oder weniger heimlich mit ihrem Geliebten, und nur wenige Vertraute waren in dieses verbotene Verhältnis eingeweiht. Die Briefe, die man sich gegenseitig schrieb, waren verschlüsselt, und so glaubten die beiden Liebenden, auch fortan unentdeckt bleiben zu können. Und doch muß es eine undichte Stelle gegeben haben: Ohne die geringste Vorwarnung wurde Königsmarck am 1. Juli 1694 von vier Hofleuten gestellt und unverzüglich umgebracht. Seine Leiche versenkte man in einem mit Steinen beschwerten Sack in den Fluten der Leine. Die schockierte Sophie Dorothea wurde als Ehebrecherin noch am gleichen Tag verhaftet. Denn was ihrem Mann erlaubt war, konnte ihr als Frau keinesfalls zugestanden werden, schließlich mußte die Vaterschaft der Welfenkinder unzweideutig sein!

Ihr Vater Georg Wilhelm und dessen Bruder Ernst August – inzwischen Kurfürst von Hannover – kamen daher überein, daß es keinen anderen Weg gab, als die Ehe ihrer Kinder aufzulösen und die treulose Prinzessin auf Lebenszeit vom Hof – und damit auch von ihren Kindern – zu verbannen.

Am 7. Januar 1695 wurde das Scheidungsurteil gefällt und der 28jährigen Sophie Dorothea wegen böswilligen Verlassens die alleinige Schuld zugesprochen. Für den Rest ihres Lebens wurde sie in der Wasserburg Ahlden am Ufer der Alten Leine unter Hausarrest gestellt und durfte sich nur in Begleitung von Bewachern in einem gewissen Umkreis bewegen. Ihre einzige Besucherin war Mutter Eleonore, die viel Zeit bei ihrer unglücklichen Tochter verbrachte. Ihre Kinder aber hat Sophie Dorothea seit ihrer Verhaftung nie mehr wiedergesehen.

Noch 32 Jahre lang lebte die »Prinzessin von Ahlden« als Gefangene, auch wenn sie nach wie vor über ein beträchtliches Einkommen verfügte und weder an Personal, Einrichtung, noch an üppigem Essen und Trinken sparen mußte. Hannover aber hatte jeden Kontakt zu ihr abgebrochen, behandelte sie als Persona non grata und schwieg sie regelrecht tot. In den vielen hundert Briefen, die Sophie später mit ihrer Enkelin Sophie Dorothea wechselte, fiel der Name der Mutter und ungeliebten Schwiegertochter kein einziges Mal.

Wie die kleine Sophie Dorothea die Entfernung der Mutter vom Hof aufgenommen hat, ist uns daher leider nicht bekannt. Da aber das Mutter-Kind-Verhältnis ohnehin nicht allzu eng gewesen zu sein scheint, wird sie den Verlust nicht sonderlich schwer genommen haben. Nun nahm sich Großmutter Sophie allein der Erziehung ihrer Enkelin an und versuchte das aus ihr zu machen, was ihr mit ihrer Tochter Sophie Charlotte seinerzeit bestens gelungen war: eine gute »Partie« für die Heirat in ein Fürstenhaus.

»... muß man mit Enten auf die Beize gehen« – Großmutter Sophies Verlobungspläne

Sophie Dorothea verbrachte also ihre Jugendjahre am kurfürstlichen Hof zu Hannover, und das zu einer Zeit, die einen Höhepunkt der kulturellen Blüte des Barockzeitalters kennzeichnete. Die Prinzessin liebte die zahllosen glanzvollen Feste, die ihre Großeltern im Lustschloß Herrenhausen zu feiern pflegten und entwickelte ihrer unglücklichen Kindheit zum Trotz ein ausgeprägtes Selbstbewußtsein. Sophies Stuartscher Ahnenstolz, die vermeintliche Gewißheit, »etwas Besseres« zu sein, hatte sich auch auf die junge Prinzessin übertragen. Zwar war sie bei weitem nicht so geistvoll und gebildet wie ihre Großmutter und ihre Tante Sophie Charlotte, Kurfürstin bzw. Königin von Brandenburg-Preußen, aber sie war sich ihrer hohen Stellung sehr wohl bewußt, liebte elegante Kleidung und eine luxuriöse Umgebung. Und warum auch nicht? Schließlich, das zumindest wußte sie, seitdem sie 14 Jahre alt war, würde ihr Vater eines nicht mehr allzu fernen Tages König von England werden! Im August 1701 war mit dem Act of Settlement die Thronfolge des Inselreiches festgelegt worden (s. S. 95). Um zu verhindern, daß in Zukunft Katholiken auf den Thron kamen, setzte man die Stuart-Ahnin Sophie von Hannover und ihre Nachkommen als Thronerben ein. 1702 starb der englische König William III. und nun galt es, nur noch den Tod von dessen Nachfolgerin, Queen Anne, abzuwarten, um den Machtanspruch geltend machen zu können.

Die junge Sophie Dorothea würde also voraussichtlich schon bald eine Königstochter sein, und das erhöhte natürlich ihre Attraktivität auf dem fürstlichen Heiratsmarkt ganz beachtlich. Für Großmutter Sophie stand daher außer Frage, daß sie ihre Enkelin nicht »unter Wert« verheiraten würde, am besten mit einem Kronprinzen eines aufstrebenden Landes. Da traf es sich gut, daß sich ihr Schwiegersohn Friedrich erst unlängst zum König »in« Preußen gekrönt und seinen Sohn Friedrich Wilhelm damit zum Kronprinzen befördert hatte. Sophie liebte den Sohn ihrer Tochter Sophie Charlotte trotz all seiner Unarten und schlechten Manieren ganz besonders und hatte ihn stets gern als Gast bei sich in Hannover gesehen. Zwar war es noch zu früh, um konkrete Pläne zu machen, aber Sophie war fest entschlossen, ihr Ziel nicht aus den Augen zu verlieren. Eine weitere Welfenprinzessin am preußischen Hof würde schließlich Hannover auch in Zukunft einen gewissen Einfluß verleihen, und zwischenzeitlich füllte Sophie Charlotte ihre Rolle als Informantin und Fürsprecherin ihres Hauses zur vollsten Zufriedenheit der kurfürstlichen Eltern aus (s. S. 66).

Freilich waren Zweifel angebracht, ob sich auch die junge Sophie Dorothea in einem Netz aus Neid, Macht und Intrigen würde zurechtfinden und durchsetzen können. Sophie war durchaus klar, daß ihre Enkelin nicht mit den gleichen Fähigkeiten und Geistesgaben ausgestattet war wie die jetzige preußische Königin, aber sie war ihr einziger »Joker«.

Unterdessen war Königin Sophie Charlotte im Alter von nur 36 Jahren überraschend gestorben, und obwohl Sophie ihre einzige Tochter tief und ehrlich betrauerte, beschloß sie bereits unmittelbar nach deren Beisetzung im Sommer 1705, das Heiratsprojekt verstärkt aufzugreifen. In einem Brief an ihren verwitweten Schwiegersohn Friedrich I. beschrieb sie ihre Enkelin, »die ein gut Kind und nun groß und vernünftig geworden ist«, fügte freilich auch leicht resigniert hinzu: »Aber, mein lieber König, wenn man keine Falken hat, muß man mit Enten auf die Beize gehen!« Doch gleich ob »Falken« oder »Enten« – in Berlin war man an derartigen Plänen keineswegs interessiert. Die »Heimatliebe« seiner eigenen Gemahlin hatte Friedrich stets als überaus störend empfunden, und er war nun nicht gewillt, Hannovers Einfluß wieder aufleben zu lassen, indem er sich eine Welfenprinzessin an den Hof holte. Für seinen inzwischen 17jährigen Sohn hatte der Preußenkönig andere Kandidatinnen im Auge, unter anderem eine Tochter des Schwedenkönigs Karl XII. (König 1697–1718), oder die hübsche Caroline von Ansbach-Bayreuth, Tochter des Markgrafen Johann Friedrich, die allerdings fünf Jahre älter war als der preußische Kronprinz. Doch eine Verbindung mit Caroline hätte die Stellung Preußens in den fränkischen Markgrafschaften in Süddeutschland gestärkt.

In Hannover war man über diese Heiratspläne des Preußenkönigs nicht nur aus persönlichen Gründen verärgert. Zu Schweden hatte man selbst ein ausgesprochen gutes Verhältnis und wünschte daher nicht, daß es durch eine preußische Heirat aus dem Gleichgewicht kam. Und was die hübsche Caroline von Ansbach-Bayreuth (1683–1737) betraf, nun, da hatte man seine eigenen Pläne: Georg August, der Bruder Sophie Dorotheas, hatte nämlich schon seit längerem ein Auge auf die anmutige Prinzessin geworfen, und im Gegensatz zu seinem preußischen Vetter Friedrich Wilhelm war er bei ihr nicht auf

Ablehnung gestoßen. Beide heirateten denn auch noch im selben Jahr (1705), sehr zum Ärger des verschmähten Friedrich Wilhelm, der die gebildete Caroline, die am Hof seiner Mutter Sophie Charlotte erzogen worden war, nur allzu gern selbst als Ehefrau gehabt hätte. Daß er sie ausgerechnet seinem verhaßten Welfenvetter überlassen mußte, traf ihn um so mehr. Und so wies der 17jährige Kronprinz jeden Gedanken an eine Ehe – mit wem auch immer – weit von sich.

Nach wie vor aber machte man sich in Hannover Hoffnungen, zumal König Friedrich seinen einzigen Sohn inständig drängte, in Kürze zu heiraten. Um die Gesundheit des Fürsten hatte es noch nie zum besten gestanden, doch nachdem seine zweite Gemahlin so überraschend gestorben war und er nur einige Monate später, am 23. Dezember 1705 auch seine Tochter Luise Dorothea (von Hessen-Kassel), das einzige Kind aus seiner Ehe mit »Hanette« verloren hatte, hatte sich sein Zustand besorgniserregend verschlechtert. Er wurde von Todesahnungen gequält und ließ jeden Lebensmut vermissen. Wenig einfühlsam fragte Sophie daher in einem Brief nach, ob ihm schon die Weiße Frau erschienen sei (s. S. 113).

Kronprinz Friedrich Wilhelm, der spürte, wie ernst es seinem Vater mit dem Wunsch war, ihn verheiratet zu sehen und vielleicht sogar noch einen kleinen Thronfolger über das Taufbecken zu halten, ließ sich daher trotz seiner ablehnenden Haltung erweichen. Wenn es denn unbedingt sein müsse, dann käme für ihn nur eine Prinzessin in Frage, die er bereits persönlich kannte. Und das war im Reigen der Kandidatinnen nur eine einzige: seine Cousine Sophie Dorothea, die ihm auch die Großmutter in Hannover so sehr ans Herz gelegt hatte.

»Die Prinzessin schämt sich« – Hochzeitsvorbereitungen

Inzwischen hatte auch König Friedrich I., der ja eigentlich die Schwedin favorisierte und ursprünglich keine neue Verbindung mit Hannover eingehen wollte, eingesehen, daß die Ehe seines

Sohnes mit Sophie Dorothea durchaus ihre Vorteile hatte. Zum einen brauchte man ein starkes protestantisches Gegengewicht, nachdem mit Joseph I. 1705 ein Kaiser an die Macht gekommen war, der die katholische Unität sehr stark betonte. Zum anderen blieb man eben in der Familie, und nicht zuletzt war die Aussicht, in Zukunft mit dem englischen Königshaus verwandtschaftlich verbunden zu sein, doch recht verlockend. Am 16. Juni 1706 entschloß sich Friedrich daher, die Ehe des Kronprinzen durch ein offizielles Werbungsschreiben an Sophie von Hannover anzubahnen: »Meine Base. Da ich bei der Ehe zwischen mir und der seligen Königin, meiner liebsten, unvergeßlichen Gemahlin, so gut gefahren bin, habe ich daran gedacht, eine ähnliche zwischen dem Kronprinzen, meinem Sohne und der Tochter meines Bruders, des Kurfürsten von Braunschweig, zustande zu bringen. Meine Ankunft an diesem Ort (Hannover) gab mir Gelegenheit, die Vorzüge und Verdienste dieser Prinzessin zu sehen und kennenzulernen, was mich in dieser Absicht völlig bestärkt hat. Da indessen Eure Durchlaucht als Großmutter hierin ebenfalls einwilligen müssen, bitte ich Sie darum und zweifle nicht, daß Sie es gerne tun werden ... Eurer Durchlaucht guter Vetter Friedrich R.«

Nur zwei Tage später konnte zu Sophies großer Freude in Hannover die offizielle Verlobung gefeiert werden, und 40 Kanonenschüsse vor dem Leineschloß verkündeten den bedeutungsvollen Ringwechsel auch den Untertanen, so »daß unter solch starken Krachen und Jauchzen jedermann zur Freude bewegt wurde«, wie es in einem zeitgenössischen Hofbericht heißt.

Tatsächlich aber war die Freude nicht ganz ungetrübt. Der Bräutigam, der sich ja letztlich selbst für Sophie Dorothea entschieden hatte, war eigentlich ganz zufrieden, auch wenn er sich gewiß Gedanken gemacht haben wird, ob bei seiner Braut möglicherweise das »mütterliche Erbteil« durchschlagen und sie sich als ähnlich kokettes und untreues Frauenzimmer erweisen könnte wie die »Prinzessin von Ahlden«. Hinzu kam, daß Friedrich Wilhelm bereits seit Kindertagen keine gute Meinung vom weiblichen Geschlecht hatte, nachdem er am lebenslustigen Hof seiner Mutter etliche oberflächliche, leichtfertige und alles andere als sittenstrenge junge Damen kennengelernt hatte. Zu diesen Frauen hatte er nie Zugang gefunden, ja, sie machten ihm regelrecht angst mit der offenen Zurschaustellung ihrer Reize. Ein solches Verhalten, das war dem Kronprinzen schon jetzt klar, würde er bei Sophie Dorothea niemals dulden. Sie sollte »seine« Frau sein, im wahrsten Sinne des Wortes.

Die Welfenprinzessin war nicht gerade das, was man unter einer glücklichen Braut verstand. Ihr künftiger Ehemann entsprach schon rein äußerlich dem genauen Gegenteil dessen, was sie sich in ihren Mädchenträumen erhofft haben wird: Mit seinen 18 Jahren wog Friedrich Wilhelm bereits fast zwei Zentner, hatte ein sonnenverbranntes Gesicht wie ein Bauer oder ein einfacher Soldat und verhielt sich ihrer Ansicht nach auch nicht viel anders. Höfische Kultur, Feste, Luxus und Eleganz, Dinge also, die sie selbst so sehr liebte, waren dem preußischen Kronprinzen aus tiefstem Herzen verhaßt. Das wußte sie bereits seit Kindertagen, ebenso, daß er entsetzlich jähzornig war und mitunter handgreiflich werden konnte. Sophie Dorothea war daher völlig ratlos, wie sie sich ihrem künftigen Gemahl gegenüber zu verhalten hatte. Daß sie jegliche Koketterie tunlichst vermeiden mußte, stand natürlich außer Frage, entsprechend war sie bereits mit guten Ratschlägen aus der Verwandtschaft bedacht worden. So hatte die Raugräfin Luise (1661–1733), eine Stiefschwester der Liselotte von der Pfalz aus der Verbindung des Pfälzer Kurfürsten mit Luise von Degenfeld (s. S. 37), ihr dringend geraten, dem Gemahl gegenüber eher kühl aufzutreten, keine Gefühle zu zeigen und vor allen Dingen niemals zuzugeben, daß man in den Ehemann verliebt sei. Ein solches Verhalten, so befand die Raugräfin, sei ausgesprochen unschicklich.

Sophie Dorothea nahm sich vor, diesen – zugegebenermaßen etwas sonderbaren – Hinweis zu beherzigen, schließlich wollte sie ja unter Beweis stellen, daß sie so ganz anders war als ihre leichtlebige Mutter. Also beschloß sie, ihrem künftigen Ehemann vorerst mit größter Zurückhaltung entgegenzutreten –

was im Grunde genommen aber gar nicht ihrem Wesen entsprach. Und so kam es, daß die Prinzessin mit allen anderen, einschließlich König Friedrich, ausgesprochen heiter und unbefangen umging, sich gegenüber dem eigenen Bräutigam aber äußerst reserviert zeigte. Und dieses Verhalten empfand nicht nur der Kronprinz als zutiefst befremdlich, auch der König wunderte sich über seine künftige Schwiegertochter, die er inzwischen nämlich schon recht liebgewonnen hatte. Großmutter Sophie bemühte sich daher um Erklärung. Am 16. Oktober 1706 schrieb sie Friedrich: »Die Prinzessin schämt sich bei den Leuten mehr vor ihrem künftigen Ehemann als vor Eurer Majestät.« Friedrich akzeptierte diese Erklärung um so bereitwilliger, als auch sein eigener Sohn nicht gerade das Bild eines verliebten Bräutigams bot. Doch Friedrich Wilhelm genierte sich ganz einfach, zärtliche Gefühle zu zeigen, denn daß er trotz seiner rauhen Schale zu tiefen Empfindungen fähig war, steht außer Frage. Und doch mußten die beiden jungen Menschen irgendwie zusammenfinden, nur wußten weder Friedrich Wilhelm noch Sophie Dorothea, wie sie diese schwierige Aufgabe bewerkstelligen sollten.

Unterdessen nahmen die Hochzeitsvorbereitungen ihren Lauf. Um König Friedrich zu imponieren, hatte Sophie die Brautausstattung für ihre Enkelin eigens in Frankreich bestellt, und nicht ohne Stolz schrieb sie am 6. November nach Berlin: »Hoffentlich werden Eure Majestät mit den Kleidern aus Frankreich zufrieden sein. Es sind 4 Roben, 3 Mäntel, 1 Landérienne, 2 Nachtröcke ohne das, was hier angefertigt worden ist. Aber bei jedem Stück sind Zubehörteile, Kopfputz, Schuhe, Handschuhe, Pantoffeln, Hosenbänder und Fächer, bis auf Zungenschrapper und Elfenbeinmesser, womit man den Puder vom Gesicht abtut. Die Kleider sind, deucht mich, wohl gewählt, die Mantelschleppe 12 Ellen lang. Die Kronprinzeß hat alles anpropiert und sagt, sie könne wohl darin fortkommen, wenn vier Fräuleins sie tragen. Eure Majestät werden ihr wohl eine schönere Krone machen lassen als die hiesiege ...«

Mochten die französischen Kostbarkeiten auch mit erheblicher Verspätung eingetroffen sein, nun stand der Hochzeit nichts mehr im Wege. Der Termin wurde auf den 28. November 1706 festgesetzt, und am Tag zuvor hielt Sophie Dorothea bei scheußlichem Winterwetter Einzug in Berlin. Die Trauungszeremonie fand in der Kapelle des Königlichen Schlosses statt und im Anschluß daran folgten die üblichen Feierlichkeiten, die mit dem traditionellen Fackeltanz* beendet wurden. Unter den geladenen Gästen befand sich auch der große Philosoph Leibniz, der dem königlichen Brautvater schmeichelnd versicherte, mit Sophie Dorothea werde gewiß etwas von jenem Glanz im Schloß einziehen, den einst Königin Sophie Charlotte dort verbreitet hatte ...

Zunächst einmal bedeutete das eine schier endlose Folge von weiteren Festen, Maskenbällen, Ballettaufführungen, Feuerwerk und anderen Lustbarkeiten, die sich bis Weihnachten hinzogen. Sophie Dorothea genoß all diese Pracht und schrieb am 30. November glücklich nach Hannover: »Ich finde hier alles so schön, daß ich glaube, in prächtige Märchenschlösser versetzt zu sein.« Zumindest ihr galanter Schwiegervater überhäufe sie derart mit Komplimenten und Pretiosen, daß sie meinte, einem »Maultier« zu gleichen, wenn sie all den Schmuck auch tragen würde: »Der König erweist mir soviel Gutes, daß ich ganz verwirrt davon bin!« Etwas abseits stand ihr junger Ehemann, der wohl zornig darüber nachgrübelte, warum »seine« Frau ihren Schwiegervater wohl lieber mochte als ihn selbst, den eigenen Gemahl.

---

* Dieser Fackeltanz war über Jahrhunderte bis zur Zeit Kaiser Wilhelms II. (Kaiser 1888–1918) der obligatorische Abschluß jeder Prinzenhochzeit am Berliner Hohenzollernhof. Dazu wurden alle Lichter im Saal gelöscht, Musik setzte ein, und zwölf Hofbeamte betraten den Raum, jeder eine Harzfackel in der Hand. Zunächst verbeugten sie sich vor dem Brautpaar, das sich daraufhin erhob, um sich der Prozession anzuschließen, nach der ersten Runde gesellten sich die königlichen Eltern des Bräutigams dazu, und nach und nach beteiligten sich alle Gäste an dem traditionellen Abschlußritual.

»Ich weiß nicht, weswegen Sie mir zürnen ...«

Mit rasender Eifersucht

Hatte Friedrich Wilhelm zu Beginn der Hochzeitsfeierlichkeiten noch gute Laune zur Schau getragen, so verdüsterte sich seine Stimmung zunehmend. Zum einen erschienen ihm die ganzen Zeremonien und vergnüglichen Feste ebenso nutzlos wie kostspielig, zum anderen ärgerte ihn das Verhalten seiner jungen Gemahlin. Denn während sich Sophie Dorothea ihrem Ehemann gegenüber äußerst spröde und abweisend gab, scherzte und lachte sie mit anderen Männern, ließ sich Komplimente machen und flirtete mit jedem, der ihr ein paar schmeichelhafte Worte zu sagen wußte. Die Ehe war also erst wenige Tage alt, als es zu ersten ernstzunehmenden Spannungen kam, denn Friedrich Wilhelm glaubte schließlich, allen Grund zur Eifersucht zu haben. Um potentielle »Konkurrenten« zu verschrecken und um seiner koketten Gemahlin einen ordentlichen Denkzettel zu verpassen, entschloß er sich daher zu einer schier unglaublichen Aktion: Am 4. Dezember 1706 ließ er der ebenso fassungslosen wie verzweifelten Sophie Dorothea die wunderschönen kastanienbraunen Haare abschneiden, damit sie diese nicht mehr »auf französisch« tragen konnte. (»Auf französisch« hieß, daß es sich um eine hochgesteckte Fontangesfrisur handelte, so benannt nach einer gleichnamigen Herzogin, die diese Frisurenmode kreiert hatte.)

Über Leibniz erfuhr man umgehend auch in Hannover von dem barbarischen Akt, doch Sophie schien über das Verhalten ihres preußischen Enkels nicht sonderlich empört zu sein. In ihrem Brief an Sophie Dorothea vom 8. Dezember heißt es: »Leibniz schreibt mir, daß der Kronprinz Ihnen das schöne

Haar hat abschneiden lassen, hoffentlich haben sie noch genug, um sich frisieren zu lassen ...« Dieser lakonische Kommentar wird die geschundene Kronprinzessin nicht eben getröstet haben. Ihr Haar, ihr schönster natürlicher Schmuck, war gewaltsam kurzgeschoren worden. Welche Demütigung für die stolze Welfentochter! Auch wenn sie ihren ramponierten Zustand mit einer Perücke verbergen konnte, so stand doch außer Frage, daß das, was der Kronprinz seiner jungen Gemahlin angetan hatte, schon fast an Mißhandlung grenzte.

Trotz aller Verletztheiten und Mißverständnisse erfüllte jedoch das kronprinzliche Paar seine ehelichen Pflichten, so daß Sophie bereits am 2. April 1707 die folgenden Zeilen an ihre Berliner Enkelin richten konnte: »Der König schreibt mir, daß Eure Kgl. Hoheit eine Krankheit haben, die ich Ihnen immer gewünscht habe, und die das einzige war, was noch an ihrem Glück fehlte ...« Wie immer ging Sophie mit Leichtigkeit über die Tatsache hinweg, daß die junge Ehe nach wie vor ausgesprochen unglücklich war, auch wenn Sophie Dorotheas Schwangerschaft das Gegenteil zu beweisen schien. Natürlich war die Kronprinzessin froh, ihre »vornehmste Aufgabe« erfüllen zu können, doch geistig-seelisch war sie ihrem schwierigen Gemahl noch keinen Deut näher gekommen.

Am 23. November 1707 brachte Sophie Dorothea einen kleinen Prinzen zur Welt, der nach seinem stolzen preußischen Großvater Friedrich genannt und von diesem mit dem Titel Prinz von Oranien (nach Friedrichs Mutter Luise Henriette von Oranien) beliehen wurde. Übermütig und ganz ohne höfische Steifheit schrieb der Preußenkönig am 9. Dezember an Sophie: »Der Prinz von Oranien empfiehlt sich seiner Urgroßmutter und läßt sie wissen, daß er vom Hause Pfalz das Schießen ohne Pulver geerbt hat, namentlich von seiner Frau Urgroßmutter, die beim Spazierengehen einen ... nach dem anderen läßt – doch ich will diesen schönen Diskurs abbrechen ...«

Die königliche Euphorie war allerdings nur von kurzer Dauer, denn der kleine Prinz starb bereits wenige Monate später, am 13. Mai 1708, als Sophie Dorothea und »Wilcke«, wie sie Friedrich Wilhelm nannte, ihr Kind in der Obhut einer

Amme in Berlin zurückgelassen hatten, während sie selbst der Großmutter in Hannover einen dreiwöchigen Besuch abstatteten. Da damals die Säuglingssterblichkeit noch immer sehr hoch war – ein Drittel der Kinder verstarb im ersten Lebensjahr –, war auch der Tod des kleinen Friedrich nichts völlig Unerwartetes. Ob und wie tief am Berliner Hof getrauert wurde, wie schwer insbesondere Sophie Dorothea den Verlust ihres ersten Kindes genommen hat, ist uns leider nicht bekannt. Für die 77jährige Großmutter Sophie war der Tod ihres Urenkels offenbar nicht einmal der Erwähnung wert, als sie am 29. Mai – erst zwei Tage zuvor war das kronprinzliche Paar aus Hannover abgereist – an Sophie Dorothea schrieb: »Doch ist eine Erinnerung angenehmer als andere: Jetzt, wo ich in Herrenhausen bin, denke ich mit Freuden daran, daß ich Eure Königlichen Hoheiten dort gesehen habe und wie der Kronprinz so herzhaft in das rohe Fleisch einhieb …«

»Sie sprechen von Trennung« – Das kronprinzliche Ehedrama

Sei es, weil sie den Tod ihres Kindes so schwer nahm oder weil das Ehemartyrium auch nach nahezu zwei Jahren noch unverändert andauerte – Sophie Dorotheas Tat- und Willenskraft hatten beängstigend nachgelassen. Die Kronprinzessin, die von jeher eher zur Korpulenz geneigt hatte, magerte innerhalb weniger Monate derart erschreckend ab, daß man ernsthaft begann, sich Sorgen um Sophie Dorotheas Gesundheit zu machen. Während die resolute Großmutter meinte, dem Übel sei mit größeren Mengen Eselsmilch beizukommen, fürchtete man in Berlin, die körperlich und seelisch erschöpfte Kronprinzessin werde nie wieder in der Lage sein, Kinder zu bekommen. Und während die eine Hofpartei den König drängte, selbst noch einmal zu heiraten und einen Thronfolger zu zeugen (s. S. 105), meinten andere Berater, der Kronprinz solle sich schleunigst scheiden lassen und eine andere heiraten. Um diesem Vorschlag entsprechenden Nachdruck zu verleihen, scheute man offenbar auch nicht davor zurück, Gerüchte in die Welt zu setzen, nach denen es Sophie Dorothea mit der ehelichen Treue nicht so genau nahm.

Einer von Sophie Dorotheas größten Widersachern war Fürst Leopold von Anhalt-Dessau (1676–1747), später wohlbekannt als der »Alte Dessauer«, der als Sohn der Henriette Catharina (1637–1708) von Oranien (d. i. die jüngere Schwester von Friedrichs Mutter Luise Henriette) nur allzugern gesehen hätte, wäre der junge Kronprinz Friedrich Wilhelm mit einer seiner holländischen Nichten vermählt worden. Das indes hatte noch Königin Sophie Charlotte zu verhindern gewußt, indem sie in einem Brief vom 27. Dezember 1704 ihren Sohn davon überzeugte, daß der königliche Vater nie mit einer solchen Verbindung einverstanden wäre, da die Mutter der Heiratskandidatin ihnen in sittlicher Hinsicht ein schlechtes Vorbild bot, »und sie zu heiraten bedeutet schließlich, die ganze Familie zu heiraten ...« Seitdem war Leopold auf die Hannover-Damen verständlicherweise nicht gut zu sprechen und beteiligte sich daher nur allzugern an dem Intrigenspiel gegen Sophie Dorothea. Friedrich Wilhelms maßlose Eifersucht ausnutzend, deutete man ihm daher an, daß seine Gemahlin, die ja bereits während der Hochzeitsfeierlichkeiten mit anderen Männern kokettiert habe, dies ganz offensichtlich auch weiterhin tue, weswegen dringend zu einer Trennung zu raten sei. Die Kronprinzessin war völlig verzweifelt: »Sie sprechen von Trennung«, schrieb sie am 18. November 1708 an Friedrich Wilhelm, »wann werden Sie endlich aufhören, mich zu quälen? Weswegen zeigen Sie mir Ihren ganzen Haß, tun mir ein Unrecht an, das vor Gott und der Welt zum Himmel schreit?« Und wenige Tage später: »Ich kann Eurer Königlichen Hoheit versichern, daß ich mir nicht des allergeringsten Vergehens gegen Sie bewußt bin und daß ich, seit ich die Ehre habe, Ihre Gattin zu sein, jedwede Achtung und jedwedes zarte Gefühl für Sie hege, das eine Frau von Anstand für Ihren Gatten zu hegen hat. Ich hoffe aufrichtig, daß Eure Königliche Hoheit sich von allem falschen und so ganz und gar grundlosen Verdacht lossagt, und es geht nicht, daß Sie sagen Sie hätten Grund zur Klage, ich muß schon darauf bestehen, daß Sie mir endlich den Gegenstand dieser Klagen mitteilen ...«

Doch Friedrich Wilhelm, selbst zutiefst verunsichert, hüllte sich in Schweigen, und es kam zu keiner klärenden Aussprache, auch wenn Sophie Dorothea wieder und wieder darum bat. In einem undatierten Brief aus dieser Zeit heißt es: »Ich habe gestern und heute darauf gehofft, mein lieber Wilcke, daß man mir die Tür öffnet, damit ich sie endlich sehen kann, doch die Tür blieb verschlossen. Ich glaube daher, Sie wollen mich immer noch nicht sehen ... Bitte sagen Sie mir doch, mein lieber Wilcke, was ich tun soll, ich liebe Sie doch so sehr und ich bin ganz die Ihre Sophie Dorothea.«

Doch der Nervenkrieg ging weiter. Der Kronprinz reiste ab, ohne sich von seiner Gemahlin zu verabschieden – eine Gewohnheit, die er übrigens sein Leben lang beibehalten sollte. Sophie Dorothea konnte das eisige Schweigen, das sie umgab, kaum ertragen: »Wann hören Sie endlich auf, mich zu quälen, mir scheint, Sie geben sich erst zufrieden, wenn Sie mich umgebracht haben ...«

Dutzende von Briefen ähnlichen Inhalts ermöglichen uns einen Einblick in die Seelenqual, die die junge Kronprinzessin in diesen Jahren durchmachen mußte. Sie sah sich haltlosen Vorwürfen ausgesetzt, die sie nicht anders zu widerlegen wußte, als ihrem eifersüchtigen Gemahl geradezu gebetsmühlenhaft wieder und wieder schriftlich ihre Liebe, Treue und Verzweiflung über die Anschuldigungen zu versichern. Daß tatsächlich von Liebe keine Rede sein konnte, versteht sich wohl von selbst, doch Sophie Dorothea sah in der Vorspielung zärtlicher Gefühle den einzigen Weg, um mit ihrem eifersüchtigen und cholerischen Gemahl zu einem modus vivendi zu finden. Mehr, das wußte sie, war von ihrer Ehe nicht zu erwarten. Nachdem sie sich anfangs kühl und unnahbar gegeben hatte, spielte sie nun die liebende Gemahlin, nicht ahnend, daß diese Heuchelei, die sie während ihrer gesamten Ehe beibehielt, verheerende Folgen haben sollte.

Allen Trennungsabsichten zum Trotz war Sophie Dorothea erneut schwanger, als ihr Schwiegervater König Friedrich I. im

November 1708 zum dritten Male heiratete (s. S. 105 ff.). Die hartnäckigen Zweifel des Kronprinzen an seiner Vaterschaft und seine unvermindert bestehenden Vorwürfe ließen Sophie Dorothea indes ohne allzu große Freude der Geburt ihres zweiten Kindes entgegensehen, dennoch hoffte sie aber, ihrem Gemahl einen »kleinen Grenadier« schenken zu können. Als sie Anfang des Jahres 1709 schwer erkrankte, machte sich sogar die resolute Großmutter in Hannover Sorgen um die Enkelin und riet dringend zur Schonung, wenngleich sie über die Mißstimmung in Berlin offenbar bestens informiert war. In ihrem Brief an Sophie Dorothea vom 5. Januar nämlich heißt es: »Ich fürchte indessen, Ihr Fieber kommt vom Ärger her, denn den kann man nicht immer so überwinden, wie ich's Ihnen wünschte. Die größten Geister sind nicht Herr über ihren Leib, was sehr ärgerlich ist.«

Vielleicht, um die Kranke ein wenig aufzuheitern, fährt Sophie fort mit dem kuriosen Bericht über den geistvollen Prinzen von Condé, der ebenfalls nicht »Herr über seinen Leib« war und anscheinend unter Wahnvorstellungen litt: »Manchmal hält er sich für eine Gans, schnattert und will gerupft werden, dann wieder glaubt er ein Hund zu sein und bellt; bisweilen hält er sich auch für einen Baum, läßt sich eine Grube ausheben, stellt sich hinein und will sich begießen lassen, tut man es nicht, gerät er in Wut ...« Doch Großmutter Sophie wußte ihre verzweifelte Enkelin nicht nur mit amüsanten Geschichten aufzumuntern. Es scheint, als hätte sie den Entschluß gefaßt, in der Ehetragödie ihrer beiden Enkelkinder als Vermittlerin zu fungieren, schließlich wußte sie nur zu genau, daß sie die einzige war, zu der ihr unbeherrschter Enkel vollstes Vertrauen hatte. Wer sonst, wenn nicht die fast 80jährige Großmutter, würde ihm ins Gewissen reden können?

»Jede Uhr geht manchmal falsch« –
Sophies Vermittlungsversuche

Auch Sophie Dorothea hatte offenbar eingesehen, daß ihre Großmutter die einzige war, die Friedrich Wilhelm überzeugen konnte, daß seine Verdächtigungen und seine Eifersucht jeglicher Grundlage entbehrten. Daß sie freilich auch vor Sophie die »liebende Gemahlin« heucheln mußte, stand für sie außer Frage. Und so schrieb sie, als sich Friedrich Wilhelm zu einem Besuch in Hannover aufhielt, am 30. April 1709 an ihre Großmutter: »Ich empfinde seine Abwesenheit von Tag zu Tag mehr und muß gestehen, daß ich mich gar nicht mehr daran gewöhnen kann ... Man kann den Prinzen nicht lieber haben als ich.«

Tatsächlich wußte Sophie Dorothea genau, daß diese Zeilen exakt das waren, was sowohl die Großmutter als auch der erzürnte Gemahl hören wollten, und wie es scheint, hatte sie mit ihrer Taktik genau den richtigen Weg eingeschlagen, denn nur wenige Tage später, am 4. Mai, antwortete Sophie, der Brief hätte Friedrich Wilhelm »viel Freude« bereitet: »Er ersah daraus all Ihre Liebe zu ihm und wie Sie über die lächerlichen Gefühle der Raugräfin urteilen (vgl. S. 127). Ich sagte ihm auch, daß sie daran schuld gewesen ist, daß Sie ihm in Ihrer Brautzeit so kalt entgegengetreten sind. Er sagte mir, er wäre danach durch Ihr Verhalten tatsächlich zu der Annahme verführt worden, daß Sie ihn nicht liebten, fand er doch abends Ihre Tür verschlossen und Sie hätten ihm doch nicht die geringste Freundlichkeit erwiesen, obwohl sie schon mit ihm verlobt waren. Ich habe dies auf die Vorschrift der Raugräfin geschoben, man dürfe nicht in seinen Mann verliebt sein, aber er sähe doch nun wohl aus Ihrem Brief an mich, daß Sie ihn leidenschaftlich lieben, worüber er sehr zufrieden schien. Sein erster Eindruck hat Ihnen anscheinend Unrecht zugefügt, er hat mir bezeugt, er hätte Sie von Herzen gern ... Hoffentlich sehe ich Sie nach Ihrer Niederkunft ...«

Damit war zumindest die Sprachlosigkeit zwischen den Eheleuten fürs erste unterbrochen, und Friedrich Wilhelm, der so sehr gefürchtet hatte, von seiner jungen Gemahlin nicht geliebt zu werden, war ein wenig besänftigt. Und daß der kratzbürstige Kronprinz es trotz allem wert war, von Herzen geliebt zu werden, stand zumindest für Sophie außer Frage. Am 15. Mai schrieb sie einen weiteren Brief an ihre Enkelin nach Berlin, in dem sie betonte: »Wir schätzen Sie glücklich, einen so reizenden Prinzen zu haben. Jede Uhr geht manchmal falsch, auch wenn sie von einem sehr guten Meister ist ... Der Prinz wird das gute Geblüt nie verleugnen, aus dem er hervorgegangen ist, und das hoffentlich immer die Oberhand behalten wird über die Fieberhitze, die bisweilen die Organe in Unordnung bringt.«

So kam es nach zweieinhalbjähriger Ehe tatsächlich zu einer – freilich nur vorübergehenden – Entspannung, und als am 3. Juli 1709 ein kleines Mädchen namens Wilhelmine geboren wurde, freute sich auch Friedrich Wilhelm von ganzem Herzen, obwohl er sich eigentlich einen »kleinen Grenadier« gewünscht hatte.

Letztlich aber hat weder die Geburt der Tochter noch die des Sohnes Friedrich Wilhelm (1710–1711) im Jahr darauf der kronprinzlichen Ehe zur größeren Harmonie verholfen. Sophie Dorothea aber glaubte gelernt zu haben, wie sie mit ihrem schwierigen Gemahl umzugehen hatte: Indem sie eine Liebe vorgab, die sie nicht fühlte und ihn ihre Gekränktheit spüren ließ, wenn er sie wieder einmal mit seiner grundlosen Eifersucht quälte. So heißt es am 4. September 1710: »Sie verharren also bei Ihrer Ansicht, daß ich nicht gern mit Ihnen lebe, und was habe ich denn eigentlich getan, um Ihnen Anlaß zu solchem Glauben zu geben? Ich liebe Sie doch und tue mein möglichstes, Ihnen das fühlbar zu machen – eine Liebe, die Ihre bösartigen Gehirngespinste überdauern wird. Ich gebe Ihnen wahrhaftig keinen Anlaß zu solchen Marotten, und ich danke Gott, daß ich mir nichts vorzuwerfen habe ... es sei denn, daß ich Sie allzu sehr liebe ...« Daß diese »Liebe« letztlich nichts anderes war als pure Heuchelei, wird auch Friedrich Wilhelm im tiefsten Grunde seines Herzens gespürt haben. Er, der sein »Fiekchen«, wie er Sophie Dorothea liebevoll nannte, ganz für sich als »seine« Frau haben wollte, merkte, daß hier ein Spiel mit ihm getrieben wurde, und so war er in dieser problematischen Ehe letztlich nicht weniger unglücklich als Sophie Dorothea selbst, die unterdessen in die Rolle der unverstandenen und ungerecht behandelten Gemahlin immer mehr hineinwuchs. »Sie sollen trotzdem wissen, daß ich Sie niemals verlassen werde«, schrieb sie am 16. September 1710. »Ich liebe Sie trotz Ihrer Gepflogenheiten ... ich liebe Sie viel zu sehr, ich bin überzeugt, daß Sie Ihr Benehmen einmal bitter bereuen werden. Werden Sie mir gegenüber niemals Ihre Pflicht kennen? Wo sind Ihre Versprechungen, nie anders gegen mich zu sein. Ach, und ich muß glauben, Sie haben eine ausgesprochene Antipathie gegen mich ...«

Damit war ein Gebäude aus Lügen, Intrigen, Eifersucht und Mißverständnissen errichtet worden, das bis zum Tod Friedrich Wilhelms Bestand haben sollte. In Sophie Dorothea wuchs daher der Wunsch, daß zumindest ihren Kindern einst ein glücklicheres Schicksal vergönnt sein möge als ihr selbst. Der Erfüllung dieses ehrgeizigen Wunsches wollte sie fortan ihre ganze Kraft widmen.

Königin im »Sparta des Nordens«

Die Geburt Friedrichs des Großen

Sophie Dorothea war nun 23 Jahre alt und mußte bereits einsehen, daß ihr Leben nicht so verlaufen würde, wie sie sich das erträumt hatte. Hatte sie sich noch bei ihren Hochzeitsfeierlichkeiten »in prächtige Märchenschlösser versetzt« geglaubt, so war sie doch nur allzu bald in die Wirklichkeit zurückgeholt worden. Anstatt in einem Märchenschloß, in dem man am laufenden Band vergnügliche Feste feierte, waren schon die Jungverheirateten im Jagdschloß Wusterhausen vor den Toren Berlins untergebracht worden. Hier aber, in der schlichten, ländlichen Umgebung, wo Friedrich Wilhelm seiner Jagdleidenschaft nachgehen konnte, fühlte sich Sophie Dorothea fehl am Platze. Während ihrem sparsamen Gemahl kostspielige Festlichkeiten ein Greuel waren, haßte Sophie Dorothea die »Bauernmahlzeiten«, die auf blankgescheuerten Eichentischen gereicht wurden. Unterschiedlicher hätten die Erwartungen und Vorlieben kaum sein können.

Der Sommer 1711 war zudem durch ein trauriges Ereignis getrübt: Am 31. Juli starb mit dem knapp einjährigen Sohn Friedrich Wilhelm der zweite Hohenzollernprinz, doch da Sophie Dorothea erneut guter Hoffnung war, rechnete man fest damit, daß sie nun doch noch einem Thronerben das Leben schenken würde. Am 24. Januar 1712 konnte der Oberhofzeremonienmeister in die »Ceremonialacta und Journal des Königlich Preußischen Hofes« eintragen: »Sonntags morgen nach der Predigt, da man eben in der Predigt um glückliche Genesung der Kronprinzessin wegen herangenahter Geburtsstunde gebeten, genas sie zwischen 11 und 12 Uhr eines dritten Prinzen, des jetzigen Prinzen von Preußen und Oranien ... Die Glocken wurden alsbald geläutet ..., so daß in einem Augenblicke die ganze Stadt und der Hof in unaussprechliche Freude versetzt ward.« Königliche Herolde verkündeten in Berlin die Geburt des Prinzen Friedrich, von dem noch niemand ahnte, daß er einmal als »der Große« in die Geschichte eingehen sollte. Vorerst freilich war wichtig, daß wieder ein männlicher Erbe geboren worden war, da ansonsten die Gefahr bestanden hätte, daß das junge Königreich Preußen die Krone wieder verlor. Schließlich war bei den Versuchen König Friedrichs, selbst einen Thronfolger zu zeugen, bekanntlich »nichts Reelles« herausgekommen. Um so mehr freute sich der Preußenkönig über den kleinen »Fritz«, der am 31. Januar im Berliner Schloß getauft wurde. Er konnte seine beiden Enkelkinder Fritz und Wilhelmine jedoch nicht mehr lange heranwachsen sehen. Friedrich I. starb am 25. Februar 1713, und nachdem sein pietätvoller Sohn das Leichenbegängnis ganz in dem barocken Gepränge ausgerichtet hatte, an dem der Vater zu Lebzeiten so hing, machte sich Sophie Dorothea berechtigte Hoffnungen, daß nun auch auf sie etwas von dem königlichen Glanz und Prunk abfallen würde. Doch es sollte völlig anders kommen.

Jedes Jahr ein Winterkleid – Königliche Sparsamkeit

Mit der Beerdigung Friedrichs I. war es mit der barocken Pracht, die zu Lebzeiten des ersten Preußenkönigs am Berliner Hof geherrscht hatte, nahezu schlagartig vorbei. Friedrich Wilhelm I. machte noch 1713 jenen berühmten »Strich durch den Etat«, mit dem auch der größte Teil des alten, zweifelsohne viel zu stark angewachsenen Hofstaats aufgelöst wurde. Das meiste Dienstpersonal wurde entlassen, und die drastischen Sparmaßnahmen machten auch vor Künstlern und Wissenschaftlern nicht halt. Das eingesparte Geld floß in den Aufbau der brandenburg-preußischen Armee. Die älteste Tochter Wilhelmine, die später einmal mit ihren berühmten »Memoiren« für Aufsehen sorgen sollte, hat die Auswirkungen der neuen Bescheidenheit in ihren Erinnerungen etwas überspitzt, aber dennoch treffsicher formuliert: »Unter Friedrich I. war Berlin das Athen des Nordens, unter Friedrich Wilhelm wurde es zum Sparta.« Natürlich unterlag auch der persönliche Verbrauch der königlichen Familie diesen drastischen Sparmaßnahmen. Ein großer Teil der Juwelen und Kunstschätze wurde verkauft, um damit die immens hohen Schulden des verstorbenen Königs bezahlen zu können. Gespart wurde auch in Küche und Keller, auch wenn deswegen nicht gleich nur deftige Eintopfgerichte auf die königliche Tafel kamen.

Dennoch konnte sich Königin Sophie Dorothea nicht beklagen: Während Friedrich Wilhelm die allgemeinen Hofkosten von 276000 Talern auf 56000 Taler reduzierte (wobei ein Taler den heutigen Wert von etwa 50–60 DM hatte), gestand er seiner Gemahlin allein für ihren besonderen Hofstaat 32000 Taler zu. Mit diesem Geld hatte sie freilich auch Kleidung und Wäsche der gesamten, immer größer werdenden Familie zu bestreiten. Doch mochte Sophie Dorothea, die das Sparen nie gelernt hatte, ihrem Gemahl auch noch so sehr grollen: Daß man nun den Gürtel enger schnallte, war bittere Notwendigkeit und hatte nichts mit königlichem Geiz zu tun, auch wenn Friedrich Wilhelms äußerst sparsame Natur seinerzeit bereits von Sophie Charlotte zutiefst beklagt worden war. Seinem »Fiekchen« machte er aber besondere Zugeständnisse: Neben dem »Winterkleid«, das er ihr alljährlich aufs neue zugestand, erhielt sie zu Weihnachten stets teuren Schmuck oder andere kostbare Gegenstände zum Geschenk. Zudem waren in ihren Gemächern sämtliche Gebrauchs- und Toilettengegenstände aus Gold, und als einzige speiste sie von silbernen Tellern, während sich die restliche Hofgesellschaft, einschließlich des Königs, mit solchen aus Zinn zu begnügen hatte.

Während Sophie Dorothea mehr denn je den Glanz von »Märchenschlössern« und barockes Gepränge vermißte, wußten andere die neue Sparsamkeit des Berliner Hofs sehr wohl zu schätzen. So schrieb der Frankfurter Jurist Johann Michael von Loëb (1694–1776): »Ich sehe hier einen Königlichen Hof, der nichts Glänzendes und nichts Prächtiges hat als seine Soldaten. Es ist also möglich, daß man ein großer König sein kann, ohne die Majestät in dem äußerlichen Pomp und einem langen

Schweif buntfarbiger, in Gold und Silber beschlagener Kreaturen zu suchen. Hier ist die hohe Kunst der Ordnung und der Haushaltskunst, wo Große und Kleine sich nach dem Exempel ihres Oberhauptes mustern lernen … Man bemerkt bei Hofe weder die ausschweifende Lebensart der Franzosen noch das steife und gezwungene Wesen der Deutschen, welche meinen, es ließe sich schön und vornehm sein, wenn sie sich schwülstig und hochmütig gebärdeten. Man kann also mit Recht den preußischen Hof eine Schule der Höflichkeit nennen. Es herrschet an demselben eine solche durchgängige Leutseligkeit und ein solch angenehmes Wesen, daß man öfters nicht wußte, daß ein Unterschied der Stände sei, wann einem nicht zuweilen ein Ordensband oder ein prächtiges Gebäude in die Augen fiel … Man sieht keine großen Staatsperücken mit steifen Köpfen und preustigen Mienen. Man macht keine Komplimente, die nichts heißen. Man hält nichts auf ein törichtes Gepräng und große Zeremonien, welche heutzutage fast die halbe Welt zu Komödianten machen.«

Doch Sophie Dorothea litt unter der nüchternen Atmosphäre, und das um so mehr, als sie keine ernsthaften geistigen Interessen hatte und somit darauf angewiesen war, die Leere in ihrem höfischen Leben mit Festlichkeiten und Vergnügungen zu füllen. Wenn ihr dies nicht möglich war, wurde sie unzufrieden und überaus launisch, fühlte sich gedemütigt, daß ihr, der stolzen Welfin, derartiges zugemutet wurde: Ihr königlicher Gemahl, den sie fast ausschließlich in seiner blauen Soldatenuniform zu Gesicht bekam, ebenso wie die »Hausmannskost«, die nun täglich auf den Tisch gebracht wurde, denn Friedrich Wilhelm hatte festgelegt, daß die Summe, die die täglichen Speisen kosteten, 33 1/3 Taler nicht überschreiten durfte. Daß die Familie freilich am Tisch des Vaters wochenlang gehungert hätte, wie Wilhelmine später in ihren Memoiren berichtet, ist indes reine Phantasie: Zwar vermißte die königliche Familie wohl manch ausgefallene Delikatessen, aber davon abgesehen scheint es stets überaus reichlich zu essen gegeben zu haben: Sophie Dorothea wurde zumindest im Laufe der Zeit dermaßen korpulent, daß sie in einem gewöhnlichen Stuhl mit

Armlehnen nicht mehr sitzen konnte, wenn diese zuvor nicht eigens für sie versetzt worden waren.

Kindersegen

Im Laufe der Jahre sind die Stürme in der königlichen Ehe zwar nicht zu Ende gegangen, doch sie waren ein wenig abgeflaut, und Sophie Dorothea hatte gelernt, damit zu leben. Sie war inzwischen daran gewöhnt, daß Ritterlichkeit und Höflichkeit von Friedrich Wilhelm nicht zu erwarten waren und daß er es sich geradezu zum Prinzip gemacht zu haben schien, gegenüber Damen möglichst grob zu erscheinen. Andererseits machte es Sophie Dorothea selbst ihrer Umgebung auch nicht immer leicht, mit ihr auszukommen: Sie war äußerst schnell verstimmt, dazu nachtragend und ließ ihre Mitmenschen gerne spüren, daß sie sich für etwas Besonderes hielt – ein Umstand, der ihr in der Hofgesellschaft den Beinamen »Olympia« einbrachte.

Gleichwohl hatte Friedrich Wilhelm allen Grund, mit seinem »Fiekchen« zufrieden zu sein: Nach der Geburt des Thronfolgers Friedrich schenkte Sophie Dorothea noch zehn weiteren Kindern das Leben: Im Mai 1713 kam Charlotte Albertine zur Welt, die aber bereits im folgenden Jahr verstarb, 1714 wurde Friederike geboren, 1716 Charlotte, 1717 ein kleiner Prinz namens Friedrich Wilhelm, der nur zwei Jahre alt wurde, 1719 folgte Sophie, 1720 Ulrike, 1722 endlich wieder ein »kleiner Grenadier«, der Lieblingssohn des Vaters, August Wilhelm, ein Jahr später Amalie, 1726 kam Heinrich zur Welt und schließlich 1730 das »Nesthäkchen« Ferdinand.

Schon kurz nach seiner Thronbesteigung hatte Friedrich Wilhelm I. verfügt, daß Sophie Dorothea während seiner Abwesenheit als Reichsverweserin fungieren sollte: »Passiert nichts«, so hatte der König seinen Ministern befohlen, »so schreiben Sie nit … Wenn was passiert …, was von großer Importanz, das soll an meine Frau gesagt und um Rat gefragt werden, sonst soll sich kein Mensch in meine Affairen melieren als die Geheimen Räte, sonst kein Mensch.« Und 1715, als Friedrich Wilhelm am Nordischen Krieg teilnahm, hieß es wiederum: »Es soll meine Frau von allem gesagt und sie um Rat gefragt werden.« Friedrich Wilhelm sah Sophie Dorothea und sich offensichtlich als »Einheit«, sie war »seine Frau«. Während seiner Anwesenheit mußte sie sich aus der Politik heraushalten, doch war er fort, wollte er wohl demonstrieren, daß das Königshaus das Sagen hatte.

Soviel Vertrauen in Sophie Dorothea war aber nicht gleichbedeutend mit mehr Galanterie und Rücksichtnahme. Zwar hatte er seine Königliche Gemahlin im Krieg gegen Karl XII. eigens nach Stettin kommen lassen, sich dann aber keineswegs um sie gekümmert. Verärgert schrieb sie ihm daher im April 1715: »Ich weiß wirklich nicht, weswegen ich hier sitze! Ich hatte doch darauf gehofft, Sie zu sehen, aber hier sitze ich nun seit zwei Tagen und warte mit Ungeduld vergeblich auf Sie und werde vermutlich noch vierzehn Tage hier sitzen, sofern Sie sich nicht der Tatsache erinnern sollten, daß ich hier bin und daß die hier weilenden Damen ihre Männer sehen dürfen. Sie sind geradezu der einzige, der sich nicht um die Seinige kümmert. Ich hatte denn doch gehofft, Sie wenigstens einmal am Tag begrüßen zu dürfen, aber anstatt Sie zu sehen, erhalte ich allenfalls einen Gruß von Ihnen! Ich fürchte, jener Lord Stafford hatte recht, als er an Bolinbroke schrieb, daß Ihre Soldaten Ihre Mätressen seien, denn seit Sie Ihre Revue abgehalten haben, denken Sie überhaupt nicht mehr an mich! Ich glaube doch, meine 30 000 Rivalen könnten Sie mir doch wenigstens für einen Tag abtreten ... Fique.«

Dabei war Sophie Dorothea ohnehin nur äußerst ungern in das Lager nach Stettin gereist. Viel lieber wäre sie daheim in Berlin gewesen, und zwar in jenem bezaubernden Schlößchen, das Friedrich Wilhelm ihr kurz nach der Thronbesteigung zum Geschenk gemacht hatte: Monbijou im Norden Berlins.

Monbijou – Ein Refugium für Sophie Dorothea

»Ich liebte nicht nur den Park, auch das kleine Palais in seinem preußisch enthaltsamen Spätbarock erschien mir sehr reizvoll. Es war in der Tat ein bijou, ein Kleinod intimer Architektur. Prunkvoll wirkte nur das Portal am Eingang des Parkes. In beide Flügel waren Innenräume eingebaut, eine Pförtnerloge und eine Apotheke, und es war mit symbolhaften Statuen gekrönt. Die ganze Anlage war im ersten Jahrzehnt nach 1700 entstanden, ausgebaut aber hatte Knobelsdorff das Schloß, und Friedrich Wilhelm I. bestimmte dies damals noch vor den Toren der Residenz liegende fürstliche Anwesen zum Sommeraufenthalt für seine Gemahlin Sophie Dorothea und zum späteren Witwensitz der Königin.«

So schrieb die Schriftstellerin Ina Seidel in ihrem »Lebensbericht« (1885–1923) über das Schloß Monbijou, das seit 1877 als Hohenzollern-Museum gedient hatte und im Zweiten Weltkrieg leider völlig zerstört worden ist.

Nach den Jahren im eher »bäuerlichen« Wusterhausen war Sophie Dorothea nun um so glücklicher, über ein kleines Refugium verfügen zu können, in dem sie nach eigenem Gutdünken schalten und walten und das sie ganz nach ihrem persönlichen Geschmack ausstatten konnte. Zwar war Friedrich Wilhelm seiner anspruchsvollen Gemahlin in finanzieller Hinsicht stets entgegengekommen, doch es scheint, als habe Sophie Dorothea seit etwa 1720 über besonders reiche Mittel verfügt, mit denen sie Monbijou tatsächlich zu einem »Schmuckkästchen« verwandelt hat. Doch nicht nur das Ambiente stimmte mit den Wünschen der Königin überein, hier konnte sie all jenen Vergnügungen nachgehen, glanzvollen Empfängen oder Kammermusikabenden, die am Berliner Hof ihres Gemahls verpönt waren. Hier feierte sie ihre geliebten Feste und verwöhnte ihre Gäste an der Abendtafel mit erlesenen Köstlichkeiten. Die Menuekarte vom 27. Juli 1735 verrät uns, daß mit gebratenem Damhirschrücken, gespickten Kalbsfrikandeaus und Taubenpastete doch noch andere Mahlzeiten auf die königliche Tafel kamen als Kohlsuppe und Hammelkaldaunen ...

In Monbijou konnte Sophie Dorothea zudem weitgehend ungestört ihrer liebsten Freizeitbeschäftigung frönen: dem Glücksspiel. Glücksspiele waren damals gerade »en vogue«, und die ohnehin stets in Geldnöten steckende Königin versuchte natürlich nur allzu gern, ihre Schatulle auf diese Art und Weise etwas aufzufüllen, in der Regel leider vergeblich. Zu Lebzeiten Friedrichs I. hatte ihr freundlicher und verständnisvoller königlicher Schwiegervater die Rückstände stets stillschweigend beglichen, doch seit seinem Tod hatten sich die Spielschulden zu enormen Summen aufgehäuft, die die Königin durch neuerliches Glücksspiel zu tilgen hoffte. Ihren sparsamen Gemahl konnte sie schließlich nicht um Unterstützung bitten, denn der durfte von der kostspieligen Passion seiner Gemahlin auf keinen Fall etwas erfahren! Anderenfalls, so fürchtete Sophie Dorothea nicht zu Unrecht, könnte er seinem Zorn mit dem Rohrstock freien Lauf lassen! Heimlichtuerei und Heuchelei also auch hier: Für den Fall, daß der König unangemeldet in Monbijou auftauchte, hatte man während des Spiels stets sicherheitshalber Kaffeebohnen neben den Dukaten liegen, und letztere ließ man unauffällig verschwinden, so daß dem strengen Monarchen ein harmloses Spielchen vorgegaukelt wurde.

Doch Friedrich Wilhelm fühlte sich in dem eleganten Palais seiner Gemahlin ohnehin äußerst unwohl und kam nur selten zu Besuch. Nach wie vor liebte er sein Wusterhausen, wo sich seine ausschließlich männlichen Gäste zum berühmten »Tabakskollegium« zu versammeln pflegten, und ebenso gerne hielt er sich in Potsdam auf, das sich aufgrund seiner wildreichen Wälder nicht nur hervorragend als Jagdgebiet eignete, sondern seit seiner Thronbesteigung zur Garnisonstadt des »Soldatenkönigs« avanciert war.

Einmal jedoch hatte sich auch Sophie Dorothea militärischen Zwängen zu beugen. Als Friedrich Wilhelm 1716 hoffte, Zar Peter den Großen für ein Bündnis gegen Schweden gewinnen zu können, um mit dessen Hilfe die Truppen Karls XII. aus Vorpommern zu verdrängen, hatte er den hohen Besuch zu Sophie Dorotheas größtem Bedauern auf Monbijou einquartiert. Die Königin hatte noch recht gute Erinnerungen an den Zaren, dem sie als 12jährige in Begleitung ihrer Großmutter und kurfürstlichen Tante Sophie Charlotte in Coppenbrügge bei Hannover begegnet war (s. S. 76). Damals hatte Sophie das »ungalante Verhalten« der russischen Herren bemängelt, und die kleine Prinzessin war, ganz entgegen der herrschenden Etikette, von dem »barbarischen« Zaren herzhaft auf beide Wangen geküßt worden. Eingedenk dieser Erinnerungen, beschloß Sophie Dorothea daher Vorsorge zu treffen, bevor die »Moskowiter« in ihr Refugium einfielen: »Um die Unordnungen zu vermeiden, welche die Herren Russen überall, wo sie sich aufhielten, angerichtet hatten, ließ die Königin das ganze Haus ausräumen und alles Zerbrechliche beiseite schaffen«, erinnert sich Wilhelmine in ihren Memoiren. Die Maßnahmen der Königin waren aber gleichwohl nicht ausreichend gewesen, denn als Peter der Große und sein Hofstaat Monbijou wieder verlassen hatten, herrschte dort nach Wilhelmines Worten die »Zerstörung von Jerusalem«. Auch der gastgebende Friedrich Wilhelm zeigte sich zutiefst schockiert über das Verhalten seiner russischen Gäste und beeilte sich daher, den Schaden wiedergutzumachen und alle finanziellen Mittel bereitzustellen, um Sophie Dorotheas »Schmuckkästchen« wieder im neuen Glanz erstrahlen zu lassen.

Griff nach den Sternen

Nur kurze Zeit nachdem der Berliner Hof die Trauerkleidung abgelegt hatte, die man wegen des Todes Friedrichs I. zu tragen genötigt gewesen war, starb am 8. Juni 1714 in Hannover die gemeinsame Großmutter Sophie Dorotheas und Friedrich Wilhelms. Sophie war 84 Jahre alt geworden und bis zum letzten Atemzug von überraschender geistiger Frische gewesen. Ihr Tod war so plötzlich eingetreten, wie sie es sich immer gewünscht hatte: Auf einem ihrer geliebten Abendspaziergänge im Park von Herrenhausen erlag sie völlig überraschend den Folgen eines Schlaganfalls, ohne die Anwesenheit von Ärzten oder Priestern. Nur neun Wochen nach Sophies Tod starb in

England Königin Anna, und wie es der Act of Settlement bereits 1701 bestimmt hatte, bestieg nun Sophies Sohn und Sophie Dorotheas Vater, Georg Ludwig, als Georg I. den englischen Thron.

Als Georg am 18. September 1714 zum ersten Mal englischen Boden betrat, hatte er neben seinem Sohn und dessen Gemahlin, der schönen Caroline von Ansbach, auch zwei seiner Mätressen mitgebracht: Charlotte von Kielmannsegge und Melusine von der Schulenburg, die er schon kannte, als er noch ordnungsgemäß mit Sophie Dorothea, der nachmaligen »Prinzessin von Ahlden« vermählt gewesen war. 54 Jahre war Georg zu diesem Zeitpunkt alt, und es sollten ihm noch 13 Jahre als englischer König vergönnt sein, bis ihn schließlich 1727 auf der Reise nach Hannover ein plötzlicher Tod ereilt.

Georg August, Sophie Dorotheas älterer Bruder, war zum Prinzen von Wales aufgestiegen, sie selbst immerhin zur Königstochter und war somit nicht länger nur die Gemahlin des brandenburg-preußischen Königs eines asketischen Soldatenstaates. Ihr eigenes Schicksal, das war ihr bewußt, würde sie zwar nicht mehr abändern können, aber zumindest ihren Kindern wollte sie den Boden für eine glänzende Zukunft bereiten. Und so war es ihrer Ansicht nach naheliegend, über eine spätere Verbindung ihrer Tochter Wilhelmine mit Friedrich Ludwig, dem Sohn ihres Bruders Georg August, nachzudenken, der nach Lage der Dinge irgendwann einmal König von England sein würde. Kronprinz Friedrich hingegen sollte, um die preußisch-englische Union zu vervollständigen, seine Cousine Amalie heiraten, die zu diesem Zeitpunkt freilich noch in den Windeln lag.

Nahezu zwei Jahrzehnte lang hielt Königin Sophie Dorothea an diesem ehrgeizigen Plan fest und nahm dabei auch in Kauf, daß er noch viel Unglück über die königliche Familie bringen sollte. Sophie Dorothea war eine äußerst ambitionierte Mutter, der das Wohlergehen ihrer Kinder besonders dann am Herzen lag, wenn es sich mit ihrem eigenen deckte. Sie scheute sich daher auch nicht, die Kinder, wenn sie es für notwendig erachtete, für ihre Zwecke einzusetzen, auch wenn sie damit gegen den

Willen ihres königlichen Gemahls verstieß. Als besonders ver-
hängnisvoll erwies sich ihr beherrschender Einfluß auf den jungen Fritz, den Thronfolger. Fritz, zart gebaut, eher ängstlich
und kränklich, war nämlich das genaue Gegenteil seines ro-
busten Vaters, der deshalb fest entschlossen war, den Kronprinzen – und wenn es sein mußte mit körperlicher Gewalt – in
einen »echten Kerl« und strammen Soldaten zu verwandeln.
Nur so, glaubte er, würde Fritz eines Tages in der Lage sein,
seinem Land zu dienen und die Macht Preußens weiter auszubauen.

Sophie Dorothea konnte nicht entgehen, daß ihr Ältester unter dem tyrannischen Wesen seines Vaters entsetzlich litt, und
sie sah nur einen Ausweg: sich mit dem Sohn gegen den eigenen
Gemahl und Vater zu verbünden, und, mehr noch, Friedrichs
Vorliebe für Musik und Bücher, die der »Soldatenkönig« zutiefst mißbilligte, heimlich und hinter dem Rücken Friedrich
Wilhelms zu fördern, und zwar dort, wo der Vater nur selten
hinkam: auf Schloß Monbijou. Hier hatte Fritz eine geheime
Bibliothek, von der der Vater nichts wissen durfte, hier konnte
er musizieren oder sich von seiner standesbewußten königlichen Mutter in jene eleganten französischen Gewänder klei-
den lassen, die Friedrich Wilhelm bereits als Kind so gehaßt
hatte. Sophie Dorothea ließ ihrem Sohn damit eben jene Erziehung angedeihen, die nach Ansicht des »Soldatenkönigs« zu
einer Verweichlichung und Verzärtelung des Kronprinzen führen mußte, die dem Sohn radikal auszutreiben war.

Daß sich eine Mutter bisweilen mit den Kindern gegen den
Vater verbündet, ist zwar durchaus nichts Ungewöhnliches, bei
Sophie Dorothea freilich wurde dieser Erziehungsstil zum vorherrschenden Prinzip. Daß sie ihre Töchter und Söhne damit
letzten Endes in einen unerträglichen Zwiespalt trieb, war ihr
offenbar gar nicht bewußt, auch nicht, daß sie ihre Kinder, allen voran den Kronprinzen, zur Verstellung und Heuchelei erzog. Und, beinahe noch schlimmer: Sie ließ ihnen gar keine
Wahl, selbst wenn sie sich den Wünschen des Vaters tatsächlich
einmal fügen wollten. Sophie Dorothea reagierte dann zutiefst
beleidigt und pflegte ihre Söhne und Töchter sofort mit Härte

und Liebesentzug zu bestrafen. Auf diese Weise gelang es ihr, die Kinder immer wieder auf ihre Seite zu ziehen. Daß die Königin damit in nicht geringem Maße zu der unerträglichen Atmosphäre beitrug, die am Berliner Hof herrschte, versteht sich von selbst. Dabei durchschauten ihre Kinder, als sie älter wurden, durchaus das Intrigenspiel ihrer königlichen Mutter. Ihre Tochter Wilhelmine charakterisierte die Mutter später einmal folgendermaßen: »Die Königin ist niemals schön gewesen, sie ist pockennarbig und ihre Züge sind keineswegs klassisch. Ihre Haut ist weiß, ihre Haare dunkelbraun, ihre Figur ist eine der schönsten, die es je gab. Ihre edle und majestätische Haltung flößt allen, die sie sehen, Ehrerbietung ein; ihre große Weltgewandtheit und ihr großer Geist deuten auf mehr Gründlichkeit, als ihr eigen ist. Sie hat ein gutes, großmütiges und mildreiches Herz, sie liebt die schönen Künste und die Wissenschaften, ohne sich allzu sehr mit ihnen befaßt zu haben. Jeder hat seine Fehler, sie ist nicht frei davon. Sie verkörpert allen Stolz und Hochmut ihres hannoveranischen Hauses. Ihr Ehrgeiz ist maßlos, sie ist grenzenlos eifersüchtig, argwöhnisch und rachsüchtigen Gemüts und verzeiht nie, wo sie sich für beleidigt hält.«

Abgesehen von einigen beschönigenden Formulierungen hat Wilhelmine das Wesen ihrer Mutter wohl ziemlich genau getroffen. Insbesondere der maßlose Ehrgeiz, mit dem sie ihr eigenes »Bettelköniginnen-Dasein« kompensieren wollte, war ein hervorstechender Zug Sophie Dorotheas, und er manifestierte sich am augenfälligsten in dem preußisch-englischen Doppel-Heiratsprojekt, das sie besonders ab 1723 mit aller Energie verfolgt hat.

Zerplatzte Träume

*»Ein solch elender Mensch ist nicht mehr wert zu
leben ...«* – *Das Ende des Doppel-Heiratsprojekts*

König Friedrich Wilhelm I. hatte dem Plan, seine älteste Tochter Wilhelmine mit dem künftigen Prinzen von Wales, Friedrich
Ludwig, und den preußischen Kronprinzen Friedrich mit dessen Schwester Amalie zu verheiraten, zunächst durchaus wohlwollend gegenübergestanden. Es wäre eine Verbindung mit
dem Welfenhaus in der dritten Generation gewesen, also, so
könnte man denken, eher eine Frage traditioneller Familienpolitik als eine politische Entscheidung. Genau das ist es aber letzten Endes gewesen.

Als Sophie Dorotheas Vater, König Georg I. von England,
noch lebte, standen die Chancen für die Realisierung des Eheprojekts noch vergleichsweise gut, auch wenn es in London
eine anti-preußische Partei gab, die den Plan natürlich zu
durchkreuzen trachtete: Wilhelmine, die potentielle Braut, so
wurde kolportiert, sei mit einem Buckel behaftet! Sophie Dorothea zeigte sich zutiefst empört über diese freche Unterstellung,
hatte sie doch eigens ein besonders hübsches Bild ihrer Tochter
an den englischen Hof geschickt, um die eindeutigen Vorteile
der Heiratskandidatin unter Beweis zu stellen. Fest entschlossen, die unverschämte Behauptung zu widerlegen, ging sie bis
zum äußersten: Als eine englische Hofdame nach Berlin kam,
um Wilhelmine zu begutachten, ließ Sophie Dorothea die
14jährige der Besucherin wie ein Vieh vorführen. Das Mädchen mußte seine »Eignung« nicht nur durch ein paar Tanzschritte und elegante Drehungen präsentieren, sondern sich vor
aller Augen ausziehen, um zu beweisen, daß ihr Rücken entgegen allen Behauptungen makellos war. Um ihr ehrgeiziges Ziel
zu erreichen, schien Sophie Dorothea kein Opfer zu groß zu

sein, auch nicht die Würde ihrer zutiefst verlegenen Tochter. Doch der Erfolg schien ihr recht zu geben: Nur wenige Wochen später kam ihr Vater, der englische König, auch persönlich nach Berlin, und nachdem er das Mädchen seinerseits begutachtet hatte und nichts Beanstandenswertes hatte finden können, konnte bereits einen Tag später, am 9. Oktober 1723, ein Schriftstück unterzeichnet werden, das die geplante Doppel-Verlobung bestätigte.

Sophie Dorothea sah sich im Geiste also bereits als Mutter zweier gekrönter Häupter, als unerwartete Schwierigkeiten auftraten, unerwartet zumindest in ihren Augen. Denn ebenso wie es am englischen Hof eine antipreußische Partei gab, hatte sich auch in Berlin eine höchst aktive Gruppe gebildet, die alles daransetzte, eine neue Verbindung mit dem Welfenhaus mit allen Mitteln zu verhindern. Zwei Männer führten diese Partei an: der eine war der Vertreter des Kaisers am Hohenzollernhof, Reichsgraf Friedrich Heinrich von Seckendorff (1673–1763), ein Kriegskamerad und Freund des Königs, der 1726 nach Berlin kam, der andere war der königlich preußische Minister Friedrich Wilhelm von Grumbkow (1678–1739), nach zeitgenössischem Urteil »einer der Durchtriebensten, die in europäischen Kabinetten saßen«. Grumbkow war gewissermaßen ein alter Freund der Familie. Als Patenkind des Großen Kurfürsten hatte er sich durch diplomatisches Geschick und weltmännische Gewandtheit als Verwaltungsbeamter ausgezeichnet, ebenso freilich durch maßlosen Ehrgeiz und rücksichtsloses Intrigantentum. Bereits mit 25 Jahren war er zum Oberst aufgestiegen, 1712 mit Unterstützung des damaligen Kronprinzen in das Generalkommissariat eingetreten, das er zu einer selbständigen, das gesamte Steuer- und Polizeiwesen umfassenden Zentralbehörde ausbauen konnte. Gleichzeitig wurde er zu Friedrich Wilhelms wichtigstem außenpolitischen Berater.

Je mehr Einfluß diese antienglische Partei nun auf Friedrich Wilhelm gewann, desto geringer wurden Sophie Dorotheas Hoffnungen, die Doppel-Hochzeit in Kürze feiern zu können. Eine größere politische Rolle am Hof war ihr ohnehin von vornherein versagt gewesen, nun aber schien der König ihre Meinung gar nicht mehr wissen zu wollen: »Wo die Königin von Politik zu sprechen begann«, meldete Seckendorff nach Wien, »ist dieselbe von seiner Majestät zu Ihro Nähzeug verwiesen worden.« Sophie Dorotheas Vater, der das englisch-preußische Eheprojekt ebenfalls befürwortet hatte, war unterdessen überraschend verstorben (1727), und sein Sohn und Nachfolger Georg II. hatte nicht mehr allzu große Lust, sich mit seinem preußischen Vetter verwandtschaftlich noch mehr zu verbinden. Er haßte Friedrich Wilhelm seit Kindertagen, als er von dem Jüngeren in Hannover verprügelt worden war und wäre nur seiner Schwester zuliebe bereit gewesen, sich auf die Eheprojekte einzulassen. Zudem hoffte er, durch die in Aussicht gestellte Doppelhochzeit Preußen wieder auf die Seite der Westmächte ziehen zu können, nachdem sich Friedrich Wilhelm unter Seckendorffs und Grumbkows Einfluß verstärkt dem Wiener Kaiserhof angenähert hatte. Doch Friedrich Wilhelm, für den die Ehen seiner beiden ältesten Kinder nach wie vor in die Kategorie »Familienpolitik« fiel, wollte sich nicht zu einem Richtungswandel erpressen lassen. Auch wenn es Sophie Dorothea nicht wahrhaben wollte: Der Traum von der preußisch-englischen Doppelhochzeit war damit ausgeträumt. Doch was sich die Königin einmal in den Kopf gesetzt hatte, das konnte sie so einfach nicht aufgeben, auch wenn alle Vernunftgründe dagegen sprachen. Aber was zählte schon Vernunft im Vergleich zu Sophie Dorotheas maßlosem Ehrgeiz, ein Ehrgeiz, der für den jungen Kronprinzen beinahe in der Katastrophe geendet hätte.

Ungeachtet der Ablehnung ihres königlichen Gemahls hielt Sophie Dorothea weiter an ihrem großen Plan fest. Der 17jährige Fritz mußte auf ihren Befehl hin einen Brief nach England schreiben, in dem er sein Ehrenwort gab, niemand anderen zu heiraten als Amalie. Als Friedrich Wilhelm von dem Schreiben erfuhr, war er außer sich vor Empörung über den »Schurken Fritz«, es kam zu heftigen Auseinandersetzungen, und das Verhältnis von Vater und Sohn, das ohnehin stets gespannt gewesen war, verschlechterte sich in dramatischer Weise. Doch nicht nur das: Für die ganze Familie begann ein wahres Martyrium.

Friedrich Wilhelm hatte schon seit längerem an seinem Ältesten »effeminierte, laszive, weibliche Occupationes« festgestellt, seiner Meinung nach eine Folge der »französischen« Erziehung, für die Sophie Dorothea verantwortlich war. Sein Versuch, einen »richtigen Mann« aus dem Kronprinzen zu machen, beschränkte sich freilich auf völlig ungeeignete Methoden wie cholerisches Brüllen, Prügel mit dem Rohrstock oder das Zerbrechen von Friedrichs geliebter Querflöte, Methoden, die lediglich bewirkten, daß sich der Sohn völlig von seinem Vater, der keinerlei Verständnis für ihn zu haben schien, ab- und der anscheinend verständnisvollen Mutter Sophie Dorothea zuwandte. Die Situation am Berliner Hof war für den jungen Fritz schließlich so unerträglich, daß er sich 1730 zu jenem berühmten Fluchtversuch entschloß, der mit der Hinrichtung seines Freundes Katte, der er auf Befehl seines Vaters beiwohnen mußte, endete.*

Es scheint, als habe Sophie Dorothea von den verhängnisvollen Plänen ihres Sohnes tatsächlich nichts gewußt. Im August 1730 gab sie gerade ein großes Fest auf Monbijou, als sie ein Brief ihres königlichen Gemahls erreichte. Er hatte folgenden Inhalt: »Madame, ich habe den Coquin von Fritz arretieren lassen, ich werde ihn traitieren, wie sein Verbrechen und seine Feigheit es meritieren. Ich erkenne ihn nicht mehr für meinen Sohn, er hat mich und mein ganzes Haus entehrt; ein solcher elender Mensch ist nicht mehr wert zu leben.« Nachdem sie diesen Brief gelesen hatte, mußte sie das Schlimmste befürchten. Würde Friedrich Wilhelm seinen eigenen Sohn hinrichten lassen? Dann, so mußte sie sich eingestehen, hätte auch sie einen Teil der Schuld zu tragen. Jahrelang hatte sie den Sohn gegen den Vater aufgehetzt, hatte ihn damit vielleicht sogar in den Tod geführt ...

---

* Friedrich wollte mit seinem Freund Hans Hermann von Katte (1704–1730), Offizier in Potsdam, vor den Schikanen seines Vaters ins Ausland fliehen, doch das Vorhaben scheiterte. Der König ließ daraufhin beide als Deserteure vor ein Kriegsgericht stellen, das sich im Falle des Kronprinzen zwar für nicht zuständig erklärte, Katte aber zum Tode verurteilte. Friedrich mußte der Hinrichtung des Freundes durch das Fenster seiner Gefängniszelle zusehen und brach daraufhin ohnmächtig zusammen. Dieses furchtbare Erlebnis dürfte nicht ohne Folgen für seine charakterliche Entwicklung geblieben sein.

Wir wissen, daß es nicht soweit gekommen ist. Friedrich wurde nach seiner Gefangennahme zwar vor ein Kriegsgericht gestellt und anschließend auf der Festung Küstrin eingesperrt, doch Schaden nahm er weder an Leib noch an Leben. Nach hinreichender Bedenkzeit schrieb er dem Vater einen reuevollen Brief, in dem er ihm für die Zukunft unbedingten Gehorsam schwor und wurde von Friedrich Wilhelm daraufhin aus der Festungshaft entlassen. Nach Lage der Dinge hätte Sophie Dorothea eigentlich glücklich sein müssen, daß die Familientragödie wider Erwarten so vergleichsweise undramatisch zu Ende gegangen war, doch für sie bahnte sich bereits neuer Ärger an.

Die englischen Heiratspläne ein für allemal verwerfend, hatte der »Soldatenkönig« verfügt, daß Wilhelmine anstelle des Prinzen von Wales (der ohnehin früh starb und niemals englischer König wurde) den Erbprinzen Friedrich von Bayreuth heiraten sollte. Ihr Wohlverhalten, so ließ er die älteste Tochter wissen, würde nicht zuletzt der Rehabilitierung des Kronprinzen zugute kommen. Wilhelmine blieb in dieser Situation gar keine andere Wahl, als den väterlichen Plänen zuzustimmen, zumal sie wußte, daß ihr Bruder Friedrich, mit dem sie von jeher ein besonders herzliches geschwisterliches Verhältnis verbunden hatte, davon nur profitieren würde. Und letzten Endes hatte sie inzwischen genug davon, für ihre königlichen Eltern im wesentlichen nichts anderes als ein Spielball der Politik zu sein.

Sophie Dorothea aber tobte. Sie empfand die geplante Hochzeit Wilhelmines als Verrat, warf ihrer Tochter »Bosheit des Herzens« und »niedere Gesinnung« vor, verfluchte sie als ihre »ärgste Feindin« und verstieg sich sogar zu dem entsetzlichen Satz: »Ich schwöre ewigen Haß und werde niemals verzeihen.«

Mit großartigen Plänen war Sophie Dorothea einst angetreten. Ihren zehn Kindern hatte sie eine glänzende Zukunft bescheren wollen, an den bedeutendsten Höfen Europas hatten sie ihr Glück finden sollen. Wirklich glücklich indes ist kein einziges ihrer Kinder jemals gewesen.

Von »wilden Markgrafen« und »dummen Gänsen« – Die Zukunft der Kinder Sophie Dorotheas

WILHELMINE VON BAYREUTH (1709–1758)

Wenn wir Wilhelmines Memoiren uneingeschränkt Glauben schenken dürften, dann wäre ihre gesamte Kindheit eine einzige Kette von Vernachlässigung und Mißhandlungen von seiten der Eltern sowie einer sadistischen Kinderfrau gewesen. Tatsächlich scheinen ihre Jugendjahre zwar nicht ganz so dramatisch verlaufen zu sein, doch fest steht, daß sie nicht sonderlich glücklich waren. Allein der schwierige Charakter sowohl des Vaters als auch der Mutter, die problembeladene elterliche Ehe, gewissermaßen ein Leben auf einem Pulverfaß, mit dessen Detonation jederzeit zu rechnen war, belasteten die Königskinder. Der drei Jahre jüngere Friedrich hatte sich eng an seine ältere Schwester angeschlossen, und beide versuchten, einander zumindest einen Teil der Nestwärme zu geben, die ihnen von den Eltern vorenthalten wurde.

Am 20. November 1731 heiratete Wilhelmine den Erbprinzen Friedrich von Bayreuth, ein letzter Tribut an die angespannte Situation in Berlin. Allgemein erwartete man von dieser Ehe zweierlei: zum einen natürlich den häuslichen Frieden am Hohenzollernhof und die endgültige Aussöhnung des Königs mit dem Kronprinzen. Zum anderen erhoffte man sich vor allem politische Vorteile: Die kleine fränkische Markgrafschaft, die auf der für das Haus Habsburg wichtigen Achse Wien-Frankfurt lag, sollte verstärkt an Brandenburg-Preußen gebunden werden, um im Kriegsfall Präsenz zeigen zu können.

Für Wilhelmine war diese Ehe freilich rein prestigemäßig gesehen ein erheblicher Abstieg, und obwohl es auch daheim in Berlin allerlei Einschränkungen gegeben hatte, so ging es in Bayreuth noch bescheidener zu. Dennoch verband sie mit ihrem jungen Gatten zumindest in der Anfangszeit ein ausgesprochen liebevolles Verhältnis, auch wenn der Ehe mit der am 30. August 1732 geborenen Tochter Elisabeth Friederike Sophie (1732–1780) nur ein einziges Kind entsprang. Doch dann erwuchs ihr zu ihrem großen Kummer in der Hofdame Wilhelmine von der Marwitz eine gefährliche Rivalin, mit der sie fortan die Gunst ihres Gemahls wohl oder übel zu teilen hatte. Sich in einem »Provinznest« mit der Rolle der »ersten Dame« am Hof zu begnügen, das freilich reichte der musisch begabten Wilhelmine bei weitem nicht. Voller Energie arbeitete sie daran, Bayreuth zum Mittelpunkt eines kulturellen Hoflebens werden zu lassen und ein wenig von dem Glanz zu verleihen, von dem auch sie immer geträumt hatte. Als Wilhelmine am 14. Oktober 1758 im Alter von 49 Jahren starb, hatte sie dieses ehrgeizige Ziel längst erreicht und die bis dahin weitgehend bedeutungslose Residenz in einen glanzvollen Musenhof verwandelt, dessen zweifellos größte Attraktion das prachtvolle Markgräfliche Opernhaus war, in dem bekanntlich auch heute noch gespielt wird.

KRONPRINZ FRIEDRICH (1712–1786)
Während Wilhelmine mit dem ihr zugedachten Schicksal weitgehend zufrieden, wenn auch nicht wirklich glücklich werden konnte, sollte der gemaßregelte Kronprinz nicht so glimpflich davonkommen. Zwar hatte sich das Verhältnis zum Vater nach dem reuevollen Brief aus Küstrin deutlich gebessert, nicht zuletzt, weil Friedrich, der schließlich bei Sophie Dorothea das Heucheln meisterhaft gelernt hatte, den gehorsamen Sohn mimte, doch es dauerte nicht lange, bis sich neues Unheil ankündigte: Der Kronprinz sollte heiraten, und zwar nach dem Willen seines Vaters nicht seine langjährige englische »Verlobte« Amalie, sondern die unbedeutende Prinzessin Elisabeth Christine von Braunschweig-Bevern, deren Vater im Dienst des Preußenkönigs stand. Am 4. Februar 1732 hatte er dem jungen Friedrich schriftlich mitgeteilt: »Ihr wißt, Mein lieber Sohn, daß, wenn Meine Kinder gehorsam sind, ich sie sehr lieb habe, so, wie Ihr zu Berlin gewesen, Ich Euch alles von Herzen vergeben habe und … auf nichts gedacht, als auf Euer Wohlsein und Euch zu etablieren, sowohl bei der Armee, als auch mit einer ordentlichen Schwiegertochter, und Euch suchen bei Meinem

Leben noch zu verheiraten. Ihr könnt wohl persuadiret sein, daß Ich habe die Prinzessinnen des Landes durch andere, so viel als möglich ist, examinieren lassen, was sie für Conduite und Education; da sich denn die Prinzessin, die älteste von Bevern gefunden, die da wohl aufgezogen ist, modeste und eingezogen; so müssen die Frauen sein ... Die Prinzessin ist nicht häßlich, auch nicht schön. Ihr sollt keinem Menschen was davon sagen, wohl aber der Mama schreiben, daß ich Euch geschrieben habe ...«

Die »Mama« freilich war von diesen Aussichten ebensowenig erbaut wie der Kronprinz selbst und ließ nichts unversucht, die geplante Hochzeit ihres Ältesten mit der Bevern-Prinzessin zu verhindern. Es kränkte ihren Stolz, daß zum einen das Herzogtum klein und unbedeutend, zum anderen die Kandidatin selbst weder sonderlich hübsch noch geistreich war, und so schürte sie unausgesetzt die ohnehin schon vorhandene Abneigung Friedrichs gegen seine künftige Gemahlin: »Ich bedaure diese arme Person«, schrieb dieser, »denn dadurch wird es eine unglückliche Prinzessin mehr auf der Welt geben ...« Daß Friedrich die »dumme Gans«, wie er die damals noch sehr kindliche Elisabeth Christine bezeichnete, schließlich dennoch heiratete – seinem inneren Widerstand und den permanenten Haßtiraden Sophie Dorotheas zum Trotz –, lag einzig und allein daran, daß er seinem Vater unbedingten Gehorsam geschworen hatte. Wen interessierte es schon, daß es nun »eine unglückliche Prinzessin mehr auf der Welt« gab? Schließlich hatte auch Friedrichs jüngere Schwester Friederike mit ihrem Ehemann nicht gerade das große Los gezogen.

FRIEDERIKE LOUISE, MARKGRÄFIN VON ANSBACH (1714–1784)

Die am 28. September 1714 geborene Friederike war ein ausgesprochen reizvolles Mädchen, die wohl hübscheste unter den Töchtern Sophie Dorotheas. Sie war erst 15 Jahre alt, als sie sich der väterlichen Weisung zu fügen und den zwei Jahre älteren Markgrafen Karl Wilhelm Friedrich von Brandenburg-Ansbach (1712–1757) zu heiraten hatte, um damit den preußischen Erbanspruch auf die kleine Markgrafschaft, die einst dem Burggrafen von Nürnberg gehört hatte, zu festigen.

Die Ehe war von Anfang an ausgesprochen unglücklich. Karl Wilhelm, allgemein bekannt als der »wilde Markgraf«, widmete sich trotz der Heirat mit der schönen Friederike nach wie vor seinen beiden vorherrschenden Leidenschaften: der Falkenjagd und dem Vergnügen mit bereitwilligen Damen beliebiger Herkunft. Das änderte sich auch nicht, als nach vierjähriger Ehe der Sohn Karl August geboren wurde, der schon nach wenigen Jahren starb. Schon vorher jedoch litt Friederike unter starken Depressionen. Während ihrer zweiten Schwangerschaft – 1736 kam Sohn Alexander zur Welt – schrieb ihre Schwester Charlotte besorgt nach Berlin: »Ich habe Nachrichten aus Ansbach, welche besagen, daß meine Schwester sehr traurig und melancholisch war. Ich fürchte, weil sie schwanger ist, daß ihr der Kummer nicht guttut ...« Nach dem Tod ihres Erstgeborenen 1737 verstärkte sich Friederikes Schwermut bis hin zu geistiger Umnachtung. Sie war nicht mehr in der Lage, ihren Gemahl und den eigenen Sohn wiederzuerkennen und lebte bis zu ihrem Tod 1784 von aller Welt abgeschieden in ihrem Schloß Unterschwaningen. Friedrich Wilhelm hatte mit Gesundheit und Lebensglück seiner Tochter einen hohen Preis gezahlt, doch ihren politischen Zweck sollte die Ehe letzten Endes doch noch erfüllen: Friederikes Sohn Alexander, dessen erste Ehe mit Friederike von Sachsen-Coburg-Saalfeld scheiterte, heiratete 1791 in Lissabon Lady Elisa Craven und dankte daraufhin ab. Ansbach wurde preußisch.

CHARLOTTE VON BRAUNSCHWEIG-WOLFENBÜTTEL (1716–1801)

Die »dulle Lotte«, wie sie in der Familie genannt wurde, war stets ein ausgesprochen fröhliches und unkompliziertes Kind gewesen und hatte es offenbar glänzend verstanden, sich trotz mütterlicher Drohungen und Pressionen eine liebevolle Beziehung zum Vater aufzubauen. Für sie, die, wie es scheint, als einzige der Kinder den »weichen Kern« entdeckt hatte, der sich hinter Friedrich Wilhelms so rauher Schale verbarg, soll der vermeintlich so grobschlächtige »Soldatenkönig« sogar heimlich Lieder auf der Flöte gespielt haben! So willigte sie auch bereitwillig ein, als der Vater sie mit 15 Jahren mit dem Erbprinzen Karl von Braunschweig-Bevern (1713–1780) verlobte, dem ältesten Bruder ihrer späteren Schwägerin Elisabeth Christine.

Die Ehe, die drei Wochen nach der Hochzeit des Kronprinzen geschlossen wurde, war über viele Jahre ungewöhnlich glücklich, und die Familie wurde alle zwei Jahre durch ein Kind vergrößert – 13 insgesamt, von denen freilich vier bereits kurz nach der Geburt starben. 1736 wurde Karl nach dem Tod seines Vaters Herzog, und die Familie siedelte nach Braunschweig über. Hier nahm Charlotte, die schon als Kind die Musik so geliebt hatte, regen Anteil am Opern- und Theaterleben der Residenzstadt. Ihre Vorliebe für die deutsche Literatur, die sie damals nur mit wenigen teilte, vererbte die Herzogin an ihre Tochter Anna Amalia (1739–1807), die später einmal als Herzogin Witwe den berühmten »Weimarer Musenhof« ins Leben rufen sollte. Charlotte starb 1801 im hohen Alter von 85 Jahren in Braunschweig.

SOPHIE, MARKGRÄFIN VON BRANDENBURG-SCHWEDT (1719–1765)

Wie ihre Schwestern, so mußte auch Sophie den Mann heiraten, den ihr königlicher Vater für sie bestimmte: den Markgrafen Friedrich Wilhelm von Brandenburg-Schwedt (1700–1771), einen Enkel des Großen Kurfürsten. Der hatte, wie wir uns erinnern (s. S. 59), dieses Markgrafentum nur daher gegründet, um den ältesten seiner Söhne aus zweiter Ehe mit einem eigenen Territorium zu versorgen. Nun wollte sein Enkel das Ländchen wieder stärker an Brandenburg-Preußen binden, auch wenn es mit seinen drei Dörfern (und drei Schlössern) lediglich von geringer Bedeutung war.

Anfangs war Sophie in ihren jungen Ehemann sogar ein wenig verliebt gewesen, doch schon bald zeigte sich, daß sie einen ähnlich »wilden Markgrafen« geheiratet hatte wie ihre Ansbacher Schwester, denn auch Friedrich Wilhelms Passionen beschränkten sich auf die Jagd und Mätressen. Und so wurde auch diese Ehe nach kurzer Zeit ausgesprochen unglücklich. Von den fünf Kindern, die Sophie zur Welt brachte, starben die beiden Söhne vorzeitig, so daß das Markgrafentum keinen rechtmäßigen Erben hatte. Doch Sophies Tochter Anna Luise vermählte sich mit ihrem Onkel Ferdinand, dem jüngsten Bruder Friedrichs des Großen (s. S. 168), und unter Friedrich Wilhelm II. (König von Preußen 1786–1797) kam Schwedt 1788 wieder zurück an Brandenburg-Preußen. Sophie aber war bereits 1765, im Alter von 45 Jahren gestorben.

ULRIKE, KÖNIGIN VON SCHWEDEN (1720–1784)
Nachdem Ulrike am 24. Juli 1720 das Licht der Welt erblickt hatte, soll ihr königlicher Vater zu seinem Freund, dem Fürsten Leopold von Anhalt-Dessau, der ebenfalls etliche Töchter hatte, halb scherzhaft, halb bitter gesagt haben: »Gestern ist wieder eine auf die Welt gekommen. Ich werde ein Kloster anlegen; da können auch Euer Liebden Nonnichen fournieren (d. h. unterbringen). Oder man muß sie versaufen oder Nonnen daraus machen; Männer kriegen sie nit alle.« Was Ulrike betraf, so hatte sich der Preußenkönig indes gewaltig geirrt, denn seine zweitjüngste Tochter sollte einmal die beste »Partie« von allen machen. Das zu erleben, war Friedrich Wilhelm aber nicht mehr vergönnt.

Dabei hatte er seine Pläne tatsächlich realisieren und Ulrike mit dem Klosterstift Quedlinburg versorgen wollen. Dann starb er aber unverrichteter Dinge, und die mittlerweile 20jährige Prinzessin sah einer ungewissen Zukunft entgegen. Nun war es an ihrem königlichen Bruder Friedrich, nach einem passenden Ehemann für sie Ausschau zu halten. Obwohl Friedrich am eigenen Leibe erlebt hatte, daß aus politischen Gründen geschlossene Verbindungen nur selten mit persönlichen Wünschen und Vorstellungen übereinstimmen, ließ auch er selbst sich von keinen anderen Motiven leiten.

Da Schweden damals noch unter dem Protektorat Preußens stand, erschien ihm die Heirat seiner Schwester mit dem schwedischen Thronfolger ein geeigneter Schachzug zu sein, und auch Mutter Sophie Dorothea reagierte hocherfreut darüber, daß zumindest eine ihrer Töchter Aussicht auf eine Königskrone hatte, auch wenn es nicht die englische war. Es war daher beschlossene Sache, daß Ulrike Adolf Friedrich aus dem Hause Holstein-Gottorp (1710–1771) zu heiraten hatte. Ulrike, die sich bereit erklärte, vom reformierten zum lutherischen Glauben zu konvertieren, kannte ihren künftigen Ehemann zwar überhaupt nicht, sah aber keinen anderen Weg, als sich den Wünschen ihrers Bruders zu fügen. Selbst bei der Hochzeit, die am 17. Juli 1744 im Berliner Schloß gefeiert wurde, ließ sich der Bräutigam von August Wilhelm, dem Bruder Ulrikes, vertreten.

Zwölf Tage später hieß es für die Prinzessin, Abschied von der Heimat zu nehmen und nach Schweden zu reisen, um dort endlich ihren Gemahl kennenzulernen – und sie war angenehm überrascht. So wurde zumindest Ulrikes Ehe glücklich. Nach zwei Jahren kam der erste Sohn zur Welt, der 1771 als König Gustav III. den schwedischen Thron besteigen sollte, nach weiteren zwei Jahren folgte Karl, der nachmalige Karl XIII. von Schweden (1809–1818) dann noch ein Sohn und 1753 eine Tochter.

Unterdessen war Ulrike 1751 mit der Thronbesteigung ihres Gemahls Königin geworden, doch es gelang ihr nicht, die Herzen ihrer schwedischen Untertanen zu gewinnen. Das lag nicht allein daran, daß die verwandtschaftlichen Bindungen an das preußische Königshaus vor allem während des 7jährigen Krieges von Nachteil waren. Ulrike, stolz und standesbewußt wie ihre Mutter, mochte die Schweden nicht und fühlte sich nicht mit dem ihr ihrer Ansicht nach zustehenden Respekt behandelt. Graf Lehndorff, Kammerdiener von Königin Elisabeth Christine, beschrieb in seinem Tagebuch diesen Umstand folgendermaßen: »Sie kennt kein anderes Glück als unumschränktes Herrschertum, während sie in einem Land lebt, wo dieses Wort allein schon ein Verbrechen ist. Sie versteht es nicht, sich das Leben angenehm zu machen, wie sie es in ihrer hohen Stellung könnte; im Gegenteil, diese trägt nur noch mehr dazu bei, sich unglücklich zu fühlen.« Ulrike starb verbittert im Jahre 1784, zwei Jahre vor ihrem königlichen Bruder.

AUGUST WILHELM VON PREUSSEN (1722–1758)

Nachdem der 1717 geborene Wilhelm bereits zwei Jahre später gestorben war, kam mit August Wilhelm am 8. August 1722 endlich ein weiterer Sohn zur Welt. Das Kind war genauso, wie sich der Vater den geeigneten Thronerben vorgestellt hatte: gesund, robust und unkompliziert, ein Sohn, der zu großen Hoffnungen zu berechtigen schien. Und doch kam es anders. Es war August Wilhelm nie gelungen, aus dem übermächtigen Schatten seines zehn Jahre älteren Bruders hervorzutreten, zumal dieser nach dem Tod des Vaters 1740 eine Erzieherrolle bei den jüngeren Geschwistern übernahm. Daß er mit Luise Amalie von Braunschweig-Wolfenbüttel (1722–1780), einer Schwester der nunmehrigen Königin Elisabeth Christine, eine ungeliebte Frau heiraten mußte, hat er Friedrich nie verziehen. Friedrich hingegen verzieh seinem Bruder und mutmaßlichen Thronfolger nicht, daß er auf militärischem Gebiet versagte. Er gab ihm allein die Schuld an der Niederlage bei Kolin (östlich von Prag) im Juni 1757. »Sie wissen nicht, was Sie wollen, noch was sie tun«, schrieb der Preußenkönig wutentbrannt, »Sie werden stets nur ein erbärmlicher General sein. Kommandieren Sie einen Harem!« Die letzte Bemerkung galt der Vorliebe August Wilhelms für schöne Frauen. Dessen Herz nämlich gehörte der anmutigen Hofdame Sophie von Pannewitz (s. S. 261), ohne daß es freilich zu einer ehewidrigen Beziehung gekommen ist.

Der Zorn seines königlichen Bruders traf August Wilhelm zutiefst. Er verließ die Armee und zog sich verbittert in sein Schloß Oranienburg zurück, wo er im Alter von noch nicht einmal 36 Jahren offenbar an den Folgen eines Schlaganfalls gestorben ist. Heinrich und Ferdinand, die beiden jüngeren Brüder, aber hatten keinen Zweifel. Für sie war August Wilhelm eindeutig an einem gebrochenen Herzen gestorben, das kein anderer als ihr königlicher Bruder ihm zugefügt hatte. 16 Jahre später wurde sein Sohn Friedrich Wilhelm König von Preußen.

AMALIE, ÄBTISSIN VON QUEDLINBURG (1723–1787)

Elf Kindern hatte Sophie Dorothea in bislang 17 Ehejahren das Leben geschenkt, vier davon schon in frühem Alter wieder verloren. Die Schwangerschaften scheinen in ihrem Leben eine solche Selbstverständlichkeit gewesen zu sein, daß sie diesen Zustand gar nicht mehr richtig wahrgenommen hat. Anders zumindest läßt sich die folgende Begebenheit nur schwerlich erklären:

Im Herbst 1723 – die Königin war 36 Jahre alt – fühlte sich Sophie Dorothea, die seit Jahren nicht mehr krank gewesen war, matt und leidend. Daß sie in den letzten Monaten an Gewicht zugenommen hatte, wird ihr nicht weiter aufgefallen sein, denn zu diesem Zeitpunkt war sie bereits so korpulent, daß ein paar Kilogramm mehr oder weniger niemandem auffielen. Sämtliche Armsessel waren bereits verbreitert worden, damit die Königin bequem darin Platz nehmen konnte.

Niemand, auch nicht sie selbst, wußte offenbar zu sagen, welches mysteriöse Leiden sich hinter den Beschwerden der Kränkelnden verbarg. Ernsthafte Sorgen machte man sich freilich erst, als sie in der Nacht zum 9. November 1723 über heftige Schmerzen zu klagen begann, die die herbeigerufenen Ärzte etwas vorschnell als Blähungen deuteten. Um so überraschter war man, als nur kurze Zeit später ein kleines Mädchen das Licht der Welt erblickte: Amalie!

Die Tatsache, daß die Königin von der Geburt des Kindes so völlig überrascht worden war, sorgte freilich nicht nur bei der Berliner Hofgesellschaft in der nächsten Zeit für ausgiebiges Gerede. Auch dem königlichen Vater kam die Sache merkwürdig vor, und da er seine altbekannte Eifersucht auch nach langjähriger Ehe noch nicht hatte ablegen können, quälte ihn ein fürchterlicher Verdacht: War ihm seine »Fiekchen« etwa untreu gewesen und hatte die Folgen vor ihm verheimlichen wollen? Wilhelmine zumindest weiß in ihren Memoiren folgendes zu berichten: »Grumbkow hatte diese Schwäche des Königs wahrgenommen und erweckte in ihm durch geschickte und undeutliche Anspielungen schimpflichen Verdacht. Aus dem hannoverschen Jagdschloß Göhrde, wo er mit Georg I. zusammengekommen war, kehrte der König nach 14 Tagen wie ein Wütender nach Berlin zurück. Uns begrüßte er sehr freundlich, doch die Königin wollte er nicht sehen. Er ging durch ihr

Schlafzimmer, um sich zum Souper zu begeben, ohne ein Wort an sie zu richten. Die Königin und wir waren über dieses Benehmen von banger Besorgnis erfüllt. Endlich sprach sie zu ihm und drückte ihm in zärtlichen Worten ihren Kummer über sein Verhalten aus. Als Antwort beschimpfte er sie nur, indem er ihr ihre vermeintliche Untreue vorwarf, und wenn nicht Frau von Kameke ihn entfernt hätte, so würde ihn seine Heftigkeit zu sehr bedauerlichen Ausschreitungen fortgerissen haben. Am nächsten Tag berief er die Ärzte, General Holzendorff und Frau von Kameke, um den Wandel der Königin zu untersuchen. Alles nahm Partei für dieselbe. Ihre Oberhofmeisterin fand sogar sehr harte Worte für den König und bewies ihm die Ungerechtigkeit seines Mißtrauens. Die Tugend der Königin stand hoch über jedem Verdacht, und selbst die bösesten Zungen konnten nichts gegen sie zu sagen finden. Der König ging in sich, bat dann unter vielen Tränen, die für die Güte seines Herzens zeugten, die Königin um Verzeihung und es herrschte wieder Frieden, aber nur für kurze Zeit ...«

Wir wissen natürlich nicht, was genau geschehen ist, zumal Wilhelmine in ihren Lebensbeschreibungen nicht selten zu Übertreibungen und Verzerrungen neigt, doch eine solche oder ähnliche Eifersuchtsszene und anschließende Zerknirschtheit des Preußenkönigs könnte sich damals durchaus ereignet haben. Doch kehren wir zurück zu dem Kind, das seinen Vater so in Rage gebracht haben soll. Amalie war, wie es scheint, ein sehr eigenwilliges Mädchen und sollte es ihr Leben lang bleiben. Zwar musikalisch und hochintelligent, aber ähnlich bissig und spitzzüngig wie einst ihre Urgroßmutter Sophie von Hannover. In jungen Jahren soll sie eine Liebesaffäre mit dem Gardeoffizier Friedrich Freiherr von der Trenck (1726–1794) gehabt haben, den sie bei der Hochzeit ihrer Schwester Ulrike in Berlin kennengelernt hatte. Auch wenn es keine Beweise gab, so reichten ihrem königlichen Bruder offenbar allein ein paar Verdachtsmomente, um Trenck verhaften und auf der Festung Glatz arretieren zu lassen. Die Liebe eines einfachen Barons zu einer preußischen Prinzessin war schließlich ein unglaublicher Affront gegenüber dem Königshaus! Nach einem Jahr gelang es

Trenck – ob mit oder ohne Amalies Hilfe sei dahingestellt – aus der Kerkerhaft zu fliehen, später jedoch wurde er erneut verhaftet und beendete sein Leben während der Französischen Revolution 1794 unter der Guillotine, nachdem man ihn der Spionage verdächtigt hatte.

Auszuschließen ist freilich, daß es diese unglückliche Liebe war, die Amalie dazu brachte, unverheiratet zu bleiben und 1756 im Alter von 33 Jahren als Äbtissin das reichsunmittelbare Stift Quedlinburg zu übernehmen, das der Vater zunächst für Ulrike vorgesehen hatte. Aufgrund ihres exzentrischen Wesens wäre Amalie für eine Ehe offenbar ohnehin ungeeignet gewesen. Ihre spitze Zunge war in der Verwandtschaft nicht minder gefürchtet als ihr unberechenbarer Charakter, und allgemein atmete man auf, wenn die »böse Fee« ausnahmsweise einmal ihr Palais in der Berliner Wilhelmstraße verließ, um »ihrem« Quedlinburg einen kurzen Besuch abzustatten. Sie starb ein Jahr nach ihrem königlichen Bruder, mit dem sie stets eine rege Korrespondenz unterhalten hatte.

HEINRICH VON PREUSSEN (1726–1802)
Über Heinrichs Kindheit ist nur wenig bekannt. Im Gegensatz zu seinem Bruder August Wilhelm, den sich König Friedrich Wilhelm I. heimlich als Thronfolger wünschte, spielte der vier Jahre jüngere Heinrich in dieser Hinsicht keine Rolle. Und so fanden weder seine geistigen noch seine musikalischen Fähigkeiten in der Familie besondere Beachtung.

Anders als August Wilhelm aber, zu dem Heinrich übrigens ebenso wie zu dem jüngsten Bruder Ferdinand ein ausgesprochen herzliches Verhältnis hatte, konnte er seine zweifellosen Talente zumindest auf dem Gebiet unter Beweis stellen, das für Friedrich II. das wichtigste war: auf dem Schlachtfeld. Nach glänzenden Erfolgen im 7jährigen Krieg nannte er seinen jüngeren Bruder voller Hochachtung einen »fehlerlosen Feldherrn«. Dieses Lob konnte freilich nicht über die Tatsache hinwegtäuschen, daß es nach dem frühen Tod August Wilhelms zu einem Zerwürfnis mit dem König gekommen war, das auch in Zukunft Bestand haben sollte. Die Beziehung zum Ältesten der

Hohenzollern-Brüder war ohnehin nie frei von Spannungen gewesen, und Heinrich hatte 1752 die Ehe mit der schönen Wilhelmine von Hessen-Kassel auch nur deswegen geschlossen, um sich endlich aus der Abhängigkeit von seinem Bruder befreien zu können. Es ist äußerst zweifelhaft, ob diese Ehe je vollzogen wurde, denn ähnlich wie Friedrich, dem er auch auf anderen Gebieten glich, scheint sich Heinrich aus dem weiblichen Geschlecht nicht allzu viel gemacht zu haben.

Nach dem Ende des 7jährigen Krieges zog sich Heinrich in das reizvolle Schloß Rheinsberg am Grienericksee zurück, das ihm sein Bruder bald nach der Thronbesteigung geschenkt hatte. Hier widmete sich der umfassend gebildete Prinz seinen vielfältigen Interessen und kam nur selten einmal in den Wintermonaten nach Berlin. Der Engländer William Wraxwall, der ihn hier 1777 kennengelernt hatte, schrieb über Heinrich: »Er ist von Person unscheinbar und ohne alle äußere Anmut. Von Natur kalt und von schweigsamem Wesen, kann er nichtsdestoweniger durch die Lebendigkeit seines Gesprächs einen gewinnenden Eindruck machen. Er verbindet mit hoher Begabung eine ungewöhnliche Ausbildung des Geistes. Es gibt hier unabhängige Personen, die dafür halten, daß der Prinz an Fähigkeit dem König überlegen sei.«

Heinrich, der »fehlerlose Feldherr«, der als Diplomat seine beachtlichen Fähigkeiten gleichermaßen auf staatsmännischem Gebiet unter Beweis gestellt hatte, starb am 3. August 1802 völlig vereinsamt an den Folgen eines Schlaganfalls.

FERDINAND VON PREUSSEN (1730–1813)
43 Jahre war Königin Sophie Dorothea alt, als am 25. Mai 1730 ihr letztes Kind geboren wurde, Ferdinand. Von dem Charme, der »Nesthäkchen« so häufig eigen ist, konnte bei dem jüngsten Hohenzollernsproß freilich keine Rede sein. Der Prinz war eher gehemmt, zurückhaltend, zudem oft von schlechter Laune und ohne besondere Begabungen. Wie seine drei Brüder, so versuchte auch er sich auf militärischem Gebiet zu profilieren, doch ein Lungenleiden, das er sich während des 7jährigen Krieges zuzog, beendete diese Laufbahn vorzeitig. So

war Ferdinand noch keine 30 Jahre alt, als er sich als Ruhe-
ständler auf sein Schloß Friedrichsfelde zurückzog, wo er mit
seiner Gemahlin Luise von Brandenburg-Schwedt, lebte, der
Tochter seiner Schwester Sophie, mit der er seit 1755 verheiratet war. Doch auch das Zusammenleben mit seiner hübschen,
nur wenige Jahre jüngeren Nichte gestaltete sich nicht ohne
Schwierigkeiten. Ferdinand, kränklich, launisch, ohne erfül-
lende Aufgabe und geistige Interessen, zudem ganz offensichtlich von schweren Minderwertigkeitskomplexen geplagt, entwickelte Züge eines Haustyrannen, war kleinlich, pedantisch
und kontaktarm, und auch Luise war, wie es scheint, von
durchaus nicht einfacher Natur. Sechs Jahre lang blieb die Ehe
kinderlos, so daß nach der Geburt der ersten Tochter Friederike allgemein gemunkelt wurde, nicht Ferdinand sei der Vater,
sondern ein langjähriger Vertrauter seiner Gemahlin. Auszuschließen ist das natürlich nicht, ebensowenig aber zu beweisen. Fünf Kinder brachte Luise zur Welt, von denen drei das Erwachsenenalter erreichten, darunter Luise, die spätere Fürstin
Radziwill und Mutter jener schönen Elisa, die einmal dem
nachmaligen deutschen Kaiser Wilhelm I. den Kopf verdrehen
sollte. Noch größere Bekanntheit erlangte ihr Bruder Louis
Ferdinand, der nach seinem frühen Tod bei Saalfeld schließlich
als preußischer Mythos in die Geschichte eingegangen ist.

Der stets kränkliche Ferdinand erreichte mit nahezu 83 Jahren ein für damalige Zeiten überaus hohes Alter. Er starb am
2. Mai 1813 auf Schloß Bellevue, das Friedrich II. 1785 hatte
errichten lassen, heute Berliner Amtssitz des deutschen Bundes-
präsidenten.

»Königin Mutter« Sophie Dorothea

Nach der Hochzeit des Kronprinzen Friedrich mit Elisabeth
Christine von Braunschweig-Bevern, die am 12. Juni 1733 im
Lustschloß Salzdahlum (bei Wolfenbüttel) gefeiert worden
war, hatte Sophie Dorothea ihre ebenso ehrgeizigen wie verhängnisvollen Doppel-Hochzeitspläne ein für allemal begraben

müssen. Doch auch wenn es ihr ausgesprochen schwerfiel, sich mit den Gegebenheiten abzufinden und die vermeintlich »dumme Gans« als Schwiegertochter zu akzeptieren, so mußte sie sich dennoch eingestehen, daß sich die familiäre Situation spürbar entspannt hatte. Die wichtigsten Streitpunkte existierten nicht mehr, auch Friedrich Wilhelms maßlose Eifersucht hatte mit den Jahren merklich nachgelassen, und selbst sein Ärger über den jungen Friedrich begann sich in einen gewissen Stolz zu verwandeln, nachdem sich der Kronprinz im Sommer 1734 im Polnischen Erbfolgekrieg seine ersten militärischen Sporen verdient und damit dem Vater bewiesen hatte, daß er alles andere war als ein »lasziver effeminierter« Kerl. Sophie Dorothea selbst hatte nach dem Tod ihrer Mutter, die im November 1726 gestorben und in der Stadtkirche von Celle beigesetzt worden war, ein erhebliches Vermögen geerbt, das ihr endlich ermöglichte, ein solch luxuriöses Leben zu führen, wie sie es sich immer erträumt hatte.

Friedrich Wilhelm dagegen, der sich durch jahrzehntelanges übermäßiges Essen und Trinken seine einst so robuste Gesundheit ruiniert hatte, litt in seinen letzten Lebensjahren unter immer wiederkehrenden, äußerst schmerzhaften Gichtanfällen, die verständlicherweise stets mit übler Laune einhergingen, die er an seiner Gemahlin auszulassen pflegte. Schon in einem Brief vom 9. Februar 1733 äußerte sich Sophie Dorothea äußerst besorgt über den Gesundheitszustand ihres königlichen Gatten: »Gebe Gott, daß ich endlich höre, daß Euer Gichtanfall vorüber ist ... Ich frage deswesen ständig nach, weil Eure Gesundheit doch schließlich das Kostbarste auf der Welt ist ...« Doch Friedrich Wilhelms körperliches Befinden gab mehr und mehr Anlaß zur Sorge. Nicht nur seine Gelenke schmerzten, auch Herz, Kreislauf und Lunge waren angeriffen, und so ließen die Gichtanfälle das Schlimmste befürchten. Je schlechter es ihm ging, desto mehr war ihm daran gelegen, sein »Fiekchen« Tag und Nacht um sich zu haben. Sophie Dorothea pflegte ihren »Wilcke« tatsächlich mit großer Aufopferung und mag es sogar genossen haben, in ihrer Ehe endlich einmal die Rolle der Starken und Überlegenen spielen zu können.

Schon mehrmals hatten die Ärzte das baldige Ende des »Soldatenkönigs« erwartet, doch immer wieder hatte sich Friedrich Wilhelm erholt und war, wenn auch unter Qualen, seinen Aufgaben nachgegangen. Im Frühjahr 1740 aber waren seine Kräfte endgültig erschöpft, und er wußte selbst, daß seine Tage gezählt waren. In der Nacht vom 31. Mai nahm er Abschied von seinen Kindern und Bediensteten und schickte sie dann aus seinen Gemächtern, um in den letzten Stunden nur mit »Fiekchen« allein zu sein. Er starb im Beisein Sophie Dorotheas am Nachmittag zwischen drei und vier Uhr im Potsdamer Schloß im Alter von 51 Jahren mit der tröstlichen Gewißheit, in seinem Sohn Friedrich einen fähigen Nachfolger zu haben.

Am 5. Juni wurde Friedrich Wilhelm still, wie er es befohlen hatte, in der Potsdamer Garnisonskirche beigesetzt.

Sophie Dorothea überlebte ihren königlichen Gemahl um 17 Jahre – 17 Jahre, in denen ihr als »Königin Mutter« – Friedrich II. hatte ausdrücklich verfügt, daß sie so, und nicht mit »Königin Witwe« anzureden sei – all die Achtung und Ehrfurcht entgegengebracht wurde, die sie als stolze Welfin immer erwartet hatte. Aus dem »Fiekchen« war nun endgültig »Olympia« geworden. Essen, Konzerte, Empfänge, es gab nichts, wohin sie nicht von ihrem königlichen Sohn geladen wurde, und während die neue Königin Elisabeth Christine weitgehend aus dem Gesichtskreis ihres Gemahls verbannt worden war, konnte sich Sophie Dorothea nach wie vor der Rolle der wichtigsten Dame am Berliner Hof erfreuen. Die meiste Zeit aber verbrachte sie auf ihrem geliebten Witwensitz Monbijou, gab Festessen und Empfänge und war insbesondere dann glücklich, wenn ihr auch der junge König Friedrich II. seine Aufwartung machen konnte.

In ihren letzten Lebensjahren war Sophie Dorothea offensichtlich etwas kränklich, doch ihr Tod kam für die gesamte Umgebung völlig überraschend. Graf Lehndorff, der Kammerherr von Königin Elisabeth Christine, schrieb am 28. Juni 1757 in sein Tagebuch: »Die Königin Mutter ist tot! Gestern abend speiste sie noch mit dem Fräulein Knesebeck und Fräulein von Bredow, scherzte viel mit der letzteren und lud sie für den fol-

171

genden Tag zum Souper ein. Um zwei Uhr nachts läßt sie die Knesebeck rufen, weil sie nicht einschlafen kann, um vier Uhr entläßt sie sie und schläft bis acht. Dann fühlt sie ein Bedürfnis und läßt sich aus dem Bett tragen, nimmt Tee und will ins Bett zurück. In dem Augenblick, da ihre Frauen sie ins Bett legen, sagt sie ›Nun ist es aus!‹ und verscheidet ... Diese große Königin, Tochter, Gemahlin, Mutter und Schwester von Königen, die nur zu wünschen brauchte, und alle Schätze Indiens, Frankreichs, Englands schmückten ihren Palast, diese so bewunderte, so verehrte, so geliebte Fürstin, da liegt sie nun auf einem kleinen Ruhebett, bedeckt mit einem Tuch, und schon beginnt man davon sprechen, daß man den Sarg wird schließen müssen, weil sie bald übel riechen wird, so daß niemand herangehen mag. Das ist das Ende dieser vielbeneideten und bewunderten Größen ...«

ELISABETH CHRISTINE

von Braunschweig-Bevern

* 8. November 1715 in Wolfenbüttel
⚭ 12. Juni 1733 mit Friedrich (II.) von Preußen (1712–1786)
† 13. Januar 1797 in Berlin

STAMMTAFEL

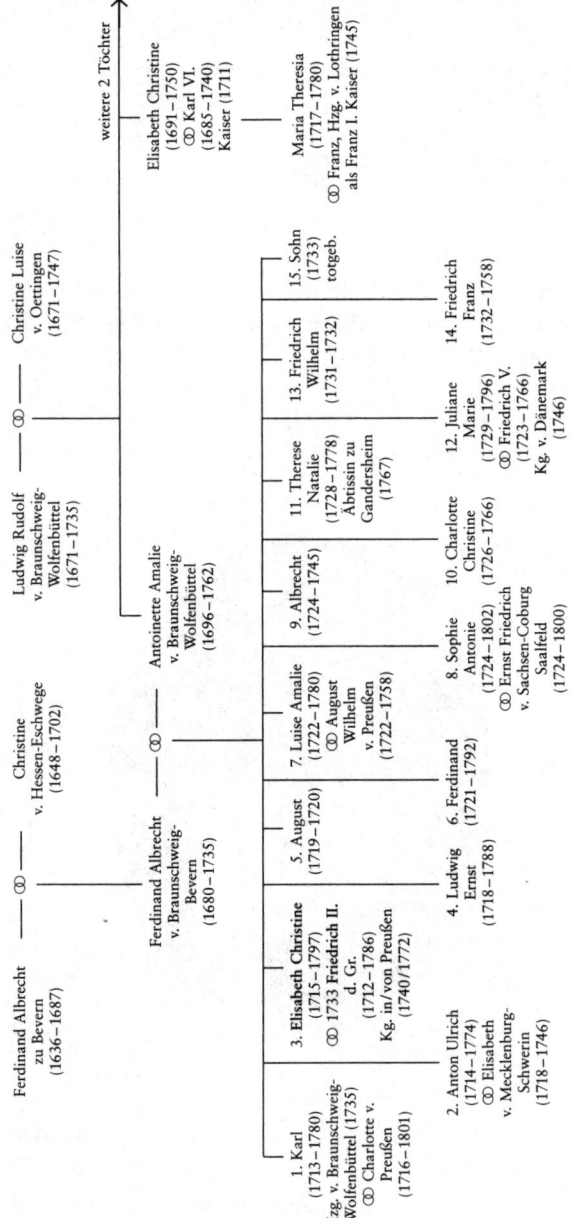

»Ich hasse sie nicht so sehr ...« – Verlobung und Hochzeit mit dem preußischen Kronprinzen

Die Bevern-Prinzessin

Kinder waren der einzige Reichtum des apanagierten Herzogs Ferdinand Albrecht von Braunschweig-Bevern (1680–1735), einer Nebenlinie des Welfenhauses. Elisabeth Christine, die am 8. November 1715 als drittes Kind des Herzogs und seiner Gemahlin Antoinette Amalie in Wolfenbüttel geboren wurde, sollte noch weitere 11 Geschwister bekommen. Von Anfang an hatte sie Rücksichtnahme, Verzicht und Bescheidenheit lernen müssen.

Um seine vergleichsweise geringen Einkünfte aufzubessern und der immer größer werdenden Familie ein ihrem Stande angemessenes Dasein zu ermöglichen, war Ferdinand Albrecht, wie so viele andere kleine Fürsten auch, in Heeresdienst eines größeren Monarchen getreten, des Preußenkönigs Friedrich Wilhelm I. Durch seine Tüchtigkeit und Zuverlässigkeit hatte er den schwierigen und oft übellaunigen Herrscher offensichtlich tief beeindruckt, so daß zwischen beiden Männern im Laufe der Zeit eine beinahe freundschaftliche Beziehung entstand.

Derweil lebte Antoinette Amalie mit den Kindern am Hof ihres Vaters, Herzog Ludwig Rudolf von Wolfenbüttel, und kümmerte sich um die notwendige aristokratische Erziehung ihrer Töchter und Söhne, die trotz schmalen Geldbeutels unverzichtbar war. Gleichwohl kam man nicht umhin, erhebliche Abstriche zu machen, insbesondere, was die kleinen Prinzessinnen betraf. Der Unterricht, den Elisabeth Christine erhielt, war offenbar ziemlich oberflächlich: Ein wenig Konversation in deutscher, hauptsächlich aber in französischer Sprache, hielt man, so scheint es, für ausreichend. Auf solide orthographische und grammatikalische Grundlagen dagegen glaubte man offenbar verzichten zu können: Elisabeth Christine hat ihr Leben lang sowohl im Deutschen als auch im Französischen zahlreiche Fehler gemacht, obwohl sie eine umfangreiche Korrespondenz führte und in ihren späteren Lebensjahren religiöse Texte übersetzte und selbst verfaßte. Die Rechtschreibung sowohl im Deutschen als auch im Französischen aber sollte sie zeit ihres Lebens nicht beherrschen, sogar ihren eigenen Namen schrieb sie gewöhnlich falsch, nämlich »Elisabeht«. Großen Wert legte man hingegen auf eine streng religiöse Erziehung, denn die Bevern-Familie nahm ihren lutherischen Glauben sehr ernst, und insbesondere Elisabeth Christine schöpfte in schweren Zeiten Mut und Kraft aus ihrem bedingungslosen Gottvertrauen, ohne freilich in pietistischen Übereifer zu verfallen. Ansonsten war die Prinzessin mit keinerlei überdurchschnittlichen Begabungen oder besonderen Vorlieben ausgestattet. Da am Braunschweiger Hof traditionell Musik gepflegt wurde, erhielt auch Elisabeth Christine Gesangsstunden, zeigte aber kein auffallendes Talent. Das gleiche galt für die Malerei, die noch zu ihren liebsten Beschäftigungen zählte, als sie schon preußische Kronprinzessin war. Unter Anleitung des Berliner Hofmalers Antoine Pesne (1683–1757), der zahlreiche Mitglieder der königlichen Familie und des preußischen Hofes portraitiert hat, fertigte sie damals verschiedene Pastellzeichnungen an (z. B. »Junge mit Flöte«, »Mädchen mit Katze«), die aber ebenso wie ein Selbstportrait aus dem Jahre 1738 nichts anderes waren als Dilettantenstücke.

Ansonsten ist über Kindheit und Jugend Elisabeth Christines nicht allzu viel bekannt. Sie wuchs, wie gesagt, in vergleichsweise bescheidenen Verhältnissen auf, und es war keinesfalls damit zu rechnen, daß sie einmal zu jenem Kreis von Heiratskandidatinnen zählen würde, in dem sich Europas Monarchen nach geeigneten Schwiegertöchtern umzusehen pflegten. Daran würde wohl auch die Tatsache nichts ändern, daß die gleichnamige Gemahlin Kaiser Karls VI., die Schwester ihrer Mutter,

Die gebildete Königin Sophie Charlotte galt als »Philosophin auf dem Thron«. Berlin ist ihr jedoch nie zur wirklichen Heimat geworden; im Herzen blieb sie stets Hannoveranerin. Gemälde von Friedrich W. Weidemann, 1705.

»Mein buckliger Aesop ...« Friedrich I., Gemahl Sophie Charlottes und erster
König »in« Preußen, liebte die barocke höfische Pracht über alles, war aber
als Herrscher schwach und ohne wirkliches Durchsetzungsvermögen. Litho-
graphie von Valentin Schertle (1809–85) nach einem Gemälde von Antoine
Pesne.

Die ebenso kluge wie ehrgeizige Sophie von der Pfalz war wohl eine der bemerkenswertesten Frauen ihrer Zeit. Voller Stolz betrachtete sie den Aufstieg ihrer Kinder und Enkel: Während Sophie Charlotte und Sophie Dorothea den Rang preußischer Königinnen erklommen, wurde der älteste Sohn der Stuart-Nachfahrin als Georg I. König von England.

Im Sommer 1699 bezog Sophie Charlotte ihr geliebtes Lustschloß Lützenburg, das nach ihrem frühen Tod 1705 ihr zu Ehren in Charlottenburg umbenannt wurde. Stahlstich von J. Poppel, um 1830.

Beigesetzt wurde Sophie Charlotte in einem von Andreas Schlüter (1664–1714) entworfenen und aufwendig gestalteten Prunksarkophag, der noch heute im Berliner Dom zu besichtigen ist. Foto, um 1890.

Die als »mecklenburgische Venus« gerühmte Sophie Luise von Mecklenburg-Schwerin-Grabow, als dritte Gemahlin Friedrichs I. für wenige Jahre preußische Königin, zerbrach schon bald nach ihrer Ankunft in Berlin am Ränkespiel des Hofes, litt an Wahnvorstellungen und wurde zurück nach Schwerin geschickt. Gemälde eines Unbekannten.

Stolz präsentieren Sophie Dorothea und Friedrich Wilhelm I. dem sächsischen Kurfürsten und polnischen König August dem Starken bei dessen Besuch im Berliner Schloß ihre ständig wachsende Kinderschar. Gemälde von Antoine Pesne, um 1728.

Monbijou: »Schmuckkästchen« und Refugium Königin Sophie Dorotheas. Da sich der »Soldatenkönig« in dem eleganten Ambiente ausgesprochen unwohl fühlte und nur selten zu Besuch kam, konnte Sophie Dorothea hier weitgehend ungestört ihren eigenen Interessen nachgehen. ▷

Die berühmten Memoiren der Wilhelmine von Bayreuth, Tochter Sophie Dorotheas und Friedrich Wilhelms I., ermöglichen uns einen aufschlußreichen Einblick in das nicht gerade harmonisch zu nennende königlich-preußische Familienleben. Freilich neigte die Markgräfin ein wenig zu Übertreibungen. Zeitgen. Gemälde von Antoine Pesne.

Vergeblich hoffte Herzogin Antoinette Amalie von Braunschweig, die Ehe ihrer ältesten Tochter Elisabeth Christine mit Friedrich dem Großen würde ebenso glücklich und mit Kindern gesegnet sein wie ihre eigene. Gemälde, 18. Jahrhundert.

»Hier kannst Du schön hausen ...« Wie die Berliner mutmaßten, soll Friedrich II. mit diesen verächtlichen Worten seiner Gemahlin das kleine Schloß im Norden Berlins übergeben haben, das er selbst nie betreten hat. In Schönhausen verbrachte Elisabeth Christine mehr als 50 einsame Jahre. Foto, um 1890.

Die Ehe der stolzen Welfin Sophie Dorothea mit ihrem preußischen Vetter Friedrich Wilhelm glich über viele Jahre einem einzigen Martyrium. Oben: Gemälde von Antoine Pesne, 1737; unten: Gemälde von Georg Wenzeslaus von Knobelsdorff, 1737.

»Man muß ihn lieben, wenn man ihn kennt …« Während Elisabeth Christine ihren königlichen Gemahl geradezu schwärmerisch verehrte, machte sich Friedrich II. noch nicht einmal die Mühe, seine Geringschätzung gegenüber der ihm aufgezwungenen Bevern-Prinzessin zu verbergen. Oben: Gemälde von Antoine Pesne, um 1740; unten: Gemälde von Antoine Pesne, 1739.

seinerzeit als ihre Patentante ausgewählt worden war. Und doch sollte es anders kommen. Tatsächlich nämlich wurden seit Ende 1731 geheime Verhandlungen über eine mögliche Heirat mit dem preußischen Kronprinzen geführt. Friedrich Wilhelm I. schätzte den tüchtigen Bevern-Herzog und glaubte, in dessen ältester Tochter die passende Gemahlin für seinen Sohn Friedrich gefunden zu haben (s. S.158). Die inzwischen 16jährige Elisabeth Christine ahnte damals weder etwas von den Heiratsplänen noch von der tiefen Abneigung des potentiellen Bräutigams gegen die Absichten seines königlichen Vaters.

Schicksalsfahrt nach Berlin

Wäre es nach dem Willen der preußischen Königin Sophie Dorothea gegangen, dann hätte der junge Kronprinz Friedrich keine andere als seine Cousine, die englische Prinzessin Amalie, geheiratet, doch Sophie Dorotheas ehrgeizige Pläne scheiterten bekanntlich. Statt dessen sprach der königliche Vater ein Machtwort und bestimmte mit Elisabeth Christine die seiner Meinung nach adäquate Gemahlin für seinen Ältesten. Während Sophie Dorothea zutiefst empört war über die geplante Verbindung ihres Sohnes mit der ihrer Ansicht nach völlig unbedeutenden Bevern-Prinzessin, wies Friedrich selbst jeden Gedanken an eine Heirat überhaupt weit von sich. Im Dezember 1731 schrieb er in einem Brief an den königlichen Vertrauten von Grumbkow: »Solange man mich Junggeselle bleiben läßt, werde ich Gott danken, es zu sein; und wenn ich mich verheirate, werde ich gewiß ein sehr schlechter Ehemann sein, denn ich fühle in mir weder genug Beständigkeit noch genug Liebe zum weiblichen Geschlecht, um glauben zu können, ich würde sie in der Ehe in mich aufnehmen. Der bloße Gedanke an meine Frau ist mir eine so verhaßte Sache, daß ich nicht ohne Abneigung daran denken kann. Trotzdem würde ich alles aus Gehorsam tun, aber niemals in guter Ehe leben.«

Als der 19jährige diese Zeilen schrieb, hatte er Elisabeth

Christine noch nie zu Gesicht bekommen, doch es zeichnete sich bereits ab, daß diese Ehe unter keinem guten Stern stehen würde – weder diese, noch irgendeine andere mögliche Ehe des preußischen Kronprinzen, denn die mangelnde »Liebe zum weiblichen Geschlecht« sollte sein ganzes Leben lang Bestand haben.

Daß Friedrich am 22. Februar 1732 dennoch in die Verlobung mit Elisabeth Christine einwilligte, lag einzig und allein an dem unbedingten Gehorsam, den er seinem Vater geschworen hatte. Es blieb ihm gar keine andere Wahl, auch wenn Königin Sophie Dorothea energisch darauf hinarbeitete, die Ehe Friedrichs mit der »dummen Gans«, wie sie Elisabeth Christine zu bezeichnen pflegte, doch noch zu hintertreiben. Nichtsdestotrotz wurde der Verlobungstermin auf den 10. März 1732 festgesetzt.

Auch die junge Prinzessin wird eher verwirrt und erschrocken als erfreut gewesen sein, als man sie nun über die bevorstehende Hochzeit informierte. Nichts und niemand hatte sie schließlich darauf vorbereitet, sich auf höfischem Parkett zu bewegen und die hohen Anforderungen, die an eine spätere Königin von Preußen gestellt wurden, zu erfüllen! Anzunehmen ist freilich auch, daß sie ein wenig stolz darauf war, da man gerade sie für würdig befunden hatte, die Gemahlin des preußischen Kronprinzen zu werden. Zum Glück hatte die Blattern-Erkrankung, die das junge Mädchen erst unlängst überstanden hatte, keine auffallenden Narben in ihrem Gesicht hinterlassen, so daß sie sich zumindest in dieser Hinsicht keine Sorgen zu machen brauchte. Dennoch wird sie mit gemischten Gefühlen die Kutsche bestiegen haben, die sie Anfang März nach Berlin brachte, wo sie sich mit Friedrich von Preußen verloben sollte.

Auch die Begrüßung in ihrer künftigen neuen Heimat wird Elisabeth Christine mit gemischten Gefühlen erlebt haben: Während sie der Preußenkönig mit offenen Armen und ehrlicher Freude und Herzlichkeit willkommen hieß, konnte dessen Gemahlin Sophie Dorothea ihre Abneigung nur mühsam hinter der höfischen Etikette verbergen. Auch der junge Kronprinz begrüßte seine Braut eher kühl und zurückhaltend, doch das hat Elisabeth Christine, so scheint es, bei all ihrer Verwirrung und verständlichen Aufregung völlig übersehen: Für sie war es Liebe auf den ersten Blick, als sie ihren künftigen Verlobten zum ersten Mal zu Gesicht bekam: einen elegant gekleideten und durchaus gutaussehenden jungen Mann – auch wenn er etwa einen halben Kopf kleiner war als sie selbst. Doch auch der Bräutigam war eher angenehm überrascht, als er Elisabeth Christine nun von Angesicht zu Angesicht gegenüberstand. Nach den gehässigen Bemerkungen seiner königlichen Mutter hatte er mit dem Schlimmsten gerechnet, doch was er nun sah, war ein recht hübsches, schüchternes Mädchen, von hochgewachsener, schlanker Statur mit großen blauen Augen und aschblondem Haar. Kurz nach dieser Begegnung schrieb er daher an seine Schwester Wilhelmine nach Bayreuth: »Was die Prinzessin anbelangt, so hasse ich sie nicht so sehr, wie ich mir den Anschein gebe. Ich tue so, als ob ich sie nicht ausstehen könne, um meinem Gehorsam gegen den König mehr Gewicht zu verleihen. Sie ist hübsch, hat einen Teint wie Milch und Blut, feine Züge und ihr ganzes Äußeres ist das einer schönen Frau; sie hat keine Erziehung, sie zieht sich schlecht an, aber ich hoffe, wenn sie hier sein wird, Du die Güte hast, sie umzuformen. Ich empfehle sie Dir, liebe Schwester.«

Noch sah es also so aus, als könne man sich bei beiderseitigem gutem Willen arrangieren. Zumindest Elisabeth Christine wollte alles in ihrer Macht stehende tun, um ihrem künftigen Gemahl zu gefallen. Sie konnte freilich nicht damit rechnen, daß es unmöglich sein würde, die Zuneigung ihrer künftigen Schwiegermutter zu gewinnen, die sie nach wie vor unvermindert spüren ließ, wie wenig sie von der Bevern-Prinzessin hielt.

»Sie roch ganz erbärmlich ...« – Familienintrigen gegen Elisabeth Christine

Während der Verlobungsfeierlichkeiten, die am 10. März 1732 im Königlichen Schloß in Berlin abgehalten wurden, hatte sich

Königin Sophie Dorothea noch zusammenreißen müssen, doch nur, um danach um so heftiger ihr Gift gegen Elisabeth Christine verspritzen zu können: »Die Prinzessin ist hübsch«, schrieb sie ihrer Tochter Wilhelmine, »aber dumm wie Stroh, sie hat gar keine Erziehung. Ich weiß nicht, wie sich mein Sohn dieser Äffin anpassen soll.«

Bald darauf kam Wilhelmine selbst nach Berlin, um sich ein Bild von ihrer künftigen Schwägerin zu machen. Wie sie in ihren Memoiren berichtet, muß es damals am Hof zu häßlichen Szenen gekommen sein: »Die Königin«, schreibt Wilhelmine, »lenkte bei Tische das Gespräch auf die künftige Kronprinzessin. ›Ihr Bruder‹, sagte sie zu mir, indem sie mich ansah, ›ist trostlos über dieses Verlöbnis, und nicht mit Unrecht, denn sie ist strohdumm und weiß auf alles nur mit nein und ja zu antworten, daß einem ganz übel wird.«

Und Charlotte, Sophie Dorotheas drittälteste Tochter, die mit Elisabeth Christines Bruder Karl verlobt war, fügte angeblich hinzu: »Eure Majestät kennen alle ihre Vorzüge noch nicht. Ich wohnte eines morgens ihrer Toilette bei, und mir verging der Atem, denn sie roch ganz erbärmlich, sie muß mindestens zehn oder zwölf Fisteln haben, anders läßt sich der Geruch nicht erklären. Ich bemerkte auch, daß sie schief gewachsen ist; ihr Rock ist an einer Seite auswattiert, und eine Hüfte sitzt ihr höher als die andere.«

Wir wissen, daß bei Wilhelmines Memoiren stets eine gewisse Skepsis angebracht ist, und es ist daher nicht klar, ob sich diese Szene tatsächlich so ereignet hat. Sie gibt gleichwohl die Atmosphäre wider, die am Berliner Hof herrschte: Weder Sophie Dorothea noch ihre Töchter waren gewillt, Elisabeth Christine auch nur das geringste Entgegenkommen zu zeigen, geschweige denn, sie in die Familie aufzunehmen. Eines war schon jetzt klar: Die künftige Kronprinzessin würde stets eine ungeliebte Fremde bleiben, auch wenn sie vom Preußenkönig mit ausgesuchter Liebenswürdigkeit behandelt wurde.

Ob Elisabeth Christine tatsächlich »erbärmlich gerochen« hat, sei dahingestellt. Auszuschließen ist es allerdings nicht, doch Sophie Dorothea und ihre Töchter werden wohl kaum einen angenehmeren Duft ausgeströmt haben. Der einzige am Hof, der sich regelmäßig wusch und die Kleidung wechselte, war der stets auf Sauberkeit bedachte Preußenkönig, der aufgrund dieser »Marotte« freilich allgemein belächelt wurde. Sauberkeit war nämlich ein Relikt aus vergangenen Zeiten.

Mit den berühmt-berüchtigten Badestuben des Mittelalters war es bekanntlich im 16. Jahrhundert vorbeigewesen, da sich von dort, wie man argwöhnte, Pest und Syphilis ausbreiteten. Die folgenden Generationen waren in einem Ausmaß wasserfeindlich, wie wir es uns heute wohl kaum vorstellen können. Dazu trugen freilich nicht zuletzt die Ärzte bei, die gerne behaupteten, Wasser, insbesondere heißes Wasser, öffne die Poren und ermögliche so das Eindringen ungesunder »Luftschwaden«, die die Organe schädigten. Sich wie Friedrich Wilhelm I. täglich zu waschen galt zumindest als absonderlich. In der Barockzeit nämlich war die »trockene Toilette« in Mode gekommen, Puder und Parfum hatten das Wasser verdrängt, und mit ihrer Hilfe versuchte man, unangenehme Gerüche zu überdecken. »Sauber« war man bereits, wenn die Kleidung keine Flecken aufwies und vor allem der weiße Kragen bzw. die Manschetten keine Schmutzränder hatten. Über das »Darunter« hingegen wurde vornehm geschwiegen. Hinzu kam die Verbreitung von Läusen und Flöhen, die in der wallenden Kleidung, den kunstvollen Perücken sowie den neu erfundenen Dessous aus Taft und Seide ideale Brutstätten fanden. Die höfischen Damen pflegten daher raffiniert konstruierte Flohfallen unter ihren Röcken zu tragen, und wenn es bisweilen am Rücken heftig juckte, so bediente man sich zierlicher Elfenbeinstäbchen, um dem Übel auf elegante Weise Abhilfe zu schaffen.

Während also die Hohenzollern-Damen häßlichen Klatsch über Elisabeth Christine verbreiteten, suchte der Bräutigam das vertrauliche Gespräch mit seiner ältesten Schwester. Darüber schreibt Wilhelmine: »Ich bat ihn, mir zu sagen, ob das Bild, das die Königin und meine Schwester von der Prinzessin von Braunschweig entworfen hatten, ein zutreffendes sei. ›Wir sind allein‹, versetzte er, ›Ich halte vor Ihnen nichts geheim und will

Ihnen die Wahrheit sagen. Die Königin mit ihren verwünschten Intrigen ist die einzige Quelle unserer Leiden. Kaum waren Sie fort, als sie wieder ihre Unterhandlungen mit England aufnahm. Sie wollte Ihre Schwester Charlotte an Ihre Stelle setzen und sie mit dem Prinzen von Wales verheiraten ... Endlich mischte sich Seckendorff darein und riet dem König, dem Unwesen ein Ende zu machen, indem er mich mit der Prinzessin von Braunschweig verlobe. Die Königin ist untröstlich darüber; ihr Kummer macht sich dadurch Luft, daß sie die arme Prinzessin mit ihrem Haß verfolgt. Sie wollte, daß ich die Partie unweigerlich ausschlage ... Ich habe mich aber geweigert, ihren Rat zu befolgen.‹«

Das freilich änderte nichts an der Tatsache, daß auch Friedrich selbst überlegte, wie er sich der geplanten Heirat nach Möglichkeit doch noch entziehen konnte. »Ich empfinde keine Abneigung gegen die Prinzessin«, soll er gegenüber Grumbkow geäußert haben, »sie hat ein gutes Herz, aber lieben werde ich sie niemals können.«

»Zum Teufel mit der Gans!«

Unterdessen war Elisabeth Christine nach Wolfenbüttel zurückgekehrt mit der festen Absicht, an sich zu arbeiten, um in Zukunft weder ihrem Bräutigam noch ihrer künftigen Schwiegermutter den geringsten Anlaß zur Kritik zu liefern. Da Friedrich sich beschwert hatte, »die Prinzessin tanze wie eine Gans«, wurde eigens aus Dresden ein bekannter Tanzlehrer engagiert, der dem jungen Mädchen Grazie und Eleganz beibringen sollte.

Daß Elisabeth Christine in ihrer Verlobungszeit eine glückliche Braut gewesen ist, ist kaum anzunehmen. Gewiß, sie hatte sich auf Anhieb in Friedrich verliebt, doch auch wenn sie noch sehr jung und unerfahren war, so dürfte ihr nicht entgangen sein, wie kühl und teilnahmslos sich der Kronprinz ihr gegenüber zeigte. Ganz abgesehen von den Gehässigkeiten der Berliner Damen, die sie bei jeder Begegnung spüren ließen, wie wenig sie von ihr hielten!

Einmal wöchentlich bekam Elisabeth Christine Post von ihrem Verlobten, doch all seine Briefe waren so kurz und nichtssagend, daß man ihnen deutlich den Widerwillen anmerkte, mit dem sie geschrieben worden waren. Es wird sie daher wenig getröstet haben, daß ihr künftiger Schwiegervater, der sie seit der ersten Begegnung in sein Herz geschlossen hatte, der einzige war, der sich auf ihre Ankunft in Berlin freute. Wenige Tage vor ihrer Hochzeit, am 10. Juli 1733, erhielt sie von ihm folgendes Schreiben: »Indem wir meine teure Prinzessin erwarten, werden wir Sorge tragen, daß Sie Ursache haben werden, mit uns allen zufrieden zu sein. Nehmen Sie dies kleine Geschenk als ein kleines Andenken für meine teure, teure Prinzessin, welche ich schätze und welche in meiner Familie zu haben ich mich glücklich preise. Ich bin überzeugt, daß mein Sohn sich würdig zeigen werde, Ihr Herz mit dem Seinen zu teilen, weil ich Sie versichern kann, daß ich mit seiner Führung hier vollkommen zufrieden bin ... Ihr treuer Vater Friedrich Wilhelm.« Wie sich der Preußenkönig irrte! Friedrich hatte nämlich in zahlreichen Briefen an Vertraute seinem Ärger und seiner Verzweiflung darüber, Elisabeth Christine heiraten zu müssen, Ausdruck gegeben, ja, sogar mit dem Gedanken an Selbstmord gespielt, um sich der unerwünschten Ehe zu entziehen. Dann freilich entschloß er sich zu einem anderen Weg. So heißt es in einem Brief an Grumbkow vom Herbst 1732: »Ich liebe das schöne Geschlecht, doch meine Liebe ist flatterhaft. Ich will nur den Genuß. Der Rest ist Widerwille. Danach mögen Sie urteilen, ob ich von dem Holze bin, aus dem man brave Ehegatten schnitzt! Ich gerate in Wut, bei dem Gedanken, es zu werden. Aber ich mache aus der Not eine Tugend. Ich werde mein Wort halten. Ich werde heiraten. Aber sobald es geschehen ist, dann heißt es: bon jour, Madame et bon chemin!«

Daß diese Ehe unglücklich werden würde, war also abzusehen, und auch Grumbkow und Seckendorff, der österreichische Gesandte am Berliner Hof, die Friedrich Wilhelm seinerzeit beide zur Verbindung des Kronprinzen mit Elisabeth Christine geraten hatten, mußten schon im Vorfeld erkennen, wie sehr sie sich geirrt hatten. Dennoch gab es kein Zurück mehr. Die Hochzeitsvorbereitungen waren bereits in vollem Gange. Die Feierlichkeiten, darauf hatte man sich geeinigt, sollten im Lustschloß Salzdahlum stattfinden, das Elisabeth Christines Großvater Ludwig Rudolf vor den Toren Wolfenbüttels im Barockstil hatte bauen lassen. (Anfang des 19. Jahrhunderts wurde das Schloß aus finanziellen Gründen abgerissen.)

Salzdahlum, das 1694 eingeweiht worden war, befand sich unterdessen freilich in einem etwas heruntergekommenen Zustand und mußte vor der Hochzeit eigens vollständig renoviert werden, doch angesichts der Tatsache, daß aus der unbedeutenden Bevern-Prinzessin die Kronprinzessin von Preußen werden sollte, schien der Familie kein Aufwand zu groß zu sein. An nichts sollte gespart werden, und letzten Endes stürzte man sich in erhebliche Schulden, denn die gesamten Renovierungskosten beliefen sich auf über 35 000 Taler. Nachdem die Hohenzollern-Familie am 10. Juli in Salzdahlum eingetroffen war, konnte die Vermählung zwei Tage später stattfinden. Am 12. Juli 1733 wurden Elisabeth Christine und Friedrich unter Glockengeläut und Kanonendonner in der Schloßkapelle von Salzdahlum getraut, und Großvater Ludwig Rudolf hatte wirklich alles getan, um auch die anschließenden Feierlichkeiten so prachtvoll wie möglich zu gestalten. Dennoch merkte man dem Bräutigam nur allzu deutlich an, wie widerwillig er die Ehe mit seiner 17jährigen Gemahlin geschlossen hatte.

Am 24. Juli reiste das junge Paar nach Berlin, und Elisabeth Christine, ohnehin zutiefst verunsichert durch das abweisende und kühle Verhalten ihres Gemahls, sah dem Aufenthalt in der neuen Heimat mit banger Erwartung entgegen. Sie wußte, daß nunmehr alle Blicke auf ihr ruhten. Würde sie die hohen Erwartungen, die an eine preußische Kronprinzessin gestellt wurden, auch tatsächlich erfüllen können? Ihre Schwägerin Wilhelmine zumindest war äußerst skeptisch: »Die Kronprinzessin ist groß, ihre Taille ist nicht schlank, sie streckt den Leib vor, was sie sehr verunziert; sie ist blendend weiß, und dieses Weiß wird durch lebhafteste Farben noch mehr zur Geltung gebracht; ihre Augen sind blaßblau und künden nicht viel Geist;

ihr Mund ist klein, ihre Züge sind zierlich, ohne schön zu sein, und der ganze Kopf ist so kindlich und reizend, daß man ihn für denjenigen eines 12jährigen Kindes hielte, ihre blonden Haare fallen in natürlichen Locken, aber all diese Reize sind durch ihre Zähne verdorben, die schwarz sind und unregelmäßig stehen; sie hat weder Manieren noch den geringsten Anstand und es kostet sie solche Mühe, sich verständlich zu machen und zu reden, daß man erraten muß, was sie sagen will. Das ist recht peinlich. Nachdem sie uns alle begrüßt hatte, führte sie der König in die Gemächer der Königin, und da er sah, daß sie sehr echauffiert und ihre Frisur in Unordnung geraten war, befahl er meinem Bruder, sie in ihre eigenen Zimmer zu führen. Ich folgte ihr dorthin. Mein Bruder stellte mich ihr mit den Worten vor: ›Hier ist meine Schwester, die ich über alles liebe und der ich unendlich verpflichtet bin. Sie hatte die Güte, mir zu versprechen, daß sie sich Ihrer annehmen wolle; sie soll Ihnen mehr als der König und die Königin gelten, und Sie dürfen nicht das geringste unternehmen, ohne vorher ihren Rat eingeholt zu haben, verstehen Sie mich?‹ Ich umarmte die Kronprinzessin und sagte ihr alles erdenklich Liebe, aber sie blieb wie eine Statue ohne ein Wort zu sagen. Da ihre Leute noch nicht gekommen waren, puderte und richtete ich sie selbst wieder zurecht, ohne daß sie sich dafür bedankte noch auf meine Freundlichkeiten irgendwelche Antworten gab. Mein Bruder wurde zuletzt kribbelig und sagte ganz laut: ›Zum Teufel mit der Gans! Danken Sie doch meiner Schwester!‹ Darauf machte sie eine Verbeugung wie Agnes in Molières ›Schule der Frauen‹. Ich führte sie zurück zur Königin und war recht wenig erbaut von ihrem Geist …«

Dabei fällt es wohl nicht allzu schwer, sich in die Situation der bedauernswerten Elisabeth Christine hineinzuversetzen: Voller Beklommenheit war sie nach Berlin gereist, wohl wissend, daß man sie dort mit Haß und Häme empfangen würde, und nun schnürten ihr Angst und Unsicherheit regelrecht die Kehle zu. Es ist möglich, daß die Prinzessin von jeher unter einem Sprachfehler litt, vielleicht stotterte sie aber auch nur aus Verlegenheit, zudem mußte sie all ihre Kraft und Beherrschung aufwenden, um nicht auf der Stelle in Tränen auszubrechen. Damit freilich hätte sie sich vollends zum Gespött gemacht. So aber mußte sie sich beherrschen, was ihr gewiß um so schwerer gefallen sein wird, als sie sogar von ihrem eigenen Gemahl bloßgestellt wurde. Und wie ehrlich Wilhelmines »Freundlichkeiten« gewesen sind, das sei dahingestellt.

Noch nie wird Elisabeth Christine so bewußt gewesen sein, was ihr fehlte: Schönheit und Eleganz, Geist und Esprit, Weltgewandtheit und Charme. Fatalerweise aber waren das genau die Eigenschaften, die Friedrich von einer Frau erwartete. Daß die Kronprinzessin ein »gutes Herz« hatte, hatte er zwar anerkennend vermerkt, war für ihn aber nicht weiter von Bedeutung. Elisabeth Christines Herz interessierte ihn schließlich am allerwenigsten …

Die »schönsten Jahre«

»Ich wünsche Ihnen einen wackeren Jungen ...«

Wenige Tage nach ihrer Ankunft in Berlin feierte man die Hochzeit ihres Bruders Karl mit Friedrichs Schwester Charlotte. Nach Abschluß der Festlichkeiten reiste Friedrich wie vorgesehen zurück in seine Garnison nach Ruppin, und Elisabeth Christine blieb derweil in Berlin. Hier, im Palais Unter den Linden, vertrieb sie sich die Langeweile mit Briefen an die Familie, mit Malerei und Kartenspiel und wartete auf Friedrich. Doch der hatte nur wenig Zeit für seine junge Gemahlin.

Schon nach kurzer Zeit begann Elisabeth Christine zu kränkeln, klagte über Übelkeit und mußte hin und wieder das Bett hüten. Dieses immer wiederkehrende »Unwohlsein« der Kronprinzessin, von ihrem hoffnungsvollen königlichen Schwiegervater stets als Anzeichen einer Schwangerschaft mißdeutet, war offenbar nichts anderes als ein psychosomatisches Leiden: Elisabeth Christine vermißte ihr »Zuhause«, fühlte sich in Berlin zutiefst unglücklich und sehnte sich nach einer liebevollen Geste ihres Gemahls. Doch der einzige, der sie mit Geschenken, Komplimenten und Liebenswürdigkeiten überhäufte, war der Preußenkönig, der freilich keinen Zweifel daran ließ, daß er dringlich auf die Geburt eines Thronfolgers wartete. So schrieb er am 8. November 1735: »Madame, da heute Ihr Geburtstag ist, beglückwünsche ich Sie von ganzem Herzen und wünsche Ihnen ein langes Leben und in einigen Monaten einen dicken, wackeren Jungen. Ich sende Ihnen eine Kleinigkeit als Geschenk; sehen Sie darin ein Zeichen meiner Freundschaft. Ich verbleibe Ihr treuer Vater Friedrich Wilhelm.«

Wie gerne hätte Elisabeth Christine ihm diesen Wunsch erfüllt! Denn natürlich wünschte auch sie sich nichts sehnlicher als ein Kind, nicht nur, um endlich ihre vornehmste Aufgabe zu erfüllen. Doch sie hoffte vergebens. Es hat schon zahllose Spekulationen darüber gegeben, ob diese Ehe tatsächlich vollzogen worden ist. Davon ist freilich auszugehen, es sei denn, Friedrich wäre durch ein körperliches Leiden dazu nicht in der Lage gewesen. (So wird behauptet, der junge Fritz habe sich eine Geschlechtskrankheit zugezogen, sei von stümperhaften Ärzten verstümmelt und dadurch impotent geworden. Nachzuweisen ist das freilich ebensowenig wie die Vermutungen einiger Biographen, Friedrich sei homosexuell gewesen.)

Friedrich brauchte einen Erben, allein schon, um gegenüber seinem Vater selbstbewußter auftreten zu können. Ein Sohn hätte für ihn zusätzliche Freiheit bedeutet, zudem wußte er, daß er von königlichen Spionen mit Argusaugen beobachtet wurde. So mußte er wohl oder übel das Bett mit seiner Gemahlin teilen, wenn er hin und wieder einmal in Berlin war.

Doch sooft Elisabeth Christine auch von »Unwohlsein« befallen wurde, es wollte sich kein Nachwuchs einstellen. Für den König war klar, daß sich das höchstwahrscheinlich nicht ändern würde, solange das kronprinzliche Paar meist getrennt lebte. Er beschloß daher, den beiden ein »eigenes Nest« zu schenken, in dem sie endlich einander näherkommen sollten: Schon im März 1734 hatte er daher Schloß Rheinsberg erworben, das jedoch vorerst in keinem bewohnbaren Zustand war und noch gründlich renoviert werden mußte. Elisabeth Christine freute sich auf ihr neues Zuhause und vor allem auf die Zeit mit Friedrich, den sie in Berlin nur so selten zu Gesicht bekam. Doch Kummer blieb ihr nicht erspart. Voller Sorge beobachtete sie den bedenklichen Gesundheitszustand ihres königlichen Schwiegervaters, der mehr denn je von schmerzhaften Gichtanfällen geplagt wurde und mitunter bereits dem Tode geweiht zu sein schien. Ihre Beziehung zu Sophie Dorothea hingegen war nach wie vor äußerst frostig, und die Königin ließ Elisabeth Christine bei jeder Gelegenheit spüren, wie unwillkommen sie doch war.

Am 1. März 1735 starb Elisabeth Christines Großvater Herzog Ludwig Rudolf von Braunschweig-Wolfenbüttel, und da er keine männlichen Erben hatte, bestieg nun sein Schwiegersohn,

Ferdinand Albrecht von Braunschweig-Bevern, der Vater der Kronprinzessin, den Fürstenthron in Wolfenbüttel. Doch dann starb auch Elisabeth Christines Vater völlig überraschend bereits am 3. September 1735 im Alter von 55 Jahren, und ihr Bruder Karl, der zwei Jahre zuvor Friedrichs Schwester Charlotte geheiratet hatte, wurde neuer Herzog von Braunschweig-Wolfenbüttel.

An der Beisetzung ihres Vaters teilzunehmen war Elisabeth Christine nicht möglich, obwohl sie auch die Mutter seit Karls Hochzeit nicht mehr wiedergesehen hatte. Vielleicht aber wird es ihr ein Trost gewesen sein, daß ihr Gemahl eigens nach Berlin kam, um der Kronprinzessin persönlich sein Beileid auszusprechen. Schließlich sah sie ihren geliebten Friedrich selten genug.

Die Rheinsberger Idylle

Derweil gingen die Umbauarbeiten auf Schloß Rheinsberg recht schleppend voran, und um die kostspieligen Renovierungsmaßnahmen überhaupt finanzieren zu können, mußte Elisabeth Christine einen Teil ihrer Mitgift opfern, doch für eine gemeinsame Zukunft mit Friedrich tat sie das natürlich nur allzu gerne. Und obwohl die Ausbesserungsarbeiten noch nicht abgeschlossen waren, konnte das kronprinzliche Paar im Sommer 1736 endlich sein neues Heim beziehen.

Inmitten der märkischen Landschaft war am Grinericksee nach den Plänen des bekannten Baumeisters Georg Wenzeslaus von Knobelsdorff (1699–1753) aus einer einfachen Wasserburg ein bezauberndes Schloß entstanden: Rheinsberg (bekannt auch als reizvoller Hintergrund in Kurt Tucholskys Erzählung »Rheinsberg – Ein Bilderbuch für Verliebte« aus dem Jahr 1912. Zu DDR-Zeiten wurde das Schloß freilich ganz prosaisch als Diabetiker-Sanatorium genutzt; heute Museum).

»Ich bin glücklich, diese Stätte zu besitzen, wo man nur Ruhe kennt, die Blumen des Lebens pflückt und die kurze Zeit genießt, die uns auf Erden geschenkt ist«, hatte der Kronprinz einmal über Rheinsberg gesagt, und auch Elisabeth Christine verlebte hier die wohl schönsten Jahre ihres Lebens. Daß die Idylle noch eine Weile durch Baulärm und etliche Handwerker getrübt wurde, spielte für sie keine Rolle. Entscheidend war nur eins: Endlich, endlich war sie mit ihrem Friedrich vereint! Ohnehin fand sie Rheinsberg von Anfang an einfach wunderschön. Die Innenausstattung war im damals modischen Rokokostil gehalten, alles war leicht und hell, strahlte Eleganz und Lebensfreude aus. Es schien Elisabeth Christine, als könne sie hier zum ersten Mal seit ihrer Hochzeit frei atmen, hinzu kam, daß sich auch ihr Gemahl meist blendender Laune zeigte. Vielleicht, so hoffte sie, würde sie das Herz des Kronprinzen nach nunmehr dreijähriger Ehe doch noch gewinnen können. In ihren Bemühungen darum wollte sie jedenfalls nicht nachlassen.

Auch Friedrich registrierte die Anstrengungen, die seine Gemahlin unternahm, um ihm zu gefallen. Im Juli 1736 schrieb er an Graf Seckendorff: »Ich war niemals in sie verliebt, aber ich müßte der niedrigste Mensch sein, wenn ich sie nicht aufrichtig schätzen wollte, denn sie hat erstens ein sehr sanftes Gemüt, sie ist zweitens so gelehrig, wie man es mehr nicht wünschen kann und drittens gefällig bis zum Übermaß und tut, was sie mir nur an den Augen absehen kann, um mir eine Freude zu machen.«

So war es tatsächlich. Elisabeth Christine nahm nach wie vor Tanzstunden, bemühte sich um eine bessere Haltung, um mehr Grazie und Eleganz, versuchte, ihr rudimentäres Französisch aufzubessern, denn Deutsch wurde in Rheinsberg so gut wie nie gesprochen, und vertiefte sich in die Lieblingslektüre ihres kronprinzlichen Gemahls: Tacitus, Cicero, Marc Aurel. Mit nie erlahmendem Eifer versuchte sie, sich an das Idealbild, das Friedrich von Frauen hatte, heranzuarbeiten. »Ich habe angefangen, die Annalen des Tacitus zu lesen«, schrieb sie an die Hofdame Fräulein von Kamecke, »sie sind entzückend und man erkennt daraus den Geist der Großen ... Dieses Buch unterhält mich sehr, und ich mache mir tausend Gedanken darüber beim Lesen ...«

Natürlich wußte sie, daß sie nie mit ihrem gebildeten Gemahl würde gleichziehen können, gleichwohl war sie glücklich, endlich einen Weg gefunden zu haben, um Friedrich geistig-seelisch näherzukommen. Denn nicht Tacitus und Marc Aurel – allein Friedrich war und blieb der Dreh- und Angelpunkt in ihrem Leben. Am 3. Oktober 1736 schrieb sie an ihre Großmutter Christiane Luise, die verwitwete Herzogin von Braunschweig: »Unser Herr hier ist allen voran, ich habe niemals jemanden gesehen, der so fleißig ist wie er. Früh von 6 Uhr an bis 1 Uhr beschäftigt er sich mit philosophischen und anderen schönen Studien; von $1/2$ 2 bis 3 Uhr dinieren wir, dann trinken wir den Kaffee und bleiben dabei bis 4 Uhr zusammen, dann liest und studiert er wieder bis 7 Uhr abends; wonach bis 9 Uhr Musik gemacht wird. Dann wird gespielt; das Souper ist um $1/2$ 11 oder 11 Uhr. So geht die Zeit rasch dahin, und indem er sie auf diese Weise anwendet, kann man in Wahrheit sagen, daß er der größte Fürst seiner Zeit ist, er ist weise, er ist so geistvoll, wie man es nicht genug ausdrücken kann, er ist gerecht, er will keinem Menschen etwas Böses, er ist großmütig, gutgelaunt, er liebt keine Ausschweifung, weder beim Wein noch sonstwie und besitzt soviel Herzensgüte ...«

Allein aus diesen Worten läßt sich wohl ermessen, wie sehr Elisabeth Christine Friedrich liebte und bewunderte, ja geradezu anbetete: »Ich möchte sagen, daß er der Phönix unserer Zeit sein wird und daß ich ganz stolz darauf bin, das Glück zu haben, die Frau eines so großen Fürsten zu sein, der jede gute Eigenschaft besitzt. Man muß ihn lieben, wenn man ihn kennt ...« Wie also hätte sie es dem »Phönix« Friedrich verübeln können, daß er in ihr nur eine »dumme Gans« sah, eine ungebildete Bauernprinzessin? Friedrich war für sie bereits jetzt »der Große«! Und das sollte er ein Leben lang bleiben.

Über ihren eigenen Tagesablauf berichtete sie der Großmutter nur kurz: »Ich stehe um 7 Uhr auf und halte meine Andacht ab, dann lese ich. Nach dem Diner und dem Kaffee arbeite ich und lasse mir dabei vorlesen bis 7 Uhr, dann nehme ich an dem Kartenspiel teil ... Ich kann wohl sagen, daß die Zeit in Blitzesschnelle vergeht und ich nicht weiß, wohin sie gekommen ist. Ich bedaure immer, wenn der Tag zu Ende ist, und doch bleibt man so lange auf und schläft nur sehr wenig, denn vor zwei Uhr nachts geht man nicht schlafen und um 7 Uhr stehe ich schon wieder auf, aber ich befinde mich dabei vortrefflich.«

Endlich war Elisabeth Christine wirklich glücklich, auch wenn es nach wie vor keine Anzeichen für eine Schwangerschaft gab. Ihrem Schwiegervater konnte sie gleichwohl am 23. Oktober 1736 nur Erfreuliches berichten: »Der Aufenthalt in Rheinsberg ist mir so angenehm, wie er es in Gesellschaft des Liebsten, das ich auf der Welt besitze, nur sein kann, und wie könnte ich mir in der Gesellschaft dessen langweilen, den ich am meisten liebe, nämlich den Kronprinzen. Mein größtes Vergnügen sind die Spaziergänge, wenn das Wetter schön ist oder die Wasserfahrten oder zu Wagen. Dann unterhalte ich mich mit Arbeit, mit der ich mich den ganzen Tag beschäftige …«

Es scheint, als sei die schüchterne, ernste, stets etwas unbeholfen und linkisch wirkende Kronprinzessin in den Rheinsberger Jahren doch über sich hinausgewachsen, vielleicht, weil sie damals noch glaubte, das harmonische Zusammenleben mit Friedrich werde immer so weitergehen. Graf Seckendorff zumindest schrieb: »Die Kronprinzessin wird hübsch, anschmiegend, wird einflußreich…« Der Begriff »einflußreich« war freilich nur in einem ganz bestimmten Sinne zu verstehen: Friedrich war natürlich nicht entgangen, wie gut sich die Kronprinzessin mit ihrem Schwiegervater verstand und wie gerne es Friedrich Wilhelm hörte, wie harmonisch sich die Ehe seines ältesten Sohnes gestaltete. Und da er wußte, daß er auch in Rheinsberg vor Spionen seines königlichen Vaters nicht sicher sein konnte, schien es ihm günstig, den liebenden Ehemann zu mimen, wollte er sich das väterliche Wohlwollen erhalten. Darüber hinaus schien ihm Elisabeth Christine die ideale Vermittlerin und Bittstellerin zu sein, denn ihr konnte der Preußenkönig offenbar nur schwer etwas ausschlagen, auch nicht, wenn sie für Friedrich um die väterliche Gunst bat, so in ihrem Brief vom 28. August 1739: »Nichts könnte mich mehr beglücken als die Nachricht der Gnade, die Eure Majestät diesem würdigen Sohn beweist, er verdient sie durch die Gefühle, die

»Ich weiß, daß wir Opfer bringen müssen …« Luises berühmte Begegnung mit Napoleon am 6. Juli 1807 in Tilsit war zwar politisch gesehen ein völliger Mißerfolg, begründete aber gleichwohl den Mythos der unbeugsamen preußischen Patriotin. Gemälde von Nicolas Gosse, 1837.

Bibliothek der Königin Elisabeth im Schloß Charlottenburg (im Zweiten Weltkrieg zerstört). Charlottenburg war neben Sanssouci nach dem Tod Friedrich
Wilhelms IV. Witwensitz der preußischen Königin.

Königin Friederike Luise. Die unschein-
bare zweite Gemahlin Friedrich Wilhelms II. stand stets im Schatten seiner
schönen Mätressen. Ölstudie von Anton Graff im Schloß Monbijou.

Nur zwei gemeinsame Jahre
(1787–89) waren Friedrich
Wilhelm II. mit seiner morga-
natischen Gattin Julie von Voß
vergönnt. Das kurze Glück hatte
er sich erkauft, indem er Königin
Friederike Luises Schulden bezahlte
und damit deren Einwilligung zur
Eheschließung erhielt. Kupferstich von
J. F. Boldt, um 1787.

»Die Weiber werden regieren ...« Vergeblich hoffte Friedrich II. die »Mätressenwirtschaft« seines Neffen und Nachfolgers Friedrich Wilhelm durch eine standesgemäße Ehe beenden zu können. Gemälde von Frédéric Relam, o. J.

Die »schöne Wilhelmine« und spätere Gräfin Lichtenau war über viele Jahre hinweg die einzig wirkliche Vertraute des preußischen Kronprinzen und späteren Königs Friedrich Wilhelm II. Gemälde von Anton Graff, 1788.

Das kurfürstliche Schloß an der Spree. Zeichnung von Johann Stridberg d. J., 1690.

Königliches Familienglück im Park von Charlottenburg um 1805 – eine nahezu bürgerliche Idylle, wie es scheint. Tatsächlich mußte Luise sehr viel Geschick aufbringen, um ihren schwierigen Gemahl bei Laune zu halten. Kupferstich von Friedrich Wilhelm Meyer (1770–1822) nach Heinrich Anton Dähling.

In dem kleinen Schloß am Ufer der Havel genoß Luise als »gnädige Frau von Paretz« das »einfache Landleben« und präsentierte sich ihren Untertanen als volkstümliche Fürstin.

Schlafzimmer Luises und Friedrich Wilhelms III. auf Schloß Paretz.

Schloß Charlottenburg hat Königin Luise stets besonders geliebt. Daher wurde sie nach ihrem Tod in dem für sie errichteten Mausoleum im Schloßpark beigesetzt. Auch Friedrich Wilhelm III., sein Sohn Wilhelm I. sowie dessen Gemahlin Augusta fanden später hier ihre letzte Ruhestätte.

»Ich war frappiert von den schönen Augen der Prinzessin Elise ...« Auf Anhieb hatte sich Friedrich Wilhelm (IV.) von Preußen in die hübsche Wittelsbacherin verliebt. Mehrere Jahre jedoch schien die konfessionelle Schranke unüberwindlich zu sein. Gemälde von Josef Stieler, um 1823.

Diese Vase mit dem Doppelportrait Elisabeths und Friedrich Wilhelms war ein Geschenk des bayerischen Hofes anläßlich der Hochzeit des Paares im November 1823. Porzellan, goldgraviert; Manufaktur Nympenburg, signiert »G. Adler 1823«.

»Jetzt stütze mich, Elise …«
Die Euphorie der Preußen
nach der Thronbesteigung
Friedrich Wilhelms IV. war
nur von kurzer Dauer. Der
Monarch zeigte sich den Anforderungen seiner Zeit nicht
gewachsen. Foto, um 1855.

Nach dem Tod Fried-
rich Wilhelms IV., den
sie in seinen letzten
Lebensjahren aufop-
fernd gepflegt hatte,
befand Elisabeth, ihr
»Beruf« sei zu Ende.
Noch nahezu 13 Jahre
lebte sie einsam am
Berliner Hof. Foto von
Hanns Hanfstaengl,
Dresden, nach 1861.

ich an ihm kenne und die er für einen so gnädigen Vater hegt wie Sie es sind, und bitte Eure Majestät demütigst, ihm die Gerechtigkeit widerfahren zu lassen, die er verdient ...«

Ob Elisabeth Christine ahnte, daß sie von Friedrich nur benutzt wurde? Gewiß war sie geneigt, alle entsprechenden Anzeichen zu verdrängen oder umzudeuten, und doch muß sie im tiefsten Grunde ihres Herzens gespürt haben, daß das Glück, das sie in Rheinsberg zu erleben glaubte, nur geliehen, nur vorgetäuscht war und spätestens dann enden würde, wenn ihr väterlicher Gönner, der König von Preußen, seine Augen für immer schloß.

Dunkle Schatten

Am 24. Oktober 1739 wurde Elisabeth Christines Nichte Anna Amalia geboren, die Tochter ihres Bruders Karl von Braunschweig-Wolfenbüttel und spätere Herzogin am Weimarer »Musenhof«. Die Kronprinzessin mag wieder einmal schmerzlich empfunden haben, daß ihre eigene Ehe immer noch kinderlos war, denn nun nach sechs Jahren, durfte sie sich kaum noch Hoffnung auf Nachwuchs machen. Hinzu kam, daß es in einer kronprinzlichen oder königlichen Ehe stets nur eine Schuldige gab, wenn der ersehnte Thronfolger ausblieb: die Frau. Daß die Ursache für die Kinderlosigkeit möglicherweise auch beim Mann liegen konnte, durfte bei Hofe noch nicht einmal gedacht werden. Und so schwebte über Elisabeth Christine stets das Damoklesschwert der Scheidung: Würde sich Friedrich möglicherweise nach dem Tod des Preußenkönigs von ihr trennen und eine andere heiraten? Und so schrieb sie an ihren Bruder, nachdem sie ihm herzlich zur Geburt der kleinen Tochter gratuliert hatte: »Der König befindet sich durchaus nicht wohl, und ich weiß nicht, wie das für uns werden soll. Um offen zu sein: Ich fürchte sehr um ihn und wünsche von ganzem Herzen, daß er noch lange leben möchte, denn ich bin jetzt zufrieden mit meinem Los, und eine Zukunft voll Behagen und Zufriedenheit sind mehr wert; ich besitze nichts von dem tollen

Ehrgeiz, der immer mehr verlangt. Wie es jetzt ist, gibt mir Zuversicht, und ich bin tausendmal glücklicher als Kronprinzessin, als ich glauben darf, es als Königin sein zu können, denn dann werden tausend Dinge dazwischentreten, die zur Zufriedenheit nicht beitragen ... Das bleibt aber zwischen uns, wie ich hoffe, ich spreche zu Ihnen vertraulich als zu einem Bruder, den ich von ganzem Herzen liebe und von dem ich überzeugt bin, daß er mich nie verraten wird ...«

Es ist möglich, daß sie mit den »tausend Dingen« nur die lästigen Repräsentationspflichten meinte, die ihr als preußische Königin bevorstanden, sowie erneut lange Wochen, in denen sie ohne ihren Gemahl würde auskommen müssen. Anzunehmen ist jedoch, daß sie bereits ahnte, daß Friedrich nach dem Tod seines Vaters seine wahren Gefühle für Elisabeth Christine nicht mehr verbergen würde, auch wenn dies nicht gleich eine Trennung bedeuten mußte. Ihr »gutes Herz« wird gespürt haben, daß für die Zukunft nichts Gutes zu erwarten war.

Wie aus dem Briefwechsel des Kronprinzen mit seiner Schwester Wilhelmine hervorgeht, machte sich auch Friedrich angesichts des besorgniserregenden Gesundheitszustandes seines Vaters Gedanken um seine Zukunft, also um die bevorstehende Thronbesteigung. Schon jetzt galt es daher, die notwendigen Vorbereitungen zu treffen und fähige Männer um sich zu sammeln, nicht zuletzt für die preußische Armee. Einer dieser Wunschkandidaten war Ferdinand von Braunschweig (1721–1792), der jüngere Bruder Elisabeth Christines, der freilich derzeit noch plante, in kaiserliche Dienste zu treten. Was also lag näher, als entsprechenden Druck auf die kronprinzliche Gemahlin auszuüben, damit sie ihren Bruder aufforderte, Preußen ein Regiment zu stellen und einem künftigen König Friedrich zu dienen. Elisabeth Christine, die sich nie für politische Angelegenheiten interessiert hatte, befand sich damit in einer Zwangslage. Sie wußte, wenn sie nicht Friedrichs Zorn auf sich laden wollte, mußte sie es irgendwie schaffen, Ferdinand von seinem ursprünglichen Vorhaben abzubringen und für Preußen zu gewinnen. Aber wie? Ihr Bruder Karl, nunmehr Herzog von Braunschweig, ließ sie unmißverständlich wissen,

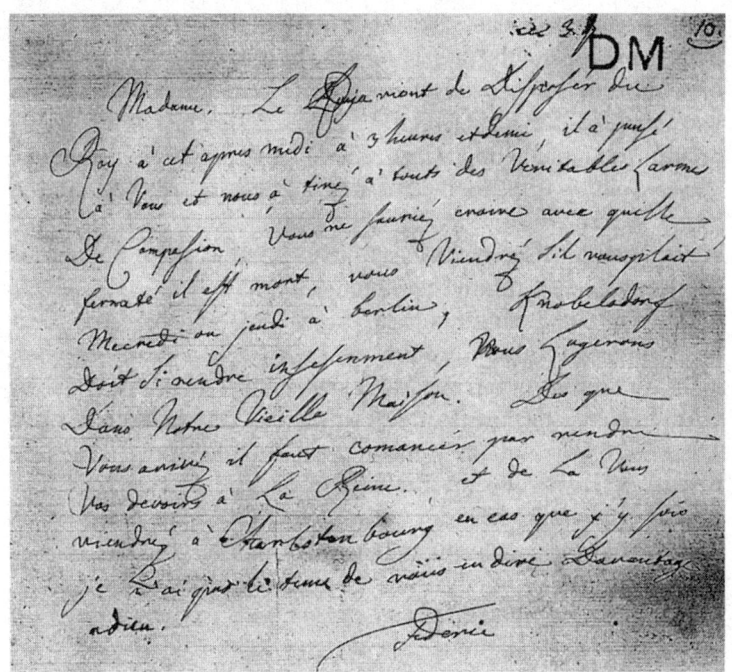

Friedrich II. an Elisabeth Christine 1740
In knappen Worten informiert der neue König Friedrich II. seine
in Rheinsberg weilende Gattin vom Tod Friedrich Wilhelms I. und
erteilt ihr seine Instruktionen. Mit dieser Art von Kommunikation
muß sich Elisabeth Christine während der folgenden 46 Jahre im
wesentlichen begnügen.

für ein Regiment, wie es Friedrich forderte, habe man kein
Geld, zum einen habe er enorme Schulden geerbt, zum anderen
müsse er alle Brüder finanziell gleichbehandeln und könne
nicht seiner Schwester zuliebe für Ferdinand eine Ausnahme
machen. Ähnlich argumentierte auch Ferdinand selbst, während Friedrich nach wie vor auf seiner Position beharrte und
keinerlei finanzielle Gründe gelten ließ. Elisabeth Christine war
verzweifelt. Am 9. April 1740 schrieb sie an ihren Bruder: »Sie

können sich vorstellen, daß die Lage, in der ich mich befinde, nicht sehr angenehm ist, denn ich stehe zwischen Ihnen und dem Prinzen.« Doch der Druck, den Friedrich auf sie ausübte, war so stark, daß sie wenige Tage später, am 17. April, sogar anbot: »Ich würde Ihnen dazu mit Geld zur Hilfe kommen ...« Allen wollte es Elisabeth Christine recht machen, niemanden zurücksetzen, verärgern oder verletzen. Doch das Angebot, wieder einmal ihre Privatschatulle zu öffnen, sollte ihr in Zukunft noch viel Kummer bereiten.

Während sich das quälende Tauziehen um Ferdinand und das braunschweigische Regiment noch hinzog, zeichnete sich ab, daß König Friedrich Wilhelm nicht mehr lange leben würde. Friedrich wurde aufgefordert, an das Sterbebett seines Vaters nach Potsdam zu kommen, während Elisabeth Christine in banger Erwartung in Rheinsberg verblieb. Am ersten Juni brachte ihr ein Kurier die befürchtete Nachricht, die ihr Gemahl am Vortag geschrieben hatte: »Madame, Gott hat an diesem Nachmittag um 3 $\frac{1}{2}$ Uhr über den König verfügt; er hat Ihrer gedacht und uns aufrichtige Tränen der Teilnahme entlockt. Sie werden nicht glauben, mit welcher Festigkeit er gestorben ist. Sie werden, bitte, Mittwoch oder Donnerstag nach Berlin kommen. Knobelsdorff soll gleich dahin abreisen. Wir werden in unserem alten Haus wohnen. Sobald Sie angekommen sind, werden Sie der Königin Ihre Aufwartung machen und nach Charlottenburg fahren für den Fall, daß ich dort sein werde. Ich habe keine Zeit mehr zu schreiben. Adieu Federic.«

Friedrich Wilhelm I. war tot, und das Schicksal der neuen Königin Elisabeth Christine völlig ungewiß.

Königin im Abseits

Erwachen in der Wirklichkeit

Königin Elisabeth Christine? Warum hatte aber Friedrich geschrieben, sie solle »der Königin ihre Aufwartung machen«? Sollte dies bereits ein Zeichen dafür sein, daß er sie zu verstoßen gedachte? Der Brief, den Elisabeth Christine nur einen Tag später erhielt, schien ihre diesbezüglichen Befürchtungen zu bestätigen: »Madame, sobald Sie hier angekommen sind, werden Sie sich sofort zu der Königin begeben, um ihr Ihren Respekt zu beweisen, und Sie werden versuchen, darin mehr zu tun als sonst. Dann werden Sie noch hierbleiben, wo Ihre Gegenwart erforderlich ist, bis ich Ihnen schreibe. Morgen werde ich die Trauer der Damen bestimmen und Ihnen meine Befehle darüber zuschicken. Adieu, ich hoffe, Sie bei guter Gesundheit wiederzusehen. Federic.«

Der barsche Ton auch dieses Schreibens ließ Elisabeth Christine unmißverständlich wissen, daß sie fortan zur Befehlsempfängerin degradiert war. Noch am Sterbebett seines Vaters nämlich hatte Friedrich verfügt, daß nach wie vor seiner Mutter Sophie Dorothea der Rang der ersten Dame am Hof zukomme, und daß die »regierende« Königin hinter der Königin Mutter zurückzutreten habe. Elisabeth Christine war damit zwar nicht verstoßen, aber strikt und unbarmherzig in die äußerste Ecke des Hintergrunds gedrängt worden, aus der Friedrich sie nur dann herauszuholen gedachte, wenn die Person der »regierenden Königin« unbedingt zu Repräsentationszwecken gebraucht wurde, und das sollte in den nächsten 46 Jahren selten genug der Fall sein. Formal blieben Friedrich und Elisabeth Christine zwar ein Königspaar, aber der Preußenkönig behandelte seine Gemahlin fortan mit einer geradezu entwürdigenden Nichtachtung, die er zynisch als »Hochach-

tung« bezeichnete, wobei freilich niemandem am Hof entgehen
konnte, wie gering er Elisabeth Christine tatsächlich schätzte.
Es ist daher erstaunlich, mit welcher Fassung und Selbstbeherr-
schung die Königin auf diese beispiellose Zurücksetzung reagierte: Ihre schwärmerische Liebe zu Friedrich, ihre aufop-
fernde Unterwerfung, ihr stilles Dulden – nichts von alledem
sollte in dem knappen halben Jahrhundert, das ihre Ehe noch
dauern sollte, irgendwelche Einbußen erleiden. Sie trug ihr
Schicksal mit Würde, Einsicht in das Unabänderliche und einem unbedingten Gottvertrauen, das ihr von Kindheit an geholfen hatte, die Dinge so zu akzeptieren, die sie ohnehin nicht
ändern konnte.

Auch fortan war sie bemüht, ihrem königlichen Gemahl jeden Wunsch zu erfüllen. Wir wissen, daß Friedrich erheblichen
Druck auf sie ausgeübt hatte, ihren Bruder Ferdinand davon zu
überzeugen, in preußische Dienste zu treten. Daß er es schließlich tatsächlich tat, lag nicht zuletzt daran, weil Elisabeth Christine, wie angekündigt, in ihre Privatschatulle gegriffen und
einen Teil der entstehenden Kosten selbst übernommen hatte.
Damit freilich stürzte sie sich in erhebliche Schulden, unter denen sie noch viele Jahre lang leiden sollte.

Mit Ferdinand freilich hatte Friedrich eine ausgesprochen
gute Wahl getroffen. Während des Schlesischen Krieges rückte
er 1745 zum Generalmajor auf und wurde 1758 zum Oberbe-
fehlshaber der Armee ernannt. Ferdinand wurde schließlich neben dem königlichen Bruder Heinrich Friedrichs bedeutendster
Feldherr. Von den finanziellen Opfern, die Elisabeth Christine
dafür gebracht hat, hat der Preußenkönig jedoch nie etwas erfahren.

König Friedrich und die Frauen

Man fragt sich natürlich, warum sich der Preußenkönig von
seiner Gemahlin, mit der er von Anfang an keinerlei Gemein-
samkeiten hatte, ja für die er nur Verachtung empfand, nach
dem Tod seines Vaters nicht getrennt hat. Sophie Dorothea und

ihre Töchter zumindest wurden nicht müde, ihm zur Scheidung von Elisabeth Christine zu raten, nachdem sich auch nach siebenjähriger Ehe keinerlei Anzeichen einer Schwangerschaft zeigten. Warum hat Friedrich diesen Schritt dennoch nicht vollzogen?

Da er sich selbst nie dazu geäußert hat, bleibt nur Spekulation. Es ist viel darüber gerätselt worden, ob der Preußenkönig möglicherweise homosexuell war, doch dafür gibt es bestenfalls einen einzigen Anhaltspunkt: Voltaire, der mehrere Jahre am preußischen Hof lebte, machte einmal eine entsprechende Andeutung, freilich erst, nachdem er sich mit Friedrich überworfen und Potsdam verlassen hatte. Damals verfaßte er ein bösartiges Pamphlet, in dem er mit unmißverständlichen Zweideutigkeiten auf die königlichen Neigungen zu gutgewachsenen jungen Pagen anspielte. Der beste »Beweis« aber war für ihn das freundschaftliche Verhältnis Friedrichs zu seinem vier Jahre älteren Kämmerer Michael Gabriel Fredersdorf. Ihn verspottete Voltaire als »grand factotum«, das dem König »auf mehr als eine Weise gedient« habe.

Tatsächlich hat Friedrich, der in seinem langen Leben nur ganz wenigen Menschen seine Zuneigung schenkte, Fredersdorf geliebt – ohne daß es irgendwelche Anzeichen für eine geschlechtliche Beziehung gibt. Fredersdorf war sein Freund im besten Wortsinn, und nach dessen Tod im Jahr 1758 gab es für den Preußenkönig niemanden mehr, der die entstandene Lücke hätte füllen können.

Ein gefühlsbetonter Mensch ist Friedrich ohnehin nie gewesen. »Ich fühle weder genug Beständigkeit noch Liebe zum weiblichen Geschlecht, um glauben zu können, ich würde sie in der Ehe in mich aufnehmen«, hatte der Kronprinz seinerzeit an Grumbkow geschrieben und sein Verhältnis zu Frauen folgendermaßen charakterisiert: »Ich will nur das Vergnügen haben und auf das Vergnügen folgt die Verachtung.« Auch wenn er Liebe zu einer Frau ganz offensichtlich nie empfunden hat (ganz gleich, wie seine sexuellen Neigungen auch immer gewesen sein mögen), so heißt dies nicht, daß er prinzipiell etwas gegen Frauen hatte. Dagegen spricht schon allein das dankbar-liebevolle Verhältnis zur Mutter und zu seiner älteren Schwester Wilhelmine. Auch Frau von Kamas, die alte Hofdame Elisabeth Christines wurde von ihm hochgeehrt, ebenso wie seine Vertraute, die »Große Landgräfin« Caroline von Hessen-Darmstadt, die wir später noch kennenlernen werden (s. S. 227 f.). Was Friedrich an Frauen hochachtete, das waren, zumindest in seinen Augen, eher »männliche« Eigenschaften wie Geist und Esprit. So bezeugte er seiner Großmutter Sophie Charlotte bekanntlich »das Genie eines Mannes«, und der verstorbenen »Großen Landgräfin« ließ er eine Urne aus weißem Marmor aufs Grab setzen, auf deren Sockel die Inschrift zu lesen war: »Femina sexu – ingenio vir« (Dem Geschlecht nach eine Frau, an Geist ein Mann). Scheinbar dumme Frauen, und zu denen zählte er seine Gemahlin Elisabeth Christine, waren Friedrich regelrecht verhaßt, und das ließ er sie spüren. Ein Philanthrop ist Friedrich ohnehin nie gewesen. Warum also hätte er bei seiner eigenen Frau eine Ausnahme machen sollen?

Ähnlich strukturiert war sein jüngerer Bruder Heinrich, der 1752 mit der anmutigen und liebenswürdigen Wilhelmine von Hessen-Kassel eine Frau heiratete, die zwar von der gesamten Berliner Hofgesellschaft als »Göttliche« und »schöne Fee« gerühmt wurde, ihn selbst aber in keiner Weise reizte.

Hätte sich Friedrich von Elisabeth Christine getrennt und wäre eine neue Verbindung eingegangen, so wäre er höchstwahrscheinlich »vom Regen in die Traufe« gekommen. Die Chance, mit einer geistig-seelisch verwandten Prinzessin einen neuen Anfang zu machen, war äußerst gering. Warum also sollte er das Risiko eingehen? Überlegungen dieser Art waren ohnehin überflüssig, als seinem Bruder August Wilhelm, dem nunmehrigen preußischen Kronprinzen, 1744 mit Friedrich Wilhelm (II.) ein Sohn geboren wurde, der die Thronfolge sicherstellte.

Einsame Jahre auf Schloß Schönhausen

Unmittelbar nach seiner Thronbesteigung hatte der neue Preußenkönig Elisabeth Christine Schloß Schönhausen zum Geschenk gemacht, einen zweieinhalbgeschossigen Barockbau,
der 1701 von Eosander von Göthe errichtet worden war.
(Schloß Schönhausen im Berliner Bezirk Pankow war seit 1949
der Amtssitz Piecks, des ersten Staatspräsidenten der DDR,
später Gästehaus der DDR-Regierung.)
   Hier verbrachte Elisabeth Christine in den folgenden einsamen Jahren die meiste Zeit ihrer »Verbannung«, hier wartete
sie auf Nachrichten und Befehle ihres königlichen Gemahls,
hier bangte sie um sein Leben, denn Friedrich hatte schon bald
nach seinem Regierungsantritt begonnen, den militärischen
Weg dafür zu ebnen, um aus Preußen eine ernstzunehmende
Großmacht zu machen – ausgerechnet im Kampf gegen Elisabeth Christines Cousine, die österreichische Kaiserin Maria
Theresia.
   Der plötzliche Tod Kaiser Karls VI., der bekanntlich mit
Elisabeth Christines gleichnamiger Tante verheiratet gewesen
war, hatte 1740 ganz Europa in Aufregung gestürzt. Aus der
kaiserlichen Ehe waren nämlich nur Töchter hervorgegangen,
deren Erbberechtigung jedoch unklar war. Zwar hatte der Kaiser schon 1713 das wichtigste habsburgische Hausgesetz, die
Pragmatische Sanktion, verkündet und darin festgelegt, daß
auch weibliche Nachkommen an der Erbfolge teilhaben sollten, gleichwohl stand zu befürchten, daß sich nun habgierige
Nachbarländer auf den Besitz stürzen würden. Es war immerhin bekannt, daß weder der König von Spanien noch der
bayerische Kurfürst die Erbordnung anerkannten und selbst
Ansprüche erhoben. Um ihnen zuvorzukommen (und die ver-
streuten Besitzungen Brandenburg-Preußens mehr zusammen-
zufügen), rückte Friedrich im Dezember 1740 überfallartig in
Schlesien ein und besetzte das kaum verteidigte Land. Obwohl
Österreich unter Maria Theresia im Frühjahr ein Heer
schickte, gelang es Friedrich, sich Schlesien zu sichern, und als
er vorübergehend im November 1741 siegreich nach Berlin

zurückkehrte, jubelte ihm die ganze Stadt begeistert zu. Wie die Berliner Zeitungen berichteten, habe die königliche Familie Seine Majestät mit unaussprechlicher Freude begrüßt und seine Ankunft gebührend gefeiert. Kurz zuvor aber hatte Elisabeth Christine am 21. November ihrem ebenfalls zur Siegesfeier eingeladenen Bruder Karl geschrieben: »Da ich nicht einmal die Befriedigung haben werde, Sie in Charlottenburg begrüßen zu können, sende ich diese Zeilen im voraus, um Ihnen zu sagen, welche Freude es mir gewährt, Sie später zu sehen. Ich beneide ihm (dem König) dieses Glück ... Der König aber hat gewünscht, daß ich hierbleibe ... Ich muß mich fügen, obwohl, wenn es von mir abgehangen hätte, ich vorausgeeilt wäre.« Die ganze Familie also feierte Friedrichs Sieg, nur Elisabeth Christine mußte auf königlichen Befehl hin auf Schloß Schönhausen ausharren.

Einen Lichtblick glaubte Elisabeth Christine in der Hochzeit ihrer Schwester Luise Amalie mit dem preußischen Kronprinzen August Wilhelm zu sehen, die am 6. Januar 1742 ebenfalls im Lustschloß Salzdahlum gefeiert wurde. Nun würde sie endlich eine Vertraute in der Nähe haben, die ihr die Einsamkeit erleichtern konnte. Doch auch diese Hoffnung war vergebens. In einem Brief an ihren Bruder Karl vom 20. Juni 1742 heißt es jedenfalls: »Der König ist vergangenen Donnerstag abgereist ... Ich sehe meine Schwester selten, ich habe sie eingeladen, lange schon, und sie hat mir versprochen zu kommen, aber es ist schon drei Tage her, daß sie nicht gekommen ist. Mit der Königin und mir ist augenblicklich wieder alles in Ordnung, und es wird auch gutgehen, wenn sich nicht wieder lügenhafte Zungen finden, um Unfrieden zu machen; aber es ist traurig, daß die Chancen dafür nicht groß sind ...«

Wem diese »lästerhaften Zungen« eigen waren, läßt sich nur vermuten. Es scheint aber, als sei es in erster Linie die intrigante Schwägerin Amalie gewesen, die ihre Umgebung, besonders natürlich die Mutter, immer wieder gegen Elisabeth Christine aufhetzte. Zwar war sie bei der Hochzeit ihres Bruders Friedrich mit der Bevern-Prinzessin noch keine zehn Jahre alt gewesen, doch der abgrundtiefe Haß Sophie Dorotheas war ihr natürlich nicht verborgen geblieben, und auch sie selbst hatte ihn zutiefst verinnerlicht. Gab es ein besseres Opfer als eines, das sich nicht zu wehren wußte? Und wie konnte man Elisabeth Christine besser quälen als durch systematischen Ausschluß von Familienfesten, um ihr auf diese Art und Weise immer wieder vor Augen zu führen, wie unerwünscht sie doch in der gesamten königlichen Familie war, nichts weiter als ein störender Fremdkörper.

Auch bei einem Familientreffen in Rheinsberg, das Friedrich 1744 seinem Bruder Heinrich zum Geschenk gemacht hatte, wollte man sie nicht dabeihaben. Dabei hätte Elisabeth Christine den Ort, an dem sie einst glücklich war, so gerne einmal wiedergesehen und Erinnerungen aufgefrischt. Statt dessen mußte sie in Berlin bleiben, von wo aus sie am 27. März 1744 nicht ohne Verbitterung an ihren Bruder Ferdinand schrieb: »Ich bleibe ganz allein in diesem alten Schloß zurück wie eine Gefangene, während sich die anderen amüsieren. Ich unterhalte mich mit Lektüre, Arbeit und Musik, und es ist immer ein Festtag für mich, wenn ich einen Brief von Ihnen erhalte, das macht mich für den ganzen Tag froher Laune, und wenn ich Ihnen schreibe, so sind das die Stunden der Erholung für mich ...«

Friedrich, ihren königlichen Gemahl, aber sah sie kaum noch, und selbst wenn er sich in Berlin aufhielt, mied er ihre Gesellschaft. Gleichwohl legte er genau fest, wann und wo – und vor allem wo nicht – sich Elisabeth Christine aufzuhalten hatte. Sie schien tatsächlich eine Gefangene zu sein, und selbst ihre Heimat durfte sie auf königlichen Befehl hin nicht mehr besuchen, da, wie es scheint, zwischen Friedrich und dem Hause Braunschweig nicht zuletzt wegen des langen Zögerns Ferdinands Spannung herrschte und der Preußenkönig durch eventuelle Kontakte seiner Gemahlin Intrigen aller Art befürchtete. Wie wenig er Elisabeth Christine doch kannte. Nichts hätte ihr fernergelegen, als ihrem nach wie vor angebeteten Gemahl durch Hinterhältigkeiten zu schaden! Aber Sensibilität und Einfühlungsvermögen waren nicht die Sache des Königs! Als Elisabeth Christine im Spätsommer 1745 um ihren erst 20jährigen Bruder Albert trauerte, der im Schlesischen Krieg in der Schlacht bei Soor gefallen war, kondolierte Friedrich wenig feinfühlend am 9. Oktober: »Madame, ich habe den Tod Ihres Bruders, des Prinzen Albert, beklagt. Aber er ist als tapferer Mann gefallen, obwohl er sich waghalsig und ohne Notwendigkeit der Gefahr ausgesetzt hat.« Friedrich gab sich nicht einmal die Mühe, auch nur ein freundliches und tröstendes Wort an Elisabeth Christine zu richten. Statt dessen mußte sie zwischen den Zeilen lesen, daß es nichts anderes war als eigene Dummheit, die ihren Bruder das Leben gekostet hatte.

Friedrichs unglaubliches Verhalten tat der Liebe der Königin zu ihm freilich keinen Abbruch, ebensowenig wie die Tatsache, daß er kaum ein Wort an sie richtete, wenn Elisabeth Christine einmal zu offiziellen Soupers ins Berliner Schloß geladen wurde. Dann lachte und scherzte er mit Mutter und Geschwistern, erachtete es aber nicht für notwendig, sich nach dem Befinden der eigenen Gemahlin zu erkundigen. Wie gleichgültig sie ihm war, macht ein Briefwechsel zwischen ihm und seinem Bruder August Wilhelm erschreckend deutlich. Letzterer schrieb am 16. Juni 1746 an den König: »Sie haben mich beauftragt, liebster Bruder, festzustellen, ob die Königin Mutter wünscht, daß die regierende Königin an einem Ausflug nach Charlottenburg teilnimmt. Ich habe mein möglichstes getan, ihre Absichten zu ergründen. Sie hat mir angezeigt, daß die Anwesenheit der Königin ihr in keiner Weise lästig sein würde. Die Königin Mutter freut sich unsäglich auf den Ausflug ...«

Mit ungeheuerlichem Zynismus und empörender Eiseskälte verfaßte der König sein Antwortschreiben: »Lieber Bruder. Wenn mein zimperlicher Griesgram an dem Ausflug nach Charlottenburg teilnimmt, so wird sie, fürchte ich, das ganze Fest stören. Außerdem weiß ich nicht, wo ich sie unterbringen soll. Wir wollen sie zu Besuch kommen lassen, das ist wohl das sicherste Mittel, sie nur dann dabeizuhaben, wenn man will. Fragen Sie die Königin Mutter, ob sie Ihre Frau (Luise Amalie) haben will; sie fände in Ihren Gemächern Platz. Vielleicht macht die Charlottenburger Luft sie fruchtbar! Wo sollte man übrigens mit dem Schwarm von Kammerzofen, Hofdamen usw. hin, wenn meine zärtliche Ehehälfte in Charlottenburg wohnt? Wie soll man diese stets unzufriedene Spezies weiblichen Geschlechts füttern und wie das ganze Pack, das im Dienst der verschiedenen Hofhaltungen steht, unter einen Hut bringen? Wir wollen unsere Mutter unterhalten durch einen Ausflug und ländliche Vergnügungen. Bleiben wir bei diesem Vorsatz und mischen wir nicht Nesseln und Gestrüpp zwischen Jasmin und Rosen!«

Eine leere Wohnung in Charlottenburg

Bereits kurz nach seiner Thronbesteigung hatte Friedrich begonnen, einen neuen Flügel an Charlottenburg, das ehemals geliebte Lustschloß seiner Großmutter, anbauen zu lassen. Die Baupläne waren von dem berühmten Architekten Knobelsdorff ausgearbeitet worden, einem Freund und künstlerischen Mentor Friedrichs schon seit Rheinsberger Tagen. Im Sommer 1746 waren die Bauarbeiten weitgehend abgeschlossen worden, Grund genug, um im Juli jenes fröhliche Familienfest zu feiern, bei dem man Elisabeth Christine nach Möglichkeit nicht dabeihaben wollte.

Dabei war im Charlottenburger Neubau für Elisabeth Christine eigens eine Wohnung im Erdgeschoß errichtet worden, freilich mehr der Etikette wegen. Fest steht nämlich, daß die preußische Königin hier nie gewohnt hat. Und das war wohl auch von Anfang an so geplant gewesen, denn im Gegensatz zu Friedrichs Räumen war der dekorative Aufwand, der bei der Ausstattung ihrer Gemächer betrieben wurde, ausgesprochen bescheiden: Die sieben Zimmer waren niedrig, hatten keinerlei Deckengemälde, und zudem fehlten jene versilberten Raumdekorationen, die Friedrich so liebte. Aber wie auch immer – die Einweihungsfeier fand ohne sie statt: »Meine Schwester und ich bleiben hier«, schrieb Elisabeth Christine am 25. Juni 1746 an ihren Bruder Ferdinand, »das ist nach dem Willen der Prinzessin Amalie beschlossen worden ...« Dabei hatte die Königin schon Sorgen genug. Seinerzeit hatte sie erhebliche Schulden gemacht, um das Braunschweiger Regiment ihres Bruders Ferdinand mitzufinanzieren; nun mahnte Friedrich, der davon bekanntlich nichts wußte, die Tilgung an. Doch Elisabeth Christine, die ohnehin nur schwer mit dem vergleichsweise geringen Etat, den ihr der König zuzubilligen bereit war, auskam, wußte sich keinen Rat: »Ich muß ihnen aber sagen, lieber Bruder«, hatte sie schon am 24. April an Karl geschrieben, »daß ich gestern einen Brief erhalten habe, in welchem man (der König) mich wegen meiner Schulden ausgescholten hat und mir befiehlt, die Zinsen zu zahlen. Ich weiß nicht wie ich das machen soll, ohne mich von neuem in Schulden zu stürzen …« In dieser Ausweglosigkeit griff sie zu einem völlig ungeeigneten, freilich damals wie heute ausgesprochen beliebten Lösungsversuch: dem Glücksspiel. »Ich wünsche mir weiter nichts mehr«, schrieb sie am 2. Juli, »als das ich das große Los in der Frankfurter Lotterie gewinnen möchte, um damit meine Schulden bezahlen zu können. Danach kann ich dann ruhig den Tod erwarten, wenn Gott es für gut halten wird, mich von dieser Welt zu nehmen, in der ich nichts mehr zu tun habe …« Doch ihre Hoffnungen auf den Hauptgewinn erfüllten sich natürlich nicht, weder damals noch später. Ihr herzoglicher Bruder besaß selbst nach wie vor nicht genügend Vermögen, um nun seinerseits der bedrängten Schwester finanziell unter die Arme greifen zu können, und Friedrich weigerte sich schlichtweg, die Tilgung selbst zu übernehmen. Statt dessen drängte er auch in den nächsten Jahren auf pünktliche Zahlung der Rückstände, natürlich nur schriftlich, denn nach Schönhausen ist er niemals gekommen.

So saß Elisabeth Christine Tag für Tag in ihrem Schloß, vertrieb sich die Zeit mit Briefeschreiben und wartete nach wie vor auf Friedrichs Befehle. Denn auch wenn sich der königliche Gemahl faktisch von ihr getrennt haben mochte, so hatte sie doch als »regierende Königin« die üblichen Repräsentationspflichten zu erfüllen, Empfänge zu geben oder ausländische Gesandte zu empfangen. Natürlich erledigte sie all diese Aufgaben stets verantwortungsvoll, auch wenn es sie zutiefst verletzte, daß sie nie ein kleines Wort des Dankes oder der Anerkennung von Friedrich erwarten durfte. Als im Sommer 1747 die Einweihung des neuerbauten Schlosses Sanssouci wiederum im Kreis der königlichen Familie gefeiert wurde, mußte sie auf Friedrichs Befehl hin erneut in Schönhausen bleiben. Ihrer Trauer und Verletztheit darüber gab sie in einem Brief vom 17. Juli an ihren Bruder Ferdinand Ausdruck: »Wie glücklich sind die, die dort sein dürfen, aber es ist nicht die Pracht, die mich dort hin zieht, sondern der liebe Herr, der diesen Ort bewohnt. Warum ist doch alles so anders geworden, warum habe ich all die frühere Gnade und Güte verlieren müssen? Ich denke noch mit Freude an die Rheinsberger Zeit zurück, wo ich so vollkommen glücklich war, wohlgelitten von einem Herrn, den ich so liebe, für den ich gern mein Leben hingeben würde. Welche Trauer muß ich nicht jetzt empfinden, wo alles anders geworden ist. Nur mein Herz ist unverändert gleich geblieben und wird immer für ihn schlagen ...«

Es ist schier unglaublich, daß Elisabeth Christine, nach nunmehr siebenjähriger zutiefst beleidigender Mißachtung durch Friedrich, ihn immer noch liebte und ihm, dem »großen Friedrich«, alles verzieh. Wie gering muß wohl ihr eigenes Selbstwertgefühl gewesen sein! Und doch hinterließen all die Demütigungen tiefe Spuren an der Persönlichkeit Elisabeth Christines. Immer häufiger wurde in ihrer Umgebung über »Anfälle von Lebhaftigkeit« geklagt, über übertriebene Wehleidigkeiten, schlechte Laune und plötzliche heftige Zornesausbrüche der Königin. Insbesondere ihr Kammerdiener Ernst Graf von Lehndorff, der 1748 in Elisabeth Christines Dienste trat, hatte, wie es scheint, oft genug Grund, sich in seinem Tagebuch über seine Herrin zu beklagen. Freilich sollten die kommenden Jahre Preußens unglücklicher Königin noch weiteres Ungemach bescheren.

»Die Fürstin, die so wenig Freuden hat ...«

Flucht in die Spandauer Zitadelle

Um Schlesien zurückzugewinnen und Preußen zu zerschlagen, hatte sich Österreich mit Rußland, Frankreich, Schweden sowie Sachsen verbündet, und zum ersten Mal in der Geschichte Preußens tauchte das Gespenst der »Einkreisung« durch stärkere Mächte auf. Dies war die Situation im Sommer 1756, als Friedrich II. ohne Kriegserklärung in Sachsen einmarschierte, um durch einen Präventivschlag den Gegner vor den Toren Berlins auszuschalten. Er ahnte wohl kaum, daß er damit einen siebenjährigen Krieg auslösen würde.

Für Elisabeth Christine hatte sich dadurch zunächst nichts geändert. Die Wochen gingen nach wie vor mit monotoner Gleichmäßigkeit dahin, und ihr Kammerdiener von Lehndorff war nach eigenem Bekunden »jedesmal erfreut, wenn ich sehe, daß sie einen vergnügten Augenblick hat, sie, die deren doch so wenige hat«. Ähnliche Aufzeichnungen kehren in seinem Tagebuch immer wieder. Am 20. April 1757 beispielsweise heißt es: »Die Königin ergeht sich nachmittags im Tiergarten. Diese Fürstin, die so wenig Freuden hat, empfindet schon über Dinge, die uns recht gleichgültig sind, ein außerordentliches Vergnügen. Demnach ist für sie dieser Nachmittag himmlisch.« Doch bald häuften sich die schlechten Nachrichten. Wenige Tage nachdem Friedrich bei Kolin eine schwere Niederlage hatte hinnehmen müssen (die er bekanntlich seinem Bruder August Wilhelm anlastete), starb am 28. Juni 1757 Königin Mutter Sophie Dorothea. Und im Oktober verbreitete sich die Nachricht, die Franzosen stünden nur noch einen Tagesmarsch von Berlin entfernt. Am Hohenzollernhof brach daraufhin Panik aus, und man entschloß sich zur Flucht in die nahegelegene, halbwegs sichere Spandauer Zitadelle – eine wahrlich ungeeignete Umgebung für eine Königin. So berichtet uns Lehndorff in seinem Tagebuch am 16. Oktober: »Das Gebäude, in dem so viele erlauchte Personen Platz finden sollten, hat seit Friedrich I. nur zur Aufnahme von Gefangenen und von Schießbedarf gedient. Man hat die Ankunft der Königin nicht vermutet, und so ist kein Feuer, kein Licht vorhanden. Vier Verbrecher, Eisen an den Füßen und eine kleine Lampe in der Hand, führen Ihre Majestät und die Prinzessinnen in die Wohnung, die aus fünf Räumen besteht, in denen die Fenster zerbrochen sind, keine Tür schließt, kein Stuhl zu erblicken ist ... Ich muß noch bemerken, daß sich unter diesen Gemächern das Pulvermagazin befindet und daß man alle Augenblicke die Warnung erhält, man dürfe nicht zu stark heizen, wolle man nicht ein furchtbares Unglück anrichten. Man muß also zwischen Erfrieren und Indieluftfliegen wählen; natürlich zieht man ersteres vor. Die ganze Gesellschaft soupiert auf der Erde, verbringt dann eine traurige Nacht auf Stroh ...«

Elisabeth Christine, nach Angaben Lehndorffs »in einen großen Pelz gehüllt und stirbt vor Kälte«, wird froh gewesen sein, daß dieses unwirtliche Intermezzo nur wenige Tage andauerte; bereits am 18. Oktober kehrte man nach Berlin zurück, freilich nur, um bald darauf nach Magdeburg abzureisen, wo den fürstlichen Flüchtlingen ein angemesseneres Quartier zur Verfügung stand. Hier vertrieb man sich die Langeweile offenbar mit Kartenspiel und ausgiebigen Mahlzeiten, bis man Anfang Januar unter dem Jubel der Bevölkerung wieder nach Berlin zurückkehren konnte. Auf der Fahrt nach Magdeburg hatte man übrigens in Potsdam Station gemacht, das Elisabeth Christine bis dahin noch nie gesehen hatte. »Ich habe mich bei dieser Gelegenheit über die Fügung des Schicksals gewundert, daß die Königin von Ungarn ein Heer nach Berlin schicken muß, damit die Königin von Preußen die Residenz ihres Gemahls zu sehen bekommt ...«, kommentierte Lehndorff die sonderbare Begebenheit.

Der Tod hält Ernte

Am 12. Juni 1758 starb Friedrichs Bruder August Wilhelm mit nur 36 Jahren »an gebrochenem Herzen«, wie die jüngeren Hohenzollern-Brüder Heinrich und Ferdinand zu wissen glaubten. Friedrich hatte ihn im Vorjahr für die verheerende Niederlage bei Kolin alleinverantwortlich gemacht, und August Wilhelm hatte sich daraufhin verbittert in sein Schloß Oranienburg zurückgezogen.

Nun war Elisabeth Christines Schwester Luise, die soeben ihr viertes Kind erwartete, Witwe geworden, doch allzu verzweifelt wird sie über den Tod des Gemahls nicht gewesen sein, denn ihre Ehe war nicht minder unglücklich als die der preußischen Königin. Selbst Lehndorff, der August Wilhelm geradezu schwärmerisch verehrt hatte, mußte zugeben, daß dieser seine Gemahlin »nicht immer gut behandelt hat. Er war sehr jung, als er sie heiratete, und sie, eine schüchterne Natur, verstand es nicht, sich eine Stellung zu erringen. Die Prinzessinnen Ulrike ... und Amalie behandelten sie schlecht und machten sie lächerlich. Der Prinz stand ihr nicht bei und vernachlässigte sie, zuletzt speisten sie nicht mehr zusammen.«

Es ist möglich, daß Friedrich wegen des plötzlichen Todes seines Bruders doch ein wenig das Gewissen plagte, jedenfalls erlaubte er zum ersten Mal den Besuch seiner Schwiegermutter, der Herzogin Witwe Antoinette Amalie, in Berlin. Elisabeth Christine hatte sie seit ihrer Hochzeit, also seit einem Vierteljahrhundert nicht mehr gesehen und ahnte wohl, daß nicht mehr allzu viel Zeit bleiben würde. In einem Brief an Friedrich vom 15. Juni 1758 hatte sie ihn daher auch äußerst demütig wissen lassen: »Ich versichere Ihnen eindringlichst, daß man nicht die mindeste Intrige machen wird; ich selbst hasse sie so, wie man sie nur hassen kann und habe mein ganzes Leben lang Abscheu vor solchen Dingen gehabt. Was die Ausgaben betrifft, so werden sie das Notwendige nicht übersteigen ...«

Unter anderen Voraussetzungen wäre der Besuch Antoinette Amalies gewiß ein Anlaß gewesen, die Silberhochzeit ihrer ältesten Tochter gebührend zu feiern. So aber wurde das Ju-

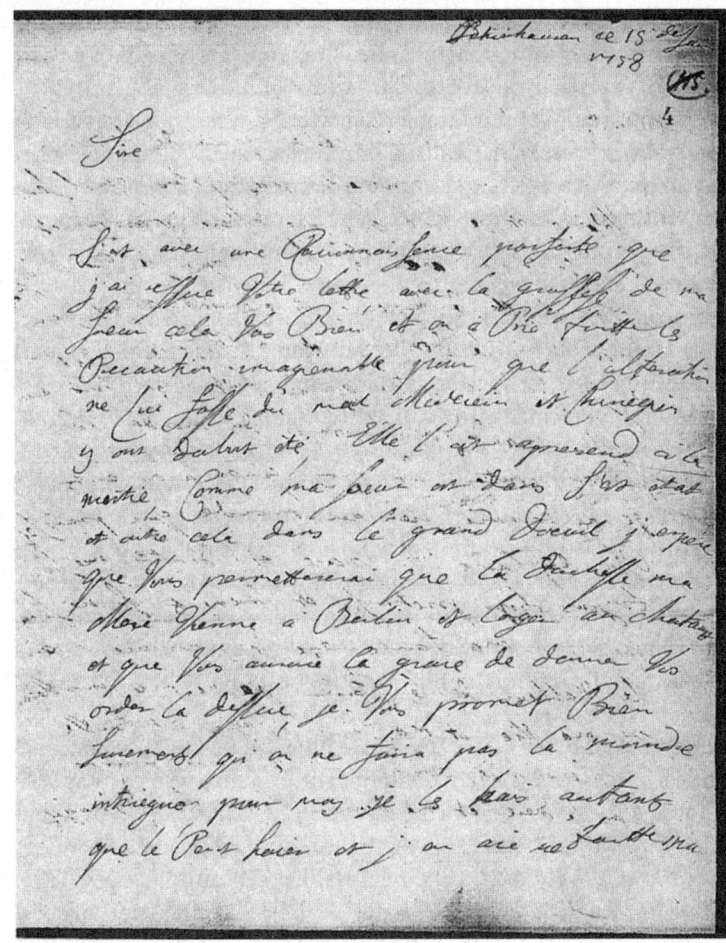

Elisabeth Christine an Friedrich II. 1758
Demütig bittet Elisabeth Christine ihren königlichen Gemahl um die
Erlaubnis, ihre Mutter, die sie seit ihrer Hochzeit mit Friedrich 1733
nicht mehr gesehen hat, auf Monbijou empfangen zu dürfen.

biläum stillschweigend übergangen, auch wenn damals eine Miniatur des königlichen Paares angefertigt wurde, auf der Friedrich zärtlich Elisabeth Christines Hand ergreift ...

Zum ersten Mal seit langer Zeit war Elisabeth Christine wieder richtig glücklich. Rührig kümmerte sie sich um die notwendigen Vorbereitungen für den Besuch, denn außer der Mutter wollten auch ihre Schwester Therese sowie Schwägerin Charlotte im Juli nach Schönhausen kommen. Es gab ein tränenreiches Wiedersehen, und selbst Charlotte, die in früheren Jahren nicht immer freundlich zu Elisabeth Christine gewesen war, freute sich aufrichtig, die Schwägerin, die vom Leben so schlecht behandelt wurde, in die Arme zu schließen.

Doch die Freude währte nur kurz, denn bereits am 1. August mußte der Besuch wieder abreisen. Aber noch aus einem anderen Grund wird Elisabeth Christine dieses Datum unvergeßlich geblieben sein. Lehndorff weiß nämlich folgendes zu berichten: »Als die Herzogin in die Kutsche steigt, setzt sich die Königin zu ihr und erklärt, sie werde sie bis Potsdam begleiten. Die Herzogin ist innig davon gerührt. Um vier Uhr langen wir dort an. Die Herzogin besichtigt das ganze Schloß, dann Sanssouci, das selbst die Königin bis dahin noch nicht gesehen hat. Sie findet alles herrlich ...«

Nach elf Jahren also war es ihr zum ersten Mal vergönnt, das Schloß ihres königlichen Gemahls zu betreten, von dem allenthalben so begeistert gesprochen wurde. Doch weder Sanssouci noch ihre Mutter sollte Elisabeth Christine jemals wiedersehen.

Herzogin Witwe Antoinette Amalie starb am 6. März 1762. Das Kondolationsschreiben, das Friedrich seiner trauernden Gemahlin am 14. März zukommen ließ, war kühl und sachlich wie eh und je: »Madame, ich habe mit Schmerz von dem Tod Ihrer Mutter gehört. Ich spreche Ihnen meine Anteilnahme daran aus; sie war betagt und kränklich und ist nun am Ziel aller der Leiden angelangt, die das Erbteil der Menschheit sind ...«

»Diese Übellaunigkeit ist ein schrecklicher Fehler«

Seit den 50er Jahren häuften sich die Klagen der Untergebenen Elisabeth Christines über die Launenhaftigkeit und »Brutalität« (so Lehndorff) der preußischen Königin. Gleichzeitig stöhnte man über ihre Vorliebe, die Mahlzeiten möglichst lange hinzuziehen. Für alle anderen, die an der Tafel saßen, gestaltete sich die Zeit bei Tisch ausgesprochen quälend und ermüdend. Man mußte mit der Königin wohl oder übel Konversation machen, nur – worüber sollte man reden? Das Leben Elisabeth Christines verlief in der Regel dermaßen eintönig, daß es kaum Gesprächsstoff bot. Die wenigen Neuigkeiten, die es möglicherweise gab, waren schnell ausgetauscht, und bereits nach wenigen Minuten mußte jede Unterhaltung ins Stocken geraten. Vor allem ihr gebildeter Kammerdiener Lehndorff verachtete das oberflächliche Geschwätz und übte in seinem Tagebuch daher auch ganz offen Kritik an der Königin: »30. Juni 1757. Die Königin ist im Grunde eine gute Frau, aber die Gemahlin des größten, des schätzenswertesten und liebenswürdigsten der Könige zu sein, dazu paßt sie ganz und gar nicht. Sie besitzt gar keine Würde, keine Unterhaltungsgabe, wiewohl sie redselig mehr als nötig ist. Sie ist heftig über alle Maßen, fühlt sich nur unter ihren Kammerfrauen wohl und ist Leuten von Stande gegenüber oft verlegen; hochmütig gegen Niedrigstehende ist sie unterwürfig gegenüber den Leuten, die dem König nahestehen. Jetzt (d. h. nach dem Tod Sophie Dorotheas) bildet sie sich ein, daß sie fortan eine bedeutende Rolle spielen und in allem die erste sein werde; sie sagt sich aber nicht, daß man der Verblichenen deshalb so ehrfurchtsvoll ergeben war, weil sie voll Güte und Aufmerksamkeit gegen jeden war. Es ist wirklich schade, daß diese Fürstin, die im Grunde so viele gute Eigenschaften besitzt, so oft sich zu einer Heftigkeit hinreißen läßt, die man im gewöhnlichen Leben Brutalität nennen würde und die ihr so viele Personen entfremdet, die ihr sonst von Herzen ergeben sein würden.«

Mag hier auch angestauter Ärger gepaart mit Frustration und Unzufriedenheit Lehndorff die Feder geführt haben, so scheint seine Charakteristik wohl doch mehr als nur ein Körnchen Wahrheit zu besitzen. Denn auch Elisabeth Christines Hofdame Sophie von Voß vertraute 1760 ihrem Tagebuch an: »Abends am Hof. Die Königin war von einer furchtbaren Laune und sagte ganz verzweifelte Sachen. Diese Übellaunigkeit ist ein schrecklicher Fehler bei ihr. Immer will sie, daß alle Welt ihr schmeichelt und ihr in allen Dingen recht geben soll; und das macht jedes Gespräch mit ihr ebenso peinlich als unangenehm.« Leider verschweigt man uns, worin sich genau die »Brutalität« und »Übellaunigkeit« der Königin bemerkbar machte. Es scheint aber, daß sie mit den Jahren ausgesprochen dünnhäutig geworden ist und äußerst heftig reagierte, wenn sie – und gewiß nicht zu unrecht – annehmen mußte, daß ihre Umgebung den notwendigen Respekt vermissen ließ. Daß viele Mitglieder des Hofes ihr intellektuell überlegen waren und es sie sicherlich auch spüren ließen, machte die Sache um so schlimmer. Natürlich zeugte es nicht von Contenance, wenn sie ihren Fächer in »tausend Stücke« zerbrach oder selbigen ihrem Kontrahenten ins Gesicht warf und wütend den Raum verließ (so ein Tagebucheintrag von Lehndorff aus dem Mai 1759), doch daß derlei Ausbrüche nichts anderes waren als Hilferufe und Ausdruck ihrer tiefen Verzweiflung, steht wohl außer Frage. Ihre Zeitgenossen freilich sahen das anders. Von einer Königin erwartete man äußerste Liebenswürdigkeit, gleich, wie übel ihr das Leben auch mitspielen mochte. Ansonsten war sie fehl am Platze, und derart hart urteilte auch Lehndorff: »Ich kenne niemanden, der so wenig Manieren besitzt wie die Königin. Wenn man sie beobachtet, möchte man glauben, daß das Schicksal sie nur versehentlich auf den Thron gesetzt hat. Sie würde als Frau eines Amtmannes entschieden glücklicher sein, weil ihr immer am wohlsten ist, wenn sie in ihrem Schönhauser Loch allerhand Zeug zusammenschwätzen kann ...« Das ehrliche Mitgefühl, das man mit der Königin einmal gehabt haben mag, hatte sich mit der Zeit auch bei der Hofgesellschaft in Geringschätzung gewandelt, und man brachte Elisabeth Christine, wie es scheint, nicht mehr Respekt entgegen als der »größte und schätzenswerteste König«.

Friedrich II. hatte unterdessen das »Mirakel des Hauses Brandenburg« herbeigeführt. Am 25. Februar 1763 endete der 7jährige Krieg mit dem Frieden von Hubertusburg, und auch wenn Friedrich keinen triumphalen Sieg verzeichnen konnte, so blieb Schlesien doch preußisch, und das allein war Erfolg genug. Der Preußenkönig behauptete nicht nur das Erworbene, sondern stabilisierte zugleich die neue Großmacht. (Mit König »von« Preußen unterzeichnete er übrigens bereits seit 1744.) Lange Zeit hatte es freilich anders ausgesehen. Nachdem Preußen 1759 bei Kunersdorf vernichtend geschlagen worden war, konnte Friedrich drei Jahre lang nur noch einen hinhaltenden Ermattungskrieg führen. Dann aber starb 1762 die russische Zarin Elisabeth, und ihr Nachfolger Peter III. wechselte die Seiten. Die antipreußische Koalition fiel auseinander, das »Mirakel«, das kaum jemand noch zu erwarten gehofft hatte, war eingetreten.

Am 30. März 1763 kehrte Friedrich nach Berlin zurück. Die ganze Stadt war auf den Beinen, und mehr als 50 000 Menschen hatten sich zusammengefunden, um ihren König mit gebührendem Jubel zu begrüßen. Stundenlang wartete sie – vergebens. Friedrich II. zog es vor, heimlich und allein in seine Hauptstadt zurückzukehren, auf einem anderen als dem geplanten Weg, und sich unbemerkt in seine Gemächer zurückzuziehen. Denn auch wenn der Krieg das Land nicht verwüstet hatte, so waren die Wunden doch tief. Die Not im Land war groß, ein wirtschaftlicher Wiederaufbau unabdingbar. Das werden die Gedanken gewesen sein, die den niedergeschlagenen, vorzeitig gealterten Friedrich vorrangig bei seiner Heimkehr beschäftigten. Derweil wartete die königliche Familie – allen voran natürlich Elisabeth Christine – auf das Wiedersehen mit dem Gemahl und Bruder. Lehndorff, Zeuge dieser Begegnung, weiß von dieser schier unglaublichen Szene zu berichten: »Ihre Majestät schreitet ihm entgegen, und er sagt ihr als einzige Begrüßung nach siebenjähriger Trennung: ›Madame sind korpulenter geworden.‹ Darauf nähert er sich den Prinzessinnen und umarmt sie nacheinander ...«

»Madame sind korpulenter geworden« – das waren nahezu

die letzten Worte, die Friedrich überhaupt noch an Elisabeth Christine richtete. Wenn er von nun an mit ihr zusammentraf, begnügte er sich mit einer stummen Verbeugung, und nur noch ein einziges Mal, als sich die Königin in den 70er Jahren aufgrund eines Beinleidens nicht vom Stuhl erheben konnte, fragte Friedrich sie, wie es ihr ginge – wenige Worte, die von der Hofgesellschaft jedoch mit großer Verwunderung zur Kenntnis genommen wurden. Jahre später, in einer ähnlichen Situation, begnügte er sich nur noch mit indirekter Kommunikation. Luise Radziwill, die Tochter seines Bruders Ferdinand, berichtet uns von einer Begegnung aus dem Jahr 1785: »Während wir die Ankunft des Königs erwarteten, stand die Königin in ihrem Kabinett und lehnte sich an eine Kommode, da sie wegen eines Beinübels nicht ohne Schmerzen zu gehen vermochte ... Der König machte an der Tür halt, um mit der Oberhofmeisterin der Königin, Frau von Kannenberg, zu sprechen. Er erkundigte sich ziemlich laut nach dem Befinden der Königin, ließ sie bitten, sich zu setzen, was sie nicht tat, und ging daraufhin mit einer Verbeugung an ihr vorüber ...«

Daß Elisabeth Christine gegen das Schicksal niemals aufbegehrte, sondern ihr Los stets überaus geduldig und ergeben trug, ist wohl allein mit ihrer tiefen Religiosität und ihrem unbedingten Gottvertrauen zu erklären. Trost und Kraft nämlich schöpfte sie aus der Lektüre religiöser Schriften, mit der sie sich insbesondere in ihren letzten Lebensjahrzehnten beschäftigte, und die sie dazu anregten, auch selbst zur Feder zu greifen.

Lektüre, Übersetzung und Aufzeichnung religiöser Texte

Es ist wohl nicht weiter verwunderlich, daß Elisabeth Christines »Übellaunigkeit« immer dann ihr Ende fand, wenn sie – was selten genug vorkam – zu Familienfeiern geladen wurde. Die Anwesenheit der preußischen Königin war bei derartigen Angelegenheiten nach wie vor alles andere als eine Selbstverständlichkeit, und auch wenn eine Einladung zu erwarten war, erfolgte zuvor stets eine unwürdige »Zitterpartie«. Für den Juli 1764 war die Hochzeit des Kronprinzen Friedrich Wilhelm mit seiner Cousine Elisabeth von Braunschweig-Wolfenbüttel festgesetzt worden, ein durchaus bedeutendes Familienereignis, das zudem zwei nahe Verwandte Elisabeth Christines miteinander verbinden sollte: Ihr Neffe Friedrich Wilhelm war der Sohn ihrer Schwester Luise, Witwe des verstorbenen August Wilhelm von Preußen. Elisabeth war die Tochter ihres Bruders Karl, der Friedrichs Schwester Charlotte geheiratet hatte. Ob Elisabeth Christine an der Hochzeit teilnehmen durfte, war freilich äußerst fraglich, zumal man es nicht einmal für nötig befunden hatte, die Mutter des fürstlichen Bräutigams zu benachrichtigen. Lehndorff notierte in sein Tagebuch: »Die Königin ist auch noch im ungewissen, ob sie eingeladen wird, und darum in großer Aufregung, ebenso die Prinzessin von Preußen, der man noch nicht einmal eine Mitteilung über die beabsichtigte Heirat ihres Sohnes hat zukommen lassen.«

Die Tage zogen sich für die Schwestern mit qualvollem Warten dahin. Am 6. Juli schreibt Lehndorff: »Sie warteten Stunde um Stunde ab und sind noch heute, wo jene Herrschaften nach Charlottenburg kommen, ohne Einladung. Die Königin befindet sich in einem Zustand heftiger Erregung, während die gute Prinzessin von Preußen alles ruhig hinnimmt.« Doch die Qual dauerte an. Sämtliche Gäste hatten sich bereits eingefunden, die eigentliche Trauung war bereits am Vorabend vollzogen worden, als man sich zu guter Letzt doch noch der beiden einsamen Damen erinnerte. Am 15. Juli heißt es: »Die Königin ist in Monbijou voller Verzweiflung, daß sie noch keine Einladung hat … Endlich kommt um 11 Uhr ein Leibjäger und überbringt ihr die angenehme Nachricht, daß sie am folgenden Tage mit der Prinzessin von Preußen zum Diner erscheinen und in Charlottenburg Wohnung nehmen soll. Darob große Freude!«

Nach den Hochzeitsfeierlichkeiten wurden Elisabeth Christine und ihre Schwester wieder aus dem Gesichtskreis der königlichen Familie verbannt, und als man drei Jahre später die kleine Friederike taufte, das Kind des kronprinzlichen Paares, mußte die preußische Königin wieder in Schönhausen bleiben.

»Es geht ihr immer wie Moses«, kommentierte Lehndorff am 17. Mai 1767, »sie sieht das gelobte Land von Ferne, ohne je hinzukommen.«

Von einer weiteren »Merkwürdigkeit« weiß der Kammerdiener zu berichten. Im Jahr 1770 wurde ein großes Diner zu Ehren der schwedischen Königin Ulrike gegeben, der zweitjüngsten Schwester des Preußenkönigs, die in diesem Jahr ihren 50. Geburtstag feierte. Auch Elisabeth Christine hatte man eine Einladung geschickt, der sie nur allzu gern gefolgt war, auch wenn man ihr an der Festtafel lediglich einen Platz fern von Friedrich zugewiesen hatte. Glücklicherweise hörte sie daher nicht, was Lehndorff vernahm, nämlich wie der König, auf seine Gemahlin deutend, zu seiner Schwester Ulrike sagte: »C'est ma vieille vache que vous connaissez déjà!« (Das ist meine alte Kuh, die Sie ja bereits kennen!) Was als Scherz eines alten Zynikers gemeint gewesen sein mag, war nichts anderes als eine beispiellose Herabsetzung, Kränkung und Mißachtung der preußischen Königin, die durch nichts zu entschuldigen ist, zumal sie laut im Kreis der Hofgesellschaft ausgesprochen wurde.

24 Jahre lang hatte Elisabeth Christine mit ihrer Oberhofmeisterin Gräfin von Kamas (1686–1766, geb. von Brandt) eine Vertraute zur Seite gehabt, die stets ein offenes Ohr für den Kummer der preußischen Königin gehabt und ihr Trost gespendet hatte. Es war wohl auch Frau von Kamas gewesen, die ihr das Buch »Christen in der Einsamkeit« ans Herz legte, ein Werk des Hugenotten Martin Crugot, in dem Elisabeth Christine wiederholt las, um dadurch Ruhe, Hoffnung und Gottvertrauen zu erlangen. Auch nach dem Tod der Oberhofmeisterin griff sie immer wieder zu dem Bändchen und war dabei wohl auf die Idee gekommen, den Text ins Französische zu übersetzen. Das Beinleiden, von dem ja bereits die Rede gewesen ist, bereitete ihr zunehmende Beschwerden und zwang sie geradezu zu einer sitzenden Tätigkeit. Erschienen ist Elisabeth Christines Übersetzung unter dem Titel »Le chrétien dans la solitude« aber erst im Jahr 1776, gleichzeitig mit einer weiteren Übersetzung der Erbauungsschrift »De la destination de

l'homme«, die sich mit dem Lieblingsthema der Königin, der göttlichen Vorsehung, befaßte: Es ist dem Menschen möglich, jegliches Leid zu ertragen, wenn er in der Gewißheit lebt, daß Gott ihn seinem Ziel entgegenführt, auch wenn es für den Menschen nicht immer klar erkennbar ist. Ebenfalls 1776 veröffentlichte Elisabeth Christine ein eigenes Werk, eine 90 Seiten starke Schrift mit dem Titel »De l'amour pour Dieu«, wie es scheint, eine Predigtreihe, die die Königin in gleicher oder ähnlicher Form gehört hatte.

Ob Elisabeth Christines Arbeiten je gewürdigt wurden, steht indes dahin. Wenn, dann waren es bestenfalls ihre Geschwister, die sich in die Lektüre vertieften, aber selbst das ist fraglich. Dagegen steht fest, daß Friedrich nie einen Blick in die Schriften seiner Gemahlin geworfen hat und es auch nicht für nötig hielt, das eine oder andere Exemplar in seine Bibliothek zu stellen. An religiösen Themen war er ohnehin nicht interessiert, erst recht nicht, wenn sie von Elisabeth Christine behandelt worden waren.

»Es vergeht kein Tag, an dem ich nicht Tränen vergieße« – Der Tod Friedrichs II.

Die Ehe ihres »langen Neffen« Friedrich Wilhelm mit der anmutigen Braunschweigerin Elisabeth war nach knapp fünf Jahren bereits wieder geschieden worden, da sich die Kronprinzessin einen außerehelichen Liebhaber genommen hatte. Während man ihrem Gemahl seine Mätressen ohne weiteres zugestand, mußte sie für ihren Fehltritt schwer büßen: Man verbannte die »schlimme Elisabeth« nach Stettin, wo sie erst 1840 im hohen Alter von 96 Jahren gestorben ist. Friederike aber, das einzige Kind, das aus der unglücklichen Verbindung hervorgegangen war, mußte in Berlin bleiben, wurde der Großmutter Luise anvertraut und blieb dort bis zu deren Tod am 13. Januar 1780. Mit diesem Tag hatte Elisabeth Christine nun eine weitere Vertraute verloren, auch wenn das Verhältnis der beiden Frauen in den letzten Jahren durchaus nicht immer ungetrübt war. Der

Tod der Schwester brachte der nunmehr 65jährigen Königin aber auch wieder eine neue Aufgabe, denn Friedrich hatte ihr in einem (undatierten) Kondolenzbrief geschrieben: »Madame, ich spreche Ihnen mein Beileid zum Tode Ihrer Schwester, meiner Schwägerin, aus, die wir eben verloren haben. Ihre Tugenden verdienen, daß wir sie betrauern, aber wir können sie damit nicht mehr lebendig machen. Wir haben da das arme Kind, das bei ihr war; es kann ein Asyl nunmehr bei Ihnen finden. Sie würden mir eine große Freude machen, wenn Sie ihre Erziehung übernehmen wollten, wie es ihre Großmutter bisher getan hatte ...« Freudig sagte Elisabeth Christine zu, und das nicht nur, weil sie wieder einmal einen Befehl ihres königlichen Gemahls ausführen durfte. Sie mochte die 13jährige Friederike von Herzen gern und war ihr eine liebevolle Ersatzmutter, bis sich die Prinzessin im September 1791 mit Herzog Friedrich von York vermählte.

Am 26. März 1780 starb Elisabeth Christines ältester Bruder Karl, der Herzog von Braunschweig, die preußische Königin selbst klagte über zunehmende gesundheitliche Beschwerden, und auch Friedrich, der sich gerne als »wandelnden alten Leichnam« bezeichnete, wurde von den Beschwerden des Alters geplagt und war sich bewußt, daß ihm nicht mehr allzuviel Zeit vergönnt war. Es wäre zu erwarten gewesen, daß er seine letzten Lebensjahre nutzte, um Frieden mit Elisabeth Christine zu schließen, aber davon konnte nicht die Rede sein: Selbst das Jubiläum der Goldenen Hochzeit im Jahre 1783 blieb ungefeiert, und die Erinnerungsmedaille, die üblicherweise zu diesem Anlaß entworfen wurde, durfte auf Friedrichs Befehl hin nicht geprägt werden. Nun, am Ende seines Lebens, hielt er es nicht einmal mehr für geboten, wenigstens den Schein zu wahren, um der Königin die ihr zustehende »Hochachtung« zu erweisen.

Und doch war Elisabeth Christine untröstlich, als ihr Gemahl am 17. August 1786 seine Augen für immer schloß. Luise Radziwill weiß in ihren Aufzeichnungen zu berichten: »Nun fuhren wir alle nach Schönhausen, um der Königin unser Beileid darzubringen. Wir fanden sie aufs tiefste betrübt. Sie beweinte den König, als wäre sie von ihm geliebt worden! Sie war stolz auf seinen Ruhm, stolz darauf, seine Gemahlin gewesen zu sein. Diese Begeisterung hatte sich seit seinem Ableben dermaßen gesteigert, daß sie den Glauben zu erwecken hoffte, sie habe dem König weit näher gestanden als man geglaubt habe. Sie brachte es so weit, sich selbst von den ziemlich sonderbaren Einzelheiten, die sie uns erzählte, zu überzeugen, und es war nicht immer leicht für uns, dabei den durch die Umstände gebotenen Ernst zu bewahren.« Tatsächlich nämlich wußten alle, wie verletzend Friedrich seine Gemahlin behandelt hatte: »Wenn er in vergangenen Zeiten mit ihr gesprochen hatte, so war das schon seit langen Jahren nicht mehr vorgekommen. Niemand von uns wußte sich dessen zu erinnern. Der König erteilte der Königin mehrmals in der Woche seine schriftlichen Befehle, und sie schrieb an ihn, um seine Befehle zu erbitten und um ihm über den Hof und die ihrer Erziehung anvertraute Prinzessin Friederike zu berichten. Damit hatte ihr Verkehr jedoch ein Ende.«

Nicht einmal an Friedrichs Beisetzung konnte Elisabeth Christine teilnehmen. Der Preußenkönig, der eigentlich neben seinen Hunden im Park von Sanssouci hatte begraben werden wollen, wurde am 9. September in der Potsdamer Garnisonkirche neben seinem Vater zur (vorerst) letzten Ruhe gebettet. (Nachdem beide Särge ab 1945 auf der Burg Hohenzollern bei Hechingen eine vorübergehende Ruhestätte gefunden hatten, wurden Friedrichs sterbliche Überreste im Jahr 1991 tatsächlich dort beigesetzt, wo er immer am liebsten gewesen war: im Park von Sanssouci.)

Am Vortag der Beerdigung hatte Elisabeth Christine an ihren Bruder Ferdinand geschrieben: »Es vergeht kein Tag, an dem ich nicht Tränen vergieße für den unvergleichlichen heimgegangenen König, und so lange ich lebe, werde ich ihn beweinen …« Dabei hätte sie eigentlich allen Grund gehabt, ihre Tränen ein für allemal zu trocknen, denn in den zehn Jahren, die zu leben ihr noch vergönnt waren, sollte es niemanden mehr geben, der Elisabeth Christine zurückgesetzt oder gedemütigt hätte. Endlich wurde sie tatsächlich mit Hochachtung behandelt.

»Jenseits wird mir wohler sein« –
Die letzten Jahre Elisabeth Christines

In seinem Testament hatte Friedrich seinen Nachfolger aufgefordert, Elisabeth Christine neben einer passenden Residenz auch eine »anständige Wohnung im Berliner Schlosse freizulassen; auch wird er ihr jene Hochachtung beweisen, die ihr als Witwe seines Oheims und einer Fürstin gebührt, deren Tugend sich nie verleugnet hat.« Tatsächlich hätte es dieses Zusatzes überhaupt nicht bedurft. Der neue König Friedrich Wilhelm II. beließ seiner Tante nicht nur Schloß Schönhausen als angemessenen Witwensitz, sondern behandelte sie mit ungleich mehr Respekt, als es ihr eigener Gemahl je getan hatte. Zwar trat Elisabeth Christine als Königin Witwe von ihrem Rang als erste Dame des Staates zurück, den sie seit dem Tod Sophie Dorotheas innegehabt hatte. Dennoch: Nun wurde ihr eine nie gekannte Aufmerksamkeit zuteil, fortan war sie ganz selbstverständlich ein gerngesehener Gast bei sämtlichen Familienfesten und mußte nicht mehr darüber nachgrübeln, ob man sie nun dabeihaben wollte oder nicht. Auch im offiziellen Kirchengebet, in dem sie als regierende Königin nie genannt worden war, wurde ihrer nun gleich nach Königin Friederike Luise gedacht, der Gemahlin Friedrich Wilhelms II., die er nur wenige Monate nach seiner Scheidung geheiratet hatte. Trotz zunehmender Gebrechlichkeit und erheblicher Beschwerden beim Gehen war es ihr eine ganz besondere Freude, als sie im Dezember 1793 an der Doppelhochzeit ihrer Großneffen Friedrich Wilhelm (III.) und Louis mit den Darmstädter Schwestern Luise und Friederike (s. S. 263 f.) teilnehmen konnte. Auch wenn ihre Körperkräfte nachließen, so war Elisabeth Christine gleichwohl noch eine stattliche Erscheinung: »Die Königin war sehr schön gewesen«, erinnert sich Luise Radziwill, »und war noch jetzt eine schöne Greisin. Sie erfreute sich als fromme, wohltätige Frau aller Hochachtung, besaß jedoch keinen glänzenden Geist und vermochte sich nur sehr schwer auszudrücken, so daß der Umgang mit ihr nicht viele Annehmlichkeiten bot.« Luise Radziwills offene Worte werden der Wahrheit entsprochen haben.

Elisabeth Christine war nie eine geistreiche Frau gewesen, Unterhaltungen auf hohem Niveau waren ihre Sache nicht, dazu mangelte es ihr an Bildung, Charme und Esprit, und dessen war sie sich auch bewußt. Mit der Zeit hatte sie gelernt, lernen müssen, ohne Gesellschaft auszukommen, ihre Einsamkeit anzunehmen, und das ist ihr schließlich auch gelungen: »Ich achte es für ein unschätzbares Glück«, schrieb sie in ihren letzten Jahren, »daß ich mich früh gewöhnt habe, immer tätig zu sein und mir manche Kenntnisse zu sammeln und Fertigkeiten zu verschaffen, die mich in den Stand setzten, mich mit mir selbst zu beschäftigen ...« Bis zu ihrem Tod erfreute sich Elisabeth Christine unverminderter geistiger Frische, und so brachte sie, wenn sie nicht gerade an den Berliner Hof geladen wurde, die meiste Zeit an ihrem Schreibtisch zu, las, führte ihre umfangreiche Korrespondenz und versuchte sich auch weiterhin als Schriftstellerin.

Eine Erkrankung zu Beginn des Jahres 1797 kündigte das Ende der Königin Witwe an. Ihre Hofdame Sophie von Voß notierte am 13. Januar in ihrem Tagebuch: »Die Königin Witwe war heute noch kränker; man kam, um uns zu sagen, sie sei tot; aber es war nicht wahr; der Kronprinz wünschte, ich solle zu ihr gehen; ich blieb bis 8 Uhr bei ihr, und gerade in dem Augenblick, in dem ich fortgehen wollte, verschied sie. Ich ging noch einmal zu ihr hinein, um sie zu sehen, und weinte lange mit ihren Damen ...«

Am 30. Januar 1797 wurde Elisabeth Christine in der Gruft des Berliner Domes beigesetzt. »Ich habe lange genug gelebt«, hatte sie kurz vor ihrem Tod geschrieben. »Ich habe der Güte Gottes viel zu verdanken. Ich kann mir selbst und anderen durch ein längeres Leben wenig mehr nützen. Jenseits wird mir wohler sein.«

FRIEDERIKE LUISE

von Hessen-Darmstadt

* 10. Oktober 1751 in Prenzlau
⚭ 14. Juli 1769 mit Friedrich Wilhelm (II.) von Preußen
† 25. Februar 1805 in Berlin

STAMMTAFEL

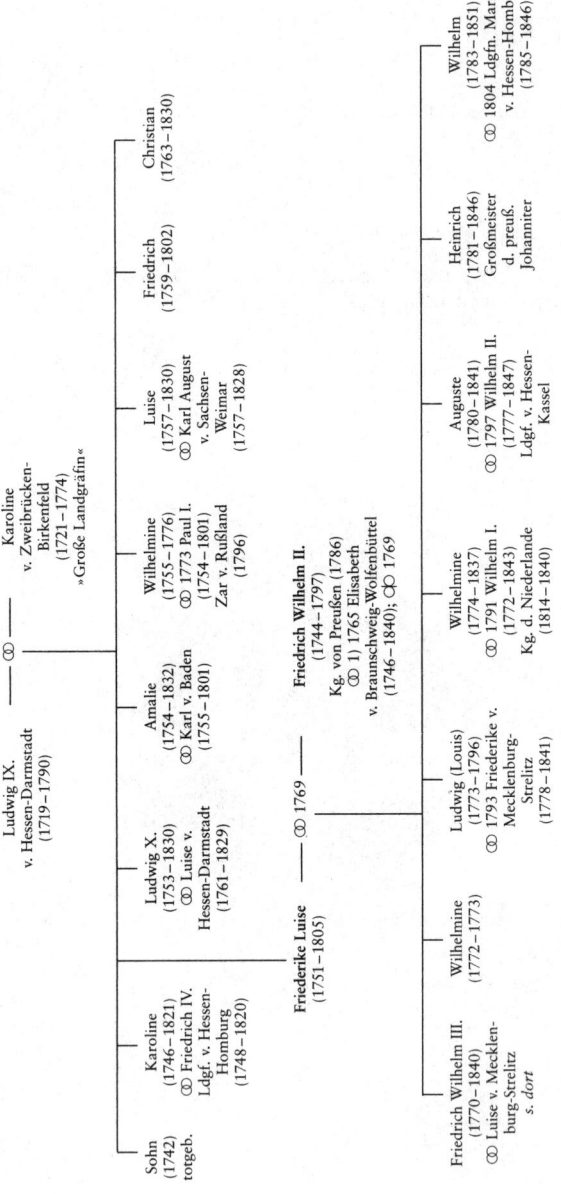

Ludwig IX.
v. Hessen-Darmstadt
(1719–1790)

∞

Karoline
v. Zweibrücken-
Birkenfeld
(1721–1774)
»Große Landgräfin«

- Sohn
(1742)
tongeb.

- Karoline
(1746–1821)
∞ Friedrich IV.
Ldgf. v. Hessen-
Homburg
(1748–1820)

- Friederike Luise
(1751–1805)
— ∞ 1769 —

- Ludwig X.
(1753–1830)
∞ Luise v.
Hessen-Darmstadt
(1761–1829)

- Amalie
(1754–1832)
∞ Karl v. Baden
(1755–1801)

- Wilhelmine
(1755–1776)
∞ 1773 Paul I.
(1754–1801)
Zar v. Rußland
(1796)

- Luise
(1757–1830)
∞ Karl August
v. Sachsen-
Weimar
(1757–1828)

- Friedrich
(1759–1802)

- Christian
(1763–1830)

Friedrich Wilhelm II.
(1744–1797)
Kg. von Preußen (1786)
∞ 1) 1765 Elisabeth
v. Braunschweig-Wolfenbüttel
(1746–1840); ∞ 1769

- Wilhelmine
(1772–1773)

- Friedrich Wilhelm III.
(1770–1840)
∞ Luise v. Mecklen-
burg-Strelitz
s. dort

- Ludwig (Louis)
(1773–1796)
∞ 1793 Friederike v.
Mecklenburg-
Strelitz
(1778–1841)

- Wilhelmine
(1774–1837)
∞ 1791 Wilhelm I.
(1772–1843)
Kg. d. Niederlande
(1814–1840)

- Auguste
(1780–1841)
∞ 1797 Wilhelm II.
(1777–1847)
Ldgf. v. Hessen-
Kassel

- Heinrich
(1781–1846)
Großmeister
d. preuß.
Johanniter

- Wilhelm
(1783–1851)
∞ 1804 Ldgfn. Maria Anna
v. Hessen-Homburg
(1785–1846)

Friederike Luise –
Königin in der Nebenrolle

Die bedeutende Mutter

Zu den ganz wenigen Frauen, die der Preußenkönig Friedrich II. wirklich schätzte und hochachtete, gehörte Friederike Luises Mutter Caroline von Hessen-Darmstadt (1721–1774), bekannt als die »Große Landgräfin« und nach dem Urteil des Königs »eine der vorzüglichsten Frauen auf dem Thron«. Bei ihr traf er all jene Qualitäten an, die er in der Regel meist nur bei seinen Geschlechtsgenossen vermutete: Intelligenz, Bildung, Unterhaltungsgabe sowie einen leicht sarkastischen Humor, über den auch einige seiner Schwestern verfügten.

1742 hatte Caroline, geborene Gräfin von Birkenfeld-Zweibrücken, den Erbprinzen Ludwig von Hessen-Darmstadt geheiratet (seit 1768 Ludwig IX.), einen wenig adäquaten Partner, dessen ganzes Herz am Militärischen hing und der sich eigens ein »Exerzierhaus« hatte erbauen lassen, um auch bei Wind und Wetter seinem »Exerzierteufel« frönen zu können, wie Caroline mit bitterem Spott vermerkte. Doch das Geld war knapp am Darmstädter Hof, Ludwig war daher in den Dienst Friedrichs II. getreten und hatte sich mit seiner Gemahlin in Prenzlau in der Uckermark niedergelassen, wo am 10. Oktober 1751 auch die zweite Tochter, Friederike Luise, das Licht der Welt erblickte.

Bei verschiedenen vorübergehenden Aufenthalten in Berlin lernte Caroline schließlich Friedrich den Großen und seine Familie kennen, und schon bald entdeckte man eine gewisse »Seelenverwandtschaft«. Die junge Frau stand nämlich nicht nur in geistigem Austausch mit Wieland, Klopstock, Voltaire und anderen bedeutenden Geistern ihrer Zeit, sie las auch die Werke

Homers im Original und besaß überhaupt eine umfassende Bildung.

Über die Kindheit ihrer Tochter Friederike Luise ist uns dagegen kaum etwas bekannt. Sie war, so scheint es, ein ausgesprochen stilles und zurückhaltendes Kind, das die Natur weder mit besonderen Begabungen noch mit einem anziehenden Äußeren ausgestattet hatte. Sie wuchs im Kreis ihrer Geschwister auf und ahnte damals gewiß noch nicht, daß ihre ambitionierte Mutter für sie und ihre Schwestern eine glänzende Zukunft plante.

1757 kehrte die Familie in ihre hessische Heimat zurück, Erbprinz Ludwig frönte wieder seinem »Exerzierteufel«, während Caroline regelmäßig mit dem preußischen Königshaus korrespondierte. Auf diese Weise erfuhr Friedrich II. vieles von den Sorgen, die seine Darmstädter Freundin bedrückten, insbesondere, nachdem Ludwig 1768 den Thron Hessen-Darmstadt bestiegen hatte. Caroline war bei ihren Untertanen so beliebt, daß diese sie schließlich als »Große Landgräfin« verehrten.

Es waren nicht nur die Probleme der Landesmutter, die Caroline zu bewältigen hatte. Auch ihre fünf Töchter mußten versorgt werden. Die Älteste, die 1746 geborene Caroline, hatte mit dem Erbprinzen von Hessen-Hombach bereits eine gute Partie gemacht, nun galt es, auch für Friederike Luise einen passenden Gemahl zu finden, wenngleich das junge Mädchen in ihren Augen alles andere als eine »Traumprinzessin« zu sein schien. Um so überraschter war sie, als der Preußenkönig ihr anbot, sein Patenkind Friederike Luise mit seinem Neffen und Nachfolger Friedrich Wilhelm zu vermählen, dem ältesten Sohn seines verstorbenen Bruders August Wilhelm: »Ich gestehe in aller Offenheit«, schrieb er an Caroline, »daß mein Wissen von den Vorzügen der Mutter auf meine Wahl ihrer Tochter zur neuen Gemahlin meines Nachfolgers Einfluß hatte! Wobei ich zugleich an das Vergnügen denke, welches Sie mir bereiten, wenn Sie selbst die Versprochene hierher geleiten würden.« Für Caroline stand sofort außer Frage, daß sie dieses hervorragende Angebot nicht ausschlagen würde. Ihre eigentlich recht unansehnliche und wenig begabte Tochter Friederike

Luise sollte Kronprinzessin und damit später einmal Königin von Preußen werden! In ihren kühnsten Träumen hätte Caroline das nicht zu hoffen gewagt. Befriedigt schrieb sie daher an Prinzessin Amalie, die Schwester des Preußenkönigs: »Sie werden verstehen, teure Schwester, wie sehr dieses Ereignis mich mit Freude erfüllt. Zwar weiß ich, daß die hohe Stellung, die meiner Tochter zugedacht ist, mit Rosen und Dornen gemischt ist. Aber ihre gute Veranlagung und ihr Charakter beruhigen mich. Sie ist sehr befriedigt über das Schicksal, das sie erwartet und versteht nicht, wie der Prinz sie so vielen schönen und anmutigen Prinzessinnen habe vorziehen können, während sie doch beides nicht sei.« Daß auch der an politischen Fragen eher uninteressierte Landgraf Ludwig der geplanten Verbindung seiner Tochter mit dem preußischen Kronprinzen freudig zustimmte, war nicht anders zu erwarten gewesen.

Dabei wußten beide Eltern nur allzu gut, was ihre Tochter im fernen Berlin zu erwarten hatte. Und das waren gewiß nicht nur die hohen Anforderungen, die man an die künftige preußische Königin stellen würde. Friederike Luises künftiger Gemahl hatte ja bereits eine Ehe hinter sich, die erst vor wenigen Monaten geschieden worden war. Gleichwohl gab es nach wie vor eine junge Frau in seinem Leben, die er von ganzem Herzen liebte: die »schöne Wilhelmine«, Tochter eines Waldhornisten ...

Ein Kampf auf verlorenem Posten – Die Ehe mit Friedrich Wilhelm

Verärgert hatte Friedrich der Große feststellen müssen, daß sich sein Neffe und Thronfolger Friedrich Wilhelm schon in jungen Jahren anschickte, in die Fußstapfen seines Vaters zu treten und schöne Frauen zu verehren. Der 18jährige hatte bereits etliche Affären mit verschiedenen Schauspielerinnen des Berliner Theaters, die natürlich auch dem Preußenkönig nicht verborgen blieben. Doch Friedrich war nicht nur aus moralischen Gründen verärgert; sein Nachfolger hatte in erster Linie

Auch wenn Wilhelmine Encke den preußischen Kronprinzen und späteren König Friedrich Wilhelm II. von Preußen ehrlich liebte, so hatten die Untertanen doch nur bitteren Spott für diese Verbindung übrig. Zeitgen. Flugblatt.

Soldat zu sein, und daher war es nicht hinzunehmen, daß sich der Kronprinz durch seine Liebeleien von all jenen Pflichten abhalten ließ, die der preußische Staat und sein König an ihn stellten. Es schien daher nur einen Weg zu geben, Friedrich Wilhelm auf den »Pfad der Tugend« zu führen: Er mußte heiraten. Die passende Gemahlin hatte der königliche Onkel schon bei der Hand: die hübsche Elisabeth, Tochter seiner Schwester Charlotte, der nunmehrigen Herzogin von Braunschweig-Wolfenbüttel. Das junge Mädchen war so ganz nach dem Geschmack des Preußenkönigs, lebhaft und ausgesprochen geistreich und mußte damit wohl auch dem verwöhnten Neffen gefallen.

Die Hochzeit wurde am 14. Juli 1764 auf Schloß Charlottenburg gefeiert, doch die Hoffnungen, die der Preußenkönig in diese Ehe gesetzt hatte, erfüllten sich, wie wir wissen, in keiner Weise.

Friedrich Wilhelm hatte nämlich bereits im Jahr zuvor die erst 14jährige, gleichwohl schon fraulich-reife Wilhelmine Encke kennengelernt und sich auf Anhieb in das aparte Mädchen mit den schwarzen Locken verliebt. Daß er sie als Tochter eines Waldhornisten niemals würde heiraten können, war ihm natürlich klar, ebenso freilich, daß er mit Wilhelmine seine Lebenspartnerin gefunden hatte. Persönlich erteilte er dem jungen Mädchen daher Unterricht, las mit ihr Shakespeare, Vergil und Homer und verpflichtete sogar eine französische Erzieherin, um der jungen Wilhelmine die nötigen Formen beizubringen. Um ihre Bildung zu vervollständigen und ihr den notwendigen aristokratischen Schliff zu verleihen, schickte er seine Geliebte 1766 für ein Jahr sogar nach Paris, wo sie als Mätresse des preußischen Thronfolgers problemlos Zutritt zu den Häusern der Hofgesellschaft fand.

Im Mai 1767 brachte die Kronprinzessin zwar eine Tochter namens Friederike zur Welt, doch selbst dies war für Friedrich Wilhelm kein Grund, sich von der »schönen Wilhelmine« zu trennen. Auch nach ihrer Rückkehr aus Paris besuchte er sie täglich, und beide jungen Menschen, so schien es, waren geradezu füreinander geschaffen. Für seine Gemahlin Elisabeth empfand der Kronprinz zwar durchaus Sympathie, tiefer jedoch waren seine Gefühle nicht. Wirkliche Liebe suchte Elisabeth daher – ebenso wie ihr Gemahl – außerhalb des Ehebettes, in ihrem Fall freilich ein folgenschweres Vergehen. Von ihr als Kronprinzessin verlangte man unbedingte eheliche Treue, da anderenfalls die Gefahr bestand, daß in Zukunft möglicherweise ein »Bastard« den Hohenzollernthron bestieg. Und da ihr Fehltritt natürlich nicht geheim bleiben konnte – schließlich hatte der Preußenkönig überall am Hof seine Spione –, entschloß man sich im Jahr 1769, die Ehe des Kronprinzen aufzulösen: Elisabeth mußte Berlin und ihre kleine Tochter verlassen und wurde zunächst nach Küstrin verbannt. Später erlaubte man ihr, sich in Stettin niederzulassen, wo sie im Jahr 1840 verstorben ist.

Wilhelmine Encke aber wurde von Friedrich II. schweren Herzens als Mätresse des Thronfolgers anerkannt, doch durfte sie, anders als die Mätressen an anderen europäischen Höfen, weder ins Berliner Schloß noch nach Potsdam kommen. Der Preußenkönig schenkte ihr ein Haus und sorgte überhaupt für einen Lebensstandard, der einer kronprinzlichen Mätresse angemessen war, auch wenn er den Sachverhalt als solchen zutiefst mißbilligte. Ändern konnte er ohnehin nichts. Nichtsdestotrotz mußte Friedrich Wilhelm erneut heiraten, um den Weiterbestand der Dynastie zu sichern. Als geeignete Braut wählte man eben jene Friederike Luise von Hessen-Darmstadt, auch wenn sie weder besonders hübsch noch geistreich war und außer einem »ausgezeichneten Herz« kaum etwas zu bieten hatte. Doch mit 17 Jahren war sie noch jung genug, um vielen Prinzen das Leben schenken zu können.

Friedrich Wilhelm hatte keine andere Wahl und Friederike Luise erst recht nicht. Also schrieb ihr der Kronprinz auf Drängen seines königlichen Onkels einen Heiratsantrag, in dem er behauptete, behaupten mußte, »keine bessere Wahl treffen zu können, und obgleich ich nicht das Glück habe, Ihrer Hoheit näher bekannt zu sein, hoffe ich doch, daß Sie überzeugt sein dürfen, daß ich alles in der Welt tun werde, um Ihre Achtung und Freundschaft zu verdienen«.

Die Hochzeit wurde am 14. Juli 1769 auf Schloß Charlottenburg gefeiert, doch den jungen Eheleuten blieb nur wenig Zeit, einander kennenzulernen. Friedrich Wilhelm mußte sich schon bald wieder militärischen Aufgaben widmen, und nicht zuletzt wartete auch Wilhelmine auf ihren Geliebten. Gleichwohl schrieb er seiner jungen Gemahlin, wann immer er von ihr getrennt war, zahlreiche und durchaus liebevolle Briefe. So heißt es am 15. August 1769: »Liebe Freundin, man bringt mir Ihren Brief in dem Augenblick, in welchem ich einen an Sie beginnen wollte. Sie schreiben so zärtlich, daß ich davon gerührt bin, wie liebenswürdig Sie sind. Die Ausdrucksweise in Ihrem Brief macht mich zum glücklichsten Menschen der Welt. Die Augenblicke des Lebens waren die einzigen freudvollen, die ich seit unserer Trennung genossen habe. Die Trennung ist mir wahrlich ebenso schwer geworden wie Ihnen. Seien Sie versichert, daß Ihr Bild immer in meinem Herzen eingegraben bleibt ...«

Im Grunde genommen war es eine Ehe, wie sie damals in Fürstenhäusern an der Tagesordnung war: Zwar empfand man füreinander keine zärtlichen Gefühle, hielt aber nach außen hin – auch in den Briefen – die Fassade aufrecht und erfüllte insbesondere seine ehelichen Pflichten. Am 3. August 1770 wurde der erste Sohn geboren, wieder ein Friedrich Wilhelm, der später einmal der dritte seines Namens werden sollte. Es folgten 1772 Wilhelmine, die nur wenige Wochen alt wurde, 1773 Ludwig, der später Friederike von Mecklenburg-Strelitz heiratete, die Schwester der Königin Luise, 1774 erneut eine Wilhelmine, nachmalige Königin der Niederlande, 1780 Auguste, 1781 Heinrich und schließlich 1783 der letzte Sohn, Wilhelm. Danach, so scheint es, ist Friederike Luise aus dem ehelichen Schlafzimmer ausgezogen, da sie ansonsten, so zumindest hieß es offiziell, mit einer möglichen weiteren Schwangerschaft Gesundheit und Leben gefährdet hätte.

Die Kindererziehung indes lag nicht in den Händen der Eltern. Insbesondere auf die Erziehung des Erstgeborenen hatten weder der Kronprinz noch Friederike Luise Einfluß, denn die Richtlinien bestimmte einzig und allein Friedrich der Große. Ohnehin sieht es so aus, als habe Friederike Luise nur wenig Interesse an ihrem Nachwuchs gezeigt, und Friedrich Wilhelm zog ganz eindeutig die Kinder vor, die ihm die »schöne Wilhelmine«, inzwischen zur Gräfin Lichtenau erhoben, schenkte.

Es war aber nicht nur die Gleichgültigkeit gegenüber ihren Kindern und das Desinteresse Friederikes an ihrem Gemahl, das der Hofgesellschaft schon bald nach der Hochzeit auffiel, auch sich selbst scheint die Kronprinzessin vernachlässigt zu haben. Mehrmals nämlich mahnte Mutter Caroline in ihren Briefen an die Tochter, mehr Wert auf das Äußere zu legen, da ihr Gemahl schließlich berechtigt sei, »seine Frau in der angenehmsten Weise zu besitzen«. Doch für wen sollte sie sich hübsch machen? Friedrich Wilhelm verbrachte ohnehin die meiste Zeit bei Wilhelmine, seiner schönen Geliebten, und gegen die anzukommen sah Friederike Luise nicht die geringste Chance.

Gleichwohl kränkte sie die Untreue ihres Gemahls, denn obwohl er sie stets freundlich und zuvorkommend behandelte, mußte sie in der unzweideutigen Bevorzugung der Mätresse eine Mißachtung ihrer Person sehen. Wie es scheint, ist die Kronprinzessin mit ihrer unglücklichen Situation nur schwer zurechtgekommen, zumal sie keine besonderen Interessen hatte, mit denen sie ihren Alltag hätte ausfüllen können. Wieder und wieder beklagte sie sich in Briefen an ihre Mutter in Darmstadt über die gleichbleibende Untreue des kronprinzlichen Gemahls, vielleicht in der Hoffnung, daß die »Große Landgräfin« einen Rat wußte. Caroline freilich hatte für die Tochter kein tröstendes Wort. Sie war froh gewesen, daß Friederike Luise eine solch gute Partie gemacht hatte, und fand nun deren Klagen geradezu ungeheuerlich: »Was Deine üble Laune gegen seine Königliche Hoheit anbelangt«, so schrieb sie verärgert, »so hat diese mich lachen lassen. Man muß die Zeit wahrnehmen wie man kann. Rufe Dir aber ins Gedächtnis zurück, was der Geistliche sagte, als er Dir den Segen erteilte: ›Dein Wille soll Deinem Manne unterworfen sein!‹«

So diszipliniert wie ihre Mutter, die alle Schrullen ihres Gemahls mit bewundernswerter Geduld und scheinbarer Gleichgültigkeit ertrug, war Friederike Luise freilich nicht, auch mangelte es ihr an geistigem Horizont, der die Landgräfin dazu befähigte, ihren eigenen Interessen nachzugehen und so genau die Leere zu vermeiden, die ihrer Tochter das Leben so schwer erträglich machte. Statt dessen ließ sich Friederike gehen, vernachlässigte Kleidung und Frisur und versank in Lethargie. Empört mahnte daher die Mutter: »Noch ist es Zeit, meine liebe Tochter, Dich zu ändern. Aber man muß einen schnellen, festen und dauerhaften Entschluß fassen; man muß sich die Zärtlichkeit des Gatten sichern für die Zeit, wenn das Alter Gesicht und Jugendmiene welk gemacht haben. Sorge denn dafür, daß Dich der Prinz stets achten kann; werde ihm nützlich, befähige Dich, ihm einst Ratschläge erteilen zu können; sorge, daß Dein ganzes Verhalten ihm Vertrauen einflöße; sei weise und laß' all Deine Taten von Güte und Anmut zeugen!«

Natürlich wußte auch Caroline nur allzu gut, daß es ihrer

Tochter nie gelingen würde, sich die »Zärtlichkeit des Gatten« zu sichern, nicht jetzt und auch nicht später. Doch wenn diese weiter so wenig Wert auf ihr Äußeres legte, dann stand zu befürchten, daß sich der Kronprinz von ihr trennen würde, eine Schmach, an die die ehrgeizige Landgräfin nicht einmal denken mochte! Sollte es dennoch aufgrund des Fehlverhaltens ihrer Tochter zur Scheidung kommen, dann sollte sich Friederike Luise schon jetzt über die Konsequenzen im klaren sein: »Dann ist aber meine Partei gewählt. Es ist hart und es heißt, mich selbst zu strafen, aber in der Ferne würde ich weniger leiden, als wenn ich Zeugin wäre dieser völligen Veränderung. Urteile, liebes Kind, wie sehr mein Herz leidet und wie sehr meine Eigenliebe gedemütigt ist.«

Damit stand fest, daß Friederike Luise im Falle einer Trennung von ihrem Gemahl nicht darauf hoffen konnte, wieder nach Darmstadt zurückkehren zu können. Wohl oder übel mußte sie in ihrer Situation ausharren, dabei hatte sie niemanden, dem sie ihr Herz ausschütten, niemanden, von dem sie Verständnis erhoffen konnte. Und doch hinterließ der Tod der »Großen Landgräfin« im Jahr 1774 eine große Lücke im Leben der Kronprinzessin, die die oberflächliche Korrespondenz mit Vater und Geschwistern nicht zu schließen vermochte.

»Sie war eine höchst seltsame Person ...« – Die Eigenarten der Königin

Es ist nicht leicht, sich ein genaues Bild von Friederike Luise zu machen. Insbesondere nach dem Tod der Mutter gibt es nur wenige zuverlässige Zeugnisse. Beliebt war sie in der Hofgesellschaft scheinbar nicht: »Sie war eine höchst seltsame Person«, schrieb der Beobachter Friedrich August Ludwig von der Marwitz in seiner »Lebensbeschreibung«, »sie sah Gespenster und Geister und schlief bei Tage, wachte bei Nacht, hatte immer zu große Hitze, so daß sie des Nachts im Sommer und im Winter im Hemde am offenen Fenster saß. Sie wurde vor der Zeit alt und krumm, so daß sie, erst einige 40 Jahre alt, schon den Kopf mit der Hand in die Höhe halten mußte, wenn sie jemanden ansehen wollte. Kurz, sie war ein unangenehmes Frauenzimmer, von niemandem geliebt.« Ein ähnliches Bild vermittelt uns auch Luise Radziwill, die nach dem Tod Friedrichs II. über die neue Königin von Preußen schreibt: »Zum Tod Friedrichs des Großen meinte die neue Königin, daß jetzt eine glückliche Zukunft bevorstehe. Sie hätte sich indessen keinen Illusionen hingeben dürfen, da sie sich dem Gatten gegenüber nicht tadellos benommen hatte. Es ermangelte ihr so sehr des Ordnungssinnes in ihrer Zeiteinteilung, ihrer Toilette und all ihren Gewohnheiten, daß sich der Prinz von Preußen bereits vor mehreren Jahren dazu entschlossen hatte, die Verfügung über ihre beiderseitigen Tage völlig zu trennen. Er nahm sein Diner und Souper stets bei sich ein. Friedrich II. deutete der Prinzessin an, welche Folgen hieraus entstehen könnten, doch als sie wieder einlenken wollte, war es bereits zu spät.«

»Zu spät« war es natürlich nicht, schließlich war es nie früh genug gewesen, um mit Friedrich Wilhelm eine gute Ehe führen zu können. Was Luise Radziwill mit dieser Formulierung wohl andeuten wollte, war die Tatsache, daß Friedrich Wilhelm unterdessen plante, eine andere, wenngleich morganatische Ehe einzugehen. Zwar war seine Liebe zu Wilhelmine Encke (die inzwischen eine Scheinehe eingegangen war) auch noch nach wie vor ungebrochen, hatte sich aber, wie es scheint, auf eine platonische Ebene verlagert, und der Kronprinz war 1783 in leidenschaftlicher Liebe zu der anziehenden Julie von Voß entbrannt, einer Nichte der Hofdame der Königin Elisabeth Christines, Sophie von Voß. Zwar war Julie nicht die einzige, der der »vielgeliebte« Friedrich Wilhelm seine Gunst schenkte, doch galt sie als eindeutige Favoritin. Ohne Friederike Luises Zustimmung zu dieser Ehe »linker Hand« konnte er indes nicht heiraten. Die Königin hatte sich unterdessen scheinbar mit ihrer Situation abgefunden und war nur darauf bedacht, von ihrer Genehmigung eindeutige Vorteile zu haben. Wie uns der französische Beobachter Graf Mirabeau berichtet, soll sie auf die Bitte ihres königlichen Gemahls um Einwilligung lachend geantwortet haben: »Die sollen Sie haben, aber nicht umsonst! Sie wird sogar teuer zu stehen kommen!« Wie all ihre Vorgängerinnen auf dem preußischen Thron hatte auch Friederike Luise erhebliche finanzielle Probleme, und die Summe ihrer Schulden hatte sich unterdessen auf 100 000 Taler angehäuft. Nun verlangte sie von Friedrich Wilhelm genau diesen »Preis« für die Genehmigung seiner Ehe mit der nachmaligen Gräfin Ingenheim – und der verliebte Gemahl hat ihn natürlich ohne zu zögern gezahlt.

Friedrich Wilhelm und die schöne Julie heirateten 1787, doch ihre Ehe dauerte keine zwei Jahre. Die junge Frau starb kurz nach der Geburt eines Sohnes im März 1789 an Lungentuberkulose, und der sinnliche Preußenkönig mußte sich unter den Hofdamen neue Favoritinnen suchen ...

Friederike Luise aber hatte sich mit den Jahren längst an dieses sonderbare »Familienleben« gewöhnt, und wie es scheint, hatte sie ihr eigenes Leben auch wieder unter Kontrolle. Zwar stellten sich erste gesundheitliche Probleme ein, und so hielt sie sich in den Sommermonaten gerne im Kurort Freienwalde auf, einem Heilbad an der Westgrenze des Oderbruchs, dessen eisenhaltige Quellen und Moorbäder bekannt waren für die Linderung rheumatischer Beschwerden. Ansonsten aber erfüllte sie all die Repräsentationspflichten, die von einer preußischen Königin verlangt wurden, oder vertrieb sich ihre freie Zeit mit dem Besuch von Theater- oder Musikaufführungen, für die auch ihr königlicher Gemahl eine besondere Vorliebe hatte.

»Es wird ein lustiges Leben am Hofe werden ...«

Ein Jahr vor seinem Tod malte Friedrich der Große dem Grafen Carl Georg von Hoym (1739–1807) ein dunkles Bild von der künftigen Herrschaft seines Neffen Friedrich Wilhelm: »Ich werde Ihnen sagen, wie es nach meinem Tode gehen wird, es wird ein lustiges Leben am Hof werden, mein Neffe wird den Schatz verschwenden, die Armee ausarten lassen. Die Weiber werden regieren und der Staat wird zugrunde gehen ...« Tatsächlich sollte der »alte Fritz« nicht ganz unrecht behalten.

Friedrich Wilhelm II. überließ die Regierungsgeschäfte bekanntlich weitgehend seinen Ratgebern, die wie er selbst dem mystischen Rosenkreuzerbund angehörten. Auch die Mätressenwirtschaft behielt er ein Leben lang bei, und was die Verschwendung des »Schatzes« betrifft, so hatte die böse Ahnung seinen Vorgänger keinesfalls getrogen: Der Staatsschatz von rund 50 Millionen Talern, den der neue Preußenkönig bei seinem Regierungsantritt geerbt hatte, schmolz rasch dahin, und als Friedrich Wilhelm II. schließlich starb, hinterließ er einen Schuldenberg von nahezu gleicher Größe. Daß sich Preußen während seiner Regierungszeit beachtlich vergrößerte (hauptsächlich dank der zweiten und dritten Teilung Polens), ist eher eine Ironie der Geschichte.

Erhebliche Summen verschlang allein Friedrich Wilhelms große Liebe zur Musik. Wie so viele Hohenzollern, so hatte wohl auch er sein musikalisches Talent von der begabten Königin Sophie Charlotte geerbt, spielte Geige und Cello und besaß bereits als Kronprinz eine eigene Kapelle. Ein zeitgenössischer Beobachter, Superintendent Kirchner, berichtet: »Wöchentlich waren bei ihm zwei Kammerkonzerte, wobei er selbst sehr gut das Cello spielte. Während des Karnevals (= winterliche Ballsaison) ... waren die Abende der Woche auf folgende Weise besetzt: Cour bei der regierenden Königin Friederike, Montag: Italienische Oper, Dienstag: Redoute im Opernhaus, Mittwoch: Ruhetag, Donnerstag: Cour bei der Königin Witwe Elisabeth, Sonnabend: Assemblée bei einem der Minister ...« Die Hofgesellschaft zeigte sich erfreut, daß nach den vielen Jahren der Sparsamkeit nun endlich wieder königlicher Glanz ins Berliner Schloß einzog, und insbesondere das »schöne Geschlecht« hatte ausreichend Gelegenheit, eine aufwendige Garderobe vorzuführen: »Die Damen mußten auf Anordnung des Ober-Hof-Zeremonienmeisters auf der Cour bei der Königin en robe erscheinen, d. h. in Kleidern mit sechs bis zehn Ellen langen Schleppen, auf denen manche noch ungeheuren Reichtum zur Schau trugen, wie die Fürstin von Hohenlohe, die einen ganzen Sternenhimmel von Brillanten auf ihrer Schleppe hatte«, erfahren wir von Kirchner. »Die Haare wurden ellenhoch toupiert;

im Nacken trug man eine Chignon (das Haar wurde durch Kämmen oder Flechten zu einem Knoten zusammengefaßt und mit einem Kamm gehalten, Anm. d. Verf.) und einen Haarwulst mit einem Federkissen darin. Die Wangen waren geschminkt, die Taillen schrecklich eingeschnürt, die Hüfte mit Puffanten bedeckt, die Unterröcke durch umfangreiche Reifen erweitert. – Nicht geringere, wenn auch weniger kostbare Torheiten zeigten die Männer in ihren Röcken, Hüten und Haarbeuteln, welche jetzt an die Stelle der früheren Allonge-Perücken getreten waren ...« Es schien also wahrhaftig ein »lustiges Leben« am Berliner Hof zu herrschen, ganz wie Friedrich der Große prophezeit hatte.

Doch von Friedrich Wilhelms Leidenschaft für Kunst und Musik profitierte nicht nur die höfische Gesellschaft. Ganz allgemein erlebte Preußen während seiner elfjährigen Regierungszeit einen kulturellen Aufschwung, der insbesondere der deutschen Kunst und Literatur zugute kam. Das Berliner Schauspielhaus, das aus dem französischen Komödienhaus hervorgegangen war, wurde 1786 zum Königlichen Nationaltheater umgewandelt. Hier standen nahezu ausschließlich deutsche Stücke auf dem Spielplan, angefangen von den vergnüglichen oder rührseligen Bühnenwerken Ifflands oder Kotzebues (1761–1819) bis hin zu den klassischen Dramen. August Wilhelm von Iffland (1759–1814) übernahm 1796 selbst die Intendanz des Nationaltheaters. Eine ähnliche Entwicklung ist bei den Opern zu beobachten. Der lange Zeit vorherrschende italienische Einfluß wurde zurückgedrängt und statt dessen deutsche Komponisten – Gluck, Mozart und Beethoven – bevorzugt. Mozart selbst war 1789 bei der Aufführung »Die Entführung aus dem Serail« anwesend.

»Die Kosten der Oper«, weiß unser Gewährsmann Kirchner, »wurden aus der Hofstaatskasse bestritten. Die Zuhörerschaft war auf folgende Weise placiert: In der königlichen Mittelloge befand sich die Königin mit ihren Hofdamen. Der König mit den Generalen, Staats- und anderen Offizieren und Kadetten hatten ihren Platz hinter dem Orchester. Das größere Publikum der Stadt war von den öffentlichen Aufführungen ausgeschlossen und durfte nur bei den Generalproben erscheinen. In den Proben spielte der König oft selbst sein Cello ...«

Doch es waren nicht nur die großen Komponisten, die Friedrich Wilhelm II. nach Berlin holte. 1786 machte er den Architekten Carl Gotthard Langhans (1733–1808) aus Breslau zum Direktor des Oberhofbauamtes in Berlin und beauftragte ihn mit dem Bau eines neuen Schauspielhauses am Gendarmenmarkt. Dessen Fertigstellung im Jahr 1802 sollte der Preußenkönig freilich nicht mehr erleben. Langhans schuf zudem jenes Bauwerk, mit dem sich Friedrich Wilhelm II. gleichsam ein Denkmal setzte und das schon bald zum Wahrzeichen Berlins wurde: Das »Brandenburger Tor« (1788–1791), das 1794 durch die Quadriga des jungen Bildhauers Johann Gottfried Schadow (1764–1850) ergänzt wurde.

Ruhiger Ausklang

Als Friederike Luise 40 Jahre alt war, vermählte sich ihre älteste Tochter Wilhelmine im Oktober 1771 mit dem Erbprinzen Wilhelm von Oranien, dem späteren König der Niederlande. Zwei Jahre später feierte man die Doppelhochzeit des Thronfolgers Friedrich Wilhelm mit der anmutigen Luise von Mecklenburg-Strelitz und die seines jüngeren Bruders Ludwig (Louis) mit Luises Schwester Friederike (s. S. 263). Sonderlich begeistert war Friederike Luise von ihren Schwiegertöchtern nicht, schienen sie ihr doch allzu kokett zu sein, vergnügungssüchtig und »schlecht erzogen«, aber im Grunde hatte sie an der Ehe der jungen Leute nur vergleichsweise wenig Interesse.

Nach wie vor verbrachte sie viel Zeit in Freienwalde und unterhielt mit ihrem königlichen Gemahl einen umfangreichen Schriftwechsel, dem auch nach all den Jahren nicht anzumerken war, wie wenig man im Grunde genommen miteinander anfangen konnte: »Meine teure Königin«, schrieb Friedrich Wilhelm 1795, »Ich küsse Ihnen die Hände und wünsche, daß Sie bald in besserer Gesundheit von Freienwalde zurückkehren mögen. Sie werden an Ihrem Geburtstage große Oper haben ...« Auch um die eigene Gesundheit des Preußenkönigs stand es damals keineswegs zum besten. Das ausschweifende Leben hatte seine Spuren hinterlassen, zudem machte ihm ein Herzleiden zu schaffen. Hinzu kam der frühe Tod seines Sohnes Ludwig – der Prinz war im Dezember 1796 mit nur 23 Jahren an Diphtherie gestorben –, der ihm offenbar näher ging als Friederike Luise.

Gemeinsam mit seiner langjährigen Vertrauten, der Gräfin Lichtenau, suchte er Erholung in Bad Pyrmont, doch schon bei seiner Rückkehr nach Berlin wurde deutlich, daß seine Tage gezählt waren. Friederike Luise besuchte ihren kranken Gemahl meist einmal wöchentlich im Marmorpalais in Potsdam und war sichtlich bewegt von der liebevollen Art, mit der Wilhelmine den Todkranken pflegte. Die Königin hatte ihre Eifersucht schon längst abgelegt, und in den letzten Jahren war sie auch bereit gewesen, die zweifellosen menschlichen Qualitäten ihrer »Konkurrentin« anzuerkennen, die keineswegs aus Eigennutz Friedrich Wilhelm mehr als 30 Jahre die Treue gehalten hatte. Friederike Luise konnte es daher auch nicht gutheißen, daß ihr ältester Sohn Friedrich Wilhelm nach dem Tod des Vaters am 16. November 1797 die ihm verhaßte Wilhelmine verhaften und ihr Eigentum konfiszieren ließ – auch wenn sie schon bald darauf rehabilitiert worden ist.

Der Tod Friedrich Wilhelms riß keine große Lücke in Friederike Luises Leben. Als Witwensitz war ihr das »Schmuckkästchen« Monbijou zugesprochen worden, das sie immer dann bewohnte, wenn sie nicht gerade zur Kur in Freienwalde war. Auch am Hofleben nahm sie nach wie vor teil, freilich ohne sonderlich in Erscheinung zu treten.

Friederike Luise starb am 25. Februar 1805 an den Folgen eines Schlaganfalls, den sie wenige Wochen zuvor erlitten hatte und wurde, wie ihre Vorgängerinnen auch, im Berliner Dom beigesetzt.

LUISE

von Mecklenburg-Strelitz

* 10. März 1776 in Hannover
⚭ 24. Dezember 1793 mit Friedrich Wilhelm (III.) von
Preußen
† 19. Juli 1810 in Hohenzieritz bei Neustrelitz

STAMMTAFEL

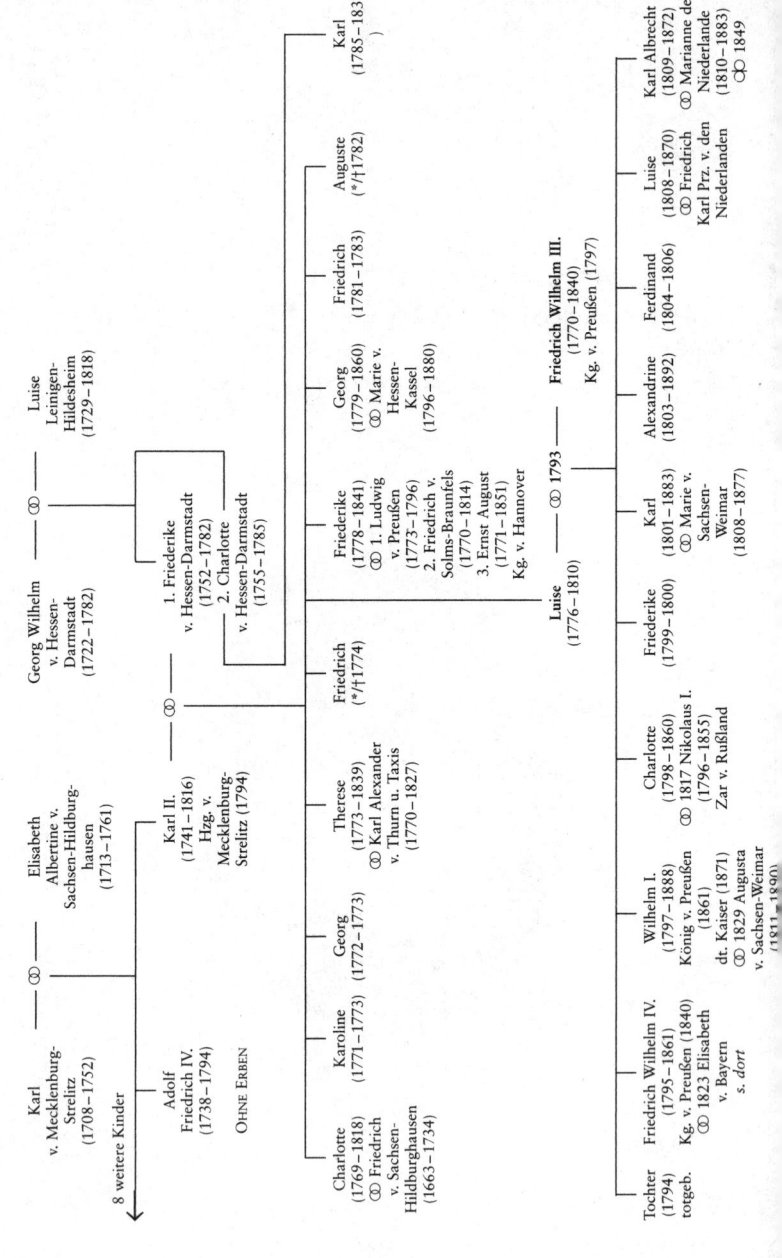

Georg Wilhelm v. Hessen-Darmstadt (1722–1782) ⚭ Luise Leiningen-Hildesheim (1729–1818)

1. Friederike v. Hessen-Darmstadt (1752–1782)
2. Charlotte v. Hessen-Darmstadt (1755–1785)

Karl v. Mecklenburg-Strelitz (1708–1752) ⚭ Elisabeth Albertine v. Sachsen-Hildburghausen (1713–1761)

Adolf Friedrich IV. (1738–1794)
OHNE ERBEN

Karl II. (1741–1816) Hzg. v. Mecklenburg-Strelitz (1794)

8 weitere Kinder

Charlotte (1769–1818) ⚭ Friedrich v. Sachsen-Hildburghausen (1663–1734)

Karoline (1771–1773)

Georg (1772–1773)

Therese (1773–1839) ⚭ Karl Alexander v. Thurn u. Taxis (1770–1827)

Friedrich (*/†1774)

⚭

Karl (1785–1837)

Auguste (*/†1782)

Friedrich (1781–1783)

Georg (1779–1860) ⚭ Marie v. Hessen-Kassel (1796–1880)

Friederike (1778–1841) ⚭ 1. Ludwig v. Preußen (1773–1796) 2. Friedrich v. Solms-Braunfels (1770–1814) 3. Ernst August (1771–1851) Kg. v. Hannover

Luise (1776–1810)

⚭ 1793

Friedrich Wilhelm III. (1770–1840) Kg. v. Preußen (1797)

Tochter (1794) totgeb.

Friedrich Wilhelm IV. (1795–1861) Kg. v. Preußen (1840) ⚭ 1823 Elisabeth v. Bayern s. *dort*

Wilhelm I. (1797–1888) König v. Preußen (1861) dt. Kaiser (1871) ⚭ 1829 Augusta v. Sachsen-Weimar (1811–1890)

Charlotte (1798–1860) ⚭ 1817 Nikolaus I. (1796–1855) Zar v. Rußland

Friederike (1799–1800)

Karl (1801–1883) ⚭ Marie v. Sachsen-Weimar (1808–1877)

Alexandrine (1803–1892)

Ferdinand (1804–1806)

Luise (1808–1870) ⚭ Friedrich Karl Prz. v. den Niederlanden

Karl Albrecht (1809–1872) ⚭ Marianne der Niederlande (1810–1883) ⚭ 1849

Königin Luise
(zum 100. Todestag 1910)

Ein voll Jahrhundert ist es heut' entschwunden,
Seitdem ob ihres Preußenlandes Schmach
Und der vom Korsen ihm geschlagenen Wunden
Das Herz der edelsten der Frauen brach.
Ob auch gestorben, bleibt sie doch die Krone
Des deutschen Volkes, ihre Hände hebt
Fürbittend sie für uns an Gottes Throne. –
Sie starb – und dennoch fühlen wir – sie lebt,
Und will, ein holdes Bild aus alten Zeiten,
An Euren Augen heut' vorübergleiten.

In Schönheit prangend und in Jugend blühend,
Mit jeder Anmut wunderbar geschmückt
Und für die Edelste am reinsten glühend,
hat sie die Besten ihres Volks entzückt.
Auch ihren Feinden hat sie gern verziehen,
Die kleinste Liebe lohnte sie mit Dank,
Wo sie erschien, da fand sie Sympathien,
Ihr Wort ertönte jedem wie Gesang.
Und so erfüllt vom höchsten Ideale
Gab sie ihr Herz dem würdigsten Gemahle.

Ein selger Bund aus Liebe und aus Treue
Wob ihn im Himmel heilger Engel Hand
Des deutschen Hauses Wonne ward aufs neue
Durch dieses Königshauses Glück erkannt.
Ein Fürstenpaar in reinem Glanz und Jugend,
Ein Christenpaar mit einfach frommem Sinn,
Er voller Lust zu jeder Mannestugend,
Sie groß als Mutter, Frau und Königin.
Um wohlzutun begrüßten sie die Krone,
So fand der Sturm der Zeit sie auf dem Throne.

Das Alte brach, die Zukunft lag im Dunkeln,
Luisens hohe Seele war voll Licht,
Sie sah im Geist die Schwester Gottes funkeln
Und beugte sich dem großen Strafgericht.
In Gottes Augen suchte sie die Klarheit,
die ihr der Schmerz der Gegenwart verbarg;
Sie glaubte sterbend an den Sieg der Wahrheit
Und nahm die Hoffnung mit in ihren Sarg.
Nur ihren Leib verhüllt des Todes Wolke,
Die Seele blieb Prophetin ihrem Volke.

So lebt sie fort, was uns an ihr gegeben,
Empfängt ein Volk im Zeitenlauf nicht oft,
Ein geisterfülltes, wundersames Leben;
sie hat geglaubt, geliebet und gehofft.
An Freuden reich und reicher noch an Wehmut,
Geliebt im Leben und im Tod beweint,
so stark an Mut und doch so zart in Demut,
Trug alles Schönste sie in sich vereint.
Und lebend, leidend, sterbend für das Recht,
Bleibt sie ein Vorbild unserem Geschlecht.

(Die Strophen 2–4 stammen aus der Feder des Berliner Hofpredigers
Adolf Stöcker [1835–1909], die Strophen 1 und 5 dichtete aus aktuel-
lem Anlaß ein uns nicht näher bekannter C. F. hinzu.)

Mythos Luise

Laut einer Umfrage der »Berliner Zeitung« im Jahr 1900 war Königin Luise von Preußen noch zu Beginn des 20. Jahrhunderts die am meisten bewunderte Deutsche, und selbst heute noch, bald 200 Jahre nach ihrem Tod, ist sie zweifellos die populärste in der Reihe der preußischen Königinnen, wenn auch nicht mehr jene Lichtgestalt, zu der das Volk seinerzeit voller Verehrung und Begeisterung aufgeblickt hat.

Ganz Preußen hatte damals um seine so früh verstorbene Königin getrauert, Dichter wie Theodor Körner, Achim von Arnim oder Heinrich von Kleist, tief betroffen vom plötzlichen Tod der schönen Luise, widmeten ihr ergreifende Verse. Aus einem Menschen mit all seinen Fehlern, Schwächen und Unzulänglichkeiten wurde so das Sinnbild einer mustergültigen Königin, perfekten und mutigen Patriotin, einer liebenden Ehefrau und untadeligen Mutter, die nicht zuletzt auch noch ein großes Herz für die Armen und Kranken hatte. Luise – eine Identifikationsfigur für ganz Preußen, solange Preußen existierte und auch noch darüber hinaus.

Bereits 1913 wurde Luises Leben zum ersten Male verfilmt, und angeblich soll Kaiser Wilhelm II. die Aufnahmen durch Originalexponate aus dem Hohenzollern-Museum unterstützt haben. Schon längst war Luise zum Mythos geworden, als Individuum so gut wie gar nicht mehr zu erkennen. Statt dessen bot sie eine Projektionsfläche für alle, die sich ihr eigenes Bild von der schönen Preußenkönigin machen wollten, und das galt selbst im wortwörtlichsten Sinne: Luise wurde schon zu Lebzeiten zu einer Schönheit hochstilisiert, doch wie sie wirklich ausgesehen hat, weiß niemand. Obwohl zahlreiche Gemälde von ihr existieren, wirkt sie dort stets wie eine Musterprinzessin oder Idealkönigin ohne charakteristische Züge – und immer anders, wie Preußens »Schönheitskönigin« eben.

Gewiß hätte Luises Idealbild mit der Zeit einige Kratzer abbekommen, wäre die Preußenkönigin nicht bereits mit 34 Jahren gestorben, denn offensichtlich trägt ein früher Tod insbesondere bei Frauen maßgeblich zur Mythenbildung bei, und das noch heute genau wie damals. Ohne ihren tragischen Unfalltod im Jahr 1997 wäre die Prinzessin von Wales wahrscheinlich nie zu »Englands Rose« erhoben worden, und auch Luise möglicherweise nicht zu jener »Königsrose«, die der Dichter Max von Schulendorf (1783–1813) 1810 betrauert hat:

> »Rose, schöne Königsrose,
> Hat auch Dich der Sturm getroffen?
> Gilt kein Beten mehr, kein Hoffen
> Bei dem grauenvollen Lose?«

Mythos Luise – doch wer war Preußens »Rose« in Wirklichkeit?

Kindheit und Jugend bei
»Großmutter Georg«

Frühe Schicksalsschläge

Wieder »nur« ein Mädchen! Es scheint, als habe sich die Freude in Grenzen gehalten, nachdem Friederike von Mecklenburg-Strelitz am 10. März 1776 im Alten Palais zu Hannover eine vierte Tochter zur Welt gebracht hatte. Nach Charlotte (1769), Karoline (geb. und gest. 1771) und Therese Mathilde (1773) lag nun also erneut eine kleine Prinzessin in der Wiege, die man am 25. März auf den Namen Luise Auguste Wilhelmine Amalie taufte.

Luises Mutter Friederike (1752–1782) war eine geborene Prinzessin von Hessen-Darmstadt und besaß daher entsprechende verwandtschaftliche Verbindungen zum preußischen Königshaus: Die Kronprinzessin und spätere Königin Friederike Luise von Preußen war ihre Cousine. Beide Väter, der »exerzierfreudige« regierende Landgraf Ludwig IX. (vgl. S. 227) und Georg Wilhelm waren Brüder, letzterer, der Vater der nunmehrigen Mecklenburger Friederike, der jüngere und damit auch ärmere von beiden.

Weder besonders begütert noch bedeutend war auch Luises Vater Karl Ludwig von Mecklenburg-Strelitz (1741–1816), gewissermaßen Herzog im Wartestand, der erst 1794 seinen älteren kinderlosen Bruder Adolf Friedrich IV. beerben sollte. Vorerst verdingte er sich als Gouverneur von Hannover in englischen Diensten.

Bekanntlich war Kurfürst Georg von Hannover im Jahr 1714 König von England geworden, und unterdessen saß mit Georg III. (König 1760–1820) bereits der dritte Welfe auf dem Thron des Inselreichs. Während die Hannoveraner in London regier-

Die Weyhenlöve an der Leine. – Luise von Mecklenburg-Strelitz verbrachte ihre Kindheit in Hannover, da ihr Vater dort als Gouverneur im Dienste Englands stand. Aquatintaradierung, um 1790.

ten, kümmerten sich daheim sorgfältig ausgewählte Gouverneure um die Erbländer. Diesmal war die Wahl also auf den jungen Prinzen Karl Ludwig gefallen, dessen Schwester Charlotte schließlich mit dem englischen König verheiratet war und von dem man nicht annehmen mußte, daß er sich selbst des Landes bemächtigt hätte, wie es möglicherweise von einem Preußen zu erwarten gewesen wäre.

Karl Ludwig von Mecklenburg-Strelitz und die hübsche Darmstädterin Friederike heirateten im September 1768 und lebten seitdem in Hannover. Es war, wie es scheint, eine recht harmonische Ehe, die nur dadurch getrübt wurde, daß es lange Zeit keinen männlichen Erben gab. Zwei Söhne, die 1772 und 1774 geboren wurden, lebten nur wenige Monate, und das Kind, das zwei Jahre nach Luise zur Welt kam, war auch schon wieder ein Mädchen: Friederike, die sich stets eng an ihre ältere Schwester anschloß und sie später auch nach Berlin begleiten sollte. Perfekt war das Familienglück freilich erst, als 1779 endlich der langersehnte Thronfolger geboren wurde, ein Prinz, der nach dem Darmstädter Großvater Georg genannt wurde.

Die Kindheit, die Luise und ihre vier Geschwister in Hannover verlebten, unterschied sich wohl kaum von der anderer Fürstenkinder. Während die Eltern nur wenig Zeit für sie hatten und ihren Repräsentationspflichten nachgingen, blieb der Nachwuchs in der Obhut einer mütterlich besorgten Kinderfrau, Magdalene von Wolzogen, die vor allem mit der quirligen Luise mitunter ihre liebe Not hatte. Das Familienidyll fand jedoch ein jähes Ende, als Luises Mutter, erst 30 Jahre alt, am 22. Mai 1782 im Kindbett starb und auch das neugeborene Töchterchen die Geburt nur wenige Stunden überlebte. Wir wissen nicht, wie Luise diesen Schicksalsschlag aufgenommen und verarbeitet hat, immerhin war sie mit sechs Jahren schon alt genug, um das Geschehen in seiner vollen Tragweite zu begreifen. Freilich war sie auch noch jung genug, um über diesen Verlust hinwegzukommen, zumal sie ihre Mutter weitaus seltener gesehen hatte als die liebevolle und stets gegenwärtige Frau von Wolzogen. Um so größer waren Schmerz und Trauer des Vaters. Karl Ludwig, nunmehr Witwer mit vier Töchtern und einem erst dreijährigen Sohn, kam nur schwer über den Tod seiner jungen Frau hinweg, und als er im September 1784 zum zweiten Male heiratete, entschied er sich für die 28jährige Schwester der verstorbenen Friederike, Charlotte von Hessen-Darmstadt. Er hätte wohl kaum eine bessere Wahl treffen können. Zu ihrer Darmstädter Tante hatten in gleichem Maß die Kinder von jeher ein besonders inniges Verhältnis gehabt, und auch Charlotte wuchs ohne nennenswerte Probleme in ihre neue Rolle als »Ersatzmutter« hinein. Doch über dieser Ehe stand ebenfalls kein guter Stern: Wie Friederike, so starb auch Charlotte im Kindbett, am 12. Dezember 1785, nachdem sie einem Sohn namens Karl das Leben geschenkt hatte.

Karl Ludwig war vollends verzweifelt, für ihn war eine Welt zusammengebrochen. Niedergeschlagen nahm er seinen Abschied aus hannoverschen Diensten, verließ die Stadt und zog mit seinen Kindern zu der einzigen Frau, von der er wußte, daß sie ihm fortan mit Rat und Tat zu Seite stehen würde: Marie Luise von Hessen-Darmstadt (1729–1818), allgemein nur als »Prinzessin Georg« bekannt (wobei anzunehmen ist, daß die Darmstädter gut hessisch »Schorsch« sagten). Prinzessin »Georg«, Darmstädter Großmutter der fürstlichen Kinder, war seit 1782 verwitwet, mit 53 Jahren aber noch voller Energie und freute sich ehrlich auf ihre neue Aufgabe. Tatsächlich hat sie Luise und ihren Geschwistern in den nächsten Jahren ein behütetes Zuhause voll Wärme und Geborgenheit geschenkt, ein Leben, das weitgehend frei war von Etikette und höfischen Zwängen.

Das Leben am Darmstädter Markt

Nun also mußte man im »Alten Palais« am Darmstädter Markt (im Zweiten Weltkrieg zerstört) ein wenig zusammenrücken, um für die Enkel Platz zu schaffen. Luises Schwester Charlotte war allerdings nicht mit zur Großmutter gekommen. Sie hatte, soeben erst 16jährig, 1785 den Herzog von Sachsen-Hildburghausen geheiratet und war ihm in das kleine Städtchen an der Werra gefolgt. Auch Vater Karl Ludwig hielt sich mit seinen beiden Söhnen recht häufig bei seiner Ältesten auf, so daß nur Therese, Friederike und Luise auf Dauer in Darmstadt wohnten.

Das Leben im »Alten Palais« verlief vergleichsweise zwanglos und unterschied sich kaum von dem wohlhabender Bürger. Zwar war aus Hannover eigens eine Erzieherin aus der französischen Schweiz mit nach Darmstadt gekommen, um den heranwachsenden jungen Damen zumindest ein wenig von jenem aristokratischen Schliff zu verleihen, den man auch von weniger bedeutenden Prinzessinnen erwartete, aber gegen die bodenständigen Erziehungsmethoden der lebensfrohen Großmutter konnte Salomé von Gélieu nur wenig ausrichten.

Luise, nunmehr zehn Jahre alt und bis dahin ein stets etwas schwieriges, wildes und unbeständiges Kind, blühte in der herzlichen und geborgenen Atmosphäre im Haus am Darmstädter Markt regelrecht auf und reifte zu einem fröhlichen und unbekümmerten jungen Mädchen heran, das mit seinen blauen Augen und blonden Locken ebenso hübsch zu werden versprach wie seine Schwestern.

Während es für die anmutigen Prinzessinnen ausreichend Nestwärme gab, kam die Ausbildung ein wenig zu kurz, aber das war bei Töchtern schließlich durchaus nicht unüblich. Das Geld investierte man lieber in die Söhne, und aus »gelehrten Frauenzimmern« schien sich nach dem Tod Friedrichs des Großen ohnehin niemand etwas zu machen: »Mühsames Lernen oder peinliches Grübeln«, schrieb der berühmte Philosoph Immanuel Kant (1724–1804), »wenn es gleich ein Frauenzimmer darin hoch bringen sollte, vertilgen die Vorzüge, die ihrem Geschlecht eigentümlich sind. Ein Frauenzimmer, das den Kopf voller Griechisch hat ... oder über die Mechanik gründliche Streitereien führt ... mag sie nur immerhin noch einen Bart dazu haben. Ihre Weltweisheit ist nicht Vernünfteln, sondern Empfinden.« Daß ihr ein Bart wachsen würde, hatte Luise ohnehin nicht zu befürchten. Sie war bestenfalls eine mittelmäßige Schülerin, flüchtig, nachlässig, zerstreut, ohne Freude am Lernen. Entsprechend unordentlich sahen auch ihre Hefte aus, fehlerhaft geführt und mit zahlreichen Zeichnungen bekritzelt, die mit dem Inhalt der Aufgaben in keinerlei Zusammenhang standen: modisch geputzte Rokokodamen, die sie gewiß mehr interessiert haben dürften als »Affricka« oder die Feinheiten der Rechtschreibung.

Natürlich spielte Luise auch Klavier und erhielt Unterricht im Malen und Zeichnen, aber weder für das eine noch für das andere zeigte sie besonderes Interesse und Talent, zudem war sie viel zu unbeständig, um überhaupt irgendeine Begabung entwickeln zu können. Diese Flüchtigkeit – in der Familie nannte man Luise gerne »Fräulein Husch« – hat sie ihr Leben lang nicht ablegen können, auch wenn sie später als Königin eine Zeitlang ernsthaft bemüht war, ihre erheblichen Bildungslücken ein wenig zu verkleinern. Was sie hingegen ernst nahm, sowohl als Kind wie als Erwachsene, war die Religion. Der 12jährigen hatte die Großmutter ein Erbauungsbuch geschenkt,

»Unterhaltungen mit Gott in den Morgenstunden auf jeden Tag des Jahres«, in dem Luise eifrig und ernsthaft las. Gott, so glaubte sie fest, werde die menschlichen Geschicke trotz allem letztlich zum Guten lenken.

Gleichwohl war die Prinzessin ein ausgesprochen fröhliches und lebensbejahendes junges Mädchen, das die gleiche Freude an Maskenfesten, Bällen, Theateraufführungen und ähnlichen Vergnügen hatte wie andere Gleichaltrige und stets froh war, wenn der Darmstädter Alltag ein wenig aufgelockert wurde. Hin und wieder kam der Vater zu Besuch, der unterdessen als Präsident der kaiserlichen Kreditkommission eine neue Aufgabe gefunden hatte und 1787 endgültig nach Hildburghausen umgesiedelt war. Daß es ihre Schwester Charlotte dort offenbar nicht so gut getroffen hatte, tat Luise von ganzem Herzen leid. Charlottes Liebe zu dem jungen Friedrich von Sachsen-Hildburghausen (1763–1834) hatte sich den Anforderungen des Alltags nicht gewachsen gezeigt, denn der Herzog stand seiner schönen Gemahlin nicht nur ziemlich gleichgültig gegenüber, er bot ihr mit seinem veralteten, ja, zum Teil regelrecht verwahrlosten Schloß ein reichlich unwirtliches Zuhause, und obendrein war er hoch verschuldet. Therese heiratete am 25. Mai 1789 den 19jährigen Prinzen Karl Alexander von Thurn und Taxis (1770–1827) und zog nach Regensburg. Bei der fröhlichen Feier ahnte wohl niemand, daß nur wenige Wochen später mit dem Sturm auf die Bastille im Nachbarland Frankreich eine Revolution ausbrechen sollte, die der absolutistischen Monarchie ein blutiges Ende setzte und deren Auswirkungen nicht an Frankreichs Grenze haltmachten. Doch das Nachbarland interessierte diesseits des Rheins vorerst nur wenig, hier waren die Throne noch nicht ins Wanken geraten.

Quartier bei Mutter Goethe

Die 14jährige Luise freute sich unterdessen auf ein ganz besonders feierliches Ereignis, dessen Zeugin sie im Oktober 1790 werden sollte: die Krönung Leopolds II. zum römisch-deutschen Kaiser. Am 20. Februar 1790 war Joseph II. in Wien gestorben, und da er keine Söhne hatte, folgte ihm sein Bruder Leopold auf den Thron. Seit der Goldenen Bulle von 1356 fanden Wahl- und Krönungszeremonie in Frankfurt statt, der umtriebigen Handelsmetropole am Main und dem Geburtsort des damals schon berühmten Dichters Johann Wolfgang von Goethe, dessen 1774 erschienener »Werther« ganz Deutschland in Begeisterung versetzt hatte. Goethe selbst war im April 1764 Augenzeuge der Kaiserkrönung Josephs II. gewesen und hat später in seinen Lebenserinnerungen »Dichtung und Wahrheit« die beeindruckende Zeremonie auf zwanzig Seiten in allen Einzelheiten widergegeben.

Da Frankfurt von Darmstadt nur eine Tagesreise entfernt lag, hatte Großmutter »Georg« kurzerhand beschlossen, sich das spektakuläre Ritual gemeinsam mit ihren Enkeln Luise, Friederike und Georg anzusehen. Eine angemessene Unterkunft war schon bald gefunden; alle fürstlichen Besucher stiegen damals üblicherweise in Privatquartieren ab, und für die Darmstädter Gäste fand sich sogar eine besonders angenehme Bleibe in jenem berühmten Haus am Großen Hirschgraben in der Nähe des Römerbergs, das Catharina Elisabeth Goethe ihr eigen nannte. Frau Aja, wie sie allgemein genannt wurde, war die Mutter des berühmten Dichters, der seiner Heimatstadt freilich bereits seit 15 Jahren den Rücken gekehrt und in Weimar am Hof des Herzogs Karl August eine neue Aufgabe gefunden hatte. Die knapp 60jährige erwies sich als hervorragende Gastgeberin, die keinerlei »Berührungsängste« vor den fürstlichen Herrschaften kannte und insbesondere den Kindern herzlich zugetan war. Für sie setzte sie sich ans Klavier, man lachte und sang gemeinsam, und zu Mittag verspeiste man herzhafte Pfannkuchen, die Frau Aja eigens für ihre jungen Gäste gebacken hatte. Luise hat die schönen Tage in Frankfurt ihr Leben lang nicht vergessen, und noch Jahre später, als sie schon längst preußische Königin war, besuchte sie die alte Frau, um mit ihr liebe Erinnerungen auszutauschen, Erinnerungen, die sie viel stärker im Gedächtnis hatte als die pompöse Krönung Leopolds II. am 9. Oktober 1790.

»Ich sterbe vor Furcht ...« –
Flucht nach Hildburghausen

So langsam neigte sich Luises unbeschwerte Jugendzeit ihrem Ende entgegen, eine Entwicklung, die Großmutter Marie Luise nicht ohne Sorge beobachtete. Ihre Enkelin reifte zu einem hochgewachsenen jungen Mädchen heran – ständig mußten die Kleidersäume verlängert werden –, doch während Gleichaltrige in dieser entscheidenden Phase meist nur unter rasch wechselnden Launen litten, hatte Luise mit erheblichen gesundheitlichen Problemen, Kreislaufbeschwerden und Erkältungskrankheiten, zu kämpfen, die sie mitunter sogar dazu zwangen, vorübergehend Bettruhe einzuhalten. Gleichwohl mußte ihre »Ausbildung« abgeschlossen werden. 1791 trat sie gemeinsam mit der Großmutter eine zeitübliche Bildungsreise nach Holland an und besuchte die Städte Arnheim, Utrecht, Amsterdam, Den Haag, Scheveningen und Rotterdam. Im Jahr darauf, am 15. Juni 1792, wurden Luise und die zwei Jahre jüngere Friederike konfirmiert, ihre Jugend war damit zu Ende, die Mädchen waren »heiratsfähig«, und nun galt es, sie in die große Gesellschaft einzuführen.

Derweil zogen vom benachbarten Frankreich her dunkle Wolken über den Rhein. Seit April des Jahres befand sich Frankreich im Kriegszustand mit Österreich und Preußen, am 10. August stürzte der Thron der Bourbonen, einen Monat später wurde Frankreich zur Republik erklärt. Es gelang, die preußischen und österreichischen Invasionsheere zurückzuschlagen, und nun drängten die französischen Armeen bis an den Rhein. Speyer und Worms waren höchst bedroht – und Darmstadt lag nur wenige Meilen entfernt! Auch wenn das Land Hessen Neutralität wahrte, so brach doch eine allgemeine Panik aus, vor der auch Luise nicht verschont blieb: »Ich sterbe vor Furcht«, schrieb sie am 2. Oktober an ihre Schwester Therese nach Regensburg, »seitdem wir vorgestern abend gehört haben, daß die Franzosen in einer Stärke von zwanzig- oder fünfzehntausend vor Speyer ständen. Wir wissen noch nicht, wo diese Brigantenhorden eigentlich hinauswollen. Sie sind ungefähr noch zwölf Stunden von uns entfernt. Wenn sie auf Darmstadt marschieren, werden wir fliehen. Gott weiß, wohin und wann ...«

Nur zwei Tage später entschloß sich die resolute Großmutter, mit ihren Enkeln die Stadt sicherheitshalber zu verlassen und in das 150 Kilometer entfernte Hildburghausen zu reisen, wo sie bei Charlotte ein sicheres Exil zu finden hofften.

Charlotte freute sich über die Ankunft ihrer Familie und bemühte sich, es dem Besuch in dem wenig behaglichen Schloß so angenehm wie möglich zu machen. Doch Luise war nicht entgangen, wie unglücklich ihre Schwester war. Ausgerechnet Charlotte, die wohl hübscheste und zweifelsohne begabteste der Mecklenburger Schwestern, mit außergewöhnlichem musikalischen Talent und einer wunderschönen Stimme. Erst kürzlich hatte Charlotte ihr drittes Kind zur Welt gebracht, ein kleines Mädchen namens Therese, das später einmal Ludwig von Bayern heiraten und 1825 bayerische Königin werden sollte.

Trotz leerer Kassen war die 23jährige Hildburghausenerin eifrig bemüht, die kleine Residenz in einen Musenhof zu verwandeln, wobei ganz eindeutig Weimar ihr Vorbild war. Auch wenn es Charlotte nicht gelang, dem »Klein-Athen« an der Ilm Konkurrenz zu machen, so zog sie doch etliche Maler, Musiker und Dichter nach Hildburghausen, darunter auch den erfolgreichen Schriftsteller Jean Paul (eigentlich Johann Paul Friedrich Richter, 1763–1825), der den aus Darmstadt stammenden »vier schönen Schwestern auf dem Thron« wenige Jahre später den Roman »Titan« widmete.

Luise hatte nur wenig Sinn für die künstlerischen Ambitionen ihrer ältesten Schwester, auch wenn sie deren Klugheit und Begabung ehrlich bewunderte. Sie genoß statt dessen das Wiedersehen mit ihrem Vater, das Zusammensein mit der Familie, vergnügliche Feste und Landpartien und insbesondere die Tatsache, daß hier in Hildburghausen der Unterricht ausfiel. Es waren friedliche, fröhliche und angstfreie Wochen, doch Luise wird gespürt haben, daß das, was man gewöhnlich als den »Ernst des Lebens« bezeichnet, nicht mehr allzu weit entfernt war. Ohne daß man sie darüber informiert hatte, wurden bereits Pläne für eine baldige Heirat geschmiedet, und im Gespräch waren unter anderem die Söhne des preußischen Königs Friedrich Wilhelm II., der freilich – aus guten Gründen – bei den Mecklenburgern keinen sonderlich guten Ruf genoß.

»Wir wußten sofort, woran wir miteinander waren ...« – Luises Begegnung mit Kronprinz Friedrich Wilhelm

Am 10. März 1793 feierte Luise in Hildburghausen ihren 17. Geburtstag, und Vater Karl Ludwig hatte allen Grund, stolz auf seine hübsche Tochter zu sein. Sie war zu einer anmutigen jungen Frau herangereift, mit strahlenden blauen Augen und einem frischen Gesicht, fröhlich, spontan und unbeschwert und voll natürlichem Charme. Er empfand ein wenig Eifersucht bei dem Gedanken, Luise schon so bald verheiraten zu müssen, zumal die in Frage kommenden Kandidaten nicht gerade seinem Geschmack entsprachen: Berliner Prinzen, die ältesten Söhne des »vielgeliebten« Preußenkönigs, der mit seiner »Mätressenwirtschaft« eine zweifelhafte Berühmtheit erlangt hatte. Auch die Berliner Hofgesellschaft galt als verrufen und sittenlos. Nach den Worten des Bildhauers Johann Gottfried Schadow (1764–1850) herrschte dort »die größte Liederlichkeit, alles besoff sich in Champagner, fraß die größten Leckereien, frönte allen Lüsten. Ganz Potsdam war wie ein Bordell ...« In diesem Sündenbabel sollte keine seiner Töchter landen! Auch die politische Haltung des Preußenkönigs war Karl Ludwig ein Dorn im Auge, ebenso rückständig wie undurchschaubar, während der Mecklenburger liberalen und fortschrittlichen Ideen durchaus aufgeschlossen gegenüberstand.

Doch sein Schwager Georg, umtriebiger Sohn der Darmstädter Großmutter, der Friedrich Wilhelm II. im Vorjahr persönlich kennengelernt hatte, riet dem skeptischen »Brautvater«, die potentiellen Heiratskandidaten zunächst einmal persönlich in Augenschein zu nehmen und sich erst anschließend ein Urteil zu bilden. Zunächst aber wurden geheime Vermittler losgeschickt, um die Situation vor Ort ein wenig auszukundschaften und vor allem die beiden preußischen Brüder gründlich zu inspizieren ...

Zwei Tage nach Luises Geburtstag verließ die Darmstädter Familie Hildburghausen, und da sich just zu diesem Zeitpunkt Friedrich Wilhelm II. mit seinen Söhnen »zufällig« in Frankfurt aufhielt, beschloß man, einen Abstecher in die Mainmetropole zu machen, bevor man ins heimische Darmstadt zurückkehrte.

Nicht nur Luise war während der Rückreise entsetzlich aufgeregt, nachdem man sie nun doch über die Heiratspläne und die bevorstehende Begegnung mit dem möglichen Gemahl informiert hatte. Auch Friederike hatte erfahren, daß man sie gleichermaßen für »ehetauglich« hielt, was sich schließlich anbot, da immerhin gleich zwei junge Männer im heiratsfähigen Alter zur Auswahl standen: Kronprinz Friedrich Wilhelm und sein jüngerer Bruder Ludwig, der vorherrschenden französischen Mode entsprechend »Louis« genannt.

Das erste Rendezvous der jungen Leute fand im Gasthof »Zum weißen Schwan« statt, doch alle waren recht verlegen. Allein der preußische König, ein alter und erfahrener Charmeur, war von dem Anblick der »beiden Engel«, wie er die Darmstädter Prinzessinnen nannte, sofort begeistert: »Ich wünschte sehr, daß meine Söhne Sie sehen möchten und sich in Sie verlieben«, sagte er zur Begrüßung, doch die Söhne präsentierten sich ziemlich wortkarg. Der 19jährige Louis wollte sich mit dem Gedanken an eine mögliche Ehefrau überhaupt nicht anfreunden, gleich, wie »engelhaft« sie auch sein mochte. Schöne Frauen gab es schließlich zur Genüge, das hatte er von seinem Vater gelernt. Und sein älterer Bruder, der 22jährige Kronprinz Friedrich Wilhelm, machte den Mund ohnehin nur dann auf, wenn es unbedingt sein mußte; Charme und Eloquenz gehörten nicht gerade zu seinen hervorstechenden Merkmalen. Rein äußerlich gesehen aber, und das wird Luise gewiß nicht entgangen sein, war er eine durchaus attraktive Erscheinung.

Von der berühmten »Liebe auf den ersten Blick« konnte freilich keine Rede sein. Und ob Friedrich Wilhelm überhaupt wußte, daß es ein solches Gefühl gab, ist zumindest fraglich, denn kennengelernt hatte er Liebe bisher nie. Seine Kindheit war ausgesprochen freudlos gewesen, die Mutter, Königin Friederike Luise (s. S. 233) konnte und wollte mit dem Nachwuchs, den sie mit dem ungeliebten Mann in die Welt setzen mußte, nur wenig anfangen, und der Vater bevorzugte eindeutig die Kinder, die ihm seine Mätresse Wilhelmine Encke schenkte. In dieser lieblosen Atmosphäre großgeworden, war Friedrich Wilhelm zu einem zutiefst verunsicherten jungen Mann herangewachsen, scheu und ohne jegliches Selbstvertrauen, der ständig befürchtete, irgendetwas falsch zu machen und es doch allen recht machen wollte. Dabei hatte er durchaus gute Anlagen, war ernsthaft, ehrlich und pflichtbewußt.

Es scheint, als habe ihn bei der ersten Begegnung mit den Darmstädter Schwestern zunächst die recht kokette Friederike fasziniert, die munter zu plaudern wußte und die etwas peinliche Situation mit völliger Unbefangenheit meisterte, und erst in den nächsten Tagen reifte in ihm die Überzeugung, daß möglicherweise doch Luise, die Ältere, Reifere und Beständigere der beiden, die passendere Partnerin für ihn sein könnte. Nachdem man also ein wenig Zeit gehabt hatte, einander näher kennenzulernen, machte Friedrich Wilhelm der 17jährigen Luise einen Heiratsantrag: »So froh ich war, so verlegen war ich dennoch, und nach vielem Stottern und unzusammenhängenden Phrasen faßte ich endlich den Mut und trug ohne viel Umstände mein Anliegen vor«, schrieb er später in seinen Erinnerungen. Doch Verlegenheit war gar nicht nötig, denn Luise nahm seinen Antrag hocherfreut an, schließlich hatte sie mit nichts anderem gerechnet: »Wir wußten beide sofort und ohne Umschweife, woran wir miteinander waren«, notierte sie in der festen Überzeugung, daß Friedrich Wilhelm und sie gewiß harmonieren würden. Und sicher wird auch die Aussicht, Kronprinzessin von Preußen zu werden, einen Teil zu ihrer optimistischen Haltung beigetragen haben.

Nachdem sich Luise und Friedrich Wilhelm also »gefunden« hatten, blieb für Friederike nur noch Prinz Louis »übrig«, und ob man nun wollte oder nicht, so war die doppelte Verbindung der beiden Häuser beschlossene Sache. Nur wenige Tage später mußten sich die Brautleute schon wieder trennen. Den Kronprinzen erwartete man bei der preußischen Armee, und auch Großmutter Marie Luise reiste mit ihren Enkelinnen wieder zurück nach Darmstadt.

Luise und Friedrich Wilhelm wechselten in den folgenden Wochen zahllose Briefe, die von einem vertrauensvollen Freundschaftsgefühl zeugen. Selbst die Briefe des Kronprinzen waren von einer solchen Beredtsamkeit und Zärtlichkeit, wie man sie dem wortkargen und schroffen jungen Mann wohl niemals zugetraut hätte. Einmal kam er sogar völlig überraschend zu Besuch in das »Alte Palais« am Darmstädter Markt und wurde von einer freudestrahlenden Luise empfangen. Hier lernte Friedrich Wilhelm zum ersten Mal in seinem Leben ein harmonisches Familienleben kennen, eine beinahe bürgerliche Atmosphäre voller Herzlichkeit, Behaglichkeit und Wärme, die ihm schon jetzt eine glückliche Zukunft mit Luise verhieß.

Schon bald nach der offiziellen Verlobung am 24. April 1793 wurden die Vorbereitungen für die Hochzeit getroffen, die natürlich, daran ließ der Preußenkönig keinen Zweifel, in Berlin stattzufinden hatte. Doch noch war Preußen weit, und Luise genoß einen unbeschwerten und heiteren Sommer: »Ich tue nichts als singen und tanzen«, schrieb sie im Juni an ihren Verlobten, »so daß alle Welt glaubt, daß die Hitze mir ein wenig zugesetzt hat ... Ich werde so glücklich sein, wenn ich Sie wiedersehe ...«

In Berlin war unterdessen bereits begonnen worden, den Hofstaat für das kronprinzliche Paar zusammenzustellen. Als Oberhofmeisterin für Luise bestimmte man die inzwischen 64jährige Sophie von Voß, die schon zu Zeiten Sophie Dorotheas und Elisabeth Christines am Berliner Hof gedient hatte und seinerzeit die große – jedoch platonische – Liebe des preußischen Prinzen August Wilhelm gewesen war. Nun sollte sie die junge Kronprinzessin sicher über das glatte höfische Parkett führen und sie mit der strengen Etikette vertraut machen, die nach wie vor am Hohenzollernhof herrschte. Fortan würde sich Luise also jeden Schritt sehr genau überlegen müssen – und gerade das entsprach nun ganz und gar nicht ihrer Art.

»Vergiß, was Du verloren ...« –
Die Jahre als Kronprinzessin

Auf glattem Parkett

Unterdessen waren auch Luise Bedenken gekommen, ob sie tatsächlich allen Anforderungen würde gerecht werden können, zumal sie wußte, daß sämtliche Augen der Hofgesellschaft auf das neue Familienmitglied gerichtet sein würden. »Ich arme Novizin werde wie ein Fabeltier in Berlin beobachtet werden«, schrieb sie kurz vor ihrer Abreise ahnungsvoll an Therese nach Regensburg. »Ich fürchte mich recht vor diesen Beobachtern.« Doch dann wurde es ernst. Am 13. Dezember 1793 hieß es von Darmstadt Abschied nehmen, um in Begleitung der Großmutter und gemeinsam mit Friederike die Fahrt in die neue Heimat anzutreten. Man reiste über Würzburg, Weimar und Dessau zunächst bis nach Potsdam, wo die beiden Prinzessinnen von ihren künftigen Ehemännern begrüßt wurden; bereits einen Tag später fand der offizielle Empfang in Berlin statt. Der 22. Dezember war ein Sonntag, und Luise hatte den Eindruck, als sei die ganze Stadt auf den Beinen, um einen ersten Blick auf ihre künftige Kronprinzessin werfen zu können. Das freilich war nicht weiter verwunderlich, schließlich hatten die Berliner mit den bisherigen fürstlichen Damen nicht allzu viel Glück gehabt. Weder Königin Elisabeth Christine noch Friederike Luise hatten ihre Herzen gewinnen können, zumal sie sich so gut wie nie in der Öffentlichkeit zeigten.

Unter den Linden war eigens eine Ehrenpforte errichtet worden, und auf den Tribünen drängten sich die Menschenmassen zusammen, um auf die Ankunft der Prinzessin zu warten. Endlich war es soweit: Luise stieg aus der Kutsche, und als Willkommensgruß sagte ein kleines Bürgermädchen ein Gedicht

auf, das der künftigen Kronprinzessin und Königin von Preußen gewidmet war:

> »Vergiß, was Du verloren, es soll ein schön'res Leben
> Dir dieser Festtag prophezein.
> Heil Dir! Der künftigen Welt wirst Du Monarchen geben,
> Beglückter Enkel Mutter sein!«

Luise war zutiefst gerührt von dieser netten Begrüßung, und
ohne sich weiter Gedanken zu machen, umarmte sie mit der ihr
eigenen Spontaneität das verdutzte Mädchen und gab ihm
einen Kuß auf die Wange. Sofort trat ihre Oberhofmeisterin Sophie von Voß auf den Plan und machte die Prinzessin darauf
aufmerksam, daß sie soeben gegen die Etikette verstoßen habe.
Es gehöre sich nicht für ein Mitglied der Hohenzollernfamilie,
Bürgerkinder zu küssen! Als Luise daraufhin ganz erstaunt
fragte: »Wie, darf ich das nicht mehr tun?«, waren die umste-
henden Menschen bereits von ihrer künftigen Königin begeistert, auf so viel Nähe und Herzlichkeit hätten sie nie zu hoffen
gewagt! Die Herzen der Berliner hatte Luise mit ihrem ersten
Fauxpas zwar erobert, gleichwohl begann sie zu ahnen, daß
das höfische Parkett in Berlin noch glatter sein würde, als sie
bereits befürchtet hatte.

Die Hochzeit fand am 24. Dezember 1793 im Weißen Saal
des Berliner Schlosses statt, und die Hofgesellschaft war ganz
entzückt von ihrer »Märchenbraut«: Luise trug ein Kleid aus
silberfarbenem Atlas, dessen Ausschnitt mit Diamantrosen besetzt war. Auf ihren blonden Locken saß die Diamantkrone der
Prinzessin von Preußen. Trotz aller spürbaren Nervosität war
der jungen Braut anzumerken, wie glücklich sie war, und selbst
der ansonsten oft so schroffe Bräutigam Friedrich Wilhelm
wirkte ausgesprochen heiter und gelöst. Die Hochzeitsfeierlichkeiten indes, die mit dem traditionellen Fackeltanz beendet
wurden, glichen eher einer Strapaze. Oberhofmeisterin von
Voß schrieb zumindest am Abend in ihr Tagebuch: »Ich stand
sechs Stunden lang auf meinen Füßen, ohne mich zu setzen und
war todmüde, als ich endlich um 1 Uhr nachts nach Hause
kam.« Luise wird ähnlich empfunden haben, und doch hatte

sie den Hochzeitsball natürlich ungleich mehr genossen als ihre Oberhofmeisterin. Mit Begeisterung hatte sie den ganzen Abend lang getanzt – nicht ahnend, daß sie damit erneut gegen die Etikette verstoßen würde: Der Walzer, ihr Lieblingstanz, war bislang am Hohenzollernhof verboten gewesen, ungeachtet der Tatsache, daß er am Ende des 18. Jahrhunderts im Eiltempo die Ballsäle auf der ganzen Welt eroberte. In Berlin aber galt dieser Tanz als unschicklich (und wurde daher im 19. Jahrhundert erneut als Hoftanz in Preußen verboten), und insbesondere Königin Friederike Luise scheint das »ungebührliche Verhalten« ihrer Schwiegertochter zutiefst mißbilligt zu haben. Kronprinzessin Luise brach sogar noch ein weiteres Tabu: In der Hochzeitsnacht beschloß das junge Ehepaar, einander nicht mehr zu siezen, sondern zum vertrauten »du« überzugehen. Auch das hatte es bei Hof bislang noch nicht gegeben! Auch wenn der königliche Schwiegervater von der jungen Gemahlin des Kronprinzen nach wie vor überaus begeistert war, so regten sich doch erste Zweifel, ob es tatsächlich richtig gewesen war, eine Prinzessin vom Darmstädter Markt an den Hohenzollernhof zu holen.

Ballsaison

Das junge Paar bezog nun seine Berliner Wohnung im Kronprinzenpalais Unter den Linden, und zu Luises großer Freude wohnten Prinz Louis und ihre Schwester Friederike, deren Hochzeit nur einen Tag nach ihrer eigenen gefeiert worden war, in direkter Nachbarschaft.

Luise fühlte sich wohl in ihrem neuen Zuhause, das nichts von jener Eleganz, Steifheit und Kälte besaß, die das Berliner Schloß in allen Ecken ausstrahlte. Die Inneneinrichtung war eher anspruchslos und beinahe bürgerlich gehalten, ganz so, wie es Friedrich Wilhelm und Luise liebten. Hier, in den eigenen vier Wänden, hoffte man, noch viele Jahre lang ein ungetrübtes privates Glück genießen zu können, weitgehend frei von allen lästigen Repräsentationspflichten. Das hieß natürlich nicht, daß Luise nun vorhatte, sich in ihrem Palais zu »verkriechen« – im Gegenteil: Es war Winter und damit Ballsaison, und das Tanzen war Luises Element!

Zunächst beobachtete die Berliner Gesellschaft noch mit Wohlwollen, mit welcher Begeisterung sich ihre junge Kronprinzessin Abend für Abend auf der Tanzfläche amüsierte. »Alle Herzen flogen ihr entgegen, und ihre Anmut und Herzensgüte ließen keinen unbeglückt«, schrieb der Dichter Friedrich Heinrich de la Motte-Fouqué (1777–1843), der sich damals als Berater König Friedrich Wilhelms II. am Berliner Hof aufhielt. Mit der Zeit aber mischte sich eine Portion Skepsis in das anfängliche Wohlwollen. War es nötig, daß Luise auch mit allen möglichen subalternen Offizieren tanzte? Und gab sie sich nicht ein wenig zu kokett? Gewiß, sie hatte eine durchaus anmutige Ausstrahlung, aber deren war sie sich auch, wie es schien, nur allzu bewußt. Und während Königin Friederike Luise von Anfang an an ihrer hübschen Schwiegertochter so mancherlei auszusetzen gehabt hatte, sah sich nun auch der preußische König veranlaßt, Kritik an Luises etwas unkonventionellem Verhalten zu üben. Nun zeigte sich, daß sie keine höfische Erziehung genossen, sich nie um althergebrachte Konventionen hatte kümmern müssen. Unbekümmert verhielt sie sich weiter so, wie sie sich immer verhalten hatte, und daran war schließlich noch nie Anstoß genommen worden. Doch Berlin war eben nicht Darmstadt. Hier galt es nicht nur als unschicklich, Walzer zu tanzen, es war beispielsweise auch verpönt, ohne offizielle Begleitung im offenen Wagen durch die Stadt zu fahren, wie sie es nun einmal gemeinsam mit Friederike gerne tat, und erst recht durfte man fremden Männern keine schönen Augen machen, schon gar nicht, wenn sie Louis Ferdinand hießen und als »Enfant terrible« des Hohenzollernhauses galten.

Unerwünschter Besuch im Kronprinzenpalais:
Prinz Louis Ferdinand

Louis Ferdinand (1772–1806) war der Cousin des amtierenden Preußenkönigs, ein Sohn Ferdinands, des jüngsten Bruders Friedrichs II. (Bis heute freilich sind Gerüchte nicht verstummt, daß sein leiblicher Vater tatsächlich ein gewisser Graf Wilhelm von Schmettau wäre, ein Adjutant Prinz Ferdinands und enger Vertrauter von dessen Gemahlin Luise von Brandenburg-Schwedt.) Weder sein stets mürrischer und kränkelnder Vater noch die kapriziöse und ungeduldige Mutter brachten dem Sohn besondere Zuneigung entgegen. Im Gegensatz zu seinem jüngeren Bruder August wurde Louis Ferdinand mit Liebe ebenso knapp gehalten wie mit Geld, und so hat er nie gelernt, mit beidem umzugehen.

Gleichwohl erhielt Louis Ferdinand eine sorgfältige Ausbildung und wurde schon früh im Klavierspiel unterwiesen, das er bald mit beachtlicher Perfektion beherrschte. Selbst Beethoven, der mit Lob stets äußerst sparsam umging, mußte bei seinem Besuch in Berlin im Juni 1796 erstaunt anerkennen, Louis Ferdinand spiele »gar nicht königlich oder prinzlich, sondern wie ein tüchtiger Klavierspieler«. Doch es war nicht nur die Musik, die ihn interessierte. Er beschäftigte sich gleichermaßen mit Mathematik, Literatur, Geschichte, Philosophie und war nicht zuletzt – besonders wichtig für einen Hohenzollernprinzen – ein junger Mann von beachtlichen militärischen Qualitäten, die er schon als 20jähriger im Krieg gegen das revolutionäre Frankreich hatte unter Beweis stellen können.

Und doch galt er in der Hohenzollernfamilie als das »schwarze Schaf«. Das lag zum einen an der Tatsache, daß sich der Prinz in immens hohe Schulden gestürzt hatte, die sich im Juni 1800 nach offiziellen Angaben auf 185 588 Taler beliefen. Zum anderen aber verübelte man ihm seine diversen Liebesaffären, die zu verheimlichen er keineswegs geneigt war. Louis Ferdinand ist daher oft als Schürzenjäger dargestellt worden, der er so überhaupt nicht gewesen ist. Natürlich hatte er tatsächlich zahlreiche Amouren, die uns von seinen Zeitgenossen auch sorgfältig aufgelistet worden sind, doch was ihn von einem bindungsunfähigen »Casanova« unterschied, war die Tatsache, daß er zeitlebens nicht in erster Linie das erotische Abenteuer suchte, sondern wahre Liebe und zärtliche Geborgenheit, mit denen er das Trauma seiner lieblosen Kindheit vergessen wollte. Gelegenheit bot sich ihm zur Genüge: Die Damenwelt umschwärmte den ebenso gutaussehenden wie charmanten Hohenzollernprinzen, und wie es scheint, mußte auch Luise all ihren Verstand zusammennehmen, um nicht den Reizen des Mannes zu erliegen, der ihrem eigenen Gemahl zutiefst verhaßt war, versammelte er doch genau die Qualitäten in sich, die auch der Kronprinz allzu gern besessen hätte.

Als Fürst Charles Joseph de la Ligne 1805 bei einer Deutschlandreise in Berlin Station machte und dort die Mitglieder des preußischen Königshauses kennenlernte, beeindruckte ihn Louis Ferdinand am meisten: »Er ist ein Held für einen Roman, die Weltgeschichte oder eine Sage … Durch seine Liebenswürdigkeit, seine Anmut und seinen Leichtsinn ist er Mars, Adonis und Alkibiades in einer Person. Wie reich ist seine militärische Begabung, wie groß sein Mut und seine Leutseligkeit!« Tatsächlich wurde außer Friedrich II. und Luise selbst keine Gestalt der preußischen Geschichte so früh zu mythischer Größe emporstilisiert wie Louis Ferdinand. Außer von seiner eigenen Familie (abgesehen von seiner Schwester Luise, der späteren Fürstin Radziwill), wurde er von allen als »Märchenprinz« geliebt, vom Volk, von der Armee und nach seinem frühen Tod bei Saalfeld erreichte er gewissermaßen den Status eines Halbgotts.

Luise hatte ihren gutaussehenden Verwandten bei einem der Hofbälle kennengelernt, hatte mit ihm getanzt, gelacht und gescherzt und ihn auf Anhieb gemocht – sehr zum Mißfallen des Kronprinzen, der vorerst freilich nur schweigend grollte. Auch die gestrenge Oberhofmeisterin Sophie von Voß war besorgt über Luises freundschaftlich-herzlichen Umgang mit dem jungen Prinzen. Am 26. Januar 1794 notierte sie in ihr Tagebuch: »Früh kam der Prinz Louis Ferdinand, der wegen Masken-Kostümen mit der Prinzessin sich verabreden wollte. Ich kann die

Freundschaft mit ihm nicht gutheißen.« Luise aber amüsierte sich unbekümmert weiter: »Bis zu meinem Geburtstag finden noch sieben Bälle statt ... Da kann man wirklich seine Seele verlieren und sein Testament machen«, schrieb sie am 25. Februar 1794 fröhlich an Therese nach Regensburg. Sorglos tanzte Luise auch weiter durch die Nächte, während die gesamte Hofgesellschaft zunehmend ungeduldig wurde.

»Alle Welt ist mit ihr unzufrieden ...« – Anpassungsprobleme

Kurz nach Luises 18. Geburtstag, der selbstverständlich mit einem rauschenden Fest gefeiert wurde, bei dem auch Prinz Louis Ferdinand nicht fehlen durfte, kam es zum Eklat. Luise, der völlig entgangen war, wie sehr man ihr gesamtes Verhalten mißbilligte, war vollkommen überrascht, als sie plötzlich von allen Seiten mit harscher Kritik konfrontiert wurde. »Alle Welt ist mit ihr unzufrieden«, notierte die strenge Oberhofmeisterin Sophie von Voß im März in ihr Tagebuch, die Prinzessin sei »unklug«, so urteilte sie, bisweilen gar »unerträglich«, und es gäbe »Szenen ohne Ende«. Doch es waren wohl weniger die zahlreichen kleinen Fallstricke der Etikette, über die Luise gestolpert war – wenn sie beispielsweise ohne Aufpasserin das Haus verließ. Es scheint, daß man insbesondere ihre Koketterie mißbilligte. Das zumindest war dem Freiherrn vom Stein aufgefallen. Er notierte später in seinen Erinnerungen: »Es gehörte zu den Schwächen der Königin, nicht bloß zu tanzen, sondern sich auch tanzen sehen zu lassen. Es wurde als anstößig angesehen, daß sich die Königin so in Szene setzte, um vor einem Zuschauerpublikum von zweitausend Menschen zu figurieren.«

Möglicherweise brachten auch Luises unverhohlene Flirts mit dem »Enfant terrible« des Hohenzollernhauses das sprichwörtliche Faß zum Überlaufen. Der Preußenkönig sah sich zumindest genötigt, ein Machtwort zu sprechen, und zwar mit dem Kronprinzen, der schließlich als Mann und Familienoberhaupt für seine Frau verantwortlich war. In einer langen und ernsthaften Unterredung machte er seinem Sohn klar, daß es mit seiner Luise so nicht weitergehen könne, ihre Unbesonnenheit und Gefallsucht seien für den Berliner Hof unerträglich geworden. Der Kronprinz habe dem ein Ende zu setzen, schließlich müsse Luise wie jede andere Frau dem Willen ihres Gatten gehorchen. Wenn nötig, so der drastische Rat des Königs, solle er sie »nach seiner Hand reiten« und »bisweilen die Sporen gebrauchen«. Der Kronprinz war durchaus bereit, sich den »Befehlen« seines Vaters zu beugen, schließlich hatte auch er in den letzten Monaten Grund genug gehabt, sich über seine junge Gemahlin zu ärgern, nicht nur über ihr kokettes Verhalten.

Während der Verlobungszeit hatte man einander nur selten gesehen, und sich dann natürlich stets von der »besten Seite« gezeigt. Doch so manche Eigenschaften des anderen, die man zunächst noch als recht liebenswert empfunden hatte, sollten sich im Zusammenleben doch bisweilen als lästig erweisen. Der Kronprinz, stets korrekt, übertrieben pünktlich und übertrieben ordentlich, ärgerte sich maßlos über Luises notorische Unpünktlichkeit. In Darmstadt hatte er noch herzlich gelacht, als ihm die Großmutter schilderte, wie ihre herumbummelnde Enkelin einmal mit gerafften Röcken hinter der Kutsche herrennen mußte, nachdem der Rest der Familie nach angemessener Wartezeit ohne sie abgefahren war. Nun aber lachte Friedrich Wilhelm nicht mehr, wenn Luise wieder einmal zu spät dran war, denn eine Kronprinzessin hatte einfach pünktlich zu sein. »Ihr Verhalten gab denn zwischen uns manche Veranlassung zu kleinem Zwist«, notierte er später in seinen Erinnerungen. Es störte ihn zunehmend, daß Luise so wenig zuverlässig war und obendrein dermaßen flüchtig und unbeständig, daß sie zwar vieles anfing, aber kaum etwas zu Ende brachte, seien es nun Handarbeiten, Malstunden oder andere Dinge.

Es stand also zu befürchten, daß der Kronprinz seiner jungen Gemahlin eine fürchterliche Szene machen würde, denn bei aller Zurückhaltung und Unsicherheit konnte er bisweilen ausgesprochen heftig reagieren. Doch Friedrich Wilhelm fand den einzig richtigen Weg: Er verteidigte Luise gegenüber seinem königlichen Vater und legte ihm dar, daß es schließlich kein böser Wille oder gar Charakterfehler war, der das Verhalten der Kronprinzessin verursachte, sondern einfach ihr Temperament und natürlich ihre Unerfahrenheit auf höfischem Parkett. Schließlich hatte Luise ihn bereits in einem Brief vom vergangenen Oktober gewarnt: »Verlangen Sie nicht zu viel von mir, ich bin sehr unvollkommen, sehr jung, ich kann mich oft irren, aber wir werden doch glücklich sein.« Luise selbst aber machte der Kronprinz unmißverständlich klar, daß sie seine Richtlinien zu akzeptieren und ihm bedingungslos zu gehorchen habe. Wenn sie ihn wirklich liebe, dann sei das schließlich nicht zuviel verlangt.

Flitterwochen im Potsdamer Schloß

Am 1. April siedelten Luise und Friedrich Wilhelm nach Potsdam über, da das Regiment des Kronprinzen mit dem alljährlichen Frühjahrsmanöver begann. Wie es scheint, waren die turbulenten letzten Wochen nicht spurlos an der Kronprinzessin vorübergegangen, denn gesundheitlich ging es ihr gar nicht gut. In einem Brief an Königin Friederike Luise vom 14. April klagte sie über entsetzliche Kopf- und Zahnschmerzen und derartige Schwindelanfälle, daß sie schon glaubte, »den Verstand zu verlieren«. Dabei mußte sie gerade jetzt einen »klaren Kopf« behalten. Friedrich Wilhelm hatte keinen Zweifel daran gelassen, daß er von ihr unbedingten Gehorsam verlange, und wie leicht man sich »ungehorsamer« Frauen am Hohenzollernhof entledigen konnte, wußte Luise natürlich. Es blieb ihr also gar keine andere Wahl, als sich in jeder Hinsicht nach ihrem Gemahl zu richten und niemals aufzubegehren, auch dann nicht, wenn sich wieder einmal Friedrich Wilhelms »humeurs« bemerkbar machten, seine Launen und mitunter cholerischen Anfälle. Ohnehin war ihr bereits aufgefallen, daß Nachgiebigkeit das beste Rezept für ihre Ehe zu sein schien, der Kronprinz vertrug keinerlei Widerspruch und reagierte auf jegliche Art von Kritik überaus empfindlich. Diesen Weg also mußte Luise wählen, wollte sie sowohl Friedrich Wilhelm zufrieden machen, als selbst am Berliner Hof glücklich werden. Daß ihr das letzten Endes auch gelang, verdankte sie ihrem heiteren Naturell, ihrem guten Einfühlungsvermögen und nicht zuletzt dem Gefühl, das Luise als »Liebe« bezeichnete. Dabei wußte sie genau, wie sehr auch Friedrich Wilhelm sie liebte und wie sehr er sie brauchte, sowohl in körperlicher, als auch in geistig-seelischer Hinsicht: »Wenn ich ihn nicht halte, dann fällt er um«, pflegte Luise zu sagen.

Nun also hatte man in Potsdam endlich Abstand von der argusäugigen Hofgesellschaft und konnte die Chance für einen »Neubeginn« nutzen. Tatsächlich verlebte das kronprinzliche Paar in der vergleichsweise ungezwungenen Atmosphäre endlich so etwas wie »Flitterwochen«. »Die sechs Wochen, die ich in Potsdam mit ihm zugebracht habe, waren unstreitig die glücklichsten meines Lebens«, schrieb Luise. »So ganz nach seinem Willen habe ich gelebt ... Ach, da war ich vergnügt, mich an der Seite meines Mannes zu finden, in einer Linonchemise und unfrisierten Haaren, und ihm recht vorschwatzen zu können, wie sehr ich ihn liebte und schätzte ...« Wie ein bürgerliches Ehepaar turtelten Luise und Friedrich Wilhelm herum, fuhren gemeinsam im Einspänner aus, machten lange Spaziergänge, lasen einander vor und waren rundherum glücklich. Und das schönste war: Luise erwartete ihr erstes Kind.

Die Idylle dauerte freilich nur sechs Wochen, dann mußten sich die beiden voneinander verabschieden, da der Kronprinz zu einem militärischen Einsatz nach Polen mußte. In den nächsten Monaten blieb ihnen nichts anderes übrig, als sich auf einen ausgiebigen Briefwechsel zu beschränken, und die schwangere Luise litt sehr unter der Trennung von ihrem kronprinzlichen Gemahl, auch wenn ihr ihre Schwester Friederike, die ebenfalls das erste Kind erwartete, in dem wunderschönen Schloß Sanssouci Gesellschaft leistete. Doch auch diese langen Wochen gingen vorüber. Im September, als Friedrich Wilhelm seine bevorstehende Rückkehr nach Berlin ankündigte, hielt es Luise für angebracht, den Gemahl schriftlich vorzuwarnen: »Wenn Du mich sehen könntest, würdest Du gewiß im ersten

Augenblick zweifeln, ob ich es bin, die die Ehre hat, Deine Frau zu sein; denn ich versichere Dir, ich bin ein dickes, kleines Ungetüm, nichts als Bauch, von welcher Seite Du es auch betrachten magst.« Gleichwohl war sie »toll vor Freude« bei der Aussicht, ihren Gemahl in Kürze wieder in die Arme schließen zu können. Friedrich Wilhelm kam pünktlich zur Geburt des ersten Kindes zurück, doch alle Hoffnungen und Erwartungen wurden durch einen Schicksalsschlag zunichte gemacht: Am 7. Oktober 1794 wurde Luise von einer toten Tochter entbunden. Doch was blieb ihr anderes übrig, als sich in ihr trauriges Los zu fügen? »Ich murre nicht«, schrieb sie daher, »ich trage mit Ergebung den Willen Gottes.«

»Schönheitskönigin« Luise

Tatsächlich dauerte es nur wenige Monate, bis Luise zu ihrer großen Freude feststellen konnte, daß sie erneut schwanger war. Damals, im Frühjahr 1795, entstand das berühmte Doppel-Standbild des noch jungen Bildhauers Johann Gottfried Schadow, das Luise gemeinsam mit ihrer Schwester Friederike zeigt. Ein Meisterwerk zweifellos, das allgemeine Begeisterung auslöste, auch wenn der Kronprinz murrte, seine Gemahlin sei »zu viel Venus, zu wenig Madonna«. Ähnlich entrüstet gab sich auch der Hofmann von der Marwitz, zumal die modebewußten Schwestern seiner Meinung nach viel zuviel Haut zeigten. Insbesondere für eine künftige Königin schickte sich das nun ganz und gar nicht! »Sie war sich ihrer Schönheit bewußt und liebte den Putz mehr als nötig war«, kritisierte Marwitz, aufgebracht über die neue Damenmode. »Die Frauenzimmer hatten nur ein Hemde und ein möglichst dünnes Kleid an, in welchem alle ihre Formen sichtbar waren ...«

Luises Aufmachung entsprach ganz der damaligen Mode, einer Mode, die während der Revolutionsjahre in Frankreich einen erstaunlichen Wandel durchgemacht hatte: Nicht nur das Korsett, auch die Unterröcke waren verschwunden, die Taille war stark nach oben gerutscht und wurde oft nur mit einer

Zugschnur zusammengehalten. Die Ärmel lagen eng an, und der Rock verlor alle künstlichen Stützen. Besonders die Pariserinnen trieben die neue Mode zur äußersten Extravaganz. Unter dem Vorwand, sie sei »antik«, kreierten sie das, was Spötter auch als »nackte« Mode bezeichneten: So trug die modebewußte Dame lediglich ein seidenes Trikot und darüber eine durchsichtige Chemise, also ein hemdartiges Kleid.

Natürlich machte auch die junge, hübsche und überaus eitle Luise diese Mode mit, und selbst Friedrich Wilhelm scheint sie nach anfänglichem Unbehagen dazu ermuntert zu haben. Das fiel zumindest dem Hofmann von der Marwitz auf: »Sie konnte dem König nie modisch und elegant genug gekleidet sein.« Auch die Hofdame Gräfin Brühl äußerte sich ähnlich. Am 10. März 1799, Luises 23. Geburtstag, schrieb sie in einem Brief an ihren Mann: »Ich begreife nicht, wie dieser liebe König seiner koketten Frau erlauben kann, sich so anzuziehen, wie sie es tut. Das ist nicht mehr der elegante Anzug eines eleganten Hofes, sondern der einer sehr niedlichen Schauspielerin, décolltiert nach der Möglichkeit und coiffiert in einer Weise, wie sie nur einer so hübschen Person stehen kann, wie diese allerliebste Königin ist.«

Damals war Luise, sich ihrer Wirkung voll bewußt, zunächst in einem weißen Kleid erschienen, hatte es bereits nach einer Stunde gewechselt, um es vor dem Souper noch mit einem dritten zu vertauschen. Keine Frage, daß die preußische Damenwelt begeistert den Kleidungsstil ihrer »Schönheitskönigin« nachahmte, ja, selbst das Halstuch, das Luise eine Zeitlang trug, wurde zum unabdingbaren modischen Accessoire! (Angeblich trug sie das Tuch, um eine »Schwellung am Hals« zu verbergen oder sich vor Zugluft zu schützen. Es scheint freilich, daß dieses Tuch einem weitaus profaneren Zweck gedient hat: Luise versteckte damit auf elegante Weise einen Ansatz zum Doppelkinn. Denn so »rank und schlank«, wie oftmals behauptet wurde, ist die schöne Königin überhaupt nicht gewesen!)

Vorerst freilich hatte sich die »Schönheitskönigin« erneut in ein »kleines, dickes Ungetüm« verwandelt. Am 15. Oktober

1795 brachte sie einen kräftigen und gesunden Jungen zur Welt, der 45 Jahre später als Friedrich Wilhelm IV. den preußischen Thron besteigen sollte.

»Die gnädige Frau von Paretz« – Ehealltag

Endlich war das Familienglück perfekt. Prinz Friedrich Wilhelm entwickelte sich zu einem hübschen und durchaus gescheiten Kind, das freilich nicht verleugnen konnte, daß es ein echter Hohenzollernsproß war: Ähnlich wie einst sein Vorfahr, der Soldatenkönig, machte auch er Eltern und Erziehern mit unkontrollierten Zornesausbrüchen zu schaffen und nötigte ihnen ein Höchstmaß an Geduld und Nervenkraft ab.

Dabei mußte Luise für ihren kronprinzlichen Gemahl nicht weniger Geduld aufbringen, seine Launen mit scheinbarem Gleichmut ertragen und ihn mitunter wie das sprichwörtliche rohe Ei behandeln. Es war eine schwere Gratwanderung, die sehr viel Diplomatie, Rücksichtnahme, Einfühlungsvermögen und Zugeständnisse verlangte, zudem ein stilles Ertragen seiner nicht seltenen Wutausbrüche, die mitunter auch mit massiven Kränkungen verbunden waren. Als ihre Schwester Therese Ende 1796 aus Regensburg zu Besuch kam, fiel ihr Luises diesbezügliches Geschick sofort ins Auge: »Kleine Rauhheiten, Eigenheiten des Kronprinzen, wie leicht können sie zur Härte werden, wie leicht plagend werden, wenn nicht dieses biegsame, aber immer elastische Rohr ihnen entgegengesetzt würde.«

Zu ihrer großen Freude war Luise erneut schwanger. Das Kind sollte im März 1797 zur Welt kommen, und man erhoffte sich bis dahin eine ruhige Zeit. Doch es kam anders. Zunächst erkrankte ihr Schwager Louis kurz vor Weihnachten an Diphtherie und starb nur wenige Tage später, erst 23 Jahre alt. Obwohl er mit Friederike keine glückliche Ehe geführt hatte, trauerte Luise nun mit ihrer 18jährigen Schwester, einer Witwe mit drei kleinen Kindern: Fritz Louis, Karl und die erst drei Wochen alte Friederike. Doch es kam noch schlimmer. Nun erkrankte nämlich auch der Kronprinz, und mehrere Tage lang bangte Luise um das Leben ihres Gemahls, bis endlich die Krise überstanden und Friedrich Wilhelm auf dem Weg der Besserung war.

Am 22. März 1797 brachte Luise ihren zweiten Sohn zur Welt: Wilhelm, den nachmaligen ersten Kaiser des Deutschen Reiches, der, wenngleich er ein stets etwas kränkelndes Kind war, doch das hohe Alter von fast 91 Jahren erreichen sollte.

Ängstlich beobachtete Luise den besorgniserregenden Gesundheitszustand ihres königlichen Schwiegervaters. Friedrich Wilhelm II. war zwar noch keine 53 Jahre alt, doch es schien, als würde ihm nicht mehr allzu viel Zeit bleiben. Den bevorstehenden Sommer wollte die Kronprinzessin daher noch einmal, vielleicht ein letztes Mal, frei von höfischen Zwängen verbringen. Ihr Gemahl Friedrich Wilhelm hatte nämlich bereits 1795 ein kleines Anwesen bei Paretz, am Ufer der Havel in der Nähe von Potsdam erworben und es in einen schlichten Sommersitz umbauen lassen. Während sich die stets auf Etikette bedachte Oberhofmeisterin von Voß bei der Vorbesichtigung »sehr enttäuscht« zeigte und es »nicht im geringsten hübsch« fand, war Luise genau gegenteiliger Meinung. Im Mai 1797 schrieb sie an ihren Vater: »Ich kann es nicht erwarten, daß es nach Paretz geht, und ich hoffe, das wird spätestens in vier Wochen sein, denn die Mauern sind so gut getrocknet, daß schon mit der Möblierung begonnen wird.«

Tatsächlich konnte sie schon bald ihren ersten Sommer auf dem Lande genießen und dabei eine Weile vergessen, welche Pflichten in nicht mehr allzu ferner Zeit auf sie und ihren Gemahl zukommen würden. Einstweilen aber genoß man das »einfache« Leben als »Schulze von Paretz« und die »gnädige Frau von Paretz«. Die Zeit vertrieb man sich mit rustikalen Erntefesten, zu denen man Bauern aus der Gegend lud, mit ihnen gemeinsam Punsch trank und Honigkuchen verspeiste. Heute mögen wir dieses »Gutsherrengehabe« vielleicht als peinliche Farce abtun, damals freilich bescherte es Luise und Friedrich Wilhelm ohne Zweifel eine ungeheure Popularität.

Am 15. November 1797 wurde der Kronprinz zu seinem Vater gerufen. König Friedrich Wilhelm II. lag im Potsdamer

Marmorpalais im Sterben und tat nur einen Tag später seinen letzten Atemzug. Selten wohl hat ein Sohn so wenig um seinen Vater getrauert. Während Luise »ganz betäubt und ergriffen« war, ließ der nunmehrige König als erstes die langjährige Mätresse seines Vaters, die Gräfin Lichtenau, verhaften und ihre Besitztümer einziehen. Doch mochte er sich auch noch so forsch geben – tatsächlich empfand er die Last der Krone als äußerst drückend. »Unser ruhiges Glück ist vorüber, die Prüfungszeit beginnt«, schrieb Luise am 17. November an ihren Vater, »Gott wolle ... meinem Mann in seinen Arbeiten beistehen, die schrecklicher sind, als man glaubt.«

»Ich werde die Last ehrlich mit ihm teilen«

Königin Luise –
Eine ideale Repräsentantin Preußens

Kaum war der Winter vorüber, da plante der neue König eine sogenannte »Huldigungsreise« durch das ganze Land, und daß Luise ihn begleiten mußte, stand außer Frage, auch wenn sie unterdessen ihr viertes Kind erwartete. Luise befolgte den »Befehl« ihres königlichen Gemahls jedoch gar nicht ungern, schließlich hatte sich schon in der Vergangenheit gezeigt, daß der große Auftritt ihre Sache war und sie sich bei jeder Gelegenheit passend in Szene zu setzen wußte, stets liebenswürdig lächelnd und charmant. Sie wußte, daß Friedrich Wilhelm die Huldigungsreise nur mit äußerstem Widerwillen antrat, waren ihm doch die zu erwartenden Zeremonien, öffentlichen Kundgebungen und diplomatischen Empfänge ebenso lästig wie unangenehm. Also mußte die schöne Gemahlin den Part der volkstümlichen Königin übernehmen und so die Untertanen für das neue Herrscherpaar gewinnen. Ihrem Bruder Georg vertraute sie an, »daß ich meinem Mann von Nutzen bin. Du weißt, er liebt nicht Cour, Gêne und Etikette und wie die Dinger alle heißen, und diese Reise ist eine Kette von solchen Dingerchen; ich werde also die Last ehrlich mit ihm teilen.«

Die Huldigungsreise dauerte vom 24. Mai bis zum 29. Juni 1798 und führte das Königspaar durch Pommern, Ostpreußen und in die Gebiete, die jüngst bei den polnischen Teilungen dazugekommen waren.* Erwartungsgemäß erfüllte Luise ihre Aufgabe mit Bravour, lächelte huldvoll, nahm zahllose Blu-

---

* Rußland, Preußen und Österreich teilten den polnischen Adels-Staat unter sich auf. 1772 Erste Teilung Polens: Friedrich d. Gr. erhielt das Ermland und Ostpreußen. 1793 Zweite Teilung: Preußen erhielt Danzig und ein beachtliches Gebiet rund um Posen. 1795 Dritte Teilung: »Neu-Ostpreußen« kommt dazu.

mensträuße entgegen, wechselte selbst mit Bauern- und Handwerkerfamilien ein paar passende Worte und hatte die Herzen der Menschen schon nach kurzer Zeit erobert. Was machte es da schon, wenn der König selbst steif und eher ungeduldig danebenstand? Der Jubel der Massen galt ohnehin vornehmlich der schönen Königin. Luise aber »spielte« diese Rolle nicht nur, all ihre Gesten, die beim Volk so gut ankamen, waren wirklich ehrlich gemeint, und die Menschen spürten das. Nun erwiesen sich ihre Abneigung gegen das steife Hofzeremoniell und die bisweilen erdrückende Etikette als ungeahnter Vorteil; noch nie war eine preußische Königin dem Volk so nah gewesen wie Luise, die wahrhaftige »Königin der Herzen«.

Nur wenige Tage nach Beendigung der Reise brachte Luise ihr viertes Kind zur Welt: Tochter Charlotte, die 1825 als Alexandra Feodorowna Gemahlin Nikolaus' I. und Zarin von Rußland werden sollte.

Allerlei Kümmernisse

Und doch war Luises Leben von allerlei Kümmernissen überschattet. Sorgen machten zum einen ihre Geschwister. Bruder Georg hatte sich in ein bürgerliches Mädchen verliebt, und nun mußte sie all ihre Überzeugungskraft aufwenden, um ihm die geplante Heirat auszureden. Charlotte war in Hildburghausen nach wie vor todunglücklich, auch wenn sie ein Kind nach dem anderen zur Welt brachte, insgesamt elf an der Zahl. Und Therese gar, die seinerzeit so bewußt den reichen Thurn und Taxis-Erben geheiratet hatte, belasteten ebenfalls eheliche Probleme. Nachdem sich der Gemahl eine Geliebte zugelegt hatte, tröstet auch sie sich mit einer längeren Affäre und brachte als Folge fünf außereheliche Kinder zur Welt.

Am meisten aber belastete Luise der Lebenswandel ihrer Schwester Friederike. Die junge Witwe war nach dem Tod von Elisabeth Christine zu Beginn des Jahres 1797 in das etwas abgelegene Schloß Schönhausen gezogen, und schon bald wurden Gerüchte laut, daß dort etliche Verehrer ein- und ausgingen.

»Sie weiß sich nur zu gut zu trösten«, schrieb Oberhofmeisterin Voß in ihr Tagebuch. Luise machte vor allem die Tatsache zu schaffen, daß zu den Männern, die die anmutige Friederike umschwärmten, auch Prinz Louis Ferdinand gehörte, für den Luise zunächst selbst recht überschwängliche Gefühle gehabt zu haben scheint. Es schwingt eine gewisse Eifersucht mit in den Worten, die sie an ihre Schwester richtete: »Er ist ein Lügner, Spieler, Hasardeur und falsch. Er ist dem König ein Schrecken ... Ich schwöre Dir, daß er Dich mißbraucht, wenn er Dir sagt, daß er Dich liebt ...«

Friederike indes zeigte kein Interesse an den Moralpredigten ihrer königlichen Schwester. Louis Ferdinand war für sie ohnehin nur ein vorrübergehender Zeitvertreib gewesen, nun hatte sie ihre Gunst dem Prinzen Friedrich von Solms-Braunfels (1770–1814) zugewandt, gegen den Luise zunächst nichts einzuwenden hatte, im Gegenteil. Nach dem Tod von Karl, dem erst dreijährigen Sohn Friederikes im April 1798, konnte die Schwester einen tröstenden Beistand sicherlich gut gebrauchen, in allen Ehren natürlich. Um so entsetzter war die Königin daher, als sich Ende des Jahres 1798 beim besten Willen nicht mehr verheimlichen ließ, daß die verwitwete Friederike ein Kind erwartete! Sie, die ihrer Schwester stets vertraut hatte, sah sich aufs übelste hintergangen. Auf königlichen Befehl hin mußten Friederike und Solms am 10. Dezember heiraten, und unmittelbar danach Berlin verlassen. Nur die zweijährige Tochter durfte ihre Mutter begleiten. Der vierjährige Sohn Fritz Louis aber blieb am Hof.

Das private Glück der Königin war ebenfalls nicht ungetrübt. Auch wenn Friedrich Wilhelm sie zweifelsohne liebte und brauchte, so verlangte er doch nach wie vor unbedingten Gehorsam. Für die Königin war es nicht leicht, immer nachzugeben, nie eigene Wünsche zu äußern und sich in jeder Hinsicht nach dem launischen, eigensinnigen und durchaus egoistischen Gemahl zu richten. Nichts konnte sie tun, was er nicht billigte, kein Theaterstück besuchen und nicht einmal ein Buch lesen. Das zumindest fiel dem Hofmann Ludwig von der Marwitz auf: »Seine Gemahlin, die Königin, behandelte er eigentlich ziemlich schlecht ... Wenn sie ein vernünftiges Buch lesen wollte, so sagte er, es sei dummes Zeug ... Kurz, sie durfte nichts tun, als jeden Augenblick zu seiner Unterhaltung bereit zu sein.«

Wirklich ungestört war Luise nur am Vormittag. Im Gegensatz zu ihrem Gemahl schlief sie vergleichsweise lange, meist bis acht oder neun Uhr. Sie blieb dann gewöhnlich noch längere Zeit im Bett liegen, trank dort mehrere Tassen Schokolade, warf einen Blick in die Zeitung oder sprach mit ihrer Oberhofmeisterin über die anstehenden Termine. Später kamen dann ihre Kinder, und es blieb noch ein wenig Zeit, um sich auch mit ihnen zu beschäftigen. Spätestens aber zur Mittagszeit verlangte Friedrich Wilhelm erneut sein Recht. In der Regel pflegte er dann mit seiner Gemahlin eine halbe Stunde mit der Kutsche auszufahren, und Luise hatte ihn zu unterhalten. Anschließend wurde gemeinsam das Diner eingenommen, das etwa eine Stunde dauerte, und auch danach hatte sie ihrem Gemahl zur Verfügung zu stehen, gleich, ob er mit ihr reden wollte oder lediglich ihre Anwesenheit wünschte. So verging der Tag bis zur Schlafenszeit, in etwa gegen 11 Uhr abends.

Das Leben am Königshof verlief also in der Regel recht eintönig, und Luise war stets froh, wenn ihr Alltag durch ein wenig Abwechslung aufgelockert wurde. Um so glücklicher war sie daher, als Friedrich Wilhelm seine Gemahlin im Frühjahr 1799 mit einer sechswöchigen Reise überraschte, auf der sie ihre Familie wiedersehen sollte. Im Mai fand ein großes Treffen in Hildburghausen statt: Charlotte hatte den Vater, die Brüder Georg und Karl sowie die nach wie vor unternehmenslustige Großmutter an ihren kleinen Hof geladen, und zu Luises großer Überraschung gesellte sich bald auch Friederike hinzu. Nach anfänglicher Befangenheit hatte man rasch zur alten Vertrautheit zurückgefunden, und beide Schwestern schlossen einander versöhnlich in die Arme. Doch die Reise bot der Königin noch weitere Glanzlichter: Bei einem Aufenthalt in Wilhelmsbad traf Luise mit »Frau Aja« zusammen, der Mutter Goethes, bei der sie seinerzeit in Frankfurt so fröhliche Tage verlebt hatte. In Weimar schließlich lernte sie den großen Dichter dann persönlich kennen, ebenso den jungen Friedrich von Schiller, den Luise seitdem geradezu schwärmerisch verehrte und gerne nach Berlin geholt hätte. Als man schließlich im Juli dorthin zurückkehrte, war die Königin überaus zufrieden und voll neuer Eindrücke. Freudig sah sie der Geburt ihres fünften Kindes entgegen, und es war eine durchaus versöhnliche Geste, als man der kleinen Tochter, die am 14. Oktober 1799 das Licht der Welt erblickte, den Namen Friederike gab. (Die kleine Prinzessin ist bereits am 30. März 1800 gestorben.)

»Ich las, daß mir Hören und Sehen verging ...« – Luises Bildungsbemühungen

Der Aufenthalt in Weimar war nicht ohne Folgen geblieben. Insbesondere die Begegnung mit Schiller hatte Luise zutiefst beeindruckt, und auch von dem klassisch-humanistischen Pathos seiner Werke fühlte sie sich angesprochen. Die Aufführung von »Wallensteins Tod« in Weimar war für Luise ein ganz besonderes Erlebnis gewesen, und nun wollte sie möglichst alles von diesem großartigen Dichter lesen! Schmerzlich wurde ihr mit einem Mal bewußt, wie wenig geistige Anregungen ihr das Leben als preußische Königin bot, und sie war daher fest entschlossen, diese Lücke in ihrem Dasein künftig zu schließen. Schon seit Jugendtagen war ihre Bildung äußerst dürftig gewesen, nun aber schien es ihr, als wäre sie geistig nahezu »verhungert«. Wenn das so weiterginge, meinte sie selbstkritisch, dann wüßte sie schon bald nicht mehr, ob London in England oder Frankreich liege.

Mit Übereifer stürzte sich Luise in die schwierige Lektüre, behutsam angeleitet von der Hofdame Marie von Kleist (einer angeheirateten Tante des berühmten Dichters Heinrich von Kleist), die der Königin schon vor längerer Zeit aufgrund ihrer ungewöhnlichen Bildung aufgefallen war. Natürlich hatte Luise auch zuvor schon gelesen, freilich eher trivial-sentimentale Werke wie die des damals ausgesprochen populären Romanschriftstellers August Heinrich Lafontaine (1758–1831), die auch ihr königlicher Gemahl hin und wieder gern in die Hand nahm. Nun aber lagen die anspruchslosen Titel in der Ecke, und Luise vertiefte sich mit dem ihr eigenen Enthusiasmus in die Werke der Weltliteratur. Die »Geschichte des Verfalls und Untergangs des Römischen Reiches«, ein Buch des bekannten britischen Historikers Edward Gibbon (1737–1794), las sie, bis ihr nach eigenen Angaben »Hören und Sehen verging«.

Im Jahr darauf lernte Luise eine weitere Mentorin kennen, mit der sie eine lebenslange Freundschaft verbinden sollte: die 17 Jahre ältere Karoline von Berg, Tochter eines preußischen Diplomaten und zweifelsohne eine der gelehrtesten Frauen ihrer Zeit. »Um das zu wissen, was Sie wissen, muß man so viel Verstand haben wie Sie, diesen hellen, richtigen Blick in allen großen und in allen kleinen Sachen, der nie fehlt, immer richtig urteilt, immer das beste aus allem heraussucht«, schrieb Luise ihrer hochgebildeten Hofdame, die auch dann noch ihre engste Vertraute blieb, als Luises vorübergehendes eifriges Bildungsstreben schon längst wieder ein Ende genommen hatte. Beständigkeit war schließlich noch nie ihre Sache gewesen. Hinzu kam freilich noch etwas anderes. König Friedrich Wilhelm verfolgte die intellektuelle Entwicklung seiner Gemahlin mit äußerstem Unbehagen. Er selbst, eine geistig eher schlichte Natur, hatte derartige Ambitionen noch nie gehabt, ja, man kann sagen, daß er geradezu bildungsfeindlich gewesen ist. Vergnügen bereiteten ihm lediglich simpel konstruierte humorvolle Theaterstücke. In späteren Jahren durfte auf seinen Befehl hin Schillers »Wilhelm Tell« in Berlin jahrelang nicht aufgeführt werden, weil ihm das Stück zu »demagogisch« zu sein schien.

Natürlich hatte Friedrich Wilhelm auch Angst, Luise, die in den letzten Jahren stets so willig und folgsam gewesen war, könnte ihm durch ihre »geistigen Höhenflüge« entgleiten. Die Freundschaft seiner Gemahlin mit Frau von Berg empfand er daher auch als Bedrohung, und er versuchte, sie von der Königin fernzuhalten. Doch diesmal ließ sich Luise nicht beirren. Zwar hatte die anfängliche Begeisterung schon bald nachgelassen, doch ganz ohne jegliche »Geistesnahrung« wollte sie fortan nicht mehr leben. »Ich hasse entsetzlich die Dummheit«, hat sie einmal an Kriegsrat Scheffner geschrieben, und das meinte sie auch so.

»Wie ein junger Herkules« – Begegnungen mit Zar Alexander I.

Unterdessen hatte sich die Familie erneut vergrößert. Am 29. Juli 1801 war Karl zur Welt gekommen, nach dem Tod der kleinen Friederike das nunmehr vierte Kind des preußischen Königspaares. Luise hoffte inständig, daß das neue Jahrhundert so ruhig und friedlich weitergehen würde, wie das alte geendet hatte. Preußen hatte am 5. April 1795 mit dem revolutionären Frankreich den Frieden von Basel geschlossen und Neutralität vereinbart, die auch Friedrich Wilhelm III. auf jeden Fall zu wahren gedachte, denn nichts war ihm so verhaßt wie Krieg, dessen Grausamkeit er schon in jungen Jahren bei Kämpfen gegen Frankreich hatte erfahren müssen.

Doch die Welt hatte sich geändert. Seit Ende 1799 war der »Erste Konsul« Napoleon das neue Staatsoberhaupt der Franzosen, und das Schicksal des morschen »Heiligen Römischen Reiches Deutscher Nation« sollte fortan von dem agilen Korsen abhängen. Preußen aber hoffte, die künftigen Stürme unbeschadet überstehen zu können. Einem Mann glaubte Luise dabei besonders vertrauen zu können: dem jungen russischen Zaren Alexander I.

Der 24jährige Enkel Katharinas der Großen hatte am 23. März 1801 den Thron der Romanows bestiegen und sich seitdem mit sicherem Machtinstinkt Bundesgenossen gesucht, insbesondere gegen das expandierende Frankreich. Als Freund und Verbündeten wünschte er sich auch den Preußenkönig Friedrich Wilhelm III., und da der sich just zu dieser Zeit gemeinsam mit Luise auf Inspektionsreise durch Ostpreußen befand, beschloß man, am 10. Juni 1802 in Memel zusammenzutreffen, dem nordöstlichsten Zipfel Preußens an der Grenze zu Rußland.

Das preußische Königspaar war auf Anhieb von dem jungen Zaren begeistert. Selbst die stets etwas spröde Oberhofmeisterin von Voß vertraute ihrem Tagebuch an, wie sehr sie der Russe beeindruckt hatte: »Ein schöner Mann, blond, mit einer sehr frappanten Physiognomie ... Der Arme ist ganz begeistert und bezaubert von der Königin.« Das freilich war umgekehrt nicht minder der Fall. Hätte Luise gekonnt, wie sie wollte – sie hätte sich wohl sofort in den attraktiven Herrscher mit den gewinnenden Manieren verliebt. »Der Kaiser ist einer der seltensten Menschen«, schwärmte sie noch am selben Tag in ihren Tagebuchaufzeichnungen, »die alle liebenswürdigen Eigenschaften mit allen echten Vorzügen vereinen ... Er küßte meine Hand und ich beugte leicht den Kopf, als ob ich ihn küssen wollte (denn er muß wissen, daß es eine aus Rußland übernommene Mode ist, daß, wenn ein Mann uns die Hand küßt, die Dame verpflichtet ist, ihn wieder zu küssen) ...« Pflichtbewußt schrieb Luise zwar, Alexander ähnele dem König, doch gleichzeitig widersprach sie sich selbst, indem sie die Eigenschaften des jungen Russen schilderte, die man Friedrich Wilhelm beim besten Willen nicht zusprechen konnte: »Von reizender Höflichkeit, großer Liebenswürdigkeit, viel Esprit ... Er hat etwas von einem Engel.« An ihren Bruder Georg schrieb sie: »Mit jedem Blick macht er Glückliche und Zufriedene durch seine Huld und himmlische Güte ... Ach wie viel, wie viel ist mir diese Bekanntschaft wert!«

Doch es scheint, als sei die Aufregung für die gesundheitlich stets etwas labile Luise zu groß gewesen. Als zwei Tage später abends ein kleiner Ball veranstaltet wurde, auf dem Luise und Alexander gemeinsam Walzer tanzten, fühlte sich die Königin bereits etwas unwohl, und nur kurze Zeit später erlitt sie offenbar einen Asthmaanfall. Im Tagebuch der Oberhofmeisterin steht zu lesen: »Nach Tisch bekam die Königin einen Anfall von Brustkrämpfen, die sie noch nie im Leben gehabt hat, ich glaube, infolge der großen Hitze ...«

Nur vier Tage später – die Königin hatte sich längst wieder erholt – mußte man zu ihrem großen Bedauern voneinander Abschied nehmen. »Nach dem Mittagessen kam er bald wie-

Begegnung Luises mit Alexander von Rußland
»Der Arme ist ganz bezaubert von der Königin ...« Doch auch Luise
selbst war von dem jungen Zaren Alexander I. zutiefst beeindruckt,
auch wenn sie versicherte: »Mein Kopf läuft nicht mit meinem Herzen davon.« Holzschnitt nach einem Gemälde von J. C. Dähling.

der; da es der letzte Tag war, suchte man begierig jeden Augenblick zu nutzen ...« So endeten Luises Tagebuchaufzeichnungen über die erste Begegnung mit Alexander, doch sie hoffte in-
nigst, ihn schon bald wiedersehen zu können. Noch nie hatte
sie einen Mann erlebt, der sie so faszinierte wie der junge Zar
von Rußland.

Wieder daheim, schwärmte sie weiter: »Er sieht aus wie ein
junger Herkules«, schrieb sie an Friederike, stellte aber gleichzeitig klar, daß ihre Ehe in keiner Hinsicht beeinträchtigt war
und daß sie sich trotz aller Schwärmerei von ihrem Verstand
leiten ließ: »Mein Kopf läuft nicht mit meinem Herzen davon«,
versicherte sie. Natürlich wechselte sie auch mit Alexander
selbst zahlreiche Briefe, und die Korrespondenz fiel dermaßen
schmeichelhaft aus, daß diese später, als sie Napoleon in die

Hände fiel, den Franzosen zu der Behauptung veranlaßte, Luise habe mit dem Zaren von Rußland eine erotische Beziehung unterhalten.

Als die preußische Königin im Februar 1803 ein weiteres Kind zur Welt brachte, nannte man die Tochter nach ihrem kaiserlichen Taufpaten Alexandrine.

Derweil hatte sich die politische Lage zugespitzt. Nach kriegerischen Auseinandersetzungen mit England besetzte Napoleon im Jahr 1803 das Kurfürstentum Hannover und schlug perfiderweise dem neutralen Preußen vor, sich das Land einzuverleiben. Das freilich hätte den Abbruch der preußischen Beziehungen mit England bedeutet (auf dessen Königsthron mit Georg III. ein Hannoveraner saß), ja höchstwahrscheinlich sogar Krieg mit allen unabsehbaren wirtschaftlichen Konsequenzen. Das konnte der Preußenkönig keinesfalls riskieren. Andererseits waren die Franzosen nun seinem Land bedrohlich nahe gerückt, und die Neutralitätspolitik wurde zunehmend von kritischen Stimmen in Frage gestellt.

Doch Friedrich Wilhelm konnte und wollte sich nicht entscheiden, auch wenn ihm durchaus bewußt war, daß es keineswegs sinnvoll war, ständig nur hin und her zu lavieren: »Mehr als ein König ist untergegangen, weil er den Krieg liebte«, sagte er hellsichtig, »ich werde untergehen, weil ich den Frieden liebe.«

Luise freilich machte sich ihre eigenen Gedanken. Bislang hatte sie sich nie sonderlich für Politik interessiert und alle diesbezüglichen Entscheidungen allein ihrem Mann überlassen. Nun aber begann sie zu begreifen, daß es Preußen nicht gleichgültig sein durfte, was außerhalb seiner Grenzen geschah. Ihr königlicher Gemahl, so drängte sie, müsse endlich Stellung beziehen. Ein Bündnis mit Rußland würde Preußen den Rücken stärken. Aber Friedrich Wilhelm wollte weder ein Bündnis mit Rußland noch eines mit Frankreich, das ihm von Napoleon mehrfach angeboten war. Er wollte nur seine Ruhe haben!

Aus dieser Ruhe freilich wurde er unsanft geweckt, als Napoleon vertragsbrüchig wurde und am 3. Oktober 1805 seine Truppen durchs preußische Ansbach marschieren ließ, um

Österreich anzugreifen. Empört riet Luise ihrem Gemahl erneut zu einem sofortigen Bündnis mit Rußland, denn in wenigen Tagen wurde Zar Alexander I. in Berlin erwartet.

Luise hatte von diesem Wiedersehen geträumt und sich viel davon versprochen, und das nicht nur in politischer Hinsicht. Doch dann wurde der Besuch des Zaren zu einer großen Enttäuschung. Der Zauber, der seinerzeit in Memel so spürbar gewesen war, war verflogen. Drei Jahre waren seitdem vergangen, und die Atmosphäre war merklich frostiger geworden. Alexander hatte nie daran gedacht, für Friedrich Wilhelms Neutralitätspolitik den Garanten abzugeben und war nun über den preußischen König verärgert – und das bekam auch Luise zu spüren. Zwar war er ihr gegenüber aufmerksam wie eh und je, doch es »knisterte« nicht mehr. Zu ihrer großen Enttäuschung vernahm die Preußenkönigin zudem, daß Alexander, der mit der badischen Prinzessin Marie Louise verheiratet war, seit geraumer Zeit mit seiner schönen Geliebten zusammenlebte, der polnischen Fürstin Maria Antonia Naryschkina. Für Luise jedenfalls hatte er diesmal nicht mehr als freundliche Worte. Auch wenn sich kaum vorstellen läßt, daß sie etwas anderes erwartet hatte, es traf sie doch sehr, und als am Abend im Schloß Bellevue ein Ball zu Ehren des russischen Gastes gegeben wurde, verlor sie vollends die Nerven und brach in Tränen aus.

Auch politisch erreichte man lediglich einen Minimalkonsens. Schweren Herzens unterschrieb Friedrich Wilhelm schließlich einen Bündnisvertrag mit Rußland und Österreich – freilich nur für den Fall, daß Frankreich jemals wieder Preußens Grenzen verletzen sollte. Von Luises Drängen, einem Krieg gegen Frankreich zuzustimmen, wollte er nichts hören, und erst recht nicht darüber reden. Es scheint, daß sich die königliche Ehe damals in einer ernsthaften Krise befand: Friedrich Wilhelm war melancholisch, verschlossen und grüblerisch, und auch Luise war ungewöhnlich gereizt nach dem unbefriedigenden Wiedersehen mit Alexander. In diese Stimmung fiel die Nachricht, daß Napoleon am 2. Dezember 1805 in der Dreikaiserschlacht bei Austerlitz die Russen unter Alexander I. und die Österreicher unter Franz II. besiegt hatte.

»Ich muß fliehen mit meinen Kindern ...«

Luise und Preußens »Kriegspartei«

Zur preußischen »Kriegspartei«, die für einen baldigen Krieg gegen Frankreich eintrat, zählte auch Prinz Louis Ferdinand, der wohl zu den wenigen Generälen im preußischen Heer gehörte, die einen ungetrübten Blick für die politischen Gegebenheiten besaßen. Auf Luises Bitten hin holte Friedrich Wilhelm den verhaßten Verwandten zurück nach Berlin, nachdem er ihn wenige Jahre zuvor aus der Hauptstadt verwiesen und nach Magdeburg »verbannt« hatte. Louis Ferdinand lebte nicht nur mit einer Bürgerlichen in »wilder Ehe« und hatte mit ihr zwei Kinder, er war dem Preußenkönig auch in anderer Hinsicht ein Dorn im Auge gewesen. Der Hohenzollernprinz, dessen Liebesaffairen und wüste Zechgelage bei Hof beliebtes Gesprächsthema waren, verkehrte ungeniert mit Bürgern und Demokraten und ließ kaum eine Gelegenheit aus, öffentlich zu betonen, wie sehr ihm die Außenpolitik des Königs mißfiel.

Daß das »Enfant terrible« des Hohenzollernhauses nun erneut mit Luise gemeinsame Sache machte, bestärkte den König freilich nur um so mehr in seiner Meinung, auch weiterhin die Neutralität Preußens zu wahren. Luise, die so begeistert auf den Zug der preußischen Patrioten aufgesprungen war, scheint völlig verzweifelt gewesen zu sein. Wie ein russischer Diplomat aus Berlin berichtete, war die Atmosphäre am Berliner Hof äußerst spannungsgeladen: »Die arme Königin ist wirklich zu beklagen. Lassen Sie sich all die Szenen erzählen, die sie mit ihm (dem König) gehabt hat ...« Doch dann traf Luise ein ungleich schlimmerer Schicksalsschlag: Im März 1806 starb der kleine Ferdinand (geb. 13. Dezember 1804), Luises vierter Sohn, mit noch nicht einmal 1½ Jahren »an einem hitzigen Nervenfieber«. Die Königin, die schon in den Monaten zuvor unter der äußerst gereizten Stimmung gelitten hatte und seelisch wie gesundheitlich angegriffen war, stand kurz vor einem Zusammenbruch. Ihr Leibarzt, der damals schon bekannte Jenaer Professor Christoph Wilhelm Hufeland (1762–1836), sah daher keine andere Möglichkeit, als eine vorübergehende Entfernung vom Berliner Hof und riet Luise zu einer Kur in Bad Pyrmont, einem damaligen Modebad.

Es blieb nicht lange ein Geheimnis, wer die blonde junge Frau in Wirklichkeit war, die als Gräfin von Hohenstein am 19. Juni eine Trink- und Badekur antrat. Doch Hufeland und die fürsorgliche Oberhofmeisterin Sophie von Voß taten ihr bestes, um die geschwächte Königin vor neugierigen Blicken zu schützen. Gesundheitlich erholte sie sich vergleichsweise schnell, doch ihren Kummer konnte sie nicht vergessen: »Die Königin war lange Zeit untröstlich über den Verlust dieses Kindes«, ist im Tagebuch der Voß zu lesen, »fast hatte sie keinen Moment vollkommen heiteren Glücks mehr.« Und auch die Politik holte sie in Bad Pyrmont wieder ein.

Nach der Niederlage Kaiser Franz' II. bei Austerlitz schien es vielen deutschen Fürsten der sicherste Weg zu sein, sich den Wünschen des erfolgreichen Eroberers Napoleon zu fügen. So unterzeichneten im Juli 1806 die Vertreter von 16 süd- und mitteldeutschen Fürsten in Paris die Akte des Rheinbundes, durch die sie sich vom Reich lossagten und unter dem Protektorat des französischen Kaisers eine besondere Konföderation bildeten (Rheinbund). Napoleon schuf auf diese Weise ein strategisches Vorfeld bis hin zur Elbe. Franz II., der diesem Akt ohnmächtig hatte zusehen müssen, legte daraufhin am 6. August die Kaiserkrone nieder und betrachtete sich fortan nur noch als Herrscher von Österreich. Damit fand das Heilige Römische Reich Deutscher Nation, das seit der Zeit Karls des Großen existiert hatte, ein wenig rühmliches Ende. »Somit bleibt mir keine andere Wahl als Krieg«, mußte nun auch der Preußenkönig resignierend erkennen und befahl die Generalmobilmachung. In der Armee freilich hatte man schon längst darauf gewartet, glaubte man doch an einen baldigen Sieg über Napoleon. Der preußische Offizier Johann von Borcke schilderte so die Stimmung, die damals in der preußischen Armee herrschte: »Geringschätzung und Haß hatten alle Gemüter, jung und alt, so eingenommen, daß die Generäle und höheren Offiziere nie in einem anderen Ton von den Franzosen sprachen, als daß sie zusammengelaufenes Lumpengesindel seien, die den von unserem braven König selbst angeführten Truppen unter keinen Bedingungen standhalten könnten und wie bei Roßbach zum Teufel laufen würden. So sprach und dachte man in jenen Tagen. So sehr war man irregeleitet von dem falschen Wahn, so umnebelt von blindem Vertrauen und Selbstüberschätzung, daß diese Meinung zur Gewohnheit geworden war und ich es keinem hätte raten mögen, öffentlich eine andere auszusprechen.«

Luise, die unterdessen aus Bad Pyrmont zurückgekehrt war, wird begrüßt haben, daß sich ihr Gemahl endlich zu einer Entscheidung durchgerungen hatte, auch wenn die Entscheidung viel zu spät kam.

»Ich werde mein Unglück mit Ergebung tragen ...« – Preußens Untergang

Anfang September setzte sich das preußische Heer in Marsch, und obwohl es seit den Zeiten des Großen Kurfürsten nicht mehr üblich gewesen war, daß der Herrscher von seiner Gemahlin ins Feld begleitet wurde, so wollte Friedrich Wilhelm seine Luise doch unter allen Umständen dabeihaben. Daß er sie damit größter Gefahr aussetzte, nahm er ebenso in Kauf wie eine weitere Beeinträchtigung ihrer Gesundheit. »Ich fühle mich wie ein Hund«, schrieb Luise am 21. September 1806 an ihre Schwester Friederike. »Ich leide unter entsetzlichem Schwindel und Zahnschmerzen ... Die Nacht war unerträglich.« Nichtsdestotrotz zeigte sich Luise guten Mutes und voller Siegeshoffnung, als man am 23. September im preußischen Hauptquartier in Naumburg eintraf. In der Armee hoffte man daher, daß sich ihre Anwesenheit günstig auf die Moral ihres depressiven und entscheidungsschwachen Gemahls auswirken würde. Doch so optimistisch, wie sie sich gab, ist Luise in Wirklichkeit gar nicht gewesen. Voll dunkler Ahnungen schrieb sie an Zar Alexander I.: »Wenn wir unterliegen, werde ich mein Unglück mit Ergebung tragen.«

Schon wenige Tage später erreichte sie die erste Hiobsbotschaft: Prinz Louis Ferdinand, Hoffnung Preußens, Galionsfigur der Armee, Seele des antifranzösischen Widerstandes, war gleich zu Beginn der Kampfhandlungen am 9. Oktober 1806 bei Saalfeld gefallen! Doch Luise blieb nicht viel Zeit, um den schönen Prinzen zu trauern. Napoleon war schneller als erwartet aus Süddeutschland über den Thüringer Wald nach Norden vorgestoßen, schließlich wolle er, wie er in seinem Bulletin vermerkte, höflich sein und unverzüglich nach Sachsen marschieren, um die schöne Königin nicht warten zu lassen. Nun versetzte er Preußen den Todesstoß. Am 14. Oktober 1806 wurde die veraltete und schwerfällige preußische Armee bei Jena und Auerstedt vernichtend geschlagen.

Luise erhielt die Nachricht von der katastrophalen Niederlage in Weimar, wohin sie sich aus Sicherheitsgründen begeben hatte. Doch nun war klar, daß sie auch hier nicht länger bleiben konnte; am selben Tag reiste sie fluchtartig ab, zutiefst besorgt um ihren königlichen Gemahl, von dem sie nicht einmal wußte, ob er überhaupt noch am Leben war. »Der König hat eine Bataille verloren. Jetzt ist Ruhe die erste Bürgerpflicht!« Diese Weisung galt derweil in Berlin, wo Luise am Abend des 17. Oktober eintraf. Ihr Mann lebte – Preußen indes war tot.

Und auch ihr eigenes Leben war bedroht, denn unterdessen marschierte Napoleon auf Berlin. Luises Leibarzt Hufeland war Zeuge von der Mutlosigkeit der Königin am Morgen nach ihrer Rückkehr. Er fand sie »mit verweinten Augen, aufgelösten Haaren, in voller Verzweiflung. Sie kam mir mit den Worten entgegen: ›Alles ist verloren! Ich muß fliehen mit meinen Kindern und Sie müssen mich begleiten!‹« Nur wenige Stunden später verließ man Berlin, erneut in banger Sorge um den König, um sich vorerst in Stettin in Sicherheit zu bringen. Hier erreichte Luise zu ihrer großen Freude endlich ein Brief von Friedrich Wilhelm: Er hatte sich nach Küstrin durchgeschlagen und befahl ihr nun, unverzüglich dorthin zu kommen.

»Wer nie sein Brot mit Tränen aß ...« –
Luise, eine preußische Märtyrerin

Unterdessen war Napoleon unter Kanonendonner durch das Brandenburger Tor marschiert und hatte die Berliner Schlösser in Besitz genommen, denn nicht nur die Königsfamilie, die gesamte Hofgesellschaft war vor der Ankunft der Franzosen aus der Stadt geflohen. Daß nun zahlreiche Kunstschätze ihren Weg von Berlin nach Paris fanden, hätte Luise gewiß noch verkraften können, ungleich härter indes traf sie die Tatsache, daß Napoleon in ihrem Charlottenburger Schlafzimmer nicht nur ein Portrait Alexanders I. fand, sondern auch ihre gesamte Korrespondenz mit dem Zaren von Rußland, eine Korrespondenz, die eine Zeitlang zumindest sehr vertraulich und voller Komplimente und Geständnisse gegenseitiger Zuneigung gewesen ist. Für Napoleon war dieser überraschende Fund nur allzu willkommen. In Luise hatte er stets eine kriegslüsterne Amazone gesehen, ohne die er mit dem Preußenkönig ein ungleich leichteres Spiel gehabt hätte. Der »Moniteur«, ein französisches Amtsblatt, das freilich in ganz Europa gelesen wurde, hatte daher unlängst eine beispiellose Diffamierungskampagne gegen die preußische Königin gestartet. Nun konnte man zudem noch behaupten, sie habe eine intime Beziehung mit dem Zaren von Rußland gehabt! Den »Beweis« für die Liaison lieferten die Briefe gleich mit. Schließlich war nicht nur in ihrem Schreiben vom 30. Oktober 1805 zu lesen, »wie sehr« sie ihn »liebe«.

Luise war zutiefst entsetzt, daß nun all ihre vertraulichen Briefe an die Öffentlichkeit gezerrt wurden. »Die Königin ist sehr gebeugt«, notierte Sophie von Voß in ihr Tagebuch. »Alle Infamien, die Napoleon gegen sie drucken läßt, sind empörend. Dazu kommt noch die Angst um das Kind.« Die königlichen Kinder nämlich waren vorsichtshalber nach Königsberg vorausgeschickt worden, und von dort hatte Hufeland nun die Schreckensnachricht gemeldet, Typhus sei ausgebrochen. Zunächst war der kleine Karl erkrankt, dann steckte sich auch die dreijährige Alexandrine an, und Luise mußte fürchten, nach ihrem geliebten Ferdinand in diesem Jahr noch zwei weitere Kinder zu verlieren.

Unterdessen verspritzte Napoleon sein Gift ungeniert weiter: »Alle Welt gesteht ein, daß die Königin die Urheberin aller Übel ist, die das preußische Volk erduldet«, schrieb der Moniteur am 27. Oktober. Das preußische Volk indes sah das anders: Je mehr Spott, Haß und Häme Napoleon über ihre Königin verbreiten ließ, desto populärer wurde Luise bei ihren Untertanen, desto mehr wuchs sie in die Rolle der unschuldig beschimpften Märtyrerin und unbeugsamen preußischen Patriotin.

Dabei war ihr politisches Verständnis ebenso begrenzt wie ihre tatsächlichen Einflußmöglichkeiten, doch für die vaterländische Bewegung wurde Luise zur Garantie, daß Preußen wieder auferstehen würde, und das hoffte die verzweifelte Königin selbst von ganzem Herzen. Am 5. Dezember schrieb sie die bekannten Verse aus Goethes »Wilhelm Meister« in ihr Tagebuch:

»Wer nie sein Brot mit Tränen aß,
Wer nie die kummervollen Nächte
Auf seinem Bette weinend saß,
Der kennt Euch nicht, Ihr himmlischen Mächte.

Ihr führt ins Leben uns hinein,
Ihr laßt den Armen schuldig werden,
Dann überlaßt Ihr ihn der Pein;
Denn alle Schuld rächt sich auf Erden.«

Am 10. Dezember 1806 traf Luise endlich nach bangen Wochen des Wartens in Königsberg ein und konnte auch ihre Kinder glücklich in die Arme schließen, nachdem Karl und Alexandrine die schwere Erkrankung dank Hufelands kundiger Pflege überstanden hatten. Gleichwohl feierte man ein trauriges Weihnachtsfest. Zwar war die Familie wieder vereint, doch unmittelbar danach ging die Flucht weiter. Die Franzosen, so hieß es, marschierten in Richtung Königsberg.

»Es ist, als ob ich in den Tod ginge ...« –
Die Tilsiter Begegnung mit Napoleon

Unterdessen war nun auch Luise an Typhus erkrankt, doch darauf konnte man keine Rücksicht nehmen. Die Königin wurde in eine Kutsche getragen, und eilig verließ man das Königsberger Schloß, um bei eisiger Kälte und heftigem Schneegestöber die weitere Flucht über die Kurische Nehrung anzutreten, jene knapp 100 Kilometer lange Landzunge zwischen dem Kurischen Haff und der Ostsee. Luises Gesundheitszustand war derart besorgniserregend, daß Hufeland sich fragte, ob die Königin die Strapazen der Reise lebend überstehen würde. Doch Luise hielt durch. Gemeinsam gelangte man so schließlich nach Memel, dem letzten nordöstlichen Zipfel des Landes. Hier war die Flucht zu Ende.

Es folgten angstvolle Wochen, in denen sich Luise nur langsam von der schweren Krankheit erholte. Am 15. Mai 1807 schrieb sie an ihren Vater: »Bislang war jeder Tag von einem neuen Unglück begleitet, die Schlacht bei Potulsk war das erste glückliche Ereignis ... Nun habe ich wieder Muth, mit der Zunahme meiner physischen Kräfte nehmen auch meine Seelen Kräfte und Hoffnungen zu ... Ja, bester Vater, ich bin überzeugt, es wird alles gutgehen.« Doch nichts ging gut.

Die Schlacht bei Friedland am 14. Juni 1807 endete mit einer letzten entscheidenden Niederlage der russisch-preußischen Truppen. Nun trafen sich Napoleon und Alexander I. zur Ausarbeitung eines Friedensabkommens. Luise war fest überzeugt, daß der Zar die preußischen Interessen niemals verraten würde – und mußte entsetzt miterleben, wie genau das geschah: Am 21. Juni 1807 unterschrieb er einen von Frankreich aufgesetzten Vertrag, der den Bruch all seiner Zusagen an Preußen darstellte. »Die arme Königin weinte lange«, vermerkte Sophie von Voß. Gleichwohl schrieb sie am 25. Juni an Alexander: »Sie werden in diesem grausamen Augenblick nicht einen Freund und eine Sache verlassen wollen, die Ihrem Herzen immer treu gewesen ist; auf dieses Herz, dem alle Tugenden eigen sind, gründet sich meine Hoffnung auf die Zukunft.«

Daß sich auch Alexander selbst in einer äußerst schwierigen Situation befand, hat Luise überhaupt nicht begriffen. Ganz naiv hatte sie geglaubt, im russischen Zaren einen persönlichen Freund zu besitzen, der im Zweifelsfalle seine eigenen Interessen zugunsten des preußischen Königspaares zurückstellen würde. Den Machtmenschen Alexander hat Luise bei all ihrer Schwärmerei nie wahrgenommen. Den Grund für den Niedergang Preußens glaubte die Königin zu kennen: »Wir sind eingeschlafen auf den Lorbeeren Friedrichs des Großen, welcher, der Herr seines Jahrhunderts, eine neue Zeit schuf. Wir sind mit derselben nicht fortgeschritten, deshalb überflügelt sie uns«, hatte sie noch vor wenigen Monaten geschrieben, und nun, so schien es, war die Zeit tatsächlich über Preußen hinweggegangen.

Preußen sollte sämtliche Gebiete links der Elbe an das neugeschaffene Königreich Westfalen abtreten, ein unglaublicher Aderlaß und eine entsetzliche Demütigung für den Verlierer Friedrich Wilhelm III. Doch vielleicht würde Napoleon ja noch mit sich verhandeln lassen? Daß der Preußenkönig selbst, aufbrausend, unzugänglich und starrsinnig, für eine derart heikle Unterredung ein denkbar ungeeigneter Verhandlungspartner war, stand indes außer Frage. Ein sachliches Gespräch ohne Streitereien war nicht vorstellbar. Und so verfielen seine Berater auf die Idee, Luise solle an seiner Stelle mit Napoleon reden. Sie hatte schon so viele Männer bezaubert, warum also nicht auch den Kaiser der Franzosen?

Natürlich war Luise entsetzt, als ihr der Vorschlag unterbreitet wurde. Napoleon war für sie ein »Ungeheuer«, die »Geißel der Erde« und »Quelle des Bösen« – und nun sollte sie ihm leibhaftig gegenüberstehen, ja, mit ihm sogar um das Schicksal Preußens feilschen? Doch um ihres königlichen Gemahls und natürlich um Preußens Willen war sie bereit, über ihren Schatten zu springen, dieses Opfer auf sich zu nehmen. Dabei verheimlichte sie nicht, was sie angesichts der bevorstehenden Begegnung empfand: »Es ist, als wenn ich in den Tod ginge ...«

Dabei wußte sie im einzelnen gar nicht, was überhaupt von ihr verlangt wurde. Sollte sie die Liebenswürdige spielen oder die vom Schicksal schwer Geprüfte? »Welche Überwindung es mich kostet, das weiß mein Gott«, schrieb Luise in ihr Tagebuch, »höflich und artig gegen ihn zu sein wird mir schwerfallen. Doch das Schwere wird einmal von mir gefordert.« Alle Welt kannte Napoleon als skrupellosen Machtpolitiker, und niemand konnte wohl ernsthaft annehmen, daß er die preußischen Gebiete, die er entschlossen war, dem König abzunehmen, nunmehr der schönen Luise schenken würde.

»Die schöne Königin von Preußen soll heute mit mir speisen«, schrieb Napoleon am 6. Juli 1807 an seine Gemahlin Joséphine, und es ist anzunehmen, daß er dem Zusammentreffen mit gespannter Neugier entgegensah. Welcher Bühnenauftritt mochte ihn wohl erwarten? Eine schöne Frau mit Tränen der Verzweiflung? Man durfte gespannt sein.

Unterdessen bereitete sich Luise für ihren großen Auftritt vor. Sie trug ein Kleid aus weißem Crêpe, das mit Silber bestickt war, Perlenschmuck sowie ein Perlendiadem im Haar. Doch ihr attraktives Äußeres konnte nicht darüber hinwegtäuschen, daß sie entsetzlich aufgeregt war. Sie hatte kein Konzept, wußte nicht, was sie sagen sollte, und hoffte, daß allein ihr Auftritt Napoleon zum Einlenken bewegen würde.

Über das Zusammentreffen Luises mit Napoleon in Tilsit am 6. Juli 1807 gibt es natürlich kein Protokoll. Trotzdem sind wir, wie es scheint, über den Verlauf recht gut unterrichtet, denn zwei Tage später hat Luise einem Diplomaten den Dialog mit dem Franzosen detailliert geschildert – zumindest ihre Sicht der Dinge. Napoleon, der den Auftritt offenbar von vornherein für eine Komödie hielt, versuchte wohl zunächst, das Gespräch auf unverfängliche Themen zu bringen, und fragte Luise, aus welcher Stadt denn wohl ihr hübsches Kleid käme. Damit hatte er gleich zu Anfang klargestellt, daß er zwar bereit war, mit der preußischen Königin über Toilettenfragen zu plaudern, nicht aber über politische Sachverhalte. Nun war Luise im Zugzwang. Ob Napoleon seinen Sieg über Preußen zu mißbrauchen gedenke, wollte sie wissen, und die Antwort lautete, daß er die Vernichtung Preußens keinesfalls anstrebe, obgleich doch das Land seine Freundschaft so oft zurückgewiesen hatte. Darauf glaubte Luise offenbar, die Gunst der Stunde nutzen zu können: »Ich weiß, daß wir Opfer bringen müssen, aber wenigstens trenne man von Preußen nicht Provinzen, die ihm seit Jahrhunderten gehören, wenigstens nehme man uns nicht Untertanen, die wir wie Lieblingskinder lieben ... Wenn Sie uns das Land links der Elbe nehmen, wenn Sie uns Magdeburg nehmen, so ist das kein Opfer mehr, sondern der Untergang.« So zumindest die offizielle Version des Anliegens der schönen Königin.

Napoleon gab, wie es scheint, einige vage Antworten, die gleichwohl in Luise die Hoffnung weckten, sie habe ihre schwierige Mission für Preußen erfüllt. Als sie am Abend des gleichen Tages zum Galadiner des Kaisers der Franzosen erschien, war sie voller Optimismus, zumal Napoleon sie äußerst höflich und zuvorkommend behandelte, und sie persönlich am Portal seines Hauses begrüßt hatte. Doch für ihn war die Komödie damit beendet. Die denkwürdige Begegnung, die später noch in Romanen und Spielfilmen weiter ausgesponnen wurde, verlief in der Tat ohne jedes Ergebnis. Am 9. Juli 1807 demonstrierte Napoleon statt dessen Härte und Kompromißlosigkeit, indem er den Preußenkönig in Tilsit einen Zwangsfrieden unterzeichnen ließ, mit dem Preußen nicht nur alle Gebiete westlich der Elbe einschließlich Magdeburgs verlor, sondern auch den größten Teil der polnischen Territorien sowie die Stadt Danzig, insgesamt also mehr als die Hälfte des Staatsgebiets.* Luise aber mußte erkennen, daß sie sich und Preußen mit ihrem theatralischen Auftritt letztes Endes nur lächerlich gemacht hatte. Für die Bevölkerung indes war die Frau, die sich so mutig dem »Ungeheuer« Napoleon entgegengestellt hatte, endgültig zur Heldin aufgestiegen. Mochte Preußen auch am Boden liegen, mochte die Zukunft auch trübe aussehen, die schöne und tapfere Luise verkörperte die Hoffnung des geschundenen Landes, und mit ihr würde es schon irgendwie weitergehen ...

---

* Alle Gebiete zwischen Oder und Elbe blieben unter französischer Besatzung. Preußen hatte nicht nur hohe Summen an Kriegsentschädigung zu zahlen, sondern zudem die Kosten für die französische Besatzung zu tragen. Die einstige Großmacht Preußens war zu einem zweitrangigen Mittelstaat geworden.

»Es ist eine Schwermut in mir ...«

Hoffnung auf einen Neubeginn

Die königliche Familie und der Hof residierten vorerst weiter in Königsberg, denn in Berlin standen nach wie vor französische Truppen. Besonderen Komfort bot das alte Schloß indes nicht, das Essen war einfach, und die Räume ließen sich nur völlig unzureichend heizen. Besonders Luise fror daher entsetzlich: »Im Süden Deutschlands aufgewachsen, hatte ich schon Mühe, mich in Berlin zu akklimatisieren«, schrieb sie, »aber was ist das Berliner Klima im Vergleich zu Preußen! Vergangenes Jahr brauchte ich zehn Wochen, um mich zu erholen.« Letztlich aber, und das mußte sich auch Luise eingestehen, war man noch mit einem »blauen Auge« davongekommen. Die Familie war nach wie vor vollständig, niemand war ernsthaft zu Schaden gekommen, und endlich hatte man sogar Zeit füreinander. Voller Stolz blickte Luise auf die fünfköpfige Kinderschar: »Fritz gibt die schönsten Hoffnungen, sein Herz ist gut, viel Geist und Wißbegierde, nur seine Manieren sind noch detestabel und erfordern all meine Strenge«, schrieb sie. Wilhelm sei »klug, aber oft krank«, Charlotte »rein wie Gold, gut, sanft und lustig«, Karl »so eine Art Kind wie Fritz«, nur »gehobelter«, und Alexandrine schließlich, »besser, sanfter und folgsamer, doch so ein Gemüt wie Charlotte hat sie nicht.«

Inzwischen hatte Luise festgestellt, daß sie wieder ein Kind erwartete, doch besonders glücklich machte sie die Aussicht nicht. Im November 1807 schrieb sie an Frau von Berg: »Wie gerne wäre ich so irdisch, wenn ich nur könnte; allein seit meiner Nervenkrankheit [sie meinte ihre Typhuserkrankung, die man damals als Nervenfieber bezeichnete] bin ich nie wieder recht ordentlich gewesen. Und nun gar schwanger und keine Hoffnung, wenn Berlin für mich nicht wieder zu erreichen ist.

Ende Januar oder Anfang Februar glaub' ich entbunden zu werden, und Gott weiß, wann wir reisen ... Ich lese fleißig Geschichte und lebe in der Vergangenheit, weil die Zukunft nichts für mich ist. Stein kommt und mit ihm geht wieder etwas Licht auf; doch keine Zukunft gibt es nicht ohne Selbständigkeit, wo ist die in der Welt jetzt, Ach Gott! Ach Gott ...« Und doch hatte Luise wieder Hoffnung. Zum einen brachte sie am 1. Februar 1808 nach einer überraschend leichten Geburt im Königsberger Schloß eine kleine gesunde Tochter zur Welt, die nach der Mutter gleichfalls Luise genannt wurde. Zum anderen glaubte sie, wie sie Frau von Berg geschrieben hatte, in dem Freiherrn von Stein den Mann zu erkennen, dem es gelingen würde, Preußen gleichsam »von innen heraus« wieder neu erstehen zu lassen, und zwar durch längst überfällige Reformen.

Reichsfreiherr Heinrich Friedrich Karl von und zum Stein (1757–1831) war bereits 1780 nach einem Jurastudium in den preußischen Staatsdienst getreten und hatte, als er 1804 Minister für Handel, Wirtschaft und Finanzen wurde, bereits größere Reformen angeregt. Sie sollten Selbständigkeit, Verantwortungsbewußtsein, Bürgersinn sowie das Nationalbewußtsein wecken und waren nach dem Zusammenbruch Preußens bestens geeignet, die Erhebung gegen die Fremdherrschaft vorzubereiten und die alte Stärke wiederzugewinnen. Vorübergehend war Stein durch den geschmeidigeren Hardenberg ersetzt worden, der aber auf Geheiß Napoleons gehen mußte. 1807/1808 begann Stein mit seinen inneren Reformen: Die Standesschranken bei der Berufswahl fielen, es entstand eine Gemeindeselbstverwaltung, und auch die Bauern, die bislang nach wie vor in Erbuntertänigkeit bei ihren adeligen Grundherren gestanden hatten, wurden endlich frei.

Für Luise war Stein zunächst der preußische Hoffnungsträger gewesen. »Die göttliche Vorsehung leitet unverkennbar neue Weltzustände ein«, schrieb sie voll Optimismus an ihren Vater, doch ihre Begeisterung für den »Meister« währte nicht lange. Der poltrige und höchst cholerische Reichsfreiherr war ein denkbar schlechter Anwalt seiner eigenen, zweifellos großartigen Ideen. Stein sei »zu sehr Stein«, seufzte Luise daher, und verlor zunehmend das Interesse an den Reformen, insbesondere, nachdem ihr der »Meister« wiederholt »Unsachlichkeit« und »Unbeständigkeit« vorgeworfen hatte. »Stein tötet mich«, schrieb sie beleidigt an Frau von Berg, »er hält mich ohnehin für eine oberflächliche kleine Frau.« Doch auch Stein war von der preußischen Königin zutiefst enttäuscht. Ihre anfängliche Begeisterung hatte ihn glauben lassen, in Luise eine interessierte und verständige Sachwalterin seiner Ideen zu haben, nun mußte er feststellen, daß er die Königin überschätzt hatte. Auch Gneisenau, der preußische Heeresreformer, notierte im September 1808, Luise, die einstmals einen solch hinreißenden Enthusiasmus an den Tag gelegt hätte, interessiere sich nun nicht mehr für die Reformen. Als Stein im November 1808 erneut von Hardenberg abgelöst wurde, hatte Luise ihre Aufmerksamkeit wieder anderen Dingen zugewandt: Zar Alexander I. hatte Friedrich Wilhelm und seine Gemahlin nach St. Petersburg eingeladen, und trotz aller Enttäuschungen konnte sie es kaum erwarten, den schwärmerisch verehrten Herrscher wiederzusehen.

Abschied in St. Petersburg

Derweil hatte sich die innere Lage Preußens langsam stabilisiert. Dem russischen Zaren war es gelungen, sich bei Napoleon für Preußen einzusetzen und bessere Zahlungsbedingungen auszuhandeln, so daß die Last der Reparationen an Frankreich nicht mehr ganz so erdrückend schien. Im Dezember 1808 zogen schließlich die letzten französischen Besatzungstruppen aus Berlin ab, weil Napoleon die Soldaten in Spanien brauchte. Es gab also wieder einen Lichtstreif am Horizont, und die bevorstehende Reise nach St. Petersburg tat das ihrige.

Luise fühlte sich gesundheitlich wieder einmal nicht sonderlich gut, doch die baldige Zusammenkunft mit Alexander erfüllte sie mit Kraft und Optimismus. Um all die Eindrücke, die ihr St. Petersburg bieten würde, festzuhalten, begann sie wieder einmal, Tagebuch zu führen. Nach einer strapaziösen Reise, die am 27. Dezember angetreten worden war, wurde das preußische Königspaar am 7. Januar 1809 herzlich von Alexander begrüßt, »mit einer unvergleichlichen und wirklich rührenden Höflichkeit, Zuvorkommenheit und Liebenswürdigkeit«, wie Luise ihrem Tagebuch anvertraute. Ohnehin fand sie zunächst alles herrlich: »Mein Apartement war vom Zaren liebenswürdigerweise ganz neu möbliert worden, mit wunderbarer Eleganz und ganz ausgezeichnetem Geschmack ...« Doch die Anstrengungen des Aufenthalts machten der kränklichen Königin schwer zu schaffen. »Endlich im Bett. Tot, wenig Schlaf, Herzbeschwerden und Zahnschmerzen«, hieß es später. Oder: »Schlaflos im Bett gelegen. Ich bin krank und fürchte, schon wieder schwanger zu sein.« Luise führte ihre Korrespondenz wie auch ihr Tagebuch meist auf französisch, doch wenn ihr etwas wirklich naheging, so »platzten« geradezu deutsche Ausdrücke hinein. In diesem Fall war es ein resignierendes »Es ist hart!«

Zu Luises Wohlbefinden trug nicht gerade bei, daß sich der Zar kaum um sie kümmerte. In Erinnerung an vergangene Tage hatte sie geglaubt, auch nun so oft wie möglich mit Alexander zusammensein zu können, doch plötzlich mußte sie feststellen, daß er sich weitaus häufiger mit ihrem Gemahl traf und für sie kaum Zeit hatte: »Dieses zu beschreiben ist unmöglich«, notierte sie wütend auf deutsch. Und, noch schlimmer, Hauptperson bei Hof schien die schöne Naryschkina zu sein, Alexanders Mätresse, die sich nicht nur raffiniert in Szene zu setzen wußte, sondern vom Zaren geradezu angebetet wurde, was Luise natürlich nicht entging. »Es ist unerhört!« Am 15. Januar 1809 schrieb sie auf deutsch in ihr Tagebuch: »Zukunft, warum beweinst du mein Herz? Und warum steigen Thränen der Wehmut in meine Augen?«

Zutiefst enttäuscht, gekränkt und desillusioniert, mußte sie endlich erkennen, daß sie jahrelang einem Trugbild hinterhergejagt war, dem Glauben an eine echte, tiefe und rein persönliche Freundschaft mit Alexander, die gegen politische Erschütterungen gefeit war.

Luises weiteres Tagebuch gleicht eher einem Krankenbericht: 18. Januar: »sterbensmüde, krank«. 19. Januar: »Fieber, Schwindel, Husten«. 20. Januar: »Unterbrochener Schlaf, starker Husten«. 21. Januar: »Den ganzen Tag im Bett.« 26. Januar: »Krank wie ein Schwein.«

Am 31. Januar 1809 verabschiedete sich das preußische Königspaar aus St. Petersburg. Luise hat Alexander nie wiedergesehen. Nach Königsberg zurückgekehrt brauchte die Königin, wie es scheint, etliche Wochen, um die Enttäuschung zu verarbeiten und wieder ein wenig zu sich selbst zu finden. Erst am 13. Mai 1809 sah sie sich in der Lage, in einem Brief an ihre Vertraute Frau von Berg dieses Stimmungstief zu schildern, das sie nun zu überwunden haben glaubte: »Meine Reise hat mich von einer gewissen Illusion geheilt. Endlich kann ich Ihnen heute schreiben, daß ich ruhiger bin, was in den letzten drei Monaten nicht der Fall war.« Doch auch wenn sich ihr seelisches Befinden gebessert zu haben schien, Luises Gesundheitszustand gab mehr denn je zur Besorgnis Anlaß, denn von nun an war sie nahezu ununterbrochen krank, litt an Fieberanfällen, Husten und Atemnot. Am 4. Oktober 1809 brachte die preußische Königin ihr letztes Kind, Albrecht, zur Welt, und zehn Tage später erreichte sie endlich die langersehnte Nachricht, daß Napoleon ihnen die Rückkehr nach Berlin genehmigte.

Rückkehr nach Berlin

Die Königsfamilie wollte nun keine Zeit mehr verlieren und verließ Königsberg bereits am 15. Dezember 1809, nachdem man rund zwei Jahre lang im »Exil« gelebt hatte. Doch bei aller verständlichen Freude war es durchaus keine fröhliche Rückkehr nach Berlin, wo man am 23. Dezember ankam. Ein Augenzeuge, der Dichter Ernst Moritz Arndt, konnte beobachten: »Der schönen Königin, die sich dem begrüßenden Volk am Fenster zeigte, sah man die rotgeweinten Augen und den tiefen Gram in der Wonne an. Denn wo waren die alten siegklatschenden Adler hingeflogen?« Und auch Luise schrieb noch im selben Monat an Frau von Berg: »Mir wird alle Augenblicke ganz miserabel für Seligkeit, und ich vergieße schon so viele Thränen hier, wenn ich daran denke, daß ich alles auf demselben Platz finde und doch alles, alles so ganz anders, daß ich nicht begreife, wie es wird. Es ist eine Schwermuth in mir, die ich beinahe nicht begreife. Schwarze Ahnungen, Beklommenheit, mit einem Worte: Mehr traurig als froh.«

Luises »Schwermuth« wollte auch in den nächsten Wochen nicht weichen. Sie war erschöpft, ausgebrannt und schien ihre alte Heiterkeit und Lebensfreude endgültig verloren zu haben.

Am 10. März 1810 feierte Luise ihren 34. Geburtstag, und ihr besorgter Gemahl Friedrich Wilhelm hoffte, ihr mit einem großen Fest, wie sie es doch stets geliebt hatte, eine besondere Freude machen zu können. Der junge Dichter Heinrich von Kleist trug ein eigens für diesen Tag verfaßtes Gedicht »An die Königin von Preußen« vor:

> Erwäg' ich, wie in jenen Schreckenstagen,
> Still Deine Brust verschlossen, was sie litt,
> Wie Du das Unglück mit der Grazie Tritt
> Auf jungen Schultern herrlich hast getragen

> Wie von des Kriegs zerriß'nem Schlachtenwagen
> Selbst oft die Schar der Männer zu Dir schritt,
> Wie trotz der Wunde, die Dein Herz durchschnitt,
> Du stets der Hoffnung Fahn' uns vorgetragen:

> Oh Herrscherin, die Zeit dann möcht' Dich segnen!
> Wir sah'n Dich, Anmut, endlos niederregnen,
> Wie groß Du warst, das ahndeten wir nicht!

> Dein Haupt scheint wie von Strahlen mir umschimmert!
> Du bist der Stern, der voller Pracht erst flimmert,
> Wenn er durch finst're Wetterwolken bricht!

Die »Schönheitskönigin« vergangener Tage hätte sich bei diesen Versen geschmeichelt gefühlt, doch Luise brach in Tränen aus. In ihrer trübseligen Stimmung wird ihr Kleists Gedicht eher als Epitaph denn als Lobeshymne erschienen sein. Womit verdiente sie die Verehrung ihrer Untertanen, nachdem sie trotz aller Bemühungen doch nichts hatte erreichen können? Der Lichtstreif, den sie seinerzeit noch am Horizont ausfindig gemacht hatte, war, so schien es ihr, endgültig verschwunden. Auch ein Aufenthalt in ihrem geliebten Paretz, das sie im Mai nach etlichen Jahren zum ersten Mal wieder betreten konnte, stimmte sie eher melancholisch als heiter. Und erst, als Friedrich Wilhelm ihr in Aussicht stellte, im folgenden Monat ihren Vater in Neustrelitz zu besuchen, kam wieder Leben in Luise: »Ich weiß nicht, was ich alles sagen soll vor Dankbarkeit gegen Gott und den König, der mir die Freude bereitet«, schrieb sie überglücklich an ihren Vater am 19. Juni 1810, und auch ein Brief an die Schwester Friederike, die den Vater ebenfalls besuchte, zeigt, daß Luise wieder dabei war, zu ihrer alten Lebensfreude zurückzufinden: »Wir bringen keinen Arzt mit«, schrieb sie am 20. Juni, »Wenn ich mir den Hals breche, so klebt ihn mir Hieronymi wieder ein ...« Mit »Hieronymi« meinte sie den alten Leibarzt des Mecklenburger Herzogs, gewiß nicht einer der Größten seiner Zunft, wie sich schon bald zeigen sollte ...

Tod in Hohenzieritz

Auch weniger aufmerksame Beobachter mußten feststellen, daß Luise nicht mehr die strahlende Schönheit vergangener Tage war. Die zahlreichen Schwangerschaften, die Aufregungen und Strapazen der Kriegsjahre und nicht zuletzt die in letzter Zeit immer häufiger auftretenden Asthmaanfälle hatten ihre Spuren hinterlassen. Luise, die stets eher ein wenig zur Fülle geneigt hatte, war schmal geworden, ihre Augen waren glanzlos, und ihre Gesichtszüge wirkten müde und verhärmt. Doch nun, in Anbetracht des bevorstehenden Wiedersehens mit ihrem Vater und ihrer »kleinen« Schwester Friederike, schien sie wieder aufzublühen und zu ihrer früheren Heiterkeit zurückzufinden.

Den Tag vor der Abreise verbrachte die ganze Familie auf Schloß Charlottenburg, das Luise immer ganz besonders ge-

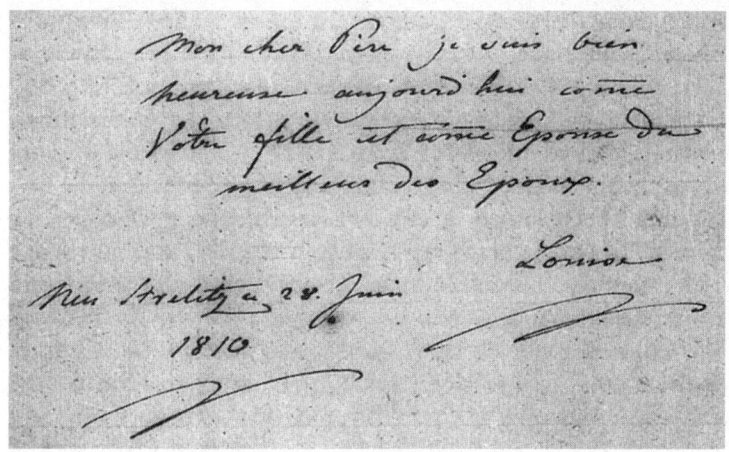

Letzte Worte an den Vater
Luises Vater schickte dieses Blatt am 30. Juni 1810 an Friedrich
Wilhelm III.

liebt hatte. Zwei ihrer Kinder, Charlotte und Karl, waren hier
geboren und in der Schloßkapelle getauft worden. Das Königspaar bewohnte während seines Sommeraufenthalts stets den
westlichen Teil des für Friedrich den Großen erbauten Neuen
Flügels. Friedrich Wilhelms Räume befanden sich im Erdgeschoß, die Gemächer seiner Gemahlin im Stockwerk darüber.
Bislang hatte man sich mit der vorhandenen Einrichtung begnügt, doch nun, nach der Rückkehr aus Königsberg, sollte eine
grundlegende Umgestaltung erfolgen, nicht zuletzt, um Luise
den Aufenthalt in dem geliebten Schloß so angenehm wie möglich zu gestalten. Der junge Baumeister und Maler Karl Friedrich Schinkel (1781–1841) erhielt den Auftrag, das Schlafzimmer der Königin neu einzurichten. Er hatte verschiedene
Entwürfe vorgelegt, und Luise entschied sich für einen völlig
mit Stoff ausgeschlagenen Raum und wählte für die Bespan-
nung einen zarten weißen Voile vor einer rosa Papiertapete.
(Nach den schweren Zerstörungen, die Schloß Charlottenburg

im Zweiten Weltkrieg erlitten hat, ist Luises Schlafzimmer – abgesehen von einem verschollenen Sofa und einigen Stühlen – heute wieder in seiner ursprünglichen Gestalt zu besichtigen.)

Gemeinsam mit ihrer mittlerweile 81jährigen Oberhofmeisterin Sophie von Voß trat Luise am 26. Juni die langersehnte Reise nach Neustrelitz an. Seit nahezu 17 Jahren waren die beiden ungleichen Frauen nun zusammen, die ehemals so leichtsinnige, spontane und lebenslustige Luise und ihre gestrenge und etikettebewußte Hofdame, die sie zunächst so gefürchtet, ja, geradezu gehaßt hatte. Unterdessen aber war ihr die Voß doch zu so etwas wie einer (groß-)mütterlichen Freundin geworden, und Luise hatte erkannt, daß es ihre »Anstandsdame« letztlich immer nur gut mit ihr gemeint hatte. Es wurde ein freudiges Wiedersehen mit der Familie. Vor dem spätbarocken Schloß von Neustrelitz (am Ende des Zweiten Weltkriegs völlig zerstört) warteten nicht nur der herzogliche Vater und Friederike, sondern auch die Brüder Georg und Karl, Frau von Berg und schließlich auch Großmutter »Georg«, mit 81 Jahren ebenso alt und rüstig wie Sophie von Voß.

Nach Jahren war Luise hier zum ersten Mal wieder völlig unbeschwert und glücklich. Die Sorgen waren vergessen, und auch ihre Atembeschwerden hatten spürbar nachgelassen. In diesem Hochgefühl schrieb sie, als sie am Schreibtisch des Vaters vorbeikam, die folgende Notiz nieder: »Mein lieber Vater! Ich bin heute sehr glücklich als Ihre Tochter und als Frau des besten aller Gatten! Neustrelitz, am 28. Juni 1810.«

Nur kurze Zeit später reiste die Familie nach Hohenzieritz, ein kleines Palais am Tollensesee, wenige Meilen von Neustrelitz entfernt. (Im großen Schloßpark von Hohenzieritz erinnert noch heute ein klassizistischer Rundtempel aus dem Jahr 1815 an die volkstümlichste der preußischen Königinnen.) Hierhin sollten auch Friedrich Wilhelm und die ältesten beiden Söhne kommen.

Doch Luises Hochgefühl war nur von kurzer Dauer gewesen. Kaum war man in Hohenzieritz angekommen, da fühlte sich die Königin erneut krank und verbrachte eine schlaflose Nacht, am nächsten Tag, den 30. Juni, klagte sie über hohes Fieber und mußte den ganzen Tag das Bett hüten. Der besorgte Vater ließ den Hofarzt Hieronymi rufen, der freilich diagnostizierte kein ernstes Leiden und verordnete Luise lediglich einen Aderlaß, der damals immer noch als Allheilmittel angesehen wurde.

Tatsächlich litt die preußische Königin an einer lebensbedrohenden Lungenentzündung, und nun stellten sich auch zusätzliche Komplikationen ein, Kreislaufstörungen, Atemnot und Ohnmachtsanfälle. Man mußte also – das war der Familie klar – mit dem Schlimmsten rechnen. Unverzüglich wurde Friedrich Wilhelm informiert, und natürlich machte sich der Preußenkönig ohne zu zögern auf den Weg zu seiner kranken Frau, begleitet von den Söhnen Fritz und Wilhelm.

Am Morgen des 19. Juli 1810 kam Friedrich Wilhelm in Hohenzieritz an, ließ sich sofort zu Luise führen – und begann das Entsetzliche bereits zu ahnen: »Wie erschrak ich, als ich sie durch die bereits durch die heftigen anhaltenden Krämpfe und anderen Leiden äußerst verändert vorfand«, schrieb er später in seinen Erinnerungen an diesen »unglücklichsten Tag seines Lebens« nieder. »Doch sobald sie mich gewahr wurde, war ihr die lebhafteste Freude in den Gesichtszügen zu lesen. ›Lieber Freund, gut, daß Du wieder da bist, es ist doch besser beieinander zu sein, es ist mehr Trost‹«, sollen ihre ersten Worte gewesen sein, und da Luise selbst so zuversichtlich schien, wieder gesund zu werden, schöpfte auch der Preußenkönig wieder ein wenig Hoffnung. Doch vergeblich. Die letzten Minuten im Leben seiner geliebten Luise schildert er uns mit bewegenden Worten:

»Die Krämpfe, obgleich nicht mit gleicher Heftigkeit, hatten jedoch nur wenig nachgelassen, und die Beklemmung blieb unausgesetzt. Sie fürchtete sich außerordentlich, einen neuen Anfall zu bekommen, und öfter wiederholte sie: ›Ich leide unaussprechlich, Luft, Luft! Ach Gott, Herr Jesus, erbarm Dich.‹ ... Bald darauf aber wandte sie sich zu mir mit den Worten: ›Fürchte Dich nicht, ich sterbe nicht.‹ ... Ihre linke Hand behielt ich in der meinigen bis zu ihrem Ende. Alle nur ersinnlichen krampfstillenden und andere lindernde Mittel wurden fortwährend, aber umsonst angewendet. Die Lage des Kopfes wurde ihr immer ängstlicher, und da man ihr unter anderem riet, die Arme etwas weiter abzuhalten, sie würde dadurch Linderung erhalten, sagte sie: ›Das bringt mir den Tod‹ und bald darauf ›Ich sterbe von oben herunter. Ach Herr Gott, Herr Jesus, verlaß mich nicht‹, und ganz zuletzt, als die Krämpfe ihr schon beinahe den Atem benahmen: ›Herr Jesus, mach es kurz‹, und wenige Augenblicke nachher, nachdem sie einige Male konvulsivisch mit dem Gesicht gezuckt hatte, verschied sie. Ich drückte ihr die starren, gebrochenen Augen zu.«

Am 19. Juli 1810 morgens um 9 Uhr hatte Luise ihren letzten Atemzug getan und mit ihrem Tod eine Lücke geschaffen, die weder in ihrer Familie noch in Preußen je geschlossen werden sollte. Man hatte sie nicht nur wegen ihrer Schönheit und Anmut bewundert, spätestens seit ihrer Tilsiter Begegnung mit Napoleon galt sie als Personifizierung der moralischen Überlegenheit Preußens über die Besatzer.

Ganz Berlin wollte sich nun von seiner toten Königin verabschieden, nachdem ihr Leichnam in die preußische Hauptstadt überführt worden war. In einem zeitgenössischen Zeitungsbericht heißt es: »Der warmen Witterung und des häufigen Regens wegen konnte, wie es anfangs bestimmt war, die hohe Leiche Ihrer Majestät der Königin nicht länger als drei Tage en parade stehen. Während dieser Zeit war jedem, ohne Unterschied, der Eintritt ins Schloß erlaubt. Der Paradesarg ... stand unter einem Baldachin und war schwarz mit goldenen Verzierungen. Die hohe Leiche selbst war nicht zu sehen, sondern mit einem schwarzen Tuch bedeckt und mit der königlichen Krone geziert. Nachdem er drei Tage en parade gestanden hatte, wurde er endlich gestern, den 30. Juli bis auf weiteres im Dom in einer Sakristey beigesetzt.«

Ihre letzte Ruhestätte aber fand Luise im Mausoleum im Charlottenburger Schloßpark, dort, wo sie immer gern gewesen war und wo sie sich auch ein letztes Mal von Berlin verabschiedet hatte. Preußens »Königsrose« war tot, doch sie hatte ihren trauernden Untertanen eine Maxime mit auf den Weg gegeben: »Wir müssen durch. Sorgen wir nur dafür, daß wir mit jedem Tag reifer und besser werden ...«

ELISABETH

von Bayern

* 13. November 1801 in München
⚭ 29. November 1823 in Berlin mit Friedrich Wilhelm (IV.)
† 14. Dezember 1873 in Dresden

STAMMTAFEL

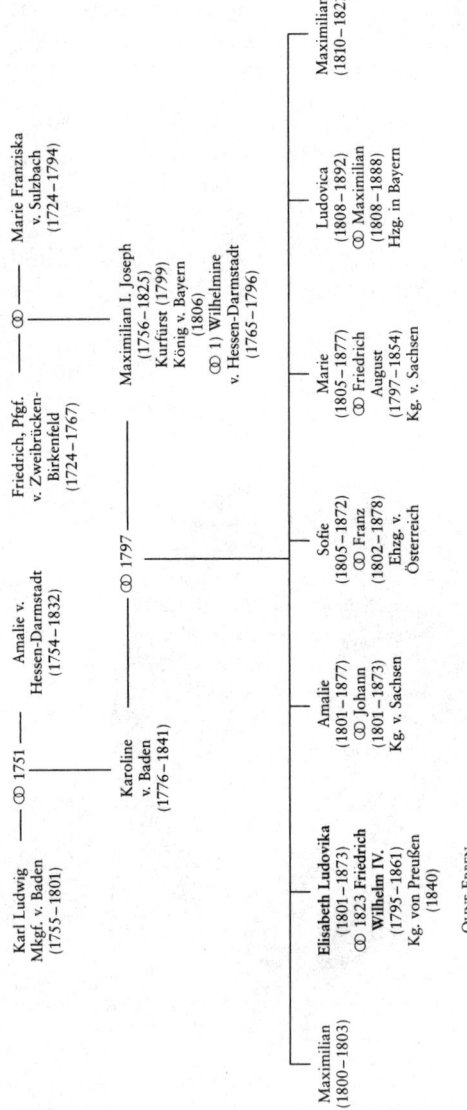

Karl Ludwig
Mkgf. v. Baden
(1755–1801)
——— ⚭ 1751 ———
Amalie v.
Hessen-Darmstadt
(1754–1832)

Friedrich, Pfgf.
v. Zweibrücken-
Birkenfeld
(1724–1767)
——— ⚭ ———
Marie Franziska
v. Sulzbach
(1724–1794)

Karoline
v. Baden
(1776–1841)
——— ⚭ 1797 ———
Maximilian I. Joseph
(1756–1825)
Kurfürst (1799)
König v. Bayern
(1806)
⚭ 1) Wilhelmine
v. Hessen-Darmstadt
(1765–1796)

Maximilian
(1800–1803)

Elisabeth Ludovika
(1801–1873)
⚭ 1823 **Friedrich
Wilhelm IV.**
(1795–1861)
Kg. von Preußen
(1840)

OHNE ERBEN

Amalie
(1801–1877)
⚭ Johann
(1801–1873)
Kg. v. Sachsen

Sofie
(1805–1872)
⚭ Franz
(1802–1878)
Ehzg. v.
Österreich

Marie
(1805–1877)
⚭ Friedrich
August
(1797–1854)
Kg. v. Sachsen

Ludovica
(1808–1892)
⚭ Maximilian
(1808–1888)
Hzg. in Bayern

Maximiliane
(1810–1821)

Eine Prinzessin mit bayerischer Seele

Bayern auf dem Weg zum Königtum

Es war eine turbulente Zeit, in die die kleine Elisabeth von Bayern hineingeboren wurde, und daß ihr Vater nur zwei Jahre zuvor zum bayerischen Kurfürsten aufgestiegen war, hatte man eher einem Zufall zu verdanken oder, besser gesagt, der Courage der kurfürstlichen Witwe seines Vorgängers.

Seit 1777 war Bayern von Karl Theodor (1724–1799) regiert worden, dem langjährigen Kurfürsten von der Pfalz, dem es freilich nicht gelungen war, die Sympathien seiner neuen Untertanen zu gewinnen. Das Volk soll gejubelt haben, als der ungeliebte Herrscher 1799 starb, doch Bayerns Schicksal hing damit an dem sprichwörtlichen seidenen Faden. Österreich nämlich hatte schon seit geraumer Zeit eine Annexion des benachbarten Kurfürstentums ins Auge gefaßt. Da Karl Theodor keine (legitimen) Söhne hatte, war erwogen worden, das Land nach seinem Ableben kurzerhand zu besetzen. Mit dem Tod der Kurfürstin Elisabeth Maria (1721–1794) indes hatte man sich in Wien zu einer anderen Taktik entschlossen, die für Österreich durchaus nicht ungewöhnlich war: eine Heirat. Kaiser Franz II. (1768–1835) hatte zu diesem Zweck auch bereits die passende Kandidatin zur Hand: die erst 18jährige Habsburgerin Maria Leopoldine (1776–1848) aus dem Haus Österreich-Este. Der bereits 70 Jahre zählende bayerische Kurfürst, der für schöne und junge Frauen schon von jeher ein besonderes Faible gehabt hatte, sagte erwartungsgemäß freudig zu, nicht ahnend, daß der Kaiser keineswegs im Sinn hatte, dem greisen Karl Theodor den Lebensabend zu versüßen. Als die Ehe im Jahr 1795 geschlossen wurde, war die junge Braut nämlich von Franz II. mit genauen Instruktionen bedacht worden: Sie sollte so rasch wie möglich einen Sohn zur Welt bringen, und falls der Gemahl nicht mehr in der Lage sein sollte, seinen Teil dazu beizutragen, so sei es eben notwendig, heimlich einen »Ersatz« zu suchen. Die Geburt eines bayerischen Kurprinzen (oder gegebenenfalls eines Kindes, das man dafür gehalten hätte), so spekulierte man in Wien, hätte die Wittelsbacher aus dem Hause Pfalz-Zweibrücken von der Erbfolge ausgeschaltet. Die Vormundschaft aber über den Prinzen sowie dessen Erziehung wollten die Habsburger selbst übernehmen und sich gleichzeitig Bayern Schritt für Schritt einverleiben ...

Der so raffiniert ausgeklügelte Plan indes hatte nur einen Haken: Maria Leopoldine, die junge Frau, die vom Kaiser mehr oder weniger zu der bayerischen Heirat gezwungen worden war, dachte überhaupt nicht daran, die ihr zugedachte Rolle zu spielen. Im Gegenteil: Vergeblich wartete man in Wien auf die geplante Schwangerschaft, und als man 1799 österreichische Gesandte zu dem todkranken Karl Theodor schickte, um diesem die Unterschrift für die Überlassung Bayerns abzunötigen, gestattete die junge Kurfürstin nicht, die Herren zu ihrem Gemahl vorzulassen. Als Karl Theodor nur kurze Zeit danach starb, machte man sich freilich wieder Hoffnungen: Maria Leopoldine war endlich schwanger, allerdings – so gab sie stolz und aufrichtig zu – war das Kind von einem ihrer Liebhaber! Damit platzten die österreichischen Träume wie eine Seifenblase: Neuer Kurfürst wurde Max Joseph (1756–1825), Herzog von Pfalz-Zweibrücken, Elisabeths Vater.

Max Joseph war in erster Ehe mit Auguste Wilhelmine von Hessen-Darmstadt (1765–1796) verheiratet gewesen und hatte mit ihr vier Kinder, unter anderem den nachmaligen bayerischen König Ludwig I. Als seine junge Frau nach 11jähriger Ehe starb, heiratete Max Joseph 1797 die anmutige Karoline von Baden, eine Enkelin der »Großen Landgräfin« (s. S. 227 ff.). Beide Ehefrauen waren evangelisch, doch stand außer Frage, daß die Kinder katholisch erzogen werden mußten. Nach einem totgeborenen Prinzen hatte Karoline im Oktober 1800 Sohn Maximilian das Leben geschenkt, bevor nur ein gutes Jahr später am 13. November 1801 Elisabeth und ihre Zwillingsschwester Amalie das Licht der Welt erblickten. In den folgenden Jahren wurden noch vier weitere Töchter geboren, darunter ein erneutes Zwillingspärchen, Sophie und Marie, drei Jahre danach Ludovica, die spätere Mutter der berühmten »Sisi«, und schließlich Maximiliane, die nur zehn Jahre alt wurde. Auch Maximilian, der einzige Sohn, war bereits 1803 gestorben.

Während Elisabeth im Kreis ihrer Geschwister heranwuchs, wurde Bayern unter Max Joseph und seinem Minister und Vertrauten Maximilian von Montgelas (1759–1838) zu einem modernen Staat. Die spektakulärste Aktion war sicherlich die Enteignung der zahlreichen bayerischen Klöster und Auflösung der Konvente im Jahr 1803. Hauptziel der Säkularisation war neben der Verbesserung der Staatsfinanzen die Beseitigung alter Mißstände wie Aberglaube und Bigotterie. Gleichzeitig hörte der Katholizismus auf, verpflichtende Landesreligion zu sein. Neben Montgelas hatte sich insbesondere Kurfürstin Karoline als Protestantin dafür eingesetzt.

Außenpolitisch betrieb Montgelas eine undogmatische »Schaukelpolitik«: Nach einem Bündnis mit Österreich wechselte er die Seiten und paktierte mit Napoleon, ein Schachzug, der Bayern nach der Schlacht bei Austerlitz 1805 sowohl fränkische und schwäbische Gebiete als auch fast ganz Tirol einbrachte. Als Belohnung für das willfährige Verhalten machte Napoleon Max Joseph am 1. Januar 1806 zum König.

Das neue Königshaus wurde rasch populär. Max Joseph war ein Regent mit viel politischem und menschlichem Fingerspitzengefühl, kein feingeistig-intellektueller Herr, eher ein behäbig-biederer Regent, der sich gerne auf dem Münchener Viktualienmarkt unter sein Volk mischte. Von Nostitz, ein adeliger Beobachter, notierte: »Der König von Bayern sieht aus wie ein grober, verdrießlicher bayerischer Fuhrmann, hat aber dabei einen Anstrich von Biederkeit und Redlichkeit. Er ist der bürgerlichste König.« Die Bayern aber liebten ihren »guten Max«, und auch Königin Karoline galt als ausgesprochen beliebt und wohltätig. Daß sie Protestantin war, schien dabei keine Rolle zu spielen. Noch herrschte in Bayern eine ungewöhnliche konfessionelle Toleranz.

Elisabeth, eine »angeprotestantelte« Katholikin

Das Leben in der königlichen Familie gestaltete sich weitgehend harmonisch und Elisabeth verlebte eine sorglose Kindheit. Zwar litt Elise, wie sie im Familienkreis genannt wurde, seit ihrer Geburt an einer Verkürzung eines Beines, so daß sie beim Gehen leicht hinkte, doch in ihrer Jugend scheint ihr diese Behinderung noch keine Beschwerden bereitet zu haben. Elisabeth liebte ihre bayerische Heimat, ganz besonders die See- und Berglandschaft von Tegernsee, wo die Königsfamilie mit den Kindern regelmäßig die Sommermonate zu verbringen pflegte. Schloß Tegernsee war ein ehemaliges Benediktinerkloster, das 1803 aufgehoben und zu einem königlichen Landsitz umgebaut worden war. Seither tragen die Klostergebäude, deren Gründung auf das 8. Jahrhundert zurückgeht, die Bezeichnung »Schloß«.

Zu Elisabeths »bayerischer Seele« gehörte zweifellos auch die tiefe Verankerung im katholischen Glauben. Zwar war sie im Elternhaus erwartungsgemäß zu religiöser Toleranz erzogen worden, was freilich nicht bedeutete, daß die Konfessionen für sie beliebig austauschbar waren. Sie nahm ihren katholischen Glauben ebenso ernst wie ihre Mutter den evangelischen, auch wenn Karoline nach dem Zeugnis ihres Kabinettspredigers »von einer schwachen Hingebung zum Katholizismus« gewesen sein soll, »dessen äußerer Kult die fantasie- und gemütvolle Fürstin in gewissen Situationen besonders ansprechen mochte«. Während der protestantische Gottesdienst eher dazu angetan war, den Verstand der Gläubigen anzusprechen, zielten sowohl Riten und Gebräuche als auch die prachtvolle Ausstattung der katholischen Kirchen eher auf Herz und Seele der frommen Besucher ab und berührten damit auch Elisabeth in ihrem tiefsten Inneren, denn die junge Prinzessin war alles andere als ein nüchterner Verstandesmensch. Der katholische Glaube war insofern ein Stück von Elisabeths Identität. Gleichwohl behauptete später ihre Schwester Ludovica: »In unserer Jugend, da waren wir angeprotestantelt.« Berührungsängste mit der anderen Konfession kannte man nämlich keine. Dafür sorgten allein die königlichen Eltern.

Max Joseph war ebenso wie seine belesene Gemahlin Karoline bestrebt, den fünf Töchtern eine umfassende Ausbildung zu ermöglichen. Seit 1809 fungierte der protestantische Philologe Friedrich Wilhelm Thiersch (1784–1860) als »Prinzessinnenerzieher«, der die Mädchen in Literatur, Geographie und Geschichte unterrichtete, mit ihnen die klassischen Schriftsteller las und sie in französischer Konversation unterwies, denn nach wie vor war Französisch die Hofsprache. Thiersch gehörte neben den Philosophen Jacobi und Schelling zu jenen norddeutschen protestantischen Wissenschaftlern, die Max Joseph an die 1807 reformierte Akademie der Wissenschaften nach München geholt hatte.

Elisabeth war eine strebsame Schülerin, doch viel mehr Freude als an den vergleichsweise trockenen Unterrichtsinhalten hatte sie an der Natur, an Blumen, Pflanzen und Tieren. Max Joseph hatte im Park des Nymphenburger Schlosses eigens separate Gärten mit Sommerhäuschen anlegen lassen, wo sich die jungen Prinzessinnen ganz besonders gerne aufhielten.

Fernab von den politischen Turbulenzen ihrer Zeit – die Befreiungskriege waren vorüber, das napoleonische System zusammengebrochen – wuchs Elisabeth zu einer durchaus hübschen jungen Frau heran, und nicht nur die königlichen Eltern begannen, erste Heiratspläne für die erstgeborenen Töchter zu schmieden. Auch Ludwig, Max Josephs ältester Sohn aus erster Ehe, machte sich diesbezüglich seine Gedanken: Um die Menschen in Nord- und Süddeutschland nach der Gründung des Deutschen Bundes (1815) einander näherzubringen und auf diese Weise die geistige Einheit zu fördern, schienen ihm fürstliche Heiraten ein besonders geeignetes Mittel zu sein. Da traf es sich gut, daß just zu dieser Zeit der preußische Kronprinz Friedrich Wilhelm und sein jüngerer Bruder Wilhelm auf Brautschau durch Deutschland geschickt worden waren. Eines ihrer Ziele war auch die bayerische Königsfamilie.

»Katholisch will ich keine« –
Heiratspläne mit Hindernissen

»Fritz gibt die schönsten Hoffnungen«, hatte seine Mutter, Königin Luise, einst im Königsberger Exil geschrieben, »sein Herz ist gut, viel Geist und Wißbegierde, nur seine Manieren sind noch detestabel und erfordern all meine Strenge.« Seitdem waren über zehn Jahre vergangen, und Friedrich Wilhelm hatte sich in der Zwischenzeit zu einem vielversprechenden jungen Mann von nunmehr 24 Jahren entwickelt, der gelernt hatte, seine Launen weitgehend unter Kontrolle zu halten. Er war gerne bereit, sich der väterlichen Weisung zu fügen und eine passende Gemahlin zu suchen, hatte aber eines unmißverständlich klargemacht: »Katholisch will ich keine!«

Damit deckte sich sein Wunsch durchaus mit dem seines königlichen Vaters Friedrich Wilhelm III., der als König von Preußen gleichzeitig Oberhaupt der preußischen Landeskirche war. Von einer derart toleranten Haltung in konfessionellen Dingen, wie man sie damals in Bayern erlebte, war man in Berlin noch weit entfernt, und so stand außer Frage, daß Preußens künftige Königin protestantisch sein mußte, wenn nicht von Hause aus, dann eben durch Übertritt zum evangelischen Glauben vor der Hochzeit.

Ansonsten wollte Friedrich Wilhelm III. seinen Söhnen durchaus freie Hand bei der Wahl ihrer künftigen Gemahlinnen lassen. Er selbst hatte mit Luise von Mecklenburg-Strelitz eine Frau heiraten können, mit der ihn eine innige Zuneigung verband, und das Glück, das er, wenn auch nur kurze Zeit, hatte erleben dürfen, wünschte er sich auch für seine Söhne, zumindest dann, wenn sie sich für eine »ebenbürtige« Partnerin entschieden. Daß dies nicht immer der Fall war, mußte er soeben zu seinem größten Bedauern erleben: Wilhelm nämlich hatte 1816 die schöne Elisa Radziwill kennengelernt, die Tochter seiner Großtante Luise, und sich auf Anhieb in das bezaubernde Mädchen verliebt. Doch da sie keinem regierenden Königshaus entstammte und somit nicht ebenbürtig war, stand im Grunde genommen von vornherein fest, daß die beiden nicht heiraten konnten. Das war auch der Grund dafür, warum Wilhelm nun gemeinsam mit seinem älteren Bruder auf Brautschau geschickt worden war, obwohl er weder an einer bayerischen noch an einer anderen Prinzessin auch nur das geringste Interesse hatte.

Im Sommer 1819 befand sich die bayerische Königsfamilie mit den beiden »heiratsfähigen« Töchtern Elisabeth und Amalie zu einem Kuraufenthalt in Baden-Baden, und dort, so war vereinbart worden, sollte auch das erste Treffen mit den preußischen Prinzen stattfinden. Die jungen Mädchen, die sich ohnehin zum Verwechseln ähnlich sahen, trugen die gleichen weißen Kleider, dazu farblich passende Hüte, doch Friedrich Wilhelm scheint sich sofort in seine Tischdame Elisabeth verliebt zu haben. Unmittelbar nach der Begegnung mit der hübschen Prinzessin am 15. Juli schrieb er an seinen Vater: »Ich war sehr frappiert von den schönen Augen der Prinzessin Elise« – ein Eindruck, den später auch andere Zeitgenossen bestätigten. So schrieb Luise Radziwill: »Mich frappierten von weitem die schönen Zähne und die dunkelblauen Augen. Diese Augen waren langgeschlitzt und von langen, dunklen Wimpern beschattet. Sie haben einen eigentümlichen Ausdruck, der auf mich einen eigenartigen Zauber ausübte. Die Augenbrauen waren schön und markiert. Der Teint war weiß und rosig. Die etwas aufgeworfenen Lippen bedeckten selten die schönen Zähne. Sie ist größer als ich dachte, aber ihre Gestalt dachte ich mir feiner.«

Doch so sehr die schöne Prinzessin den Preußenprinzen auch faszinierte – die Frage der Konfession schwebte wie ein dunkler Schatten über der aufkeimenden Zuneigung: »Katholisch will ich keine, und übertreten rein um zu heiraten ohne Überzeugung ist schwere Sünde nach meiner Ansicht. Nun aber soll's nicht Liebenswürdigeres geben ...« Die 17jährige Elisabeth empfand nicht anders. Auch sie scheint sich gleich beim ersten Treffen in Friedrich Wilhelm verliebt zu haben und war nun ratlos, wie sie sich entscheiden sollte. Zwar tolerierte sie den Protestantismus, hatte ihn aber nur »am Rande« kennengelernt. Gelebt hatte sie ihren katholischen Glauben mit ganzem Herzen – und mit ganzem Herzen wollte sie auch gegebenenfalls einen Konfessionswechsel vollziehen können. Sollte das nicht möglich sein, so kam eine Konversion für Elisabeth unter keinen Umständen in Frage. Die junge Liebe und die geplante bayerisch-preußische Heiratsverbindung schienen damit bereits nach wenigen Tagen zum Scheitern verurteilt.

Friedrich Wilhelm und sein Bruder waren unterdessen nach Italien weitergereist, doch auch der räumliche und zeitliche Abstand hatte an den Gefühlen des preußischen Kronprinzen für seine »Elise« nichts ändern können. Als man sich im August auf einem Ball in Schloß Nymphenburg wiedersah, war für ihn die Entscheidung bereits gefallen: Elisabeth oder keine. Wie man freilich die Konfessionsfrage zur allgemeinen Zufriedenheit lösen konnte, wußte niemand. Dieses Problem, das der berühmten Quadratur des Kreises glich, sollte in den nächsten Jahren sowohl in Berlin als auch in München für mancherlei Kopfzerbrechen sorgen.

Die Suche nach einem wie auch immer gearteten Kompromiß gestaltete sich äußerst schwierig. Friedrich Wilhelm III. bestand unter allen Umständen auf einer Konversion vor der Trauung, doch Elisabeth, die ihr Leben lang den katholischen Glauben als einzig wahre Religion erfahren hatte, sah sich außerstande, so rasch einen Konfessionswechsel zu vollziehen. Wie nämlich sollte sie das einst im Jenseits vor ihrem Schöpfer rechtfertigen? Der Kronprinz respektierte die Entscheidung seiner Braut in allen Punkten. So gerne er sie auch heiraten wollte – der Preis, deswegen eine »schwere Sünde« zu begehen, schien ihm nun doch zu hoch.

Man überlegte hin und her, erwog, daß Elisabeth öffentlich an den evangelischen Gottesdiensten teilnehmen, mehr oder minder »heimlich« aber katholisch bleiben sollte, verwarf diesen Plan aber wieder. Unterdessen zeigte sich freilich auch der Preußenkönig ein wenig entgegenkommender. Die Liaison seines Sohnes Wilhelm mit Elisa Radziwill bestand nach wie vor, und sollte sich auch der Kronprinz nicht zu einer baldigen Heirat entschließen, so hatte man allen Grund, sich ernsthaft um die Thronfolge zu sorgen. Von daher gab er sich auch offen für einen Vorschlag des Berliner Bischofs Eylert, Elisabeth solle ihre feste Zusicherung geben, nach der Trauung zu konvertieren, den genauen Zeitpunkt aber nach ihrem Gewissen selbst bestimmen. Bis dahin solle sie in Berlin in den Grundlagen des protestantischen Bekenntnisses unterrichtet werden und nicht länger an der katholischen Andacht teilnehmen. Als man sich zu diesem Kompromiß durchgerungen hatte, mit dem sowohl Elisabeth als auch das preußische Königshaus leben konnten, waren drei Jahre vergangen, und bis schließlich alle Details geklärt waren, sollten noch viele weitere Monate ins Land gehen. König Friedrich Wilhelm III. zeigte sich zwar nach wie vor recht skeptisch, doch nachdem Eylert ihm glaubhaft versichert hatte, so wie er Elisabeth charakterlich einschätze, werde sie ihr Versprechen auf jeden Fall einhalten, erklärte er sich bereit, der Hochzeit seines ältesten Sohnes mit der vorerst noch katholischen Prinzessin zuzustimmen. Endlich, im Sommer 1823, konnte man aufatmen. Friedrich Wilhelm durfte endlich um die Hand seiner Elise anhalten, und freudig gab die nunmehr 22jährige Bayernprinzessin ihre Einwilligung: »Eurer Königlichen Hoheit brauche ich wohl nicht zu sagen, wie unendlich mich Ihr Brief gefreut hat und wie ganz aus dem Grunde meines Herzens ich meine Einwilligung gebe«, schrieb sie am 3. Juli 1823 aus Nymphenburg, »Ich bin unendlich glücklich … So herrlich ist die Gegenwart und liegt die Zukunft vor mir, daß ich fast an der Wirklichkeit meines Glücks zweifeln müßte und glauben könnte, es sei nur ein schöner Traum … Ich kann Eurer Kgl. Hoheit nicht beschreiben, wie sehr mich Ihr Brief gerührt hat, aber wie kalt und unbedeutend scheinen mir diese Zeilen im Vergleich mit der Lebhaftigkeit meiner Gefühle. Worte können sie nicht ausdrücken, aber ich hoffe, daß Eure Kgl. Hoheit sich überzeugen werden, Ihr Vertrauen auf keine Undankbare gesetzt zu haben, und ich bin mit den aufrichtigsten Gefühlen Eurer Königlichen Hoheit ergebene Dienerin Elise von Bayern.«

Die Trauung, so war zwischen beiden Höfen vereinbart worden, sollte zunächst nach katholischem Ritus per Prokuration am 16. November 1823 in München stattfinden, die nach protestantischem Ritus 13 Tage später in Berlin.

Die neue Heimat in Berlin

Hochzeit mit Friedrich Wilhelm von Preußen

»Wo soll ich anfangen und wo soll ich aufhören, Ihnen, geliebtester Freund, für all die schönen und lieben Geschenke zu danken, die ich gestern empfing. Zuallererst aber für Ihren Brief und für alles Liebe, was Sie mir in das Album geschrieben haben …«, schrieb Elisabeth am 18. November 1823 an ihren Berliner Bräutigam, nachdem die erste Trauung, in der ihr Halbbruder Karl den Kronprinzen vertreten hatte, vollzogen worden war. Doch auch über ihre innersten Gefühle anläßlich der bevorstehenden feierlichen Zeremonie in Berlin gab sie ehrliche Auskunft: »Gott, mir schwindelt, wenn ich an diesen Abend in all seiner Wichtigkeit denke, Gott gebe seinen Segen dazu! Ich war gestern auch bei dem heiligen Abendmahl. Ich fühle mich seitdem … wohl recht wehmütig, doch viel stärker, die heilige Handlung hat mir Kraft und Mut gegeben, ich hoffe, die sollen mich auch in diesem Leben, das heute für mich anfängt, begleiten!« Es läßt sich unschwer erkennen, daß Elisabeth das Versprechen, zum protestantischen Glauben zu konvertieren, nicht ganz ohne Gewissensbisse gegeben hatte, doch letztlich waren sowohl sie als auch Friedrich Wilhelm glücklich, daß die qualvolle vierjährige Wartezeit ein Ende gefunden hatte.

Am 20. November reiste Elisabeth aus ihrer bayerischen Heimat nach Preußen ab, wo sie sieben Tage später von der gesamten Königsfamilie in Potsdam begrüßt wurde. Nun konnte auch König Friedrich Wilhelm III. seine Schwiegertochter erstmals persönlich in Augenschein nehmen. »So hübsch und charmant habe ich sie mir gar nicht gedacht«, gestand er dem verliebten Kronprinzen. »Wenn alles so günstig ist wie das Äußere, können wir uns gratulieren.«

Zwei Tage später fand die Hochzeit in der Kapelle des Berliner Schlosses statt. Die Trauung wurde durch Bischof Eylert vollzogen, der schließlich maßgeblich am Zustandekommen der kronprinzlichen Ehe beteiligt gewesen war. Nach Abschluß der Festlichkeiten bezog das junge Paar seine Wohnung im Berliner Schloß, es handelte sich um die ehemaligen Räume Friedrichs des Großen im zweiten Stock. Man hatte sich bemüht, alles so komfortabel wie möglich zu gestalten, denn ansonsten war das Berliner Schloß eher unbehaglich, groß und dunkel, mit langen Korridoren, schlecht heizbaren Räumen, ohne Kanalisation und Badezimmer. Prinz Wilhelm hat uns die Wohnung seines Bruders folgendermaßen beschrieben: »Sie ist so gut als möglich arrangiert worden und das Marmorkabinett selbst ganz komfortabel geworden. Dazu trägt ein schöner Teppich viel bei. Zwischen den Fenstern steht ein eleganter moderner Schreibtisch mit einer Galerie. Im Fond des Zimmers ein Piano, links ein hohes Maroquinsofa, rechts eine dergleichen Chaiselongue in der Länge und in die Stube hinein und in der Ecke selbst ein schrägstehender, eleganter Ofen mit Kamin. An den Fenstern rote Gardinen und an den Wänden zwei von Fritzens Madonnenbildern. Das Schlafzimmer ist in Musselin drapiert worden.«

Damit stand dem häuslichen Glück des Kronprinzenpaares nichts mehr im Wege. Der bevorstehende Konfessionswechsel indes machte Elisabeth, ganz wie sie befürchtet hatte, schon jetzt erheblich zu schaffen.

»… keine silbernen Leuchter!« – Als Katholikin in Berlin

Nur wenige Tage nach der Hochzeit schrieb Elisabeth an ihren Halbbruder Ludwig nach München: »Du wirst durch Therese (Therese von Sachsen-Hildburghausen, Ludwigs Gemahlin, eine Nichte der verstorbenen preußischen Königin Luise, Anm. d. Verf.) schon wissen, wie gütig ich von jedermann, besonders aber vom König, aufgenommen wurde. Ich brauche also nur hinzuzusetzen, daß ich ihn als den besten Vater liebe und ehre. Du kannst aus diesem schließen, daß ich unbeschreiblich glücklich bin, denn Du weißt wohl, daß in allen meinen Träumen und Hoffnungen Er immer Stein des Anstoßes war. Meine neue Familie ist außerordentlich liebenswürdig. Ich habe hier ganz das häusliche Glück und die Einigkeit, die in der unsrigen herrschte, wiedergefunden.« Ob Elisabeth indes tatsächlich so ganz »unbeschreiblich glücklich« gewesen ist, muß bezweifelt werden. Zwar war das Verhältnis zu ihrem kronprinzlichen Gemahl genauso innig, wie sie es sich erträumt hatte, doch das Einleben in Berlin fiel ihr schwerer als erwartet. Hier, in Preußens nüchterner Hauptstadt, vermißte sie das schöne Bayern ganz besonders, und weder die märkische Landschaft noch die Mentalität der Berliner Bevölkerung entsprachen ihren Vorstellungen. Doch auch die Berliner ihrerseits beobachteten ihre katholische Kronprinzessin mit nicht unerheblichem Mißtrauen, und mancher hatte ernste Zweifel, ob Elisabeth ihr Versprechen, zum Protestantismus zu konvertieren, auch tatsächlich einlösen würde. Verstärkt wurde der Argwohn der Berliner durch die Tatsache, daß auch König Friedrich Wilhelm III. nur ein Jahr später, im November 1824, mit der ebenfalls katholischen Fürstin Liegnitz eine – wenngleich morganatische – Ehe einging.

Die Anzahl der katholischen Einwohner Berlins war nämlich verschwindend klein, und die unter Friedrich dem Großen errichtete St.-Hedwigs-Kirche blieb lange Zeit das einzige katholische Gotteshaus in der preußischen Hauptstadt. Wie folgende Anekdote zeigt, kann die Ausstattung der Kirche nicht sonderlich prunkvoll gewesen sein. So berichtet ein Zeitgenosse von einer Begebenheit, »die sich bald nach der Ankunft der beiden fürstlichen Damen zutrug«: Diebe waren in die St.-Hedwigs-Kirche eingebrochen und hatten die Altarleuchter sowie einige andere Geräte gestohlen. Nur wenige Tage später aber fanden sich die verschwundenen Gegenstände heimlich wieder ein. Die Diebe hatten ihr Diebesgut zurück in die Kirche gebracht und auf den Altar einen Zettel mit den folgenden Worten gelegt: »Kronprinzessin und Fürstin Liegnitz – und doch keine silbernen Leuchter!« Die Kirchenausstattung war lediglich plattiert gewesen ...

Elisabeth sehnte sich danach, ihre bayerische Heimat wiederzusehen, doch sie ahnte nicht, daß der Anlaß für die Wiederkehr nach München ein solch trauriger sein würde: Am 12. Oktober 1825 starb ihr königlicher Vater Max Joseph völlig überraschend mit 69 Jahren. Noch am selben Abend hatte er einen Ball besucht, den ein russischer Gesandter zu seinen Ehren gegeben hatte, war dann allerdings vergleichsweise früh nach Nymphenburg zurückgekehrt, da er sich ein wenig abgespannt fühlte – und am nächsten Morgen fand ihn sein Diener tot im Bett. Unverzüglich fuhr Elisabeth nach München, um an der Beisetzung teilzunehmen und ihrer trauernden Mutter Karoline in der ersten schweren Zeit beizustehen. Sie blieb mehrere Wochen und war trotz des leidvollen Anlasses froh, wieder in der geliebten Heimat zu sein. Während der Kronprinz vollstes Verständnis für die längere Abwesenheit seiner Elise zeigte, reagierten die Berliner weniger nachsichtig. Elisabeth blieb ihnen fremd, und das nicht nur, weil sie so sehr mit ihrem katholischen Glauben verwurzelt war. Oft sagte sie auch öffentliche Auftritte und Verpflichtungen ab, wozu stets, so zumindest empfand man es in Berlin, verschiedene Erkrankungen als Erklärung vorgeschoben wurden.

Wir können heute nicht mehr nachprüfen, ob Elisabeths Leiden tatsächlich so ernster Natur waren, daß sie öffentliche Auftritte verhinderten. Fest steht immerhin, daß sie häufig unter grippalen Infekten und Erkrankungen der Atemwege litt. Daß sie freilich schon kurz nach ihrer Ankunft in Berlin anfing zu kränkeln, dies mag sicherlich auch psychologische Ursachen gehabt haben: Zum einen lastete der versprochene Konfessionswechsel schwer auf ihrem Gewissen, denn nach wie vor konnte sie sich nicht zur Einlösung des Versprechens durchringen, obwohl sie regelmäßigen Unterricht in der protestantischen Lehre erhielt. Zum anderen – und dieser Umstand verdunkelte ihr Leben nicht minder – wollte und wollte sie einfach nicht schwanger werden. Dabei waren naturgemäß alle Blicke erwartungsvoll auf sie gerichtet, und auch Elisabeth wollte einfach nicht glauben, daß ihre Ehe kinderlos bleiben würde.

»Ich fühle und denke wie du!«

Die Ehe des Kronprinzenpaares gestaltete sich auch nach mehreren Jahren noch ausgesprochen harmonisch, denn Friedrich Wilhelm und Elise verstanden sich ausgezeichnet. Zahllose Briefe, die sie einander schrieben, wenn sie hin und wieder einmal voneinander getrennt waren, legen von einer überaus herzlichen Beziehung Zeugnis ab. »Theuerster Geliebter«, heißt es regelmäßig in Elisabeths Korrespondenz, oder ohne jede förmliche Steifheit: »Oh lieber, lieber Alter, Du bist krank und ich bin nicht bei Dir!«, so sorgte sie sich am 3. Juli 1826. Und im folgenden Jahr bestätigte sie ihm: »Glaube mir, daß ich alles fühle und denke wie Du!« (19. Juni 1827)

Das kronprinzliche Glück wurde allein durch die Tatsache getrübt, daß der ersehnte Thronfolger-Nachwuchs auf sich warten ließ. Des öfteren glaubte Elisabeth, Zeichen einer beginnenden Schwangerschaft an sich feststellen zu können. So berichtete sie im Juni 1826, als sie sich zu einer Kur in Bad Ems aufhielt, ihrem Gemahl in einem Brief von Übelkeit und plötzlichen Heißhungerattacken: »Am Abend hatte ich einen unbändigen, nicht zu beschreibenden Hunger.« Auch ihre Oberhofmeisterin glaubte, daß bei der Kronprinzessin eine Schwangerschaft vorliege, und Elisabeth jubelte etwas voreilig: »Ach Alter, wenn es doch möglich wäre! Diese Wonne!« Aber auch diesmal folgte die bittere Enttäuschung. Elisabeth erwartete kein Kind, und auch wenn sie immer wieder typische Symptome an sich wahrzunehmen glaubte, so ist sie niemals schwanger geworden. Verständlicherweise litt Elisabeth schwer unter ihrer Kinderlosigkeit. Sie fühlte sich minderwertig und glaubte, versagt zu haben.

Elisabeths stets etwas leidende Miene und wehmütige Stimmung wirkten sich nicht gerade vorteilhaft auf ihre Popularität in der neuen preußischen Heimat aus. Natürlich verglich man sie mit der nach wie vor ungemein beliebten, leider viel zu früh verstorbenen Königin Luise, die ebenfalls von jung an mit gesundheitlichen Problemen zu kämpfen gehabt hatte, sich gleichwohl aber stets zusammennahm und den Untertanen mit äußerster Liebenswürdigkeit begegnete, gleich, wie sehr sie Kopf- oder Zahnschmerzen auch plagen mochten. Aber Elisabeth war eben nicht Luise. Zwar war sie zweifelsohne hübsch, möglicherweise sogar hübscher als ihre umschwärmte Vorgängerin, doch was ihr ganz eindeutig fehlte, waren deren Charme und unnachahmliche Ausstrahlung. Von Natur aus war sie eher zurückhaltend und wenig kontaktfreudig, es fehlte ihr das sichere Auftreten und die Gabe, auf Menschen zugehen zu können. Sie wirkte eher verschlossen, ja, mitunter sogar arrogant und ablehnend. Große gesellschaftliche Auftritte lagen ihr nicht, Repräsentation war nicht ihre Sache, aber ebensowenig der Kontakt zum »einfachen« Volk. Ganz anders hingegen der Kronprinz: Stets war er der gesellschaftliche Mittelpunkt und führte mit jedermann eine lebhafte Unterhaltung. Dabei gab es kaum ein Thema, über das Friedrich Wilhelm nicht kompetent zu reden wußte. Elisabeth indes saß meist still daneben und hörte zu, zwar voller Interesse und Bewunderung für ihren kronprinzlichen Gemahl, aber scheinbar ohne jegliche Anteilnahme an den Fragen, die das Land betrafen, dem sie bereits seit einigen Jahren angehörte.

Elisabeths Hofdame Caroline von Rochow meinte später einmal, Elisabeth ginge »das Großartige im ganzen Wesen ab, das eine Königin ausmacht«, und unglücklicherweise hatte sie auch keine Möglichkeit, diesen Mangel zu kompensieren. Die Berliner mochten ihrer Kronprinzessin und späteren Königin einfach nichts abgewinnen, obwohl sich Elisabeth – im Gegensatz zu ihren Vorgängerinnen – auch karitativ engagierte und sich für Kinder und Jugendliche einsetzte. Bereits 1824 war das Elisabeth-Stift in Potsdam gegründet worden, eine Einrichtung, deren Zielsetzung es war, junge Mädchen zu Hausgehilfinnen heranzubilden und sie so vor den vielbeschworenen Gefahren der Großstadt zu schützen. Die finanziellen Mittel der Stiftung entstammten zum großen Teil ihrer Privatschatulle. Ab 1833 wurden zudem in allen größeren Städten Kinderbewahranstalten zur Betreuung armer und verwaister Jungen und Mädchen eingerichtet. Aber Elisabeths soziales Engagement konnte ebensowenig an ihrer mangelnden Beliebtheit ändern wie die Tatsache, daß sie endlich nach langem Ringen am 4. Mai 1830 zum evangelischen Glauben übertrat, wie sie ausdrücklich betonte, aus voller Überzeugung und mit ehrlicher Freude. Das aber glaubte ihr in Berlin kaum jemand. Es wurde gemunkelt, in Wirklichkeit sei Elisabeth auch weiterhin katholisch und werde vielleicht sogar den Kronprinzen zum Katholizismus bekehren. Die Katholiken in den westlichen Landesteilen hingegen, vor allem im Rheinland, nahmen ihr den Konfessionswechsel ausgesprochen übel und fühlten sich in gewisser Weise von ihr verraten, da sie sich aufgrund ihres Glaubens ohnehin als »Untertanen zweiter Klasse« vom protestantischen Königshaus behandelt fühlten. So konnte es Elisabeth keinem recht machen, doch wie es scheint, hat sie sich darum auch gar nicht bemüht. Auf die Menschen wirkte sie nach wie vor unnahbar, desinteressiert an ihrem Land und seinen Leuten, und von daher war sie zu keinem Zeitpunkt wirklich beliebt. Der Beobachter Prinz von Hohenlohe-Ingelfingen hatte sogar den Eindruck, Elisabeth sei weithin verhaßt gewesen. In seinen Lebenserinnerungen schreibt er: »Sie war eine merkwürdige Frau. Ohne Falsch, gerade und rechtschaffen war sie eine Feindin aller herkömmlichen Redensarten. Sie konnte daher nicht leicht mit jemand eine Unterhaltung machen, mit dem sie kein Thema hatte. Wie ein scheues Reh mußte sie sich erst an den Anblick eines neuen Gegenstandes, eines neuen Menschen gewöhnen. Erst wenn sie ihn genau kennengelernt, lange beobachtet hatte, faßte sie Vertrauen zu ihm ... Im ganzen Land war damals der Glaube verbreitet, die Königin sei im geheimen katholisch geblieben ... Wer das nicht glaubte, beschuldigte sie mindestens der katholischen Neigungen ... Ich habe mich oft darüber gewundert, woher es wohl gekommen sein mag, daß diese vortreffliche Königin, eine der vollendetsten Frauen, die je gelebt haben, nicht nur so unpopulär war, sondern auch, solange der König regierte, verleumdet und gehaßt wurde.« Als mögliche Erklärung nennt Hohenlohe-Ingelfingen allein ihren ehemals katholischen Glauben und fährt fort: »Warum man aber sonst im größeren Publikum eine Abneigung gegen eine Frau hatte, deren einziger Lebenszweck das Wohl ihres Mannes und die Linderung der Not Armer durch Wohltätigkeit war, ist schwer erklärlich. Sie war eine bescheidene Natur. Der Grundzug ihres Wesens waren Wahrheit und Natürlichkeit. Dazu kam eine Art von Schüchternheit, welche es ihr schwermachte, in sehr großen Gesellschaften ihrer Stellung gemäß aufzutreten. Allgemeine Redensarten zu machen, Tausenden von Menschen, einem nach dem anderen, angenehme, oberflächliche Dinge zu sagen, die Unterhaltung als Selbstzweck, das alles widerstrebte ihrer Natur als eine Komödie, die sie verachtete. Wer ihr fremd war, den konnte sie mit ihren schönen großen Augen wie ein scheues Reh lange schweigend ansehen, und dann gewann sie den Ausdruck, als ob sie scheu und böse sei. Es dauerte oft Monate, bis sie mit einem Neuling am Hof unbefangen zu sprechen imstande war. Da mag wohl mancher, der sie nur selten oder einmal sah, sich verletzt gefühlt haben, weil er mehr Huld, mehr Redensarten erwartete ...«

Elisabeth war daher einsam in Berlin, und daran änderte sich auch nichts, nachdem ihr Schwager Wilhelm auf väterlichen Befehl hin im Sommer 1829 die Weimarer Prinzessin Augusta geheiratet hatte, eine Frau mit politischem Ehrgeiz, liberalen Neigungen und vielfältigen kulturellen Interessen. Elisabeth fand auch zu ihrer zehn Jahre jüngeren Schwägerin keinen Zugang, und das Verhältnis der beiden Frauen war – nicht zuletzt aufgrund ihrer unterschiedlichen politischen Richtung – nie ohne Spannungen gewesen, wenngleich man sich meist aus dem Weg ging.

Wirklich wohl fühlte sich Elisabeth nur, wenn sie Mutter und Geschwister wieder einmal in der bayerischen Heimat besuchen konnte, wenngleich die Schwestern unterdessen ebenfalls alle verheiratet waren. Ihre Zwillingsschwester Amalie (1801–1877) hatte sich bereits 1822 mit Johann von Sachsen vermählt, dem nachmaligen König (1854–1873), und war mit ihm nach Dresden gegangen. 1824 war Sophie die Frau des

Erzherzogs Franz Karl Johann von Österreich geworden und lebte seitdem in Wien. Ludovica, die jüngste, war seit 1828 in unglücklicher Ehe mit Herzog Max in Bayern verheiratet, und Marie hatte 1833 als letzte geheiratet, den hochgebildeten Friedrich August von Sachsen, der von 1836–1854 König war.

Im Sommer traf sich die Familie gerne in Tegernsee, und die Reise dorthin ist Elisabeth nie zu beschwerlich gewesen, im Gegensatz zu den Fahrten, die sie gemeinsam mit Friedrich Wilhelm als Repräsentantin Preußens unternehmen sollte, aber nicht selten aus gesundheitlichen Gründen absagte. Als der Kronprinz beispielsweise im Herbst 1839 das Rheinland und Westfalen besuchen mußte, kam Elisabeth wieder einmal nicht mit, weil sie sich den Strapazen der Reise nach eigenen Angaben nicht gewachsen fühlte. Die Rheinländer und Westfalen hätten die Abwesenheit ihrer Kronprinzessin möglicherweise noch entschuldigt – wäre Elisabeth nicht statt dessen zu ihrer Mutter an den Tegernsee gefahren. So aber erblickte man in ihrem Verhalten nichts anderes als eine Mißachtung der Bevölkerung der westlichen Provinzen, die erst 1815 zu Preußen gekommen waren und nach wie vor eine Außenseiterrolle spielten.

»Jetzt stütze mich, Elise!« –
Jahre als Königin

Königin im Hintergrund

Elisabeth war 38 Jahre alt, als sie nach dem Tod Friedrich Wilhelms III. am 7. Juni 1840 an der Seite ihres Gemahls preußische Königin wurde. Selten war ein Regierungsantritt mit solchen Erwartungen herbeigesehnt worden wie der Friedrich Wilhelms IV. Man hoffte und glaubte, daß der intelligente und phantasievolle neue König dem verknöcherten Regiment seines Vaters ein baldiges Ende setzen würde, da er, wie es schien, den Anforderungen der neuen Zeit durchaus aufgeschlossen gegenüberstand. Friedrich Wilhelm indes spürte die Last, die nun auf seinen Schultern ruhte. »Jetzt stütze mich, Elise«, hatte er noch am Sterbebett seines Vaters gesagt, »nun bedarf ich der Kraft!« Und doch sah es eine Weile so aus, als würde er den Vertrauensvorschuß, der ihm gewährt wurde, tatsächlich rechtfertigen: Die Demagogenverfolgung hörte auf, Ernst Moritz Arndt durfte wieder an der Universität Bonn unterrichten, Turnvater Jahn wurde von der über ihn verhängten Polizeiaufsicht befreit, und auch der Konflikt mit der katholischen Kirche, der 1837 mit dem Kölner Kirchenstreit seinen Anfang genommen hatte, konnte endlich beendet werden.*

Für Elisabeth freilich änderte sich durch die Thronbesteigung ihres Gemahls nicht allzu viel. Zwar hatte sie nun ver-

---

* Der Konflikt war durch die seit 1825 auch im Rheinland geltende Bestimmung ausgelöst worden, daß Kinder nach dem Glaubensbekenntnis des Vaters erzogen werden müssen. In Kölner Kirchenkreisen wurde diese Regelung als Versuch angesehen, die Rheinlande allmählich zu »protestantisieren«, da hier bei Mischehen zumeist der Vater dem protestantischen Altpreußen entstammte. Der Kölner Erzbischof Clemens August von Droste Vischering, der sich offen diesen Forderungen widersetzte, wurde im November 1837 durch die preußischen Behörden gefangengenommen.

stärkt Repräsentationspflichten nachzugehen, fremde Delegationen zu empfangen oder Krankenhäuser und Kinderheime zu besuchen, ansonsten aber behielt sie ihre Lebensweise weitgehend bei. Elisabeth blieb eine Königin im Hintergrund. Eigener politischer Ehrgeiz war ihr fremd, nach wie vor war sie ausgesprochen kontaktarm, entsprechend wenig bekannt und noch weniger populär. Für Preußen war sie kaum von Interesse, und selbst die Zeitungen wußten nahezu nichts über sie zu berichten. »Jetzt stütze mich, Elise!«, hatte Friedrich Wilhelm IV. bei seinem Regierungsantritt gesagt, und fast schien es, als sei er derjenige, der seine stets kränkelnde und schwächliche Gemahlin stützen mußte. Tatsächlich aber kam sie dieser Bitte durchaus nach. Auch wenn sich ihre Unterstützung weniger in politischen Ratschlägen als eher in einfachem Dasein, in stillem Beistand äußerte, so war sie doch genau der ruhige Gegenpol, den der temperamentvolle Preußenkönig nötig hatte. Bei ihr fühlte er sich bestätigt, beruhigt, sie verstand es zuzuhören und ausgleichend zu wirken, wenn er mitunter von einem Zornanfall übermannt wurde. Elisabeth sagte dann nur ruhig, wenngleich ein wenig gouvernantenhaft: »Ich suche den König«, und Friedrich Wilhelm wußte sofort, daß er sein überschäumendes Temperament tunlichst ein wenig zu zügeln hatte.

Im November 1841 reisten Elisabeth und Friedrich Wilhelm nach München, wo die preußische Königin ihren 40. Geburtstag und den 65. ihrer Mutter Karoline zu feiern gedachte. Doch dieser Besuch wurde von einem unerwarteten Schicksalsschlag überschattet: Die bayerische Königin Witwe, die schon seit längerer Zeit herzkrank gewesen war, starb am Abend ihres Geburtstags, dem 13. November. Elisabeths Schmerz über den plötzlichen Tod ihrer Mutter wurde noch dadurch verstärkt, daß man der Protestantin Karoline ein würdiges Begräbnis in der katholischen Theatinerkirche verweigerte: Das Gotteshaus blieb ungeschmückt, keine einzige Kerze brannte, der Sarg wurde ohne Gebet und Segen einfach in der Gruft abgestellt. Nach einer Epoche ungewöhnlicher Toleranz galt es, nun wieder konfessionelle Prinzipienfestigkeit zu demonstrieren ...

Elisabeth, unterdessen längst selbst Protestantin, mußte in

einer derartigen Bestattung nicht zuletzt einen persönlichen Affront erblicken, doch daß religiöse Toleranz auch in Preußen kein Thema war, konnte sie schon bald erneut am eigenen Leibe erfahren. Im September 1842 begleitete sie ihren königlichen Gemahl zur feierlichen Grundsteinlegung des Kölner Domes, die eine neuerliche Versöhnung zwischen katholischer Kirche und preußischem Staat markieren sollte. Während des Pontifikalamts unterlief Elisabeth dann ein peinlicher Fauxpas: Bei der Wandlung nahm sie instinktiv die Gesten ihrer katholischen Kindheit auf und bekreuzigte sich. Eine unbedachte Geste, die freilich von vielen dahingehend gedeutet wurde, Preußens Königin sei in Wahrheit doch katholisch geblieben.

Elisabeth und die »Kamarilla«

Dabei hatte Preußen eigentlich ganz andere, wirkliche Sorgen. Die anfängliche Tatkraft Friedrich Wilhelms IV. hatte unerwartet rasch nachgelassen, und schon bald zeigte sich, daß der König den Problemen seiner Zeit doch nicht gewachsen war. Während intellektuelle Kreise nachdrücklich eine Verfassung forderten, ging es den unteren Schichten um eine nachhaltige Verbesserung ihrer Lebensbedingungen. Mißernten hatten die Massenarmut in Stadt und Land ins Unerträgliche gesteigert, als im Februar 1848 in Paris die Revolution ausbrach und als Fanal für ganz Europa wirkte. Am 18. März gingen auch die Berliner auf die Barrikaden, vorwiegend Arbeiter und proletarisierte Handwerker, die sich mit dem preußischen Militär eine blutige Schlacht lieferten, die über 200 Opfer forderte. Die Märzrevolution war für den preußischen König sowohl persönlich als auch politisch ein schwerer Schlag: Er mußte an einer demütigen Leichenparade der gefallenen Barrikadenkämpfer teilnehmen, das Militär abziehen lassen und sich insofern der Revolution beugen. Sein romantisches Ideal vom Treueverhältnis zwischen Fürst und Volk war zusammengebrochen, und er trug schwer an dieser Enttäuschung. In seiner bekannten Proklamation »An meine lieben Berliner« heißt es: »Hört die väterliche Stimme Eures Königs, Bewohner meines treuen und schönen Berlins, und vergeßt das Geschehene wie ich es vergessen will ... Eure liebreiche Königin und wahrhaft treue Mutter und Freundin, die sehr leidend daniederliegt, vereint ihre innigen und tränenreichen Bitten mit den Meinigen ...« Elisabeth war während der revolutionären Ereignisse durch eine schwere Bronchitis ans Bett gefesselt, doch noch mehr als an ihrer Krankheit litt sie an der Sorge um ihren königlichen Gemahl und fürchtete, das aufgebrachte Volk könne Friedrich Wilhelm IV. ermorden wollen. Der eigentliche Groll der Massen richtete sich jedoch eher auf seinen Bruder Wilhelm, den »Kartätschenprinzen«, von dem es hieß, er habe befohlen, auf die Bevölkerung zu schießen. Wilhelm hatte Berlin unterdessen heimlich verlassen und war nach England geflohen, wo er mehrere Wochen blieb, bis die revolutionäre Unruhe abgeflaut und die Stellung des preußischen Königs wieder gefestigt war.

Bislang hatte sich Elisabeth aus der Politik herausgehalten, doch die Märzrevolution zwang sie zum ersten Mal, Stellung zu beziehen. Dabei verfolgte sie freilich keine klare politische Richtung, sondern war auf etwas diffuse Weise konservativ, das heißt gegen alles und jedes, was Macht und Stellung ihres Gemahls beeinträchtigen könnte. Maßgeblich war für sie einzig und allein, daß die königliche Autorität unangetastet blieb, ungeachtet aller berechtigten Forderungen des preußischen Volkes. Vom Gottesgnadentum war sie ebenso überzeugt wie Friedrich Wilhelm IV., und als dieser die Kaiserkrone ablehnte, die ihm von einer Abordnung der Paulskirchenversammlung angeboten worden war, unterstützte Elisabeth seine Argumentation in jeder Hinsicht: »Meister Bäcker und Metzger« hätten keine Krone zu vergeben, meinte er, und Elisabeth war fest auf seiner Seite.

Auf ihre stille Art übte sie so einen nicht unerheblichen politischen Einfluß auf ihren Gemahl aus, und dabei stützte sie sich auf einen Mann aus dem Kreis der streng Konservativen, die ebenfalls jegliche Schmälerung der königlichen Macht ablehnten: General Leopold von Gerlach (1790–1861). Gerlach wurde zum Kopf jener Gruppe, die bereits die Zeitgenossen »Kamarilla« nannten, eine Hofpartei also, die, im Gegensatz zum Ministerium, einen unkontrollierten Einfluß auf den Herrscher ausübt. Hier waren alle politischen und gesellschaftlichen Kräfte vertreten, die selbst größtes Interesse an der Wahrung des Status quo hatten: Militär, Kirche, Bürokratie und nicht zuletzt die Junker, der großgrundbesitzende Adel. Elisabeth war die Protektorin der »Kamarilla«, und auch wenn sie ihrer Art entsprechend unauffällig im Hintergrund blieb, so war ihr Einfluß keinesfalls zu unterschätzen. Seit der Thronbesteigung Friedrich Wilhelms IV. war es üblich, daß morgens zum Frühstück des Königspaares Minister erschienen und ihre Vorträge hielten. Nun war auch Gerlach häufiger Gast am Morgen, legte dem König Schriftstücke vor und erläuterte ihm seine Meinung. Elisabeth hörte dann stets schweigend zu, scheinbar ohne besonderes Interesse, erhielt aber so Kenntnis von den wichtigsten Staatsangelegenheiten. In ruhigen Stunden versuchte sie dann ihren Gemahl im Sinne der »Kamarilla« zu beeinflussen, wohl wissend, daß Friedrich Wilhelm stets ein offenes Ohr für ihre Ratschläge hatte. Dabei scheint sie äußerst geschickt vorgegangen zu sein, so daß der König stets den Eindruck hatte, er habe seine Entscheidungen aus eigenem Willen getroffen, statt dessen aber »unbemerkt« in die gewünschte konservative Richtung gelenkt wurde. Daß der Liberalismus in Preußen damals keine Chance hatte, daß die konservativ-bürokratische Obrigkeit schon bald wieder fest etabliert war, ist zwar nicht Elisabeth zuzuschreiben, doch als »graue Eminenz« war sie zweifellos ein nicht zu unterschätzender politischer Faktor. Dabei merkte sie offenbar gar nicht, wie sehr sie selbst von der »Kamarilla« instrumentalisiert wurde.

Familienpolitik

So hatten die Märzereignisse dazu beigetragen, das preußische Königspaar noch fester zusammenzuschweißen. Elisabeth spürte, daß ihr Gemahl seiner schweren Aufgabe nicht gewachsen war, daß er nach wie vor eine »Stütze« brauchte, und so wich sie auch fortan nicht von seiner Seite. Dankbar registrierte Friedrich Wilhelm die aufrichtige Anteilnahme seiner Elise, und es war durchaus ehrlich gemeint, als er anläßlich des Jubiläums der Silberhochzeit im November 1848 meinte, er sei immer noch »sterblich in sie verliebt«.

Elisabeths politisches Engagement trug stets persönliche Züge und war nie durch bestimmte Prinzipien oder Programme bestimmt. Das betraf auch ihre außenpolitischen Vorstellungen. So war ihr sehr daran gelegen, daß die Politik die Familienbande nicht zerriß. Daß das Zeitalter des Absolutismus freilich längst vorüber war und Außenpolitik eine Auseinandersetzung der Völker um ihr Recht und ihre Interessen war, hat sie offenbar nicht begriffen. Ganz anders geartet indes war ihre Schwester Sophie, die in den 50er Jahren entscheidenden Einfluß auf die Politik und ihren kaiserlichen Sohn Franz Joseph ausübte. Sie war bekanntlich 1824 als 19jährige an den Wiener Hof gekommen und hatte Erzherzog Franz Karl Johann geheiratet. Kaiser Franz II. stand damals ganz unter dem Einfluß Metternichs, sein ältester Sohn und Nachfolger Ferdinand war krank und geistesschwach. Damit stieß die junge, ehrgeizige und politisch interessierte Prinzessin am Wiener Hof in ein Vakuum, das sie bald mit ihrer starken Persönlichkeit ausfüllte. Sophie ging der Ruf voraus, am Hof »der einzige Mann« zu sein, und sie war es auch, die 1848 maßgeblich dazu beitrug, Metternich zu stürzen. Sie warf ihm vor, er wolle »eine Monarchie ohne Kaiser führen und mit einem Trottel als Repräsentanten der Krone«. Energisch hielt sie ihren eigenen Gemahl davon ab, die Thronfolge anzunehmen und stellte so die Weichen für die Thronbesteigung des jungen Franz Joseph (1830–1916). Tatsächlich aber war sie selbst in den 50er Jahren die heimliche Kaiserin.

Daß sich Sophie auch um die künftige Gemahlin ihres kaiserlichen Sohnes Gedanken machte und dabei vor allem politische Maßstäbe anlegte, liegt auf der Hand. Dabei ließ sie sich von dem Gedanken leiten, Österreich müsse die führende Kraft im Deutschen Bund bleiben und seine immer mehr schwindende Macht gegenüber Preußen behaupten. Diesem Ziel ge-

Auch nach einem Vierteljahrhundert war Friedrich Wilhelm IV. nach eigenem Bekunden noch immer »sterblich« in seine Elise verliebt. Getrübt wurde das Glück des Paares nur durch den unerfüllten Kinderwunsch.

dachte sie nun durch Heiratspolitik näherzukommen, und da traf es sich gut, daß sich ihr Sohn in Prinzessin Anna, eine Nichte des Preußenkönigs (die 1836 geborene Tochter des Prinzen Karl und seiner Weimarer Gemahlin Marie) verliebt hatte. Daß Anna bereits mit Friedrich Wilhelm von Hessen-Kassel verlobt war, war zwar ihren Plänen hinderlich, doch Sophie glaubte, daß möglicherweise ihre etwas einfältige Schwester Elisabeth, die doch recht erheblichen Einfluß auf den König zu haben schien, ihr nützlich seine könnte. Elisabeth liebte solcherlei »Familienpolitik«, und daß Sophies Intentionen den preußischen Interessen diametral entgegenstanden, würde die königliche Schwester möglicherweise überhaupt nicht bemerken. Scheinheilig fragte Sophie an, »ob es keine Hoffnung gibt, daß diese traurige Heirat, die man dieser reizenden Anna auferlegt, und die keinerlei Aussicht auf das Glück für sie übrigläßt, vermieden werden könnte«. Elisabeth hätte ihrer Wiener Schwester gerne diesen Gefallen getan, aber sie konnte sich erwartungsgemäß mit ihrem preußenfeindlichen Vorschlag nicht durchsetzen, denn eine Heiratsverbindung mit Österreich paßte ganz und gar nicht in das preußische Konzept.

Um so glücklicher war Elisabeth, als sich der junge österreichische Kaiser im Sommer 1853 mit ihrem Patenkind verlobte, der erst 15jährigen »Sisi«, Tochter von Ludovica und Max in Bayern. Begeistert erlebte sie die Verlobungsfeierlichkeiten in Ischl: »Es ist so schön, ein so junges Glück in einer so wunderbaren Landschaft«, sagte sie zu ihrer Schwester Sophie, froh, wieder einmal in ihrer bayerischen Heimat sein zu dürfen, und daß Nichte und Neffe zusammengefunden hatte, erfüllte sie mit besonderer Genugtuung.

»Ich fürchte, den König überkommt dauernder Stumpfsinn ...«

Die Krankheit Friedrich Wilhelms IV.

Bis in die 50er Jahre hinein war Elisabeths Leben ohne größere Aufregungen verlaufen, sieht man einmal von den revolutionären Ereignissen im März 1848 ab. Nun freilich hatte sie allen Anlaß, sich ernste Sorgen um die Gesundheit ihres königlichen Gemahls zu machen. Schon 1855 waren bei Friedrich Wilhelm wiederholt kurze Ohnmachten aufgetreten, und im folgenden Jahr wurde von seiner Umgebung eine vorübergehende Geistesschwäche des Königs wahrgenommen. Elisabeth glaubte zunächst an eine nur zeitweilige Erschöpfung des 61jährigen und hoffte, daß ein Kuraufenthalt im böhmischen Marienbad den Gesundheitszustand ihres Gemahls wieder herstellen würde. Doch die Besserung war nur vorübergehend, im Juli 1857 erlitt er offensichtlich einen Schlaganfall. Zwar erholte er sich vergleichsweise rasch, doch fortan häuften sich die Ohnmachtsanfälle, und Friedrich Wilhelm spürte selbst, wie ernst sein Zustand war. Herzog Ernst II. von Sachsen-Coburg-Gotha, der im gleichen Jahr am königlichen Herbstmanöver teilnahm, berichtet, wie Friedrich Wilhelm, der neben ihm ritt, plötzlich völlig geistesabwesend die Zügel seines Pferdes hängen ließ, so daß das Tier seinen eigenen Weg ging. Als der Herzog daraufhin die Zügel selbst ergriff, soll Friedrich Wilhelm geantwortet haben: »Ich bin sehr krank, lieber Herzog, viel kränker, als man glaubt.« Auch Elisabeth fürchtete um das Leben ihres Gemahls. Im Oktober äußerte sie gegenüber Gerlach ihre Befürchtung: »Ich sehe schwarz und ich fürchte, den König überkommt dauernder Stumpfsinn ...«

Schon bald stand außer Frage, daß Friedrich Wilhelms Gesundheit so sehr beeinträchtigt war, daß er sein Herrscheramt nicht länger ausüben konnte. Auch wenn es schwer sein würde, den König davon zu überzeugen – die Einsetzung eines Stellvertreters war unabdingbar. Wilhelm, der Bruder des Königs, der seit 1850 als Generalgouverneur der Rheinprovinz in Koblenz residierte, wurde nach Berlin zurückbeordert und von seiner bevorstehenden Aufgabe unterrichtet. In Kamarilla-Kreisen indes wünschte man sich einen anderen Stellvertreter. Wilhelm nämlich hatte sich in den Koblenzer Jahren vom »Kartätschenprinzen« zu einem »gemäßigt Liberalen« entwickelt, während man in Berlin unbeirrt einen reaktionären Kurs steuerte. Als treibende Kraft hatte man freilich Kronprinzessin Augusta ausgemacht, deren liberale Neigungen den Berliner Hofkreisen von jeher ein Dorn im Auge waren. Hinzu kam, daß Friedrich Wilhelm, der Sohn des Kronprinzenpaares, mit der englischen Prinzessin Victoria verlobt war und beide gleichermaßen fortschrittlichen Ideen huldigten. Mit einer Rückkehr dieser »Demokratenfamilie« und einer Regentschaft Wilhelms stand für die Kamarilla zu befürchten, daß auch in Preußen liberalere Politik Einzug halten würde, was bedeutet hätte, daß die konservativen Kreise ins Abseits gedrängt worden wären. Aus der Gruppierung um Gerlach kam daher die Anregung, nicht Wilhelm, sondern Königin Elisabeth die Regentschaft zu übertragen, da man wußte, daß man mit ihr leichtes Spiel haben würde. Doch Elisabeth, die nie persönlichen politischen Ehrgeiz besessen hatte, lehnte ohne zu zögern ab. Schließlich hatte sie immer nur für ihren Gemahl dasein wollen, und das wollte sie auch weiterhin. Der kranke Friedrich Wilhelm brauchte sie mehr denn je, und so war es für sie eine selbstverständliche Pflicht, auch in schlechten Tagen an seiner Seite zu stehen und ihn, wenn es sein mußte, aufopfernd zu pflegen. Bereitwillig übernahm sie indes die ebenso undankbare wie schwierige Aufgabe, den leidenden König zu der notwendigen Unterschrift zu bewegen, mit der er die Herrschaft über Preußen an seinen Bruder Wilhelm abtrat, vorerst für drei Monate. Doch insgeheim wußte sie, daß er seine Macht für immer abgab, denn auch wenn ihr die Ärzte immer wieder versicherten, Friedrich Wilhelm werde schon wieder ganz gesund werden, so hatte sie daran ihre berechtigten Zweifel. Zwar hatte er hin und wieder durchaus klare Momente, vorübergehend traten auch längere Phasen der Besserung ein, doch wirklich gesund ist er nie mehr geworden. Elisabeth wich in dieser schweren Zeit nicht von seiner Seite, obwohl sich auch bei ihr gesundheitliche Probleme einstellten und ihr insbesondere das Gehen schwerfiel, denn inzwischen bereitete ihr das verkürzte Bein doch erhebliche Probleme. Auch Erkältungskrankheiten machten ihr nun wieder häufiger zu schaffen, doch sie verdrängte ihre eigenen Beschwerden, um Tag und Nacht für ihren Gemahl dazusein. Der Umgang mit dem Kranken erforderte sehr viel Geschick und Einfühlungsvermögen. Wenn er sich körperlich besser fühlte, wollte er auch wieder die Regierung übernehmen, und Elisabeth mußte dann jedesmal genau abwägen, was sie sagen durfte und was nicht. Zwar konnte sie nicht allzuviel Zuversicht verbreiten, doch durfte sie ihm auch nicht die Hoffnung nehmen. Es war eine schwierige Gratwanderung, die sie jedoch auf bewundernswerte Weise meisterte. Hatte ihr auch stets die »Größe« der Königin gefehlt, so bewies sie nun, daß sie diese auf mitmenschlichem Gebiet im Übermaß besaß.

Die politischen Neuerungen dieser Zeit indes gingen weitestgehend an ihr vorbei. Der Thronwechsel vom Oktober 1858 hatte in Preußen die »Neue Ära« eingeleitet, das alte reaktionäre Ministerium war entlassen worden, und das neue Kabinett entsprach den gemäßigt liberalen Vorstellungen, die sich Kronprinz Wilhelm in der Koblenzer Zeit zu eigen gemacht hatte. Diese Entwicklung wurde von Elisabeth zwar keineswegs begrüßt, wirklich berührt aber hat sie die Entmachtung der reaktionären »Kamarilla« nicht, nun, da Friedrich Wilhelm selbst regierungsunfähig war.

»Mein Beruf ist zu Ende« –
Der Tod Friedrich Wilhelms IV.

Nach der Abdankung Friedrich Wilhelms IV. reiste Elisabeth mit ihrem kranken Gemahl auf Anraten der Ärzte nach Italien, dorthin, wo er sich immer wohlgefühlt hatte. Der Aufenthalt im milden Klima brachte zwar keine sichtbare Besserung, doch zumindest blieb sein Zustand eine Weile unverändert, und als man schließlich im Mai 1859 nach Berlin zurückkehrte, war Friedrich Wilhelm immerhin noch in der Lage, gemeinsam mit Elisabeth kleinere Spaziergänge und Ausfahrten zu unternehmen und auch den Gottesdienst zu besuchen.

Die Sommermonate verbrachte man im Potsdamer Schloß Sanssouci, um im Anschluß daran, wiederum auf ärztlichen Rat, erneut ein mildes Klima aufsuchen zu können, vorgesehen war ein Aufenthalt an der englischen Südküste. Doch dann erlitt Friedrich Wilhelm einen erneuten Schlaganfall, und die Reise wurde unmöglich. Sein Gesundheitszustand war derart schlecht, daß man in Potsdam bleiben mußte, obwohl Schloß Sanssouci im Winter eiskalt war. Friedrich Wilhelms linke Körperhälfte war gelähmt, halb sitzend, halb liegend mußte er im Rollstuhl herumgefahren werden. Auch seines Sprachvermögens hatte ihn der Schlaganfall weitgehend beraubt, und allein Elisabeth war es noch möglich, seine unverständlichen Worte und Gesten zu deuten. Unterdessen war auch sie selbst am Rande der Erschöpfung, doch die Königin war ständig um den Kranken, liebevoll bemüht, ihm alle Wünsche von den Augen abzulesen. »Es ist wirklich nicht mehr mit anzusehen«, befand der königliche Leibarzt Dr. Börger, »diese Frau ist keine Frau, sondern ein Engel, wie sie ihren Mann pflegt.« Doch Friedrich Wilhelms Siechtum dauerte noch mehr als ein Jahr. Ein weiterer Schlaganfall im November 1860 ließ den König nur noch apathisch dahinvegetieren, bis ihn endlich der Tod in den frühen Morgenstunden des 2. Januar 1861 erlöste. »Mein Beruf ist zu Ende«, sagte Elisabeth zu ihrem Neffen Friedrich Wilhelm, »ich habe nur für ihn gelebt.«

Am 7. Januar wurde Friedrich Wilhelm IV., wie er es testamentarisch bestimmt hatte, im Mausoleum der Potsdamer Friedenskirche beigesetzt.

»Es hilft nichts, den Schmerz zu fliehen« – Einsame Jahre

»Ich verliere alles mit dem König, wie hat er mich getragen«, gestand Elisabeth kurz nach dem Tod Friedrich Wilhelms, gewiß ahnend, daß ihr nun einsame Jahre bevorstanden. Tatsächlich wurde sie, die ohnehin nie eine wesentliche Rolle am Berliner Hof gespielt hatte, nun völlig bedeutungslos. Königin war nun ihre Schwägerin Augusta, und zu der hatte sie ohnehin stets ein recht distanziertes Verhältnis gehabt. Zwar konnte sie deren Sohn, den nunmehrigen Kronprinzen Friedrich Wilhelm, wirklich gut leiden, doch seit dessen Heirat im Januar 1858 mit der jungen und selbstbewußten Victoria von England war auch die Beziehung zu ihrem Neffen abgekühlt.

Elisabeth lebte in den 13 Jahren, die ihr noch blieben, sehr zurückgezogen. Aus Sanssouci schrieb sie am 23. Februar 1861 an ihren Neffen Otto, den damaligen König von Griechenland: »Ich lebe still fort, an dem Ort, den er so liebte, den er immer verschönte, und wo er seine letzte Lebenszeit ununterbrochen zubrachte. Es war mir besonders in der ersten Zeit, daß ich es kaum ertragen konnte. Das Sterbezimmer neben dem meinigen, die tausend wehmütigen Erinnerungen an die glücklichen Zeiten und besonders an seine letzten Leiden brachen mir das Herz. Dennoch bleibe ich. Es hilft nichts, den Schmerz zu fliehen, er kommt mit, und die Sehnsucht hätte mich doch wieder hierher getrieben ...«

Ganz wie zu Lebzeiten des Königs verbrachte sie den Sommer auch weiterhin auf Sanssouci, den Winter im Berliner Schloß Charlottenburg. Wenn es ihre Gesundheit erlaubte, ging sie auf Reisen. So besuchte sie oft und gerne ihre beiden Schwestern Amalie und Marie im sächsischen Pillnitz, der königlichen Sommerresidenz am rechten Elbufer, etwa zehn Kilometer südöstlich von Dresden, die einst für August den Starken erbaut worden war. Ihr Hauptziel aber war nach wie vor die bayerische Heimat: Mit ihrem Halbbruder Karl traf sie sich in Tegernsee, mit Sophie in Ischl, und zu Ludovica reiste sie nach Possenhofen. Doch mit den Jahren häuften sich die gesundheitlichen Probleme. Herz und Kreislauf waren angegriffen, und aufgrund des verkürzten Beines hatte sie beim Gehen inzwischen derartige Schmerzen, daß sie sich kaum noch bewegen konnte.

An der politischen Entwicklung nahm sie wenig Anteil. Zwar litt sie erheblich unter dem Krieg gegen Österreich 1866, wohingegen sie die Reichsgründung 1870/71, wie es scheint, begrüßt hat, doch letztlich glitten die Ereignisse der Zeit an ihr vorüber.

Elisabeth starb am 14. Dezember 1873 in Dresden. Sie war nach dem Tod ihres Schwagers Johann von Sachsen zu ihrer Schwester Amalie gereist und dort im November an einer Lungenentzündung erkrankt, die ein Leben beendete, das ihr schon seit nahezu 13 Jahren nicht mehr allzu viel bedeutet hatte.

Nachwort

Nach dem Tod Friedrich Wilhelms IV. (1861) wurde sein Bruder Wilhelm (1797–1888) König und dessen Gemahlin Augusta (1811–1890) Königin von Preußen.

Augusta, eine geborene Prinzessin von Sachsen-Weimar, Urenkelin Katharinas der Großen, war am vergleichsweise liberalen und kunstsinnigen Weimarer Hof aufgewachsen und mit knapp 18 Jahren in das militärisch-nüchterne Berlin gekommen. Ihre Ehe mit Wilhelm von Preußen stand von Anfang an unter keinem guten Stern: Der Prinz liebte nach wie vor die schöne Elisa Radziwill und brachte seiner jungen Gemahlin bestenfalls Respekt entgegen. Augusta nämlich war gebildet, vielseitig interessiert und ihrem Ehemann intellektuell überlegen. Zwar bemühte sie sich, soweit wie möglich ihr eigenes Leben zu führen, gleichwohl empfand sie es als ihre Pflicht, Wilhelm politisch zu »belehren« und zu beeinflussen. Doch nach der kurzen Phase der »Neuen Ära« mußte sie einsehen, daß ihr Einsatz für ein freiheitlicheres Deutschland vergeblich war, und sie war entsetzt, als Wilhelm 1862 Otto von Bismarck zum preußischen Ministerpräsidenten machte. Die Gründung des Deutschen Reiches, durch die ihr Gemahl 1871 Kaiser wurde, hat Augusta nicht begrüßt. Während sie sich die Einheit durch »moralische Eroberungen« gewünscht hatte, war sie von Bismarck mit »Blut und Eisen« herbeigeführt worden.

Lange hatte sie geglaubt, ihr einziger Sohn Friedrich Wilhelm, der mit der englischen Prinzessin Victoria (1840–1901) verheiratet war, einer Tochter der Queen Victoria, würde Preußen und Deutschland ein liberaleres Gesicht geben können. Das Verhältnis zu ihrer Schwiegertochter Vicky, wie Victoria von England in der Familie genannt wurde, war freilich nie ohne Spannungen gewesen. Die junge Vicky, die 1858 nach Berlin kam, trat ungewöhnlich selbstbewußt auf und dachte gar nicht daran, sich von Augusta »erziehen« zu lassen. Dabei vertraten beide Frauen die gleichen gemäßigt-liberalen Ansichten und strebten ein friedlich geeintes Deutschland an. Doch die persönlichen Spannungen zwischen ihnen führten schließlich dazu, daß sich ihre Wege sowohl politisch als auch menschlich trennten.

Vicky, die seinerzeit mit ehrgeizigen Plänen nach Berlin gekommen war, mußte im Laufe der Jahre erleben, wie all ihre Hoffnungen nach und nach zunichte gemacht wurden. Als ihr Gemahl schließlich 1888 als Friedrich III. deutscher Kaiser wurde, war er bereits vom Tode gezeichnet und starb nach nur 99 Tagen. Am schlimmsten aber war es für sie, miterleben zu müssen, wie ihr ältester Sohn Wilhelm, aus dem sie einen »liberalen Friedrich den Großen« hatte machen wollen, das genaue Gegenteil dessen wurde, was sie sich erträumt hatte. Und auch ihre Schwiegertochter Auguste Victoria von Schleswig-Holstein-Sonderburg-Augustenburg (1858–1921) war keineswegs liberal gesinnt, wie Vicky zunächst geglaubt hatte. Im Gegenteil. Dona, so nannte man die junge Frau, ließ nicht die geringste Kritik an Wilhelm zu und unterstützte ihn in jeder Hinsicht. Gleichwohl war sie die beliebteste der drei Kaiserinnen, eine richtige »Landesmutter«, die sich auf die berühmten drei K's beschränkte und damit zum Vorbild ihrer deutschen Zeitgenossinnen avancierte.

Nach 30 Jahren auf dem Thron freilich brach Donas Welt zusammen. Aus Liebe zu Wilhelm folgte sie ihm ins holländische Exil, doch es fiel ihr ungemein schwer, sich in ihr Schicksal zu fügen. Deutschland aber hatte sie nicht vergessen. Als Auguste Victoria im April 1921 starb und in Potsdam beigesetzt wurde, nahmen 200 000 Menschen von der ehemaligen Kaiserin Abschied.

Anhang

Quellen- und Literaturverzeichnis

Geheimes Staatsarchiv Preußischer Kulturbesitz, Berlin
Bestände des Brandenburg-Preußischen Hausarchivs Rep. 45–50
Rep. 45 S b 1 Zeitgenössische Charakteristik der Königin Sophie Charlotte;
  Rep. 45 T b 4 Briefe Sophies von Hannover an ihre Tochter Sophie Char-
  lotte; Rep. 45 T b 6 Briefe Sophie Charlottes an Fräulein von Pöllnitz;
  Rep. 45 T b 7 Briefe Sophie Charlottes an Friedrich I.; Rep. 45 T b 8 Briefe
  Sophie Charlottes an Kronprinz Friedrich Wilhelm;
Rep. 45 R c 2 Bulletin über den Tod der Königin Sophie Luise; Rep. 45 S c 1
  Manuskript des Kammerdieners und Leibchirurgen Groth zum Leben der
  Königin Sophie Luise;
Rep. 46 Nr. 2 Brief Sophie Dorotheas an Friedrich Wilhelm vom 7. Februar
  1719; Rep. 46 Nr. 71 b. Brief Sophie Dorotheas an Friedrich Wilhelm vom
  6. Januar 1736; Rep. 46 T 25 Verschiedene Briefe Sophie Dorotheas an
  Friedrich Wilhelm, meist undatiert; Rep. 46 T 27 Briefe Sophie Dorotheas
  an Friedrich II.;
Rep. 47 Nr. 171 Briefe Friedrichs II. an Elisabeth Christine vom 21. April 1741;
  Rep. 47 T 3 Briefe Elisabeth Christines an Friedrich II.; Rep. 47 J 5 Briefe
  Friedrichs II. an Elisabeth Christine; Rep. 47 T 23 Korrespondenz Elisabeth
  Christines mit ihrer Mutter (1735–1762);
Rep. 48 T II Nr. 5 Briefe Friederike Luises an Friedrich Wilhelm II.; Rep. 48
  T II Nr. 7 Briefe Friederike Luises an Friedrich Wilhelm III.; Rep. 49 Nr. 77
  Niederschrift Friedrich Wilhelms III. über Luises Tod; Rep. 49 Nr. 245 Ta-
  gebuchblätter zum Treffen mit Zar Alexander I. (10.–21. Juni 1802), ange-
  fangener Brief; Rep. 49 Nr. 23 Tagebuchblätter Petersburg 27. Dezember
  1808–31. Januar 1809; Rep 49 Nr. 325 Zeitungsartikel über Königin Luise
  (1910–1976); Rep 49 Nr. 242 Brief Luises an Alexander I. vom 30. Oktober 1805; Rep 49 Nr. 26 Brief Luises an Frau von Berg vom 15. Mai 1809;
  Rep 49 Nr. 196 Brief Luises an Königin Friederike Luise vom 14. April
  1794; Rep 49 Nr. 51 Briefe Luises an den Vater vom 15. und 17. Mai 1807;
  Rep 49 Nr. 145 Letzte Zeilen für den Vater;
Rep 50 Nr. 2 Brief Elisabeths von Bayern an Kronprinz Friedrich Wilhelm:
  Einwilligung in ihre Eheschließung; Rep 50 Nr. 6 Brief Elisabeths an Fried-
  rich Wilhelm über die prokuratorische Trauung; Rep 50 Nr. 9, 20, 34, 42
  Briefe Elisabeths an Friedrich Wilhelm.
Hessisches Staatsarchiv Darmstadt, Großherzogliches Hausarchiv, Abt. 4,
  Konv. 562, Fasc. 3; Konv. 597, Fasc. 5 (Briefe Friederike Luises von Hessen-
  Darmstadt an Vater und Mutter).

ADLERSFELD-BALLESTREM, EUFEMIA VON, Elisabeth Christine. Königin von Preußen, Herzogin von Braunschweig-Lüneburg. Lebensbild einer Verkannten, Berlin 1908

AITON, ERIC J., Gottfried Wilhelm Leibniz, Frankfurt 1991

ARETZ, GERTRUDE, Die Frauen der Hohenzollern, Berlin 1933

AUGSTEIN, RUDOLF, Preußens Friedrich und die Deutschen, Frankfurt a. M. 1971

BAILLEU, PAUL, Königin Luise. Ein Lebensbild, Berlin 1908

BAILLEU, PAUL (Hg.), Briefwechsel König Friedrich Wilhelms III. und der Königin Luise mit Kaiser Alexander I., Leipzig 1900

BAYERN UND PREUSSEN UND BAYERNS PREUSSEN. Schlaglichter auf eine historische Beziehung. Ausstellungskatalog 1999, hg. von Johannes Erichson u. Evamaria Brockhoff (= Veröffentlichungen zur Bayer. Geschichte und Kultur Nr. 41/99, hg. vom Haus der Bayerischen Geschichte)

BERNER, ERNST, Aus dem Briefwechsel Friedrichs I. von Preußen und seiner Familie, Berlin 1901

BEUYS, BARBARA, Familienleben in Deutschland. Neue Bilder aus der deutschen Vergangenheit, Hamburg 1980

BEUYS, BARBARA, Der Große Kurfürst, Reinbek bei Hamburg 1979

BISMARCK, OTTO VON, Gedanken und Erinnerungen, Stuttgart 1961

BISSING, WILHELM MORITZ FRHR. VON, Königin Elisabeth von Preußen, Berlin 1974

BISSING, WILHELM MORITZ FRHR. VON, Friedrich Wilhelm II., König von Preußen, Berlin 1967

BLASIUS, DIRK, Friedrich Wilhelm IV. (1795–1861). Psychopathologie und Geschichte, Göttingen 1992

BODEMANN, EDUARD (Hg.), Briefwechsel der Herzogin Sophie von Hannover mit ihrem Bruder Karl Ludwig von der Pfalz, Leipzig 1885

BODEMANN, EDUARD (Hg.), Briefe der Herzogin Sophie von Hannover an die Raugräfinnen und Raugrafen zu Pfalz, Leipzig 1888

BOEHN, MAX VON, Die Mode. Eine Kulturgeschichte vom Barock bis zum Jugendstil, München 1976

BORNHAK, FRIEDERIKE, Die Fürstinnen auf dem Thron der Hohenzollern in Brandenburg-Preußen, Berlin 1889

BRANDES, IRMA/MAUCH, URSULA, Nesseln und Jasmin. Frauen auf Fürstenthronen, Esslingen 1989

BRAUNSCHWEIG-BEVERN. Ein Fürstenhaus als europäische Dynastie (1667–1884). Ausstellungs-Begleitband, Braunschweig 1997

BRENTANO, BERNARD VON, Sophie Charlotte und Danckelmann, Wiesbaden 1949

BUNSEN, MARIE VON, Kaiserin Augusta, Berlin 1940

BUSSMANN, WALTER, Zwischen Preußen und Deutschland. Friedrich Wilhelm IV., Berlin 1990

CARLYLE, THOMAS, Friedrich II. von Preußen, genannt der Große, Berlin 1863

CARSTEN, FRANCIS L., Die Entstehung Preußens, Köln–Berlin 1968

DOEBNER, RICHARD (Hg.), Briefe der Königin Sophie Charlotte von Preußen und der Kurfürstin von Hannover an hannoversche Diplomaten, Leipzig 1905

DROYSEN, HANS, Aus den Briefen der Königin Sophie Dorothea, in: Hohenzollernjahrbuch 17/1913

DUNCKER, MAX, Briefwechsel, hg. von Johann Schultze, Stuttgart–Berlin 1923

ELIAS, NORBERT, Die höfische Gesellschaft, Darmstadt–Neuwied 1969

ERNST II. HERZOG VON SACHSEN-COBURG-GOTHA, Aus meinem Leben und aus meiner Zeit, Berlin 1889

EYLERT, R. FRIEDRICH, Charakterzüge aus dem Leben des Königs von Preußen Friedrich Wilhelm III., Magdeburg 1847

FÉNELON, Die Abenteuer des Telemach, Reclam Stuttgart 1984

FEUERSTEIN-PRASSER, KARIN, Die deutschen Kaiserinnen 1871–1918, Regensburg 1997

FONTANE, THEODOR, Wanderungen durch die Mark Brandenburg, 5 Bde., München 1968

FÖRSTER, FRIEDRICH, Friedrich Wilhelm I., König von Preußen, Potsdam 1834

FRIEDRICH DER GROSSE, Ausgewählte Werke, Berlin 1922

FRIEDRICH III., Tagebücher von 1848–1866, hg. von H. O. Meisner, Leipzig 1929

GERLACH, LEOPOLD VON, Denkwürdigkeiten aus dem Leben des Generals Leopold von Gerlach, 2 Bde., Berlin 1892

GERSDORFF, DAGMAR VON, Königin Luise und Friedrich Wilhelm III., Berlin 1996

GRIEWANK, KARL (Hg.), Briefwechsel der Königin Luise mit ihrem Gemahl Friedrich Wilhelm III. 1793–1810, Leipzig 1929

GROSSMANN, JULIUS, Jugendgeschichte Friedrichs, des ersten Königs in Preußen, Berlin 1901

HAFFNER, SEBASTIAN, Preußen ohne Legende, Hamburg 1979

HAHNKE, F. W. M. VON, Elisabeth Christine. Königin von Preußen, Gemahlin Friedrichs des Großen, Berlin 1848

HARRACH, WICHARD GRAF VON, Auguste Fürstin von Liegnitz, Berlin 1987

HATTON, REGNHILD, Georg I. Ein deutscher Kurfürst auf Englands Thron, Frankfurt 1982

HÄUSSNER, JOSEF, Friedrich der Große, Königin Luise, Kaiser Wilhelm I., Kaiserin Augusta, Karlsruhe 1912

HINRICHS, CARL, Friedrich Wilhelm I., König von Preußen, Hamburg 1941

HINRICHS, CARL, Preußentum und Pietismus, Göttingen 1971

HINTZE, OTTO, Die Hohenzollern und ihr Werk, Berlin 1915

HIRSCH, FERDINAND (Hg.), Briefe der Kurfürstin Luise Henriette von Brandenburg an den Oberpräsidenten Otto von Schwerin, Leipzig 1897

HOHENLOHE-INGELFINGEN, PRINZ KRAFT ZU, Aus meinem Leben. Aufzeichnungen. Bd. 2, Berlin 1909

JOEPCHEN, PAULA, Die Gemahlin Friedrichs des Großen Elisabeth Christine als Schriftstellerin, Diss. Köln 1939/40

JUNG, MARTIN H., Frauen des Pietismus, Gütersloh 1998

KLEPPER, JOCHEN (Hg.), In tormentis pinxit. Bilder und Briefe des Soldatenkönigs, Stuttgart 1938

KLOPP, ONNO (Hg.), Die Werke von Leibniz, 11 Bde., Neudruck Hildesheim 1970–1973

KNOP, CHRISTIANE, Königin Elisabeth Christine auf Schloß Niederschönhausen, in: Der Bär von Berlin 32/1983

KRAUSKE, OTTO, Königin Sophie Charlotte, Berlin 1905

KRAUSS-MEYL, SYLVIA, Das »Enfant terrible« des Königshauses. Maria Leopoldine, Bayerns letzte Kurfürstin, Regensburg 1997

KROCKOW, CHRISTIAN GRAF VON, Die preußischen Brüder. Prinz Heinrich und Friedrich der Große. Ein Doppelportrait, Stuttgart 1996

KROLL, FRANK-LOTHAR, Friedrich Wilhelm IV. und das Staatsdenken der deutschen Romantik, Berlin 1990

KUGLER, FRANZ, Geschichte Friedrichs des Großen, Stettin 1840

KUNISCH, JOHANNES, Das Mirakel des Hauses Brandenburg, München 1979

KÜNTZEL, GEORG, Die politischen Testamente der Hohenzollern, Berlin 1911

LALOR, WILLIAM MEAD, The tragic love of Elisa Radziwill, in: Royalty Digest Oktober 1996

LEHNDORFF, ERNST AHASVARUS REICHSGRAF VON, Des Reichsgrafen Ernst Ahasvarus von Lehndorff Tagebücher nach seiner Kammerherrenzeit, Bd. 1, Gotha 1921

LEWALTER, ERNST, Friedrich Wilhelm IV., Das Schicksal eines Geistes, Berlin 1938

LISELOTTE VON DER PFALZ, Die Briefe der Elisabeth Charlotte von der Pfalz, Duchesse d'Orléans, Ebenhausen 1958

LUISE VON PREUSSEN, FÜRSTIN ANTON RADZIWILL, Fünfundvierzig Jahre aus meinem Leben (1770–1815), hg. von Fürstin Radziwill, geb. von Castellan, Braunschweig 1912

MARWITZ, FRIEDRICH AUGUST LUDWIG VON DER, Tagebücher, politische Schriften und Briefe, Berlin 1913

MASSIE, ROBERT, Peter der Große. Sein Leben und seine Zeit. Dt. Königstein 1982

MAST, PETER, Die Hohenzollern. Von Friedrich III. bis Wilhelm II., Graz–Wien–Köln 1988

MEISNER, HEINRICH OTTO, Vom Leben und Sterben der Königin Luise. Eigenhändige Aufzeichnungen ihres Gemahls, Berlin/Leipzig 1926

NELSON, WALTER HENRY, Die Hohenzollern. Biographie eines königlichen Hauses, München 1970

NEUMANN, HANS JOACHIM, Friedrich Wilhelm I. Leben und Leiden des Soldatenkönigs, Berlin 1993

NEUMANN, HANS JOACHIM, Friedrich Wilhelm II. Preußen unter den Rosenkreuzern, Berlin 1997

OESTREICH, GERHARD, Friedrich Wilhelm. Preußischer Absolutismus, Merkantilismus, Militarismus, Göttingen 1977

OHFF, HEINZ, Ein Stern in Wetterwolken. Königin Luise von Preußen, München 1989

OPPELN-BRONIKOWSKI, FRIEDRICH VON, Leben und Wirken des Soldaten-königs Friedrich Wilhelm I., Jena 1934

PANGELS, CHARLOTTE, Königskinder im Rokoko, München 1976

PANGELS, CHARLOTTE, Friedrich der Große. Bruder, Freund und König, München1979

PANTHENIUS, WILHELM MORITZ VON (Hg.), Erlasse und Briefe des Königs Friedrich Wilhelm I. von Preußen, Leipzig 1913

POSECK, ERNST, Die Kronprinzessin, Berlin 1940

PREUSSEN – Versuch einer Bilanz. Katalog zur Ausstellung in Berlin, 5 Bde., Reinbek bei Hamburg 1981

RALL, HANS UND MARGA, Die Wittelsbacher. Von Otto I. bis Elisabeth I., Regensburg 1986

RAVE, PAUL ORTWIN, Berlin in der Geschichte seiner Bauten, München 1987

RECK-MALLECZEWEN, Sophie Dorothea, Mutter Friedrichs des Großen, Berlin 1936

ROTHKIRCH, MALVE GRÄFIN VON (Hg.), Königin Luise von Preußen, Briefe und Aufzeichnungen 1786–1810, München 1985

SCHAD, MARTHA, Bayerns Königinnen, Regensburg 3. Aufl. 1995

SCHIEDER, THEODOR, Friedrich der Große. Ein Königtum der Widersprüche, Frankfurt–Berlin–Wien 1987

SCHIEDER, THEODOR, Die preußische Königskrönung von 1701 und die politische Ideengeschichte, Königsberg 1935

SCHIMMEL-FALKENAU, WALTER, Elisabeth Christine, 1. Die Kronprinzessin, 2. Die Königin, Leipzig 1925

SCHMIDT, WERNER, Friedrich I., Kurfürst von Brandenburg, König in Preußen, München 1996

SCHMITZ, HERMANN, Berliner Baumeister vom Ausgang des 18. Jahrhunderts, Berlin ²1925

SCHNATH, GEORG (Hg.) Briefwechsel der Kurfürstin Sophie von Hannover mit dem preußischen Königshause, Berlin–Leipzig 1927

SCHNATH, GEORG, Sophie Dorothea und Königsmarck. Die Ehetragödie der Kurprinzessin von Hannover, Hildesheim 1976

SCHRÖDER, HILTRUD (Hg.), Sophie & Co. Bedeutende Frauen Hannovers, Hannover 1990

SCHULZE, HERMANN, Die Hausgesetze der regierenden deutschen Fürstenhäuser, Jena 1862

SCHWABE, ERHARD, Luise von Preußen. Königin in schwerer Zeit, Lausanne 1971

STAMM-KUHLMANN, THOMAS, Die Hohenzollern, Berlin 1995

STAMM-KUHLMANN, THOMAS, König in Preußens großer Zeit. Friedrich Wilhelm III. Der Melancholiker auf dem Thron, Berlin 1994

TAACK, MERETE VON, Königin Luise, Tübingen 2. Aufl. 1978

TAACK, MERETE VON, Friederike. Die galante Schwester der Königin Luise, Düsseldorf 1987

TAACK, MERETE VON, Zar Alexander I., Tübingen 1983

VARNHAGEN VON ENSE, ERNST AUGUST, Leben der Königin von Preußen Sophie Charlotte, Berlin 1837

VEHSE, CARL EDUARD, Die Höfe zu Preußen, 3 Bde., Leipzig 1993

VENOHR, WOLFGANG, Der Soldatenkönig, Berlin 1988

VOSS, SOPHIE MARIA GRÄFIN VON, Neunundsechzig Jahre am preußischen Hofe, Leipzig 1900

WILHELMINE VON BAYREUTH, Memoiren, Leipzig 1923

WINTER, INGELORE M., Friedrich der Große und die Frauen, Esslingen 1985

Personenregister

Adolf Friedrich von Holstein-Gottorp (1710–1771), seit 1751 König von Schweden, Gemahl Ulrikes von Preußen 163 f.

Adolf Friedrich III. von Mecklenburg-Strelitz (1738–1794) 249

Aesop, griech. Fabeldichter, 6. Jh. v. Chr. 65

Albert von Braunschweig (1724–1745), Bruder der Königin Elisabeth Christine 204

Albrecht von Preußen (1809–1872), verh. mit Marianne der Niederlande (1810–1872), ⚭ 1849, Sohn der Königin Luise 302

Albrecht III. Achilles (1414–1486), Kf. von Brandenburg seit 1470 113

Alexander von Ansbach (1736–1806), Sohn von Friederike Luise, Markgräfin von Ansbach 160 f.

Alexander I. (1777–1825), Zar von Rußland seit 1801 247, 283 ff., 292, 300 f.

Alexandrine von Preußen (1803–1892), Tochter der Königin Luise 298

Alexej (1629–1676), Zar von Rußland seit 1645 75

Amalie, Prinzessin von Großbritannien (1711–1786), Tochter Georgs II. 149 f., 152, 158

Amalie von Bayern (1801–1877), Gemahlin Johanns von Sachsen, Zwillingsschwester der Königin Elisabeth 327

Amalie von Preußen (1723–1787), Äbtissin von Quedlinburg, Tochter der Königin Sophie Dorothea 144, 164 ff., 204 f.

Anna von Dänemark 42

Anna von Preußen (1836–1918), Tochter des Prinzen Karl von Preußen, Gemahlin Friedrich Wilhelms von Hessen-Kassel 335

Anna Amalia von Sachsen-Weimar (1739–1807), Begründerin des Weimarer »Musenhofes«, Tochter Charlottes von Braunschweig-Wolfenbüttel 161, 193

Anna Amalie von Solms-Braunfels (1602–1657), Gemahlin Friedrich Heinrichs von Oranien, Mutter der Kurfürstin Luise Henriette 22

Anna Stuart (1665–1714), Königin von England seit 1702 149

Antoinette Amalie von Braumschweig-Wolfenbüttel (1696–1762), Gemahlin Ferdinand Albrechts von Braunschweig-Bevern, Mutter der Königin Elisabeth Christine 175, 210 f.

Ariosti, Attilo (1666–ca. 1740), it. Komponist 94

Arndt, Ernst Moritz (1769–1860), pol. Schriftsteller, 1848 Mitglied der Nationalversammlung 302, 329

Arnim, Achim von (1781–1831), dt. Dichter der jüngeren Romantik 247

August von Preußen (1779–1843), Sohn Ferdinands 266

August von Sachsen (1797–1854), König seit 1836 328

August Wilhelm von Preußen (1722–1758), Sohn der Königin Sophie Dorothea, Vater des preußischen Königs Friedrich Wilhelm II. 164, 210

Auguste von Preußen (1780–1841), Gemahlin Wilhelms II., Landgraf von Hessen-Kassel (1777–1847), Tochter der Königin Friederike Luise 233

Augusta von Sachsen-Weimar-Ei-

Ortsregister

Die Stichwörter »Brandenburg«, »Preußen« sowie »Brandenburg-Preußen« wurden nicht ins Ortsregister aufgenommen.

Bildnachweis